ÉTICA A NICÔMACO

O livro é a porta que se abre para a realização do homem.

Jair Lot Vieira

ARISTÓTELES

ÉTICA A NICÔMACO

4ª EDIÇÃO

TRADUÇÃO, TEXTOS ADICIONAIS E NOTAS
EDSON BINI
Estudou Filosofia na Faculdade de Filosofia,
Letras e Ciências Humanas da USP.
É tradutor há mais de 40 anos.

Copyright da tradução e desta edição © 2014 by Edipro Edições Profissionais Ltda.

Todos os direitos reservados. Nenhuma parte deste livro poderá ser reproduzida ou transmitida de qualquer forma ou por quaisquer meios, eletrônicos ou mecânicos, incluindo fotocópia, gravação ou qualquer sistema de armazenamento e recuperação de informações, sem permissão por escrito do editor.

Grafia conforme o novo Acordo Ortográfico da Língua Portuguesa.

4ª edição, 2ª reimpressão 2020.

Editores: Jair Lot Vieira e Maíra Lot Vieira Micales
Coordenação editorial: Fernanda Godoy Tarcinalli
Tradução, textos adicionais e notas: Edson Bini
Editoração: Alexandre Rudyard Benevides
Revisão: Ângela Moraes
Revisão do grego: Lilian Sais
Arte: Karine Moreto Massoca

Dados Internacionais de Catalogação na Publicação (CIP)
(Câmara Brasileira do Livro, SP, Brasil)

Aristóteles (384-322 a.C.)

    Ética a Nicômaco / Aristóteles ; tradução, textos adicionais e notas Edson Bini – 4. ed. – São Paulo : Edipro, 2014.
(Série Clássicos Edipro)

    Título original: HΘIKA NIKOMAXEIA.

    ISBN 978-85-7283-881-8

    1. Aristóteles 2. Filosofia antiga I. Bini, Edson II. Título III. Série.

01-6112   CDD-185

Índices para catálogo sistemático:
1. Aristóteles : Obras filosóficas : 185
2. Filosofia aristotélica : 185

São Paulo: (11) 3107-7050 • Bauru: (14) 3234-4121
www.edipro.com.br • edipro@edipro.com.br
@editoraedipro   @editoraedipro

SUMÁRIO

APRESENTAÇÃO | 7

CONSIDERAÇÕES DO TRADUTOR | 9

NOTA À 4ª EDIÇÃO | 11

DADOS BIOGRÁFICOS | 13

ARISTÓTELES: SUA OBRA | 21

CRONOLOGIA | 39

LIVRO I | 43

LIVRO II | 79

LIVRO III | 105

LIVRO IV | 143

LIVRO V | 177

LIVRO VI | 217

LIVRO VII | 247

LIVRO VIII | 287

LIVRO IX | 323

LIVRO X | 355

APRESENTAÇÃO

A *ÉTICA A NICÔMACO* REPRESENTA a expressão acabada do pensamento de Aristóteles acerca da conduta do indivíduo humano.

A ética (de ἔθος [*éthos*], hábito, costume e ἦθος [*êthos*], caráter) é a ciência da πρᾶξις (*prâxis*), que significa ação, cujo objeto é a ação individual e interindividual, ciência que, necessariamente por assim dizer, como o rio que espraia suas águas no mar, encerra-se no bojo de uma ciência prática mais ampla, ou seja, a política, o ser humano (ἄνθρωπος [*ánthropos*]), na sua essência (οὐσία [*oysía*], τί ἐστί [*tí estí*]), manifestando-se como animal *político*, ou, mais precisamente, animal da πόλις (*pólis*), Estado.

Segundo Aristóteles, o ético diz respeito exclusivamente à conduta relacional dos indivíduos humanos adultos, sendo a felicidade também exclusiva do ser humano adulto. Ora, a conduta humana tem a ver evidentemente com o seu agente, o ser humano. Assim, Aristóteles, na sua investigação, faz preceder a ética e a política de considerações de cunho antropológico e psicológico; para conceber a virtude (ἀρετή [*areté*]), excelência do caráter do ser humano a ser incorporada na sua ação (conduta), ele analisa o ser humano enquanto tal, corpo e alma, estabelecendo a busca do que é a felicidade (εὐδαιμονία [*eydaimonía*]), questão fundamental que o conduz ao exame de soluções alternativas, exame que envolve questões subsidiárias, tais como as do bem (bom, ἀγαθός [*agathós*]), do bem mais excelente, do prazer e da dor, da amizade, dos vários sentimentos ou paixões (paixão: πάθος [*páthos*]) que afetam o corpo e a alma, dos apetites, desejos, vontades, além de questões que concernem diretamente ao agente humano, como a deliberação (βούλευσις [*boýleusis*]) e a prévia escolha (προαίρεσις [*proaíresis*]).

A busca de uma virtude *como um todo* implica o exame das virtudes parciais ou particulares e seus opostos (vícios – vício: κακία [*kakía*]); com base na tabela de excessos, deficiências e virtudes da *Ética a Eudemo* (Livro II, capítulo 3, 1220b38-1221a12), a doutrina da conduta de Aristóteles, no que se refere às virtudes morais, se consubstancia em uma teoria da mediania.

Finalmente, o Estagirita proporciona uma resposta à questão primordial da felicidade fazendo convergir a prática da virtude (soberanamente da virtude intelectual da especulação (θεωρία [*theoría*]) para a *realização* da felicidade, já que para ele a felicidade não é um estado (ἕξις [*héxis*]) ou disposição (διάθεσις [*diáthesis*]), mas uma atividade (ἐνέργεια [*enérgeia*]). Assim, o ser humano feliz é o ser humano virtuoso, o que equivale a dizer, em última análise, que o cidadão (πολίτης [*polítes*]) feliz é o cidadão virtuoso.

Devemos alertar o leitor que, como em Aristóteles a ética está subordinada à política (o que determina que o tratado *Ética a Nicômaco*, sem autonomia, não se esgota em si mesmo, mas tem visível continuidade no tratado subsequente, ou seja, a *Política*), para compreender o pensamento aristotélico é indispensável proceder à leitura e ao estudo desse segundo tratado após a leitura e o estudo do primeiro.

CONSIDERAÇÕES DO
TRADUTOR

ESTAMOS CONVICTOS DE QUE NO MUNDO HUMANO e na condição humana do relativo, contingente e possível, mais vale produzir alguma coisa imperfeita (e, por vezes, de fato, muito distante da perfeição) do que nada produzir. Krishna dá a entender no *Bhagavad Gita* que o karma (que significa ação) é a sustentação do universo e do ser, ou seja, qualquer ação é preferível à inação.

É com esse misto de realismo e humildade que traduzimos a *Ética a Nicômaco*.

Acatando a doutrina da mediania do próprio Aristóteles, tentamos (esperamos que com relativo sucesso – *os leitores o julgarão*) não incorrer nem na obstinação pela literalidade, que resultaria em um texto quase incompreensível e desconexo, nem na paráfrase como recriação intelectual, pretensão à qual não nos damos o luxo e direito, primeiro porque é vizinha do trabalho do exegeta (coisa que não somos) e principalmente porque é um caminho que pode comprometer seriamente o teor de uma obra filosófica original cujo intuito aqui foi apenas traduzir e não propriamente interpretar.

As dificuldades da tarefa em pauta são múltiplas e espinhosas. Certos termos e conceitos são pura e simplesmente intraduzíveis, outros medíocre ou sofrivelmente traduzidos pelo nosso vernáculo, o que procuramos minimizar com notas explicativas. O grego do mestre do Liceu na sua forma apresenta, inclusive, problemas peculiares. Aristóteles escreve geralmente com extrema parcimônia de palavras (ainda que o texto seja, dado o seu didatismo, regularmente reiterativo e até redundante – o que, contudo, não o impede de ser por vezes truncado); o autor é conciso e seco, produzindo um discurso "científico" bastante diferente do discurso "poético" do mestre da Academia. Se a beleza da forma em Platão pode atuar enganosamente como a sereia, a rigidez da forma de Aristóteles pode trazer, muitas vezes, o enigma da esfinge.

O recurso intermitente da inclusão de certos termos entre colchetes para completamento de ideias expressas onde ocorrem hiatos foi inevitável. A indicação nas notas de rodapé de interpolações se afigurou necessária mormente porque algumas são viciosas e até estranhas ao desenvolvimento do discurso aristotélico.

Com o intuito de facilitar e agilizar a consulta da obra, motivada por outras leituras, fizemos constar, à margem esquerda das páginas, a numeração referencial de 1831 de Bekker.

O texto grego que serviu de base é o do próprio Immanuel Bekker, um gênio laborioso do helenismo do qual somos intelectualmente devedores e cujo trabalho imenso e impecável nos inspirou e incentivou desde os primeiros contatos com a filosofia e língua gregas. A ele dedicamos modestamente esta tradução.

NOTA
À 4ª EDIÇÃO

Esta 4ª edição mereceu uma revisão não só formal como também de teor. Corrigimos falhas, eliminamos impropriedades e suprimimos estereótipos.

Enfatizando o método da tradução anotada, acrescentamos mais notas, que procuram, como de costume, auxiliar o estudante na compreensão de conceitos, bem como tornar transparentes para o leitor que possui conhecimento do grego, em maior ou menor grau, expressões, frases e períodos do original. Para a presente revisão, amparamo-nos no texto de I. Bekker e ocasionalmente no trabalho de outros eminentes helenistas.

Sabemos que a reformulação e o aprimoramento de uma tradução (especialmente a partir de uma língua da complexidade do grego antigo) afiguram-se intermináveis, pois trilhamos inexoravelmente, na nossa condição humana, o caminho da imperfeição e da limitação. Entretanto, por outro lado, repudiamos a noção de uma tradução estática e definitiva. Esta só é determinada pela morte do tradutor, que será certamente sucedido por outros tradutores no futuro, naquele empenho contínuo e incansável, humanamente solidário e obstinado, de corrigir, melhorar e reformular sempre.

Desse modo, a tradução transcende o individual e imerge no seio de um construtivo coletivo cronológico em que o esforço humano da superação se impõe.

DADOS BIOGRÁFICOS

ARISTÓTELES NASCEU EM ESTAGIRA, cidade localizada no litoral noroeste da península da Calcídia, cerca de trezentos quilômetros a norte de Atenas. O ano de seu nascimento é duvidoso – 385 ou, mais provavelmente, 384 a.C.

Filho de Nicômaco e Féstias, seu pai era médico e membro da fraternidade ou corporação dos *Asclepíades* (Ἀσκληπιάδαι, ou seja, *filhos ou descendentes de Asclépios*, o deus da medicina). A arte médica era transmitida de pai para filho.

Médico particular de Amintas II (rei da Macedônia e avô de Alexandre), Nicômaco morreu quando Aristóteles tinha apenas sete anos, tendo desde então o menino sido educado por seu tio Proxeno.

Os fatos sobre a infância, a adolescência e a juventude de Aristóteles são escassos e dúbios. Presume-se que, durante o brevíssimo período que conviveu com o pai, este o tenha levado a Pela, capital da Macedônia ao norte da Grécia, e tenha sido iniciado nos rudimentos da medicina pelo pai e o tio. O fato indiscutível e relevante é que, aos 17 ou 18 anos, o jovem Estagirita se transferiu para Atenas e durante cerca de dezenove anos frequentou a *Academia* de Platão, deixando-a somente após a morte do mestre em 347 a.C., embora Diógenes Laércio (o maior dos biógrafos de Aristóteles, na antiguidade) afirme que ele a deixou enquanto Platão ainda era vivo.

Não há dúvida de que Aristóteles desenvolveu laços de amizade com seu mestre e foi um de seus discípulos favoritos. Mas foi Espeusipo que herdou a direção da Academia.

O leitor nos permitirá aqui uma ligeira digressão.

Espeusipo, inspirado no último e mais extenso diálogo de Platão (*As Leis*), conferiu à Academia um norteamento franca e profundamente marcado pelo orfismo pitagórico, o que resultou na rápida transformação da Academia platônica em um estabelecimento em que predominava o estudo e o ensino das matemáticas, trabalhando-se mais elementos de reflexão e princípios pitagóricos do que propriamente platônicos.

Divergindo frontalmente dessa orientação matematizante e mística da filosofia, Aristóteles abandonou a Academia acompanhado de outro discípulo de Platão, Xenócrates, o qual, contudo, retornaria posteriormente à Academia, aliando-se à orientação pitagorizante de Espeusipo, mas desenvolvendo uma concepção própria.

Os "fatos" que se seguem imediatamente se acham sob uma nuvem de obscuridade, dando margem a conjeturas discutíveis.

Alguns autores pretendem que, logo após ter deixado a Academia, Aristóteles abriu uma Escola de retórica com o intuito de concorrer com a famosa Escola de retórica de Isócrates. Entre os discípulos do Estagirita estaria o abastado Hérmias, que pouco tempo depois se tornaria tirano de Atarneu (ou Aterna), cidade-Estado grega na região da Eólida.

Outros autores, como o próprio Diógenes Laércio, preferem ignorar a hipótese da existência de tal Escola e não entrar em minúcias quanto às circunstâncias do início do relacionamento entre Aristóteles e Hérmias.

Diógenes Laércio limita-se a afirmar que alguns supunham que o eunuco Hérmias era um favorito de Aristóteles, e outros, diferentemente, sustentam que o relacionamento e o parentesco criados entre eles foram devidos ao casamento de Aristóteles com Pítia – filha adotiva, irmã ou sobrinha de Hérmias – não se sabe ao certo.

Um terceiro partido opta por omitir tal Escola e associa o encontro de Aristóteles com Hérmias indiretamente a dois discípulos de Platão e amigos do Estagirita, a saber, Erasto e Corisco, que haviam redigido uma Constituição para Hérmias e recebido apoio deste para fundar uma Escola platônica em Assos, junto a Atarneu.

O fato incontestável é que nosso filósofo (Aristóteles) conheceu o rico Hérmias, durante três anos ensinou na Escola platônica de Assos, patrocinada por ele, e em 344 a.C. desposou Pítia.

Nessa Escola, nosso filósofo conheceu Teofrasto, que se tornaria o maior de seus discípulos. Pertence a esse período incipiente o primeiro trabalho filosófico de Aristóteles: *Da Filosofia*.

Após a invasão de Atarneu pelos persas e o assassinato de Hérmias, ocasião em que, segundo alguns autores, Aristóteles salvou a vida de Pítia providenciando sua fuga, dirigiu-se ele a Mitilene na ilha de Lesbos. Pouco tempo depois (em 343 ou 342 a.C.), aceitava a proposta de Filipe II para ser o preceptor de seu filho, Alexandre (então com treze anos) mudando-se para Pela. Na fase de Pela, o Estagirita escreveu duas obras que só sobreviveram fragmentariamente e em caráter transitório: *Da Monarquia* e *Da Colonização*. Nosso filósofo teria iniciado, também nesse período, a colossal *Constituições*, contendo a descrição e o estudo de 158 (ou, ao menos, 125) formas de governo em prática em toda a Grécia (desse alentadíssimo trabalho só restou para a posteridade a *Constituição de Atenas*).

Depois de haver subjugado várias cidades helênicas da costa do mar Egeu, e inclusive ter destruído Estagira (que ele próprio permitiria depois que fosse reconstruída por Aristóteles), Filipe II finalmente tomou Atenas e Tebas na célebre batalha de Queroneia, em 338 a.C.

Indiferente a esses fatos militares e políticos, o Estagirita prosseguiu como educador de Alexandre até a morte de Filipe e o início do reinado de Alexandre (335 a.C.). Retornou então a Atenas e fundou nesse mesmo ano sua Escola no Λύκειον (*Lýkeion* – *Liceu*), que era um ginásio localizado no nordeste de Atenas, junto ao templo de Apolo Lício, deus da luz, ou Λύκειος (*Lýkeios* – literalmente, *destruidor de lobos*).

O Liceu (já que o lugar emprestou seu nome à Escola de Aristóteles) situava-se em meio a um bosque (consagrado às Musas e a Apolo Lício) e era formado por um prédio, um jardim e uma alameda adequada ao passeio de pessoas que costumavam realizar uma *conversação caminhando* (περίπατος – *perípatos*), daí a filosofia aristotélica ser igualmente denominada filosofia *peripatética,* e sua Escola, Escola *peripatética*, referindo-se à tal alameda e especialmente ao hábito de o Estagirita e seus discípulos andarem por ali discutindo questões filosóficas.

A despeito de estar em Atenas, nosso filósofo permanecia informado das manobras político-militares de Alexandre por meio do chanceler macedônio e amigo, Antipater.

O período do Liceu (335-323 a.C.) foi, sem qualquer dúvida, o mais produtivo e fecundo na vida do filósofo de Estagira. Ele conjugava uma intensa atividade intelectual entre o ensino na Escola e a redação de suas obras. Durante a manhã, Aristóteles ministrava aulas restritas aos discípulos mais avançados, os chamados cursos *esotéricos* ou *acroamáticos*, os quais versavam geralmente sobre temas mais complexos e profundos de lógica, matemática, física e metafísica. Nos períodos vespertino e noturno, Aristóteles dava cursos abertos, acessíveis ao grande público (*exotéricos*), via de regra, de dialética e retórica. Teofrasto e Eudemo, seus principais discípulos, atuavam como assistentes e monitores, reforçando a explicação das lições aos discípulos e as anotando para que o mestre, com base nelas, redigisse depois suas obras.

A distinção entre cursos esotéricos e exotéricos e a consequente separação dos discípulos não eram motivadas por qualquer diferença entre um ensino secreto místico, reservado apenas a *iniciados,* e um ensino meramente religioso, ministrado aos profanos, nos moldes, por exemplo, das instituições dos pitagóricos.

Essa distinção era puramente pragmática, no sentido de organizar os cursos por nível de dificuldade (didática) e, sobretudo, restringir os cursos exotéricos àquilo que despertava o interesse da grande maioria dos atenienses, a saber, a dialética e a retórica.

Nessa fase áurea do Liceu, nosso filósofo também montou uma biblioteca incomparável, constituída por centenas de manuscritos e mapas, e um museu, que era uma combinação de jardim botânico e jardim zoológico, com uma profusão de espécimes vegetais e animais oriundos de diversas partes do Império de Alexandre Magno.

Que se acresça, a propósito, que o *curriculum* para o aprendizado que Aristóteles fixou nessa época para o Liceu foi a base para o *curriculum* das Universidades europeias durante mais de dois mil anos, ou seja, até o século XIX.

A morte prematura de Alexandre em 323 a.C. trouxe à baila novamente, como trouxera em 338 na derrota de Queroneia, um forte ânimo patriótico em Atenas, encabeçado por Demóstenes (o mesmo grande orador que insistira tanto no passado recente sobre a ameaça de Filipe). Isso, naturalmente, gerou um acentuado e ardente sentimento antimacedônico.

Como era de se esperar, essa animosidade atingiu todos os gregos que entretinham, de um modo ou outro, relações com os macedônios.

Nosso filósofo viu-se, então, em uma situação bastante delicada, pois não apenas residira em Pela durante anos, cuidando da educação do futuro senhor do Império, como conservara uma correspondência regular com Antipater (braço direito de Alexandre), com quem estreitara um fervoroso vínculo de amizade. As constantes e generosas contribuições de Alexandre ao acervo do Liceu (biblioteca e museu) haviam passado a ser observadas com desconfiança, bem como a amizade "suspeita" do aristocrático e conservador filósofo que nunca ocultara sua antipatia pela democracia ateniense e que, às vezes, era duro na sua crítica aos próprios atenienses, como quando teria dito que "os atenienses criaram o trigo e as leis, mas enquanto utilizam o primeiro, esquecem as segundas".

Se somarmos ainda a esse campo minado sob os pés do Estagirita o fato de o Liceu ser rivalizado pela nacionalista Academia de Espeusipo e a democrática Escola de retórica de Isócrates, não nos espantaremos ao constatar que, muito depressa, os cidadãos atenienses começaram a alimentar em seus corações a suspeita de que Aristóteles era um *traidor*.

Segundo Diógenes Laércio, Aristóteles teria sido mesmo acusado de impiedade (cometendo-a ao render culto a um mortal e o divinizando) pelo sumo sacerdote Eurimédon ou por Demófilo.

Antes que sucedesse o pior, o sisudo e imperturbável pensador optou pelo exílio voluntário e abandonou seu querido Liceu e Atenas em 322 ou 321 a.C., transferindo-se para Cálcis, na Eubeia, terra de sua mãe. No Liceu o sucederam Teofrasto, Estráton, Lícon de Troas, Dicearco, Aristóxeno e Aríston de Cós.

Teria dito que agia daquela maneira "para evitar que mais um crime fosse perpetrado contra a filosofia", referindo-se certamente a Sócrates.

Mas viveria pouquíssimo em Cálcis. Morreu no mesmo ano de 322 ou 321, aos 63 anos, provavelmente vitimado por uma enfermidade gástrica de que sofria há muito tempo. Diógenes Laércio supõe, diferentemente, que Aristóteles teria se suicidado tomando cicuta, exatamente o que Sócrates tivera que ingerir, um mês após sua condenação à morte.

Aristóteles foi casado uma segunda vez (Pítia encontrara a morte pouco depois do assassinato de seu protetor, o tirano Hérmias) com Hérpile, uma jovem, como ele, de Estagira, e que lhe deu uma filha e o filho Nicômaco.

O testamenteiro de Aristóteles foi Antipater, e reproduzimos aqui seu testamento conforme Diógenes Laércio, que declara em sua obra *Vida, Doutrina e Sentenças dos Filósofos Ilustres* "(...) haver tido a sorte de lê-lo (...)":

"Tudo sucederá para o melhor, mas, na ocorrência de alguma fatalidade, são registradas aqui as seguintes disposições de vontade de Aristóteles. Antipater será, para todos os efeitos, meu testamenteiro. Até a maioridade de Nicanor, desejo que Aristomeno, Timarco, Hiparco, Dióteles e Teofrasto (se aceitar e estiver capacitado para esta responsabilidade) sejam os tutores e curadores de meus filhos, de Hérpile e de todos os meus bens. Uma vez alcance minha filha a idade necessária, que seja concedida como esposa a Nicanor. Se algum mal abater-se sobre ela – prazam os deuses que não – antes ou depois de seu casamento, antes de ter filhos, caberá a Nicanor deliberar sobre meu filho e sobre meus bens, conforme a ele pareça digno de si e de mim. Nicanor assumirá o cuidado de minha filha e de meu filho Nicômaco, zelando para que nada lhes falte, sendo para eles tal como um pai e um irmão. Caso venha a suceder algo antes a Nicanor – que seja afastado para distante o agouro – antes ou depois de ter casado com minha filha, antes de ter filhos, todas as suas deliberações serão executórias, e se, inclusive, for o desejo de Teofrasto viver com minha filha, que tudo seja como parecer melhor a Nicanor. Em caso contrário, os tutores decidirão com Antipater a respeito de minha filha e de meu filho, segundo o que lhes afigure mais apropriado. Deverão ainda os tutores e Nicanor considerar minhas relações com Hérpile (pois foi-me ela leal) e dela cuidar em todos os aspectos. Caso ela deseje um esposo, cuidarão para que seja concedida a um homem que não seja indigno de mim.

A ela deverão entregar, além daquilo que já lhe dei, um talento de prata retirado de minha herança, três escravas (se as quiser), a pequena escrava que já possuía e o pequeno Pirraio; e se desejar viver em Cálcis, a ela será dada a casa existente no jardim; se Estagira for de sua preferência, a ela caberá a casa de meus pais. De qualquer maneira, os tutores mobiliarão a casa do modo que lhes parecer mais próprio e satisfatório a Hérpile. A Nicanor também caberá a tarefa de fazer retornar dignamente à casa de seus pais o meu benjamim Myrmex, acompanhado de todos os dons que dele recebi. Que Ambracis seja libertada, dando-se-lhe por ocasião do casamento de minha filha quinhentas dracmas, bem como a menina que ela mantém como serva. A Tales dar-se-á, somando-se à menina que adquiriu, mil dracmas e uma pequena escrava. Para Simão, além do dinheiro que já lhe foi entregue para a compra de um escravo, deverá ser comprado um outro ou dar-lhe dinheiro. Tácon será libertado no dia da celebração do casamento de minha filha, e juntamente com ele Fílon, Olímpio e seu filho. Proíbo que quaisquer dos escravos que estavam a meu serviço sejam vendidos, mas que sejam empregados; serão conservados até atingirem idade suficiente para serem libertados como mostra de recompensa por seu merecimento. Cuidar-se-ão também das estátuas que encomendei a Grilion. Uma vez prontas, serão consagradas. Essas estátuas são aquelas de Nicanor, de Proxeno, que era desígnio fazer, e a da mãe de Nicanor. A de Arimnesto, cuja confecção já findou, será consagrada para o não desaparecimento de sua memória, visto que morreu sem filhos. A imagem de minha mãe será instalada no templo de Deméter em Nemeia (sendo a esta deusa dedicada) ou noutro lugar que for preferido. De uma maneira ou de outra, as ossadas de Pítia, como era seu desejo, deverão ser depositadas no local em que meu túmulo for erigido. Enfim, Nicanor, se preservado entre vós (conforme o voto que realizei em seu nome), consagrará as estátuas de pedra de quatro côvados de altura a Zeus salvador e à Atena salvadora em Estagira.".

ARISTÓTELES:
SUA OBRA

A OBRA DE ARISTÓTELES FOI TÃO VASTA e diversificada que nos permite traçar uma pequena história a seu respeito.

Mas antes disso devemos mencionar algumas dificuldades ligadas à bibliografia do Estagirita, algumas partilhadas por ele com outras figuras célebres da Antiguidade e outras que lhe são peculiares.

A primeira barreira que nos separa do Aristóteles *integral*, por assim dizer, é o fato de muitos de seus escritos não terem chegado a nós ou – para nos situarmos no tempo – à aurora da Era Cristã e à Idade Média.

A quase totalidade dos trabalhos de outros autores antigos, como é notório, teve o mesmo destino, particularmente as obras dos filósofos pré-socráticos. A preservação de manuscritos geralmente únicos ao longo de séculos constituía uma dificuldade espinhosa por razões bastante compreensíveis e óbvias.

No que toca a Aristóteles, há obras que foram perdidas na sua íntegra; outras chegaram a nós parciais ou muito incompletas; de outras restaram apenas fragmentos; outras, ainda, embora estruturalmente íntegras, apresentam lacunas facilmente perceptíveis ou mutilações.

Seguramente, entre esses escritos perdidos existem muitos cujos assuntos tratados nem sequer conhecemos. De outros estamos cientes dos temas. Vários parecem definitivamente perdidos e outros são atualmente objeto de busca.

Além do esforço despendido em tal busca, há um empenho no sentido de reconstituir certas obras com base nos fragmentos.

É quase certo que boa parte da perda irreparável da obra aristotélica tenha sido causada pelo incêndio da Biblioteca de Alexandria, em que foram consumidos tratados não só de pensadores da época de Aristóteles (presumivelmente de Epicuro, dos estoicos, dos céticos etc.), como também de pré-socráticos e de filósofos gregos dos séculos III e II a.C., como dos astrônomos Eratóstenes e Hiparco, que atuavam brilhante e devotadamente na própria Biblioteca. Mais tarde, no fim do século IV d.C., uma multidão de cristãos fanáticos invadiu e depredou a Biblioteca, ocorrendo mais uma vez a destruição de centenas de manuscritos. O coroamento da fúria dos ignorantes na sua intolerância religiosa contra o imenso saber helênico (paganismo) ocorreu em 415 d.C., quando a filósofa (astrônoma) Hipácia, destacada docente da Biblioteca, foi perseguida e lapidada por um grupo de cristãos, que depois arrastaram seu corpo mutilado pelas ruas de Alexandria.

Uma das obras consumidas no incêndio supracitado foi o estudo que Aristóteles empreendeu sobre, no mínimo, 125 governos gregos.

Juntam-se, tristemente, a esse monumental trabalho irremediavelmente perdido: uma tradução especial do poeta Homero que Aristóteles teria executado para seu pupilo Alexandre; um estudo sobre belicismo e direitos territoriais; um outro sobre as línguas dos povos bárbaros; e quase todas as obras *exotéricas* (poemas, epístolas, diálogos etc.).

Entre os achados tardios, deve-se mencionar a *Constituição de Atenas*, descoberta só muito recentemente, no século XIX.

Quanto aos escritos incompletos, o exemplo mais conspícuo é a *Poética*, em cujo texto, de todas as artes poéticas que nosso filósofo se propõe a examinar, as únicas presentes são a tragédia e a poesia épica.

Outra dificuldade que afeta a obra de Aristóteles, esta inerente ao próprio filósofo, é a diferença de caráter e teor de seus escritos, os quais são classificados em *exotéricos* e *acroamáticos* (ou *esotéricos*), aos quais já nos referimos, mas que requerem aqui maior atenção.

Os exotéricos eram os escritos (geralmente sob forma de epístolas, diálogos e transcrições das palestras de Aristóteles com seus discípulos e principalmente das aulas públicas de retórica e dialética) cujo teor não era tão profundo, sendo acessíveis ao público em geral e versando especialmente sobre retórica e dialética. Os acroamáticos ou esotéricos eram precisamente os escritos de conteúdo mais aprofundado, minucioso e complexo (mais propriamente filosóficos, versando sobre física, metafísica, ética, política etc.), e que, durante o período no qual predominou em Atenas uma disposição marcantemente antimacedônica, circulavam exclusivamente nas mãos dos discípulos e amigos do Estagirita.

Até meados do século I a.C., as obras conhecidas de Aristóteles eram somente as exotéricas. As acroamáticas ou esotéricas permaneceram pelo arco das existências do filósofo, de seus amigos e discípulos sob o rigoroso controle destes, destinadas apenas à leitura e ao estudo deles mesmos. Com a morte dos integrantes desse círculo aristotélico fechado, as obras acroamáticas (por certo o melhor do Estagirita) ficaram mofando em uma adega na casa de Corisco por quase 300 anos.

O resultado inevitável disso, como se pode facilmente deduzir, é que por todo esse tempo julgou-se que o pensamento filosófico de Aristóteles era apenas o que estava contido nos escritos exotéricos, que não só foram redigidos no estilo de Platão (epístolas e diálogos), como primam por questionamentos tipicamente platônicos, além de muitos deles não passarem, a rigor, de textos rudimentares ou meros esboços, falhos tanto do ponto de vista formal e redacional quanto carentes de critério expositivo, dificilmente podendo ser considerados rigorosamente como *tratados* filosóficos.

Foi somente por volta do ano 50 a.C. que descobriram que na adega de Corisco não havia *unicamente* vinho.

Os escritos acroamáticos foram, então, transferidos para Atenas e, com a invasão dos romanos, nada apáticos em relação à cultura grega, enviados a Roma.

Nessa oportunidade, Andrônico de Rodes juntou os escritos acroamáticos aos exotéricos, e o mundo ocidental se deu conta do verdadeiro filão do pensamento aristotélico, reconhecendo sua originalidade e envergadura. O Estagirita, até então tido como um simples discípulo de Platão, assumiu sua merecida importância como grande pensador capaz de ombrear-se com o próprio mestre.

Andrônico de Rodes conferiu ao conjunto da obra aristotélica a organização que acatamos basicamente até hoje. Os escritos exotéricos, entretanto, agora ofuscados pelos acroamáticos, foram preteridos por estes, descurados e acabaram desaparecendo quase na sua totalidade.

A terceira dificuldade que nos furta o acesso à integridade da obra aristotélica é a existência dos *apócrifos* e dos *suspeitos*.

O próprio volume imenso da obra do Estagirita acena para a possibilidade da presença de colaboradores entre os seus discípulos mais chegados, especialmente Teofrasto. Há obras de estilo e terminologia perceptivelmente diferentes dos correntemente empregados por Aristóteles, entre elas a famosa *Problemas* (que trata dos temas mais diversos, inclusive a magia), a *Economia* (síntese da primeira parte da *Política*) e *Do Espírito*, sobre fisiologia e psicologia, e que não deve ser confundida com *Da Alma*, certamente de autoria exclusiva de Aristóteles.

O maior problema, contudo, ao qual foi submetida a obra aristotélica, encontra sua causa no tortuoso percurso linguístico e cultural de que ela foi objeto até atingir a Europa cristã.

Apesar do enorme interesse despertado pela descoberta dos textos acroamáticos ou esotéricos em meados do último século antes de Cristo, o mundo culto ocidental (então, a Europa) não demoraria a ser tomado pela fé cristã e a seguir pela cristianização oficial estabelecida pela Igreja, mesmo ainda sob o Império romano.

A cristianização do Império romano permitiu aos poderosos Padres da Igreja incluir a filosofia grega no contexto da manifestação pagã, convertendo o seu cultivo em prática herética. A filosofia aristotélica foi condenada e seu estudo posto na ilegalidade. Entretanto, com a divisão do Império romano em 385 d.C., o *corpus aristotelicum* composto por Andrônico de Rodes foi levado de Roma para Alexandria.

Foi no Império romano do Oriente (Império bizantino) que a obra de Aristóteles voltou a ser regularmente lida, apreciada e finalmente *traduzida*... para o árabe (língua semita que, como sabemos, não entretém qualquer afinidade com o grego) a partir do século X.

Portanto, o *primeiro* Aristóteles *traduzido* foi o dos grandes filósofos árabes, particularmente Avicena (*Ibn Sina*, morto em 1036) e Averróis (*Ibn Roschd*, falecido em 1198), ambos exegetas de Aristóteles, sendo o último considerado o mais importante dos *peripatéticos árabes* da Espanha, e *não* o da latinidade representada fundamentalmente por Santo Tomás de Aquino.

Mas, voltando no tempo, ainda no século III, os Padres da Igreja (homens de ferro, como Tertuliano, decididos a consolidar institucionalmente o cristianismo oficial a qualquer custo) concluíram que a filosofia helênica, em lugar de ser combatida, poderia se revelar um poderoso instrumento para a legitimação e o fortalecimento intelectual da doutrina cristã. Porém, de que filosofia grega dispunham em primeira mão? Somente do neoplatonismo e do estoicismo, doutrinas filosóficas gregas que, de fato, se mostravam conciliáveis com o cristianismo, especialmente o último, que experimentara uma séria continuidade romana graças a figuras como Sêneca, Epíteto e o imperador Marco Aurélio Antonino.

Sob os protestos dos representantes do neoplatonismo (Porfírio, Jâmblico, Proclo etc.), ocorreu uma apropriação do pensamento grego por parte da Igreja. Situação delicadíssima para os últimos filósofos gregos, que, se por um lado podiam perder suas cabeças por sustentar a distinção e/ou oposição do pensamento grego ao cristianismo, por outro tinham de admitir o fato de muitos de seus próprios discípulos estarem se convertendo a ele, inclusive através de uma tentativa de compatibilizá-lo não só com Platão, como também com Aristóteles, de modo a torná-los "aceitáveis" para a Igreja.

Assim, aquilo que ousaremos chamar de *apropriação do pensamento filosófico grego* foi encetado inicialmente pelos próprios discípulos dos neoplatônicos, e se consubstanciou na conciliação do cristianismo (mais exatamente a teologia cristã que principiava a ser construída e estruturada naquela época) primeiramente com o platonismo, via neoplatonismo, e depois com o aristotelismo, não tendo sido disso pioneiros nem os grandes vultos da patrística (São Justino, Clemente de Alexandria, Orígenes e mesmo Santo Agostinho) relativamente a Platão, nem aqueles da escolástica (John Scot Erigene e Santo Tomás de Aquino) relativamente a Aristóteles.

A primeira consequência desse "remanejamento" filosófico foi nivelar Platão com Aristóteles. Afinal, não se tratava de estudar a fundo e exaustivamente os grandes sistemas filosóficos gregos – os pragmáticos Padres da Igreja viam o vigoroso pensamento helênico meramente como um precioso veículo a atender seu objetivo, ou seja, propiciar fundamento e conteúdo filosóficos à incipiente teologia cristã.

Os discípulos cristãos dos neoplatônicos não tiveram, todavia, acesso aos manuscritos originais do *corpus aristotelicum*.

Foi por meio da conquista militar da península ibérica e da região do mar Mediterrâneo pelas tropas cristãs, inclusive durante as Cruzadas, que os cristãos voltaram a ter contato com as obras do Estagirita, precisamente por intermédio dos *infiéis*, ou seja, tiveram acesso às *traduções e paráfrases* árabes (e mesmo hebraicas) a que nos referimos anteriormente.

A partir do século XII começaram a surgir as primeiras traduções latinas (latim erudito) da obra de Aristóteles. Conclusão: o Aristóteles linguística e culturalmente original, durante séculos, jamais frequentou a Europa medieval.

Tanto Andrônico de Rodes, no século I a.C., ao estabelecer o *corpus aristotelicum*, quanto o neoplatônico Porfírio, no século III, ressaltaram nesse *corpus* o Ὄργανον (*Órganon* – série de tratados dedicados à lógica, ou melhor, à *Analítica*, no dizer de Aristóteles) e sustentaram a ampla divergência doutrinária entre os pensamentos de Platão e de Aristóteles. Os discípulos cristãos dos neoplatônicos, a partir da alvorada do século III, deram realce à lógica, à física e à retórica, e levaram a cabo a proeza certamente falaciosa de conciliar os dois maiores filósofos da Grécia. Quanto aos estoicos romanos, também prestigiaram a lógica aristotélica, mas deram destaque à ética, não nivelando Aristóteles com Platão, mas os aproximando.

O fato é que a Igreja obteve pleno êxito no seu intento, graças à inteligência e à sensibilidade agudas de homens como o bispo de Hipona, Aurélio Agostinho (Santo Agostinho – 354-430 d.C.) e o dominicano oriundo de Nápoles, Tomás de Aquino (Santo Tomás – 1224-1274), que se revelaram vigorosos e fecundos teólogos, superando o papel menor de meros intérpretes e *aproveitadores* das originalíssimas concepções gregas.

Quanto a Aristóteles, a Igreja foi muito mais além e transformou *il filosofo* (como Aquino o chamava) na suma e única autoridade do conhecimento, com o que, mais uma vez, utilizava o pensamento grego para alicerçar os dogmas da cristandade e, principalmente, respaldar e legitimar sua intensa atividade política oficial e extraoficial, caracterizada pelo autoritarismo e pela centralização do poder em toda a Europa.

Se, por um lado, o Estagirita sentir-se-ia certamente lisonjeado com tal posição, por outro, quem conhece seu pensamento sabe que também certamente questionaria o próprio *conceito* de autoridade exclusiva do conhecimento.

Com base na clássica ordenação do *corpus aristotelicum* de Andrônico de Rodes, pode-se classificar os escritos do Estagirita da maneira que se segue (note-se que esta relação não corresponde exatamente ao extenso elenco elaborado por Diógenes Laércio posteriormente no século III d.C. e que nela não se cogita a questão dos apócrifos).

1. Escritos sob a influência de Platão, mas já detendo caráter crítico em relação ao pensamento platônico:[*]
— *Poemas*;[*]
— *Eudemo* (diálogo cujo tema é a alma, abordando a imortalidade, a reminiscência e a imaterialidade);
— *Protrépticos*[*] (epístola na qual Aristóteles se ocupa de metafísica, ética, política e psicologia);
— *Da Monarquia*;[*]
— *Da Colonização*;[*]
— *Constituições*;[*]
— *Da Filosofia*[*] (diálogo constituído de três partes: a *primeira*, histórica, encerra uma síntese do pensamento filosófico desenvolvido até então, inclusive o pensamento egípcio; a *segunda* contém uma crítica à teoria das Ideias de Platão; e a *terceira* apresenta uma exposição das primeiras concepções aristotélicas, onde se destaca a concepção do *Primeiro Motor Imóvel*);
— *Metafísica*[*] (esboço e porção da futura Metafísica completa e definitiva);
— *Ética a Eudemo* (escrito parcialmente exotérico que, exceto pelos Livros IV, V e VI, será substituído pelo texto acroamático definitivo *Ética a Nicômaco*);
— *Política*[*] (esboço da futura *Política*, no qual já estão presentes a crítica à República de Platão e a teoria das três formas de governo originais e puras e as três derivadas e degeneradas);
— *Física*[*] (esboço e porção – Livros I e II – da futura *Física*; já constam aqui os conceitos de matéria, forma, potência, ato e a doutrina do movimento);
— *Do Céu* (nesta obra, Aristóteles faz a crítica ao *Timeu* de Platão e estabelece os princípios de sua cosmologia com a doutrina dos cinco elementos e a doutrina da eternidade do mundo e sua finitude espacial; trata ainda do tema da geração e corrupção).

---

[*]. Os asteriscos indicam os escritos perdidos após o primeiro século da Era Cristã e quase todos exotéricos; das 125 (ou 158) *Constituições*, a de Atenas (inteiramente desconhecida de Andrônico de Rodes) foi descoberta somente em 1880.

2. Escritos da maturidade (principalmente desenvolvidos e redigidos no período do Liceu – 335 a 323 a.C.)
— A *Analítica* ou *Órganon*, como a chamaram os bizantinos por ser o Ὄργανον (instrumento, veículo, ferramenta e propedêutica) das ciências (trata da lógica – regras do pensamento correto e científico, sendo composto por seis tratados, a saber: Categorias, Da Interpretação, Analíticos Anteriores, Analíticos Posteriores, Tópicos e Refutações Sofísticas);
— *Física* (não contém um único tema, mas vários, entrelaçando e somando oito Livros de física, quatro de cosmologia [intitulados *Do Céu*], dois que tratam especificamente da geração e corrupção, quatro de meteorologia [intitulados *Dos Meteoros*], Livros de zoologia [intitulados *Da Investigação sobre os Animais, Da Geração dos Animais, Da Marcha dos Animais, Do Movimento dos Animais, Das Partes dos Animais*] e três Livros de psicologia [intitulados *Da Alma*]);
— *Metafísica* (termo cunhado por Andrônico de Rodes por mero motivo organizatório, ou seja, ao examinar todo o conjunto da obra aristotélica, no século I a.C., notou que esse tratado se apresentava *depois* [μετά] do tratado da *Física*) (é a obra em que Aristóteles se devota à filosofia primeira ou filosofia teológica, quer dizer, à ciência que investiga as causas primeiras e universais do ser, *o ser enquanto ser;* o tratado é composto de quatorze Livros);
— *Ética a Nicômaco* (em dez Livros, trata dos principais aspectos da ciência da ação individual, a ética, tais como o bem, as virtudes, os vícios, as paixões, os desejos, a amizade, o prazer, a dor, a felicidade etc.);
— *Política* (em oito Livros, trata dos vários aspectos da ciência da ação do indivíduo como animal social (*político*): a família e a economia, as doutrinas políticas, os conceitos políticos, o caráter dos Estados e dos cidadãos, as formas de governo, as transformações e revoluções nos Estados, a educação do cidadão etc.);
— *Retórica*[*] (em três Livros);
— *Poética* (em um Livro, mas incompleta).

(*). Escrito exotérico, mas não perdido.

A relação que transcrevemos a seguir, de Diógenes Laércio (século III), é muito maior, e esse biógrafo, como o organizador do *corpus aristotelicum*, não se atém à questão dos escritos perdidos, recuperados, adulterados, mutilados, e muito menos ao problema dos apócrifos, que só vieram efetivamente à tona a partir do helenismo moderno. O critério classificatório de Diógenes é, também, um tanto diverso daquele de Andrônico e ele faz o célebre introito elogioso a Aristóteles, a saber:

"Ele escreveu um vasto número de livros que julguei apropriado elencar, dada a excelência desse homem em todos os campos de investigação:

— *Da Justiça*, quatro Livros;
— *Dos Poetas*, três Livros;
— *Da Filosofia*, três Livros;
— *Do Político*, dois Livros;
— *Da Retórica* ou *Grylos*, um Livro;
— *Nerinto*, um Livro;
— *Sofista*, um Livro;
— *Menexeno*, um Livro;
— *Erótico*, um Livro;
— *Banquete*, um Livro;
— *Da Riqueza*, um Livro;
— *Protréptico*, um Livro;
— *Da Alma*, um Livro;
— *Da Prece*, um Livro;
— *Do Bom Nascimento*, um Livro;
— *Do Prazer*, um Livro;
— *Alexandre*, ou *Da Colonização*, um Livro;
— *Da Realeza*, um Livro;
— *Da Educação*, um Livro;
— *Do Bem*, três Livros;
— *Excertos de As Leis de Platão*, três Livros;
— *Excertos da República de Platão*, dois Livros;
— *Economia*, um Livro;

— *Da Amizade*, um Livro;
— *Do ser afetado ou ter sido afetado*, um Livro;
— *Das Ciências*, dois Livros;
— *Da Erística*, dois Livros;
— *Soluções Erísticas*, quatro Livros;
— *Cisões Sofísticas*, quatro Livros;
— *Dos Contrários*, um Livro;
— *Dos Gêneros e Espécies*, um Livro;
— *Das Propriedades*, um Livro;
— *Notas sobre os Argumentos*, três Livros;
— *Proposições sobre a Excelência*, três Livros;
— *Objeções*, um Livro;
— *Das coisas faladas de várias formas ou por acréscimo*, um Livro;
— *Dos Sentimentos* ou *Do Ódio*, um Livro;
— *Ética*, cinco Livros;
— *Dos Elementos*, três Livros;
— *Do Conhecimento*, um Livro;
— *Dos Princípios*, um Livro;
— *Divisões*, dezesseis Livros;
— *Divisão*, um Livro;
— *Da Questão e Resposta*, dois Livros;
— *Do Movimento*, dois Livros;
— *Proposições Erísticas*, quatro Livros;
— *Deduções*, um Livro;
— *Analíticos Anteriores*, nove Livros;
— *Analíticos Posteriores*, dois Livros;
— *Problemas*, um Livro;
— *Metódica*, oito Livros;
— *Do mais excelente*, um Livro;
— *Da Ideia*, um Livro;
— *Definições Anteriores aos Tópicos*, um Livro;
— *Tópicos*, sete Livros;

— *Deduções*, dois Livros;
— *Deduções e Definições*, um Livro;
— *Do Desejável e Dos Acidentes*, um Livro;
— *Pré-tópicos*, um Livro;
— *Tópicos voltados para Definições*, dois Livros;
— *Sensações*, um Livro;
— *Matemáticas*, um Livro;
— *Definições*, treze Livros;
— *Argumentos*, dois Livros;
— *Do Prazer*, um Livro;
— *Proposições*, um Livro;
— *Do Voluntário*, um Livro;
— *Do Nobre*, um Livro;
— *Teses Argumentativas*, vinte e cinco Livros;
— *Teses sobre o Amor*, quatro Livros;
— *Teses sobre a Amizade*, dois Livros;
— *Teses sobre a Alma*, um Livro;
— *Política*, dois Livros;
— *Palestras sobre Política* (como as de Teofrasto), oito Livros;
— *Dos Atos Justos*, dois Livros;
— *Coleção de Artes*, dois Livros
— *Arte da Retórica*, dois Livros;
— *Arte*, um Livro;
— *Arte* (uma outra obra), dois Livros;
— *Metódica*, um Livro;
— *Coleção da Arte de Teodectes*, um Livro;
— *Tratado sobre a Arte da Poesia*, dois Livros;
— *Entimemas Retóricos*, um Livro;
— *Da Magnitude*, um Livro;
— *Divisões de Entimemas*, um Livro;
— *Da Dicção*, dois Livros;
— *Dos Conselhos*, um Livro;

— *Coleção*, dois Livros;
— *Da Natureza*, três Livros;
— *Natureza*, um Livro;
— *Da Filosofia de Árquitas*, três Livros;
— *Da Filosofia de Espeusipo e Xenócrates*, um Livro;
— *Excertos do Timeu e dos Trabalhos de Árquitas*, um Livro;
— *Contra Melisso*, um Livro;
— *Contra Alcmeon*, um Livro;
— *Contra os Pitagóricos*, um Livro;
— *Contra Górgias*, um Livro;
— *Contra Xenófanes*, um Livro;
— *Contra Zenão*, um Livro;
— *Dos Pitagóricos*, um Livro;
— *Dos Animais*, nove Livros;
— *Dissecações*, oito Livros;
— *Seleção de Dissecações*, um Livro;
— *Dos Animais Complexos*, um Livro;
— *Dos Animais Mitológicos*, um Livro;
— *Da Esterilidade*, um Livro;
— *Das Plantas*, dois Livros
— *Fisiognomonia*, um Livro;
— *Medicina*, dois Livros;
— *Das Unidades*, um Livro;
— *Sinais de Tempestade*, um Livro;
— *Astronomia*, um Livro;
— *Ótica*, um Livro;
— *Do Movimento*, um Livro;
— *Da Música*, um Livro;
— *Memória*, um Livro;
— *Problemas Homéricos*, seis Livros;
— *Poética*, um Livro;
— *Física* (por ordem alfabética), trinta e oito Livros;

— *Problemas Adicionais*, dois Livros;
— *Problemas Padrões*, dois Livros;
— *Mecânica*, um Livro;
— *Problemas de Demócrito*, dois Livros;
— *Do Magneto*, um Livro;
— *Conjunções dos Astros*, um Livro;
— *Miscelânea*, doze Livros;
— *Explicações* (ordenadas por assunto), catorze Livros;
— *Afirmações*, um Livro;
— *Vencedores Olímpicos*, um Livro;
— *Vencedores Pítios na Música*, um Livro;
— *Sobre Píton*, um Livro;
— *Listas dos Vencedores Pítios*, um Livro;
— *Vitórias em Dionísia*, um Livro;
— *Das Tragédias*, um Livro;
— *Didascálias*, um Livro;
— *Provérbios*, um Livro;
— *Regras para os Repastos em Comum*, um Livro;
— *Leis*, quatro Livros;
— *Categorias*, um Livro;
— *Da Interpretação*, um Livro;
— *Constituições de 158 Estados* (ordenadas por tipo: democráticas, oligárquicas, tirânicas, aristocráticas);
— *Cartas a Filipe*;
— *Cartas sobre os Selimbrianos*;
— *Cartas a Alexandre* (4), *a Antipater* (9), *a Mentor* (1), *a Aríston* (1), *a Olímpias* (1), *a Hefaístion* (1), *a Temistágoras* (1), *a Filoxeno* (1), *a Demócrito* (1);
— *Poemas*;
— *Elegias*.

Curiosamente, esse elenco gigantesco não é, decerto, exaustivo, pois, no mínimo, duas outras fontes da investigação bibliográfica de Aristóteles apontam títulos adicionais, inclusive alguns dos mais importantes da

lavra do Estagirita, como a *Metafísica* e a *Ética a Nicômaco*. Uma delas é a *Vita Menagiana*, cuja conclusão da análise acresce:
— *Peplos*;
— *Problemas Hesiódicos*, um Livro;
— *Metafísica*, dez Livros;
— *Ciclo dos Poetas*, três Livros;
— *Contestações Sofísticas ou Da Erística*;
— *Problemas dos Repastos Comuns*, três Livros;
— *Da Bênção, ou por que Homero inventou o gado do sol?*;
— *Problemas de Arquíloco, Eurípides, Quoirilos*, três Livros;
— *Problemas Poéticos*, um Livro;
— *Explicações Poéticas*;
— *Palestras sobre Física*, dezesseis Livros;
— *Da Geração e Corrupção*, dois Livros;
— *Meteorológica*, quatro Livros;
— *Da Alma*, três Livros;
— *Investigação sobre os Animais*, dez Livros;
— *Movimento dos Animais*, três Livros;
— *Partes dos Animais*, três Livros;
— *Geração dos Animais*, três Livros;
— *Da Elevação do Nilo*;
— *Da Substância nas Matemáticas*;
— *Da Reputação*;
— *Da Voz*;
— *Da Vida em Comum de Marido e Mulher*;
— *Leis para o Esposo e a Esposa*;
— *Do Tempo*;
— *Da Visão*, dois Livros;
— *Ética a Nicômaco*;
— *A Arte da Eulogia*;
— *Das Coisas Maravilhosas Ouvidas*;
— *Da Diferença*;
— *Da Natureza Humana*;

— *Da Geração do Mundo*;
— *Costumes dos Romanos*;
— *Coleção de Costumes Estrangeiros*.

A *Vida de Ptolomeu*, por sua vez, junta os títulos a seguir:
— *Das Linhas Indivisíveis*, três Livros;
— *Do Espírito*, três Livros;
— *Da Hibernação*, um Livro;
— *Magna Moralia*, dois Livros;
— *Dos Céus e do Universo*, quatro Livros;
— *Dos Sentidos e Sensibilidade*, um Livro;
— *Da Memória e Sono*, um Livro;
— *Da Longevidade e Efemeridade da Vida*, um Livro;
— *Problemas da Matéria*, um Livro;
— *Divisões Platônicas*, seis Livros;
— *Divisões de Hipóteses*, seis Livros;
— *Preceitos*, quatro Livros;
— *Do Regime*, um Livro;
— *Da Agricultura*, quinze Livros;
— *Da Umidade*, um Livro;
— *Da Secura*, um Livro;
— *Dos Parentes*, um Livro.

A contemplar essa imensa produção intelectual (a maior parte da qual irreversivelmente desaparecida ou destruída), impossível encarar a questão central dos apócrifos e dos suspeitos como polêmica. Trata-se, apenas, de um fato cultural em que possam se debruçar especialistas e eruditos. Nem se o gênio de Estagira dispusesse dos atuais recursos de preparação e produção editoriais (digitação eletrônica, impressão a *laser*, *scanners* etc.) e não meramente de redatores e copiadores de manuscritos, poderia produzir isolada e individualmente uma obra dessa extensão e magnitude, além do que, que se frise, nos muitos apócrifos indiscutíveis, o pensamento filosófico ali contido *persiste* sendo do intelecto brilhante de um só homem: Aristóteles; ou seja, se a forma e a redação não são de Aristóteles, o conteúdo certamente é.

A relação final a ser apresentada é do que dispomos hoje de Aristóteles, considerando-se as melhores edições das obras completas do Estagirita, baseadas nos mais recentes estudos e pesquisas dos maiores helenistas dos séculos XIX e XX. À exceção da *Constituição de Atenas*, descoberta em 1880 e dos *Fragmentos*, garimpados e editados em inglês por W. D. Ross em 1954, essa relação corresponde *verbatim* àquela da edição de Immanuel Bekker (que permanece padrão e referencial), surgida em Berlim em 1831. É de se enfatizar que este elenco, graças ao empenho de Bekker (certamente o maior erudito aristotelista de todos os tempos) encerra também uma ordem provável, ou ao menos presumível, do desenvolvimento da reflexão peripatética ou, pelos menos, da redação das obras (insinuando certa continuidade), o que sugere um excelente guia e critério de estudo para aqueles que desejam ler e se aprofundar na totalidade da obra aristotélica, mesmo porque a interconexão e progressão das disciplinas filosóficas (exemplo: *economia – ética – política*) constituem parte indubitável da técnica expositiva de Aristóteles. Disso ficam fora, obviamente, a *Constituição de Atenas* e os *Fragmentos*. Observe-se, contudo, que a ordem a seguir não corresponde exatamente à ordem numérica progressiva do conjunto das obras.

Eis a relação:

— *Categorias* (ΚΑΤΗΓΟΡΙΑΙ);
— *Da Interpretação* (ΠΕΡΙ ΕΡΜΗΝΕΙΑΣ);
— *Analíticos Anteriores* (ΑΝΑΛΥΤΙΚΩΝ ΠΡΟΤΕΡΩΝ);
— *Analíticos Posteriores* (ΑΝΑΛΥΤΙΚΩΝ ΥΣΤΕΡΩΝ);
— *Tópicos* (ΤΟΠΙΚΑ);
— *Refutações Sofísticas* (ΠΕΡΙ ΣΟΦΙΣΤΙΚΩΝ ΕΛΕΓΧΩΝ);
  Obs.: o conjunto desses seis primeiros tratados é conhecido como *Órganon* (ΟΡΓΑΝΟΝ).
— *Da Geração e Corrupção* (ΠΕΡΙ ΓΕΝΕΣΕΩΣ ΚΑΙ ΦΘΟΡΑΣ);
— *Do Universo* (ΠΕΡΙ ΚΟΣΜΟΥ);[*]
— *Física* (ΦΥΣΙΚΗ);
— *Do Céu* (ΠΕΡΙ ΟΥΡΑΝΟΥ);
— *Meteorologia* (ΜΕΤΕΩΡΟΛΟΓΙΚΩΝ);
— *Da Alma* (ΠΕΡΙ ΨΥΧΗΣ);

(*). Suspeito.

— *Do Sentido e dos Sensíveis* (ΠΕΡΙ ΑΙΣΘΗΣΕΩΣ ΚΑΙ ΑΙΣΘΗΤΩΝ);

— *Da Memória e da Revocação* (ΠΕΡΙ ΜΝΗΜΗΣ ΚΑΙ ΑΝΑΜΝΗΣΕΩΣ);

— *Do Sono e da Vigília* (ΠΕΡΙ ΥΠΝΟΥ ΚΑΙ ΕΓΡΗΓΟΡΣΕΩΣ);

— *Dos Sonhos* (ΠΕΡΙ ΕΝΥΠΝΙΩΝ);

— *Da Divinação no Sono* (ΠΕΡΙ ΤΗΣ ΚΑΘ᾿ΥΠΝΟΝ ΜΑΝΤΙΚΗΣ);

— *Da Longevidade e da Efemeridade da Vida* (ΠΕΡΙ ΜΑΚΡΟΒΙΟΤΗΤΟΣ ΚΑΙ ΒΡΑΧΥΒΙΟΤΗΤΟΣ);

— *Da Juventude e da Velhice. Da Vida e da Morte* (ΠΕΡΙ ΝΕΟΤΗΤΟΣ ΚΑΙ ΓΗΡΩΣ. ΠΕΡΙ ΖΩΗΣ ΚΑΙ ΘΑΝΑΤΟΥ);

— *Da Respiração* (ΠΕΡΙ ΑΝΑΠΝΟΗΣ);

Obs.: o conjunto dos oito últimos pequenos tratados é conhecido pelo título latino *Parva Naturalia*.

— *Do Alento* (ΠΕΡΙ ΠΝΕΥΜΑΤΟΣ);[*]

— *Da Investigação sobre os Animais* (ΠΕΡΙ ΤΑ ΖΩΑ ΙΣΤΟΡΙΑΙ);

— *Das Partes dos Animais* (ΠΕΡΙ ΖΩΩΝ ΜΟΡΙΩΝ);

— *Do Movimento dos Animais* (ΠΕΡΙ ΖΩΩΝ ΚΙΝΗΣΕΩΣ);

— *Da Marcha dos Animais* (ΠΕΡΙ ΠΟΡΕΙΑΣ ΖΩΩΝ);

— *Da Geração dos Animais* (ΠΕΡΙ ΖΩΩΝ ΓΕΝΕΣΕΩΣ);

— *Das Cores* (ΠΕΡΙ ΧΡΩΜΑΤΩΝ);[*]

— *Das Coisas Ouvidas* (ΠΕΡΙ ΑΚΟΥΣΤΩΝ);[*]

— *Fisiognomonia* (ΦΥΣΙΟΓΝΩΜΟΝΙΚΑ);[*]

— *Das Plantas* (ΠΕΡΙ ΦΥΤΩΝ);[*]

— *Das Maravilhosas Coisas Ouvidas* (ΠΕΡΙ ΘΑΥΜΑΣΙΩΝ ΑΚΟΥΣΜΑΤΩΝ);[*]

— *Mecânica* (ΜΗΧΑΝΙΚΑ);[*]

— *Das Linhas Indivisíveis* (ΠΕΡΙ ΑΤΟΜΩΝ ΓΡΑΜΜΩΝ);[*]

— *Situações e Nomes dos Ventos* (ΑΝΕΜΩΝ ΘΕΣΕΙΣ ΚΑΙ ΠΡΟΣΗΓΟΡΙΑΙ);[*]

— *Sobre Melisso, sobre Xenófanes e sobre Górgias* (ΠΕΡΙ ΜΕΛΙΣΣΟΥ, ΠΕΡΙ ΞΕΝΟΦΑΝΟΥΣ, ΠΕΡΙ ΓΟΡΓΙΟΥ);[*]

(*). Suspeito.

— *Problemas* (ΠΡΟΒΛΗΜΑΤΑ);(**)
— *Retórica a Alexandre* (ΡΗΤΟΡΙΚΗ ΠΡΟΣ ΑΛΕΞΑΝΔΡΟΝ);(*)
— *Metafísica* (ΤΑ ΜΕΤΑ ΤΑ ΦΥΣΙΚΑ);
— *Economia* (ΟΙΚΟΝΟΜΙΚΑ);(**)
— *Magna Moralia* (ΗΘΙΚΑ ΜΕΓΑΛΑ);(**)
— *Ética a Nicômaco* (ΗΘΙΚΑ ΝΙΚΟΜΑΧΕΙΑ);
— *Ética a Eudemo* (ΗΘΙΚΑ ΕΥΔΗΜΕΙΑ);
— *Das Virtudes e dos Vícios* (ΠΕΡΙ ΑΡΕΤΩΝ ΚΑΙ ΚΑΚΙΩΝ);(*)
— *Política* (ΠΟΛΙΤΙΚΑ);
— *Retórica* (ΤΕΧΝΗ ΡΗΤΟΡΙΚΗ);
— *Poética* (ΠΕΡΙ ΠΟΙΗΤΙΚΗΣ);
— *Constituição de Atenas* (ΑΘΗΝΑΙΩΝ ΠΟΛΙΤΕΙΑ);(***)
— Fragmentos.(****)

(*). Suspeito.
(**). Apócrifo.
(***). Ausente na edição de 1831 de Bekker e sem sua numeração, já que este tratado só foi descoberto em 1880.
(****). Ausente na edição de 1831 de Bekker e sem sua numeração, uma vez que foi editado em inglês somente em 1954 por W. D. Ross.

CRONOLOGIA

As datas (a.C.) aqui relacionadas são, em sua maioria, aproximadas, e os eventos indicados contemplam apenas os aspectos filosófico, político e militar.

481 – Criada a confederação das cidades-Estado gregas comandada por Esparta para combater o inimigo comum: os persas.
480 – Os gregos são fragorosamente derrotados pelos persas nas Termópilas (o último reduto de resistência chefiado por Leônidas de Esparta e seus *trezentos* é aniquilado); a acrópole é destruída; no mesmo ano, derrota dos persas em Salamina pela esquadra chefiada pelo ateniense Temístocles.
479 – Fim da guerra contra os persas, com a vitória dos gregos nas batalhas de Plateia e Micale.
478-477 – A Grécia é novamente ameaçada pelos persas; formação da *Liga Délia*, dessa vez comandada pelos atenienses.
469 – Nascimento de Sócrates em Atenas.
468 – Os gregos derrotam os persas no mar.
462 – Chegada de Anaxágoras de Clazomena a Atenas.
462-461 – Promoção do governo democrático em Atenas.
457 – Atenas conquista a Beócia.
456 – Conclusão da construção do templo de Zeus em Olímpia.
447 – O Partenon começa ser construído.

444 – Protágoras de Abdera redige uma legislação para a nova colônia de Túrio.
431 – Irrompe a Guerra do Peloponeso entre Atenas e Esparta.
429 – Morte de Péricles.
427 – Nascimento de Platão em Atenas.
421 – Celebrada a paz entre Esparta e Atenas.
419 – Reinício das hostilidades entre Esparta e Atenas.
418 – Derrota dos atenienses na batalha de Mantineia.
413 – Nova derrota dos atenienses na batalha de Siracusa.
405 – Os atenienses são mais uma vez derrotados pelos espartanos na Trácia.
404 – Atenas se rende a Esparta.
399 – Morte de Sócrates.
385 – Fundação da Academia de Platão em Atenas.
384 – Nascimento de Aristóteles em Estagira.
382 – Esparta toma a cidadela de Tebas.
378 – Celebradas a paz e a aliança entre Esparta e Tebas.
367 – Chegada de Aristóteles a Atenas.
359 – Ascensão ao trono da Macedônia de Filipe II e começo de suas guerras de conquista e expansão.
347 – Morte de Platão.
343 – Aristóteles se transfere para a Macedônia e assume a educação de Alexandre.
338 – Filipe II derrota os atenienses e seus aliados na batalha de Queroneia, e a conquista da Grécia é concretizada.
336 – Morte de Filipe II e ascensão de Alexandre ao trono da Macedônia.
335 – Fundação do Liceu em Atenas.
334 – Alexandre derrota os persas na Batalha de Granico.
331 – Nova vitória de Alexandre contra os persas em Arbela.
330 – Os persas são duramente castigados por Alexandre em Persépolis, encerrando-se a expedição contra eles.
323 – Morte de Alexandre.
322 – Transferência de Aristóteles para Cálcis, na Eubeia; morte de Aristóteles.

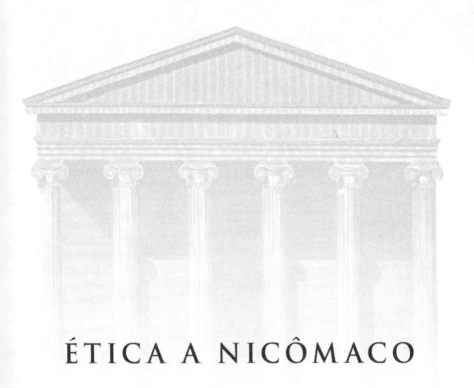

ÉTICA A NICÔMACO

LIVRO I

1

1094a1 TODA ARTE, TODA INVESTIGAÇÃO e igualmente toda ação e projeto previamente deliberado parecem objetivar algum bem.¹ Por isso se tem dito, com razão, ser o bem a finalidade de todas as coisas. (É de se observar, porém, certa diversidade entre as finalidades; em alguns casos, a atividade é ela mesma a finalidade, 5 enquanto em outros casos a finalidade é algum produto distinto da ação, sendo que, nas finalidades distintas das ações, tais produtos são naturalmente superiores às ações ou atividades das quais resultam.) Porém, visto que há múltiplas ações, artes e *ciências*,² resulta que suas finalidades são, igualmente, múltiplas. Se a finalidade da medicina é a saúde, a da construção de navios é o navio, a da *estratégia*³ é a vitória, a da *economia doméstica*⁴ é a riqueza. Em casos 10 nos quais essas artes estão subordinadas a alguma capacidade única, como naquele da confecção de rédeas e das demais artes relativas ao *equipamento dos cavalos*⁵ subordinadas à equitação, *e esta e toda outra ação bélica ao comando militar*⁶ e, de maneira análoga, outras se subordinando ainda a outras – em todos esses casos as finalidades das artes principais são mais elegíveis do que as finalidades das artes 15 que lhes são subordinadas, uma vez que estas últimas finalidades

---

1. Πᾶσα τέχνη καὶ πᾶσα μέθοδος, ὁμοίως δὲ πρᾶξίς τε καὶ προαίρεσις, ἀγαθοῦ τινὸς ἐφίεσθαι δοκεῖ... (*Pâsa tékhne kaì pâsa méthodos, homoíos dè prâxís te kaì proaíresis, agathoý tinòs ephíesthai dokeî·*). Προαίρεσις (*proaíresis*), literalmente: *prévia escolha.*
2. ...ἐπιστημῶν... (*epistemôn*).
3. ...στρατηγικῆς... (*strategikês*), ou seja, o comando militar.
4. ...οἰκονομικῆς... (*oikonomikês*).
5. ...ἱππικῶν ὀργάνων (*hippikôn orgánon*).
6. ...αὕτη δὲ καὶ πᾶσα πολεμικὴ πρᾶξις ὑπὸ τὴν στρατηγικήν, ... (*haýte dè kaì pâsa polemikè prâxis hypò tèn strategikén,*).

somente são visadas em função das primeiras. (Sendo indiferente se as finalidades visadas das ações são as próprias atividades ou alguma outra coisa distinta destas, *como no caso das ciências mencionadas.*)⁷

2

Se, portanto, uma *finalidade*⁸ de nossas ações for tal que a desejamos por si mesma, ao passo que desejamos as outras somente
20 em virtude dessa, e se não elegemos tudo por alguma coisa mais (o que, decerto, prosseguiria *ao infinito*⁹, de sorte a tornar todo desejo fútil e vão), está claro que se impõe ser esta o bem e o bem mais excelente. E não será o conhecimento dele muito importante do ponto de vista prático para a vida? Não nos tornará ele melhor capacitados para atingir o que devemos, como arqueiros que têm
25 um alvo no qual mirar? Se assim for, temos que tentar definir, ao menos em um delineamento, o que é esse bem mais excelente e de qual das *ciências especulativas ou práticas*¹⁰ é ele o objeto.

Pareceria ser ele o objeto da ciência, entre todas, soberana – uma ciência que fosse, taxativamente, a ciência maior. *E revela-se como sendo esta a política;*¹¹ é ela, de fato, que determina quais ciências devem existir nos Estados, qual deve ser aprendida por cada
1094b1 classe de cidadãos e até que ponto; e constatamos que mesmo as

---

7. ...καθάπερ ἐπὶ τῶν λεχθεισῶν ἐπιστημῶν.... (*katháper epì tôn lekhtheisôn epistemôn.*).
8. ...τέλος... (*télos*).
9. ...εἰς ἄπειρον... (*eis ápeiron*).
10. ...ἐπιστημῶν ἢ δυνάμεων... (*epistemôn è dynámeon*), literalmente ciências ou artes (faculdades).
11. ...τοιαύτη δ᾽ ἡ πολιτικὴ φαίνεται... (*toiaýte d' he politikè pháinetai*). O leitor não deve estranhar que Aristóteles diga *política* e não *ética*. Para o Estagirita, a ética, tratando da ação e do bem no âmbito do indivíduo, é apenas uma ciência prática acessória e subordinada à política, a ciência prática maior; na medida em que o ser humano é um animal *político*, isto é, tem sua essência e se *atualiza* (realiza-se em ato [ἐνέργεια (enérgeia)]) exclusiva e necessariamente na vida em sociedade no Estado [πόλις (pólis)], o bem mais excelente, o nobre e o justo acabam por ser objetos da política e não da ética. Ontologicamente, o indivíduo isolado *não é, não existe*, embora exista biológica (somática) e psicologicamente, determinando a necessidade da ética.

que recebem o maior destaque, as *faculdades*,[12] tais como a estratégia, a economia doméstica, a oratória, acham-se subordinadas a ela. Diante do fato de que as ciências restantes se prestam ao uso desta
5 e, visto que ela, ademais, estabelece leis quanto à conduta (o que as pessoas devem e não devem fazer), sua finalidade terá que incluir as finalidades de todas as demais. Determina-se, com isso, ser o *bem humano*[13] a sua finalidade, pois a despeito de o bem ser idêntico para o indivíduo e para o Estado, o do Estado é visivelmente maior e mais perfeito, seja a título de meta, seja como objeto de preser-
10 vação. Assegurar o bem de um indivíduo apenas é algo desejável; porém, assegurá-lo para uma nação ou um Estado é uma realização mais nobre e mais divina.

Sendo essa, portanto, a meta da política, nossa investigação se dirige, de certo modo, ao seu estudo.

3

Nossa discussão se mostrará adequada se atingir a clareza suficiente pertinente ao seu tema. Não é de se esperar exatidão de forma indiscriminada em todas as discussões, assim como tampouco nos *produtos do artesanato*.[14] *A ciência política estuda o*
15 *nobre e o justo*,[15] o que, porém, acarreta muitas opiniões diferentes e incerteza, levando-nos a acreditar que não passam de meras convenções que não correspondem aos fatos da natureza. E essa incerteza está contida em coisas boas que têm efeitos nocivos; não é de hoje que a riqueza produz a destruição das pessoas e, em outros casos, a destruição é produzida pela coragem. Deveremos, portanto, nos contentar, ao tratar desses assuntos e partir dessas premis-
20 sas, com a obtenção *grosso modo* de um delineamento da verdade; considerando que nossos objetos de estudo e nossas premissas não passam de generalidades, será suficiente se aportarmos a conclusões

---

12. ...δυνάμεων... (*dynámeon*), porém o sentido é de *artes*.
13. ...τὰνθρώπινον ἀγαθόν... (*t'anthrópinon agathón*).
14. ...δημιουργουμένοις. ... (*demioyrgoyménois.*).
15. ...τὰ δὲ καλὰ καὶ τὰ δίκαια, περὶ ὧν ἡ πολιτικὴ σκοπεῖται, ... (*tà dè kalà kaì tà díkaia, perì hôn he politikè skopeîtai,*).

que também não passam de generalidades. Em conformidade com isso, podemos solicitar que seja acolhido cada ponto de vista que formularmos dentro do mesmo espírito, pois constitui a marca de alguém instruído esperar aquele grau de precisão em cada modalidade que é possível conforme a natureza do assunto em particular. É manifestamente quase tão implausível aceitar conclusões meramente prováveis de um matemático quanto exigir demonstrações rigorosas de um orador.

Cada indivíduo julga corretamente o que conhece, sendo disso um bom juiz.[16] Para que possa, portanto, julgar um assunto particular, é preciso que o indivíduo tenha sido educado nesse sentido; para ser um bom juiz, em geral, é necessário que tenha recebido uma *educação completa*.[17] Sendo assim, o jovem não está apto para o *aprendizado*[18] da política, porque carece de *experiência de vida*,[19] que é o que supre o objeto de estudo e as teorias; além do que ele é conduzido por suas paixões, de modo que seu estudo será sem um propósito ou proveito porquanto a finalidade nesse caso é a ação, e não o conhecimento. E não importa se é jovem na idade *ou é uma questão de imaturidade*.[20] A lacuna não tem cunho cronológico; o problema é que sua vida e as várias metas desta são norteadas *pela paixão*,[21] pois para tais indivíduos o conhecimento, como para aqueles destituídos de autocontrole, é inútil. Entretanto, para aqueles que guiam seus desejos e ações *pela razão*,[22] o conhecimento dessas matérias poderá ser sumamente valioso.

No que respeita ao discípulo nessa matéria, ao modo no qual nossas lições devem ser acolhidas e ao objetivo a que nos propomos que isso baste a título de introdução.

---

16. Ἕκαστος δὲ κρίνει καλῶς ἃ γινώσκει, καὶ τούτων ἐστὶν ἀγαθὸς κριτής. ... (*Hékastos dè krínei kalôs hà ginóskei, kaì toýton estin agathòs krités.*).
17. ...πᾶν πεπαιδευμένος. ... (*pân pepaideyménos.*).
18. ...ἀκροατὴς... (*akroatès*), literalmente [para ser] ouvinte ou leitor de política, ou seja, discípulo na ciência política.
19. ...βίον πράξεων, ... (*bíon práxeon,*).
20. ...ἢ τὸ ἦθος νεαρός,... (*è tò éthos nearós,*), literalmente: ou é jovem no caráter.
21. ...κατὰ πάθος... (*katà páthos*).
22. ...κατὰ λόγον... (*katà lógon*).

4

Retomando, digamos que, posto que *todo conhecimento* e
15 *prévia escolha objetivam algum bem*,[23] examinemos o que cumpre declararmos ser a meta da política, ou seja, qual o mais elevado entre todos os bens cuja obtenção pode ser realizada pela ação. No tocante à palavra, é de se afirmar que a maioria esmagadora está de acordo no que tange a isso, pois tanto a multidão quanto as pessoas refinadas a ela se referem como a *felicidade*,[24] *identificando o*
20 *viver bem ou o dar-se bem com o ser feliz*.[25] Mas quanto ao que é a felicidade a matéria é polêmica, e o que entende por ela a multidão não corresponde ao entendimento do sábio e sua avaliação. As pessoas ordinárias a identificam com algum bem claro e visível, como o prazer, ou a riqueza ou a honra, fazendo diferentes comentários entre si; com muita frequência, o mesmo indivíduo refere-se a itens distintos quanto a ela: quando fica doente, pensa ser a saúde a feli-
25 cidade; quando é pobre, julga ser a riqueza. Quando conscientes de sua própria ignorância, os [indivíduos comuns] admiram aqueles que propõem algo grandioso que ultrapassa a compreensão deles. De fato, alguns pensam que ao lado das muitas coisas boas indicadas há um outro *bem*, bem em função de si mesmo, que é a causa de serem bons todos aqueles bens.[26]

Talvez seja um tanto infrutífero examinar todas as distintas opiniões defendidas a respeito. Será suficiente examinar aquelas que
30 são mais largamente predominantes ou que pareçam conter alguma razão.

---

23. ...πᾶσα γνῶσις καὶ προαίρεσις ἀγαθοῦ τινὸς ὀρέγεται, ... (*pâsa gnôsis kaì proaíresis agathoŷ tinòs orégetai,*).
24. εὐδαιμονίαν (*eydaimonían*), um daqueles termos gregos de dificílima tradução porque o conceito é mais abrangente do que o nosso; εὐδαιμονία engloba também as ideias correlatas de bem-estar e prosperidade; importante ressaltar que para Aristóteles não se trata de um estado passivo de sentimento, mas de uma forma de atividade.
25. ...τὸ δ' εὖ ζῆν καὶ τὸ εὖ πράττειν ταὐτὸν ὑπολαμβάνουσι τῷ εὐδαιμονεῖν. ... (*tò d' eŷ zên kaì tò eŷ práttein taytòn hypolambánoysi tôi eydaimonein.*).
26. Aristóteles refere-se a Platão, seus seguidores e sucessores.

E não desconsideremos a distinção entre argumentos que partem de princípios e os que conduzem aos *princípios*.²⁷ Agia Platão com acerto ao suscitar essa questão e indagar se *o procedimento*²⁸ era partir dos princípios ou se dirigir rumo aos princípios como em uma corrida se pode correr dos juízes rumo ao limite da pista ou o contrário. Ora, não há dúvida de que é preciso partir do conhecido, o qual encerra dois significados, nomeadamente, *aquilo que o é para nós*, que é uma coisa, e *aquilo que o é simplesmente*, que é uma outra coisa. Talvez, então, para nós, seja preciso partir daquilo que nos é conhecido, razão pela qual, a fim de ser um bom discípulo do *correto*²⁹ e do *justo* e, em suma, dos tópicos da política em geral, o discípulo tenha que ser educado nos bons hábitos. O ponto de partida é o fato; uma vez esteja isso claro [ao discípulo], não haverá para ele a necessidade adicional de saber por quê. E o indivíduo que recebeu boa educação já possui os princípios ou pode obtê-los com facilidade. Ao indivíduo que não os possui e é incapaz de obtê-los só resta ouvir as palavras de Hesíodo:

Melhor é aquele que tudo sabe por si;
Bom aquele que ouve o discurso dos sábios;
Mas aquele que, sem saber ele próprio, não aprende
*A sabedoria de outrem é, de fato, um homem inútil.*³⁰

5

MAS VOLTEMOS AO NOSSO DISCURSO a partir do ponto em que iniciamos nossa digressão. A julgar pelas vidas [dos seres humanos], no que respeita ao *bem* ou à *felicidade*, os indivíduos em geral

---

27. ...ἀρχῶν... (*arkhôn*): o conceito contido neste vocábulo abarca também os nossos conceitos encerrados nas palavras *origem* e *fundamento*, que são acepções do domínio da metafísica, que é o presente contexto. Na política, ciência prática, ἀρχή (*arkhé*) tem outros significados, quais sejam: autoridade, poder, governo.

28. ...ὁδός, ... (*hodós,*), literalmente: caminho.

29. ...καλῶν... (*kalôn*) é conjuntamente reto, belo, bom, nobre, admirável em doses, por vezes, diferenciadas em função do contexto. Aqui Aristóteles parece privilegiar a nossa ideia do moralmente reto, correto.

30. Hesíodo, *Os Trabalhos e os Dias*, 293 e ss.

e os mais vulgares parecem identificar um e outra com o prazer e, em consonância com isso, são aficionados da *vida do gozo*; de fato, há três tipos de vidas que particularmente se destacam,[31] aquela que acabou de ser indicada, a da política e, em terceiro lugar, a da especulação.[32] O grosso da espécie humana se revela inteiramen-
20 te vil; sua preferência é por uma vida própria do gado, havendo alguma razão em seu ponto de vista, porque muitas pessoas eminentes compartilham das paixões de Sardanápalo.[33]

Pessoas refinadas e de ação pensam que o *bem* é a honra,[34] pois pode-se dizer ser essa a finalidade da vida política. Mas a honra, afinal, se afigura demasiado superficial para ser o que buscamos, uma vez que parece ela depender mais dos que a proporcionam do
25 que daquele ao qual é proporcionada; ora, adivinhamos [por assim dizer] que o *bem* deva ser algo próprio ao seu possuidor e difícil de ser dele suprimido. Ademais, o que motiva os homens a buscar a honra parece ser garantir a si mesmos o seu próprio mérito. Ao menos, procuram ser honrados por homens de discernimento e que os conhecem, ou seja, ser honrados na esfera da virtude, do que se evidencia que em todos os casos, segundo o parecer dos ho-
30 mens de ação, a virtude[35] supera na qualidade de um bem a honra, podendo-se, talvez, diante disso, supor ser a virtude, e não a honra, a finalidade da vida política. Mas, mesmo a virtude se revela demasiadamente incompleta para ser esse bem, uma vez que parece possível

---

31. Ideia já presente no pensamento pitagórico.
32. ...ὅ τε νῦν εἰρημένος καὶ ὁ πολιτικὸς καὶ τρίτος ὁ θεωρητικός. ... (*hó te nŷn eireménos kaì ho politikòs kaì trítos ho theoretikós.*), ou seja, a vida do ser humano vulgar (quantitativamente a grande maioria), a vida daqueles que se ocupam da política e a vida dos que se dedicam ao pensar e ao saber (filósofos e sábios).
33. Sardanápalo, monarca assírio sem consistência histórica, de caráter mítico, representa o primeiro tipo de vida apontado por Aristóteles: a vida devotada ao prazer.
34. ...οἱ δὲ χαρίεντες καὶ πρακτικοὶ τιμήν·... (*hoi dè kharíentes kaì praktikoì timén·*): típica frase extremamente compacta de Aristóteles. Introduzimos o conceito *bem* por coerência com τἀγαθόν (*t'agathón*) que surgirá logo na sequência; mas poderia perfeitamente ser *felicidade* (εὐδαιμονία), em consonância com o antecedente, quer dizer, a felicidade é o bem superior visado pela humanidade.
35. ...ἀρετή... (*areté*) aquilo em que alguém é o melhor, o mais excelente. Muitos tradutores helenistas preferem, assim, o substantivo *excelência*, inclusive em função da enorme variação semântica sofrida pelo termo *virtude* a partir da instauração da civilização latina.

identificá-la com um longo sono, ou mesmo com uma vida inteira sem práticá-la, e também padecer as maiores misérias e infortúnios – quando ninguém consideraria que quem vivesse assim fosse feliz, a menos [que insistisse em pagar] o preço da manutenção de uma contradição.³⁶ Mas sobre isso nos deteremos, visto que foi suficientemente abordado *nas discussões ordinárias*.³⁷

A vida especulativa é o terceiro tipo, o qual consideraremos na sequência.

Quanto à vida [caracterizada] pela *acumulação de dinheiro*,³⁸ trata-se de um tipo forçado³⁹ de vida e fica claro que a riqueza não é o *bem* objeto de nossa busca, porque não passa de uma coisa útil; é um meio para algo mais, de sorte que seria melhor nos atermos ao que anteriormente indicamos como finalidades, visto que são amadas por si mesmas. Entretanto, mesmo essas não parecem ser aquele bem, ainda que muitos argumentos tenham sido formulados a favor delas; isso nos autoriza a descartá-las.

6

MAS TALVEZ SEJA PREFERÍVEL EXAMINARMOS a noção de um bem *universal*⁴⁰ e repassar os embaraços que ela acarreta, embora tal investigação seja penosa devido à *amizade pelos homens que introduziram as Ideias*.⁴¹ E ainda assim talvez se afigurasse preferível

---

36. ...τὸν δ' οὕτω ζῶντα οὐδεὶς ἂν εὐδαιμονίσειεν, εἰ μὴ θέσιν διαφυλάττων. ... (*tòn d' hoýto zônta oydeis àn eydaimoníseien, ei mè thésin diaphylátton.*). Uma tradução mais próxima da literalidade seria: ...ninguém consideraria que alguém vivendo assim fosse feliz, a menos que defendesse zelosamente uma tese...

37. ...ἐν τοῖς ἐγκυκλίοις... (*en toîs egkyklíois*), discussões rotineiras. Aristóteles provavelmente alude aos seus escritos exotéricos que não chegaram a nós.

38. ...χρηματιστὴς βίαιός... (*khrematistès bíaiós*), ou seja, a vida dedicada aos negócios que rendem dinheiro.

39. *Forçado* em um sentido misto entre não natural e compulsivo.

40. ...καθόλου... (*kathóloy*).

41. ...τὸ φίλους ἄνδρας εἰσαγαγεῖν τὰ εἴδη. ... (*tò phíloys ándras eisagageîn tà eíde.*). Com absoluta certeza, Aristóteles se refere aqui ao seu mestre, Platão. É, todavia, difícil nomear os demais filósofos *idealistas* que esposaram a teoria das Ideias, oriunda da escola itálica, ou seja, dos pitagóricos. O leitor deve ficar ciente de que nosso cuidado de grafar *Ideias*

e, com efeito, obrigatório, especialmente a um filósofo, sacrificar
15 mesmo os seus vínculos pessoais mais estreitos para preservar a
verdade. Ambos nos são caros, contudo é nosso dever honrar, de
preferência, a verdade.

Nota-se que os introdutores dessa teoria não postulavam Ideias
de classes de coisas nas quais reconhecessem anterioridade e posterioridade (razão pela qual não conceberam uma Ideia [que abran-
20 gesse] os números em geral). Mas o *bem* é predicado igualmente *nas
[categorias*[42]*] de substância, de qualidade e de relação*.[43] *O absoluto, ou
a substância*,[44] é anterior naturalmente à *relação*, o que parece ser uma
ramificação ou acidente do ser, de maneira que não é possível haver
uma Ideia comum correspondente aos bens [absoluto e relativo].

Ademais, observa-se o uso da palavra *bom* em tantos sentidos
quanto a palavra *é*, pois podemos predicar *bom* na categoria da
25 *substância*, por exemplo com referência a *Deus ou à inteligência*;[45]
naquela da *qualidade*: as excelências (virtudes); naquela da *quantidade*: o moderado; naquela da *relação*: o útil; naquela do *tempo*: uma
oportunidade favorável; naquela do *lugar*: uma adequada habitação,
e assim por diante. Está claro que não é possível que o *bem* seja algo
comum, uno e sua predicação universal, pois nesse caso não seria
predicável em todas as categorias, restringindo-se a uma apenas.

Além disso, coisas que se enquadram em uma Ideia única deveriam
ser tratadas por uma única ciência, o que determinaria haver uma
30 única ciência de todos os bens. Ora, o fato é que há muitas mesmo
para os bens presentes em uma categoria – por exemplo, a oportuni-

---

(inicial maiúscula) é devido ao fato de se tratar da acepção platônica em particular no desenvolvimento da teoria em pauta. *Ideia* aqui é εἶδος (*forma, aspecto, configuração*) e não ideia no sentido genérico de conceito. Por isso, é perfeitamente cabível também a expressão *teoria das Formas*. Ver *Parmênides*, Platão.

42. Ver *Categorias*, primeiro tratado do *Órganon* de Aristóteles, presente em *Clássicos Edipro*.

43. ...ἐν τῷ τί ἐστι καὶ ἐν τῷ ποιῷ καὶ ἐν τῷ πρός τι... (*en tôi tí esti kai en tôi poiôi kai en tôi prós ti*).

44. ...τὸ δὲ καθ' αὑτὸ καὶ ἡ οὐσία... (*tò dè kath' haytò kai he oysía*). *O absoluto* é aqui uma expressão composta em grego (τὸ δὲ καθ' αὑτὸ) que podemos traduzir analiticamente por *o em função de si mesmo*. Ver *Metafísica*, Livro V, 18, 1022a25; quanto à *substância* (οὐσία), *idem*, 8, 1017b10.

45. ...ὁ θεὸς καὶ ὁ νοῦς, ... (*ho theòs kai ho noýs,*). Ver *Metafísica*, Livro XII, 7, 1072b25.

dade na guerra é tratada na estratégia (comando militar), na doença é tratada na medicina e a moderação na alimentação se acha no domínio da medicina, enquanto é tratada na ginástica no tocante aos exercícios físicos.

Questionável também o que querem dizer precisamente com a expressão *coisa em si*,[46] uma vez que uma única e idêntica definição de ser humano serve para *ser humano em si e ser humano*,[47] pois na medida em que são *ser humano*, não diferirão em nada e, se assim for, tampouco haverá mais diferença entre eles na medida em que ambos são bons. Tampouco será o bem em si em nada melhor porque é eterno, *uma vez que uma coisa [branca] que dura muito tempo não é mais branca do que a que dura apenas um dia.*[48]

Parece que os pitagóricos apresentam uma doutrina mais plausível em torno do bem quando colocam a unidade na mesma classe dos bens e, com efeito, Espeusipo[49] parece tê-los seguido [adotando tal doutrina]. Mas releguemos a discussão desse tópico para outra oportunidade.

Uma objeção pode ser levantada contra nossos argumentos com o fundamento de que a teoria em pauta não tem como objeto todo tipo de bem e que somente coisas buscadas e apreciadas por si mesmas são declaradas boas tendo como referencial uma única Ideia[50], enquanto coisas produtoras ou preservadoras daquelas de algum modo, ou que barram seus opostos, são consideradas boas tendo elas como referencial e em um sentido distinto. E, assim, claramente dir-se-ia *bens* em dois sentidos, a saber, bens em si mesmos e bens em função desses primeiros. Devemos, portanto, separar as coisas boas em si mesmas das coisas úteis, e examinar se as primeiras são chamadas de boas porque se enquadram em uma única Ideia.[51] Mas que tipo de coisas é este no qual as coisas são classificadas como

---

46. ...αὐτοέκαστον, ... (*aytoékaston,*).
47. ...αὐτοανθρώπῳ καὶ ἀνθρώπῳ... (*aytoanthrópoi kaì anthrópoi*).
48. ...εἴπερ μηδὲ λευκότερον τὸ πολυχρόνιον τοῦ ἐφημέρου. ... (*eíper medè leykóteron tò polykhrónion toỹ epheméroy.*).
49. Discípulo e sobrinho de Platão, foi seu sucessor na direção da Academia.
50. ...εἶδος... (*eîdos*).
51. ...ἰδέαν. ... (*idéan.*).

boas em si mesmas? Talvez aquelas que são buscadas mesmo sem o acompanhamento de outras, tais como a sabedoria, o *espetáculo contemplado pelos olhos*[52] e certos prazeres e honras? – visto que, ainda que busquemos essas coisas a título de meios para alcançar algo mais, seriam classificadas entre bens em si mesmos. Ou tudo o que existe de bom em si mesmo é a Ideia? Nesse caso, a Ideia será inútil.[53] Se, ao contrário, a classe de coisas boas em si mesmas incluir essas coisas, a mesma *noção de bom*[54] deverá se revelar em todas elas tal como a mesma noção de branco se revela na neve e no alvaiade. O problema é que as noções de honra, sabedoria e prazer, enquanto bens, são outras e diferentes e, portanto, *bom* não é algo comum correspondente a uma Ideia única.

Nesse caso em qual sentido, afinal, são as coisas chamadas de boas? – com efeito, não parece que ostentam nome idêntico por mero acaso. É um bem que lhes confere a qualidade de boas? Ou porque contribuem todas para um bem? Ou é por meio de analogia? De fato, é no corpo que a visão é boa como a inteligência o é na alma e, uma outra coisa em alguma coisa mais.

Contudo, talvez convenha descartar esse assunto agora, uma vez que sua minuciosa investigação diz respeito mais propriamente a um outro ramo da filosofia,[55] e *igualmente no que respeita à Ideia*.[56] Mesmo se existisse um bem enquanto unidade predicado de várias coisas em comum ou algo de existência independente e por si, claramente não seria praticável ou atingível pelo ser humano. Ora, o que buscamos é atingível.

Mas é possível que alguém pense que conhecer esse bem[57] valha a pena como um auxílio para a consecução dos bens praticáveis e atingíveis; tendo esse Bem como um padrão, saberemos melhor discernir quais coisas são boas para nós, saber que nos permiti-

---

52. ...ὁρᾶν... (*horân*), literalmente, *visão*.
53. ...ὥστε μάταιον ἔσται τὸ εἶδος. ... (*hóste mátaion éstai tò eidos.*).
54. ...τἀγαθοῦ λόγον... (*t'agathoŷ lógon*).
55. Aristóteles se refere ao que ele denomina *filosofia primeira*, isto é, a metafísica.
56. ...ὁμοίως δὲ καὶ περὶ τῆς ἰδέας·... (*homoíos dè kaì perì tês idéas·*).
57. Ou seja, o bem uno e universal: na fraseologia platônica o *Bem em si*, o *Bem Ideal* ou a *Ideia do Bem*.

rá obtê-las. Temos que admitir que esse argumento possui certa plausibilidade; entretanto, parece se chocar com a postura das ciências; de fato, embora todas elas visem a algum bem e pareçam buscar suprir suas lacunas, omitem o conhecimento do [Bem] em si. É patente a improbabilidade do poder desse auxílio já que todos os professores das artes o ignoram e tampouco procuram descobri-lo. Ademais, é difícil perceber como um tecelão ou um carpinteiro extrairá um benefício do conhecimento desse bem em si na prática de seu próprio ofício, ou como alguém *será melhor médico ou melhor general por ter contemplado a Ideia em si*.[58] Aliás, não parece que o médico sequer estude a saúde desse prisma; ele considera a saúde do ser humano – ou, mais provavelmente, a de algum ser humano em particular, porque cabe a ele curar indivíduos.[59] E encerremos aqui a discussão desse tópico.

7

RETORNEMOS *AO BEM QUE BUSCAMOS*[60] e tentemos descobrir o que possa ser ele; de fato, o bem revela-se uma coisa em uma ação ou arte e outra coisa em outra ação ou arte. Difere em medicina do que é em comando militar, o mesmo ocorrendo nas demais artes. Qual é, afinal, o *bem* em cada uma? Não será aquilo que determina a criação de tudo o mais? A saúde no caso da medicina, a vitória naquele do comando militar, a casa na arte da construção e algo mais em cada uma das outras; mas em cada ação ou projeto previamente deliberado a finalidade destes, visto que em todas elas é em função da finalidade que tudo o mais é criado. Consequentemente, se houver *uma* finalidade para todas as nossas ações, esta será *o bem praticável*[61] –, ou se mais de uma, estas serão o *bem*. E, assim, o argumento

---

58. ...ἰατρικώτερος ἢ στρατηγικώτερος ἔσται ὁ τὴν ἰδέαν αὐτὴν τεθεαμένος. ... (*iatrikóteros è strategikóteros éstai ho tèn idéan aytèn tetheaménos.*).

59. Está claro que Aristóteles está o tempo todo criticando a concepção platônica da Ideia do Bem e a própria concepção do mundo inteligível, do qual o mundo sensível, segundo Platão, é uma mera cópia.

60. ...ἐπὶ τὸ ζητούμενον ἀγαθόν, ... (*epi tò zetoýmenon agathón,*).

61. ...τὸ πρακτὸν ἀγαθόν, ... (*tò praktòn agathón,*).

conquistou o mesmo resultado anterior, ainda que por outra via. É necessário, contudo, que isso seja expresso com maior precisão.

Realmente parece evidente que nossas ações visam mais de uma finalidade; entretanto, ao elegermos algumas delas, *por exemplo riqueza, flautas e instrumentos em geral*[62] – como um meio para algo mais –, fica claro que nem todas elas são finalidades completas. Ora, é evidente que o bem mais excelente (o bem supremo)[63] é completo. Se houver, assim, alguma coisa que, por si só, seja a finalidade completa, será o que buscamos; se houver mais de uma finalidade completa, o que buscamos será, entre elas, *a mais completa*.[64] Queremos dizer que uma coisa buscada em função de si mesma é *mais completa*[65] do que uma buscada como meio para alguma coisa mais e que uma coisa jamais eleita na qualidade de meio para qualquer coisa mais é *mais completa* do que as eleitas tanto em função de si mesmas quanto como meios para aquela coisa; isso nos leva a chamar de *absolutamente completa*[66] uma coisa sempre eleita em função de si mesma e nunca como um meio. Ora, a felicidade, acima de tudo o mais, nos ocorre como tal, uma vez que sempre a escolhemos por ela mesma e jamais como um meio para algo mais, enquanto a honra, o prazer, a inteligência e todas as virtudes, embora as escolhamos por elas mesmas (visto que deveríamos estar contentes por possuirmos cada uma delas, ainda que nada delas decorresse), também as escolhemos em vista da felicidade na crença de que contribuirão para sermos felizes. Mas ninguém opta pela felicidade em função daquelas coisas[67], nem tampouco como algo que contribua para a aquisição de qualquer outra coisa que seja, salvo ela mesma.

---

62. ...οἷον πλοῦτον, αὐλοὺς καὶ ὅλως τὰ ὄργανα, ... (*hoîon ploŷton, ayloŷs kaì hólos tà órgana*, ...). Alguns helenistas, como Zell, excluem ...αὐλοὺς..., entendendo talvez que o sentido aqui de ...ὄργανα... (instrumentos) é amplo e não o sentido restrito de instrumentos musicais.

63. ...τὸ δ' ἄριστον... (*to d' áriston*).

64. ...τελειότατον... (*teleiótaton*).

65. ...τελειότερον... (*teleióteron*).

66. ...ἁπλῶς δὴ τέλειον... (*haplôs dè téleion*): pura e simplesmente completa.

67. Ou seja, ...τιμὴν δὲ καὶ ἡδονὴν καὶ νοῦν καὶ πᾶσαν ἀρετήν... (*timèn dè kaì hedonèn kaì noŷn kaì pâsan aretèn*): a honra, o prazer, a inteligência e todas as virtudes.

Uma conclusão idêntica parece resultar de uma consideração da *autossuficiência*[68] [da felicidade], pois sente-se que o bem completo deva ser algo autossuficiente. A expressão *autossuficiente*, entretanto, não a concebemos com referência a alguém só, vivendo uma vida isolada, mas também com referência aos pais, aos filhos e à esposa desse alguém, *bem como aos amigos e concidadãos em geral*[69] que se relacionam com esse alguém, posto que o ser humano é, por natureza, social.[70] Por outro lado, é de se supor um limite para isso, já que, se o elenco for estendido aos ancestrais, descendentes e amigos dos amigos desse alguém, prosseguiria ao infinito. Esse ponto, porém, deve ser reservado para outra oportunidade. Entendemos por autossuficiente aquilo que por si só torna a vida desejável e destituída de qualquer carência: e julgamos ser isso a felicidade. Além disso, consideramos a felicidade a mais desejável de todas as coisas sem que seja ela mesma estimada como uma entre as demais, pois se agíssemos desse modo, está claro que deveríamos considerá-la mais desejável quando mesmo o mais ínfimo dos outros bens a ela fosse agregado; de fato, essa adição resultaria em uma soma superior de bem, e dos bens o maior é invariavelmente o mais desejável.

A felicidade, portanto, mostra-se como alguma coisa completa e autossuficiente, a finalidade de todas as ações.[71]

A afirmação, todavia, de que o *bem mais excelente*[72] é a felicidade, pelo que parece, é provavelmente um truísmo.[73] Ainda carecemos de uma avaliação mais clara do que constitui a felicidade. É possível que possamos obtê-la se determinarmos a função do ser humano, do mesmo modo que pensamos que o bem ou a excelência de um flautista, escultor, ou de um artesão de qualquer tipo e, em geral, de quem quer que tenha alguma função ou ocupação, re-

---

68. ...αὐταρκείας... (*aytarkeías*).
69. ...καὶ ὅλως τοῖς φίλοις καὶ πολίταις, ... (*kaì hólos toîs phílois kaì polítais,*).
70. Na *Política*, Aristóteles aprimorará esse conceito, dando-lhe feição acabada e definitiva: ζῷον πολιτικόν [*zôion politikón* (animal político)].
71. ...τέλειον δή τι φαίνεται καὶ αὔταρκες ἡ εὐδαιμονία, τῶν πρακτῶν οὖσα τέλος. ... (*téleion dé ti phaínetai kaì aýtarkes he eydaimonía, tôn praktôn oŷsa télos.*).
72. ...τὸ ἄριστον... (*tò áriston*).
73. ...ὁμολογούμενόν... (*homologoýmenón*).

side nessa função; é o que parece, quanto ao ser humano, no caso de ele ter uma função.

30 Estaríamos nós autorizados a supor que, enquanto o carpinteiro e o sapateiro têm determinadas funções ou ocupações, o ser humano como tal não tem uma sequer e não está, por natureza, destinado a desempenhar qualquer função? Não devemos, nós, ao contrário, supor que, como o olho, a mão, o pé e cada um dos membros têm conspicuamente uma função própria, do mesmo modo o ser humano tem, igualmente, uma função que supera todas as funções de seus membros? Mas qual precisamente seria essa função? Mesmo 1098a1 as plantas revelam-se partícipes da vida, enquanto buscamos a função peculiar [do ser humano]. Diante disso, devemos pôr de lado a vida do prisma da nutrição e do crescimento. A seguir, temos a vida sensitiva, porém esta, igualmente, parece ser compartilhada por *cavalos, bois e todos os animais*.[74] Resta, assim, a vida ativa da razão 5 (esta apresenta duas partes: uma submetida à razão, outra detentora desse princípio racional e que exerce a inteligência); ademais, isso pode ser encarado duplamente. Admitamos estar interessados [no exercício ativo] dessa faculdade, porquanto parece ser este o sentido mais próprio do termo. *Se, então, a função do ser humano é o exercício das faculdades da alma em conformidade com a razão ou não dissociativamente da razão*,[75] e se reconhecemos a função de 10 um indivíduo e de um bom indivíduo da mesma classe (por exemplo, um harpista e um *bom harpista*[76] e assim, simplesmente, para todas as classes) como genericamente a mesma, a qualificação da superioridade do último em excelência sendo acrescida à função (a função do harpista é tocar harpa, ao passo que a do bom harpista é tocá-la bem), se assim for {e se afirmamos que a função do ser humano é uma certa forma de viver constituída como o exercício das faculdades e atividades da alma em consonância com a razão e

---

74. ...ἵππῳ καὶ βοῒ καὶ παντὶ ζῴῳ. ... (*híppoi kaì boì kaì pantì zóioi*.).
75. ...εἰ δὴ ἐστὶν ἔργον ἀνθρώπου ψυχῆς ἐνέργεια κατὰ λόγον ἢ μὴ ἄνευ λόγου, ... (*ei dè estin érgon anthrópoy psykhês enérgeia katà lógon è mè áney lógoy,*). Ver o tratado intitulado *Da Alma*.
76. ...σπουδαίου κιθαριστοῦ, ... (*spoydaíoy kitharistoý,*).

a função de um *homem bom*[77] é executá-las bem e corretamente, e
se uma função é bem executada quando o é de acordo com sua própria excelência – nesse caso}[78] se conclui que *o bem humano*[79] é a atividade das faculdades da alma em conformidade com a virtude, ou se houver mais de uma, em conformidade com a melhor e mais completa delas. Ademais, por uma vida completa; *pois uma andorinha não faz verão, nem um belo dia*;[80] e, igualmente, um dia ou um efêmero período não torna alguém, tampouco, abençoado e feliz.

Que essa avaliação sirva de delineamento do *bem*. É provável que o procedimento apropriado consista em começar por um esboço aproximado para preenchê-lo posteriormente. Estando um trabalho bem delineado, é de se esperar que baste a capacidade de qualquer pessoa para realizá-lo e completá-lo nas suas minúcias, no que o tempo revela-se um bom descobridor ou colaborador. Isso explica os avanços nas artes que realmente ocorrem porque os brancos podem ser preenchidos por qualquer pessoa. Convém não esquecer, também, o que foi dito antecipadamente, não devendo nós pretender uma exatidão igual em todos os casos, mas somente aquela que concerne à matéria de cada um e que se ajuste à investigação em particular. O carpinteiro e o geômetra se empenham ambos na procura de um ângulo reto, mas o fazem diferentemente. O primeiro se contenta com algo útil capaz de satisfazer o propósito de seu trabalho; o segundo, *pois é contemplador da verdade*,[81] procura sua essência ou qualidade. Devemos, portanto, agir do mesmo modo nos demais assuntos. Questões secundárias não devem interferir em nossa tarefa principal.

Nem tampouco devemos nós em todos os casos exigir igualmente uma razão; em alguns casos, será suficiente que o fato de elas serem o que são esteja satisfatoriamente estabelecido. É o caso

---

77. ...σπουδαίου δ' ἀνδρὸς... (*spoydaíoy d' andròs*).
78. { } Todo esse período entre chaves consta em Bekker, mas é desconsiderado por Bywater.
79. ...ἀνθρώπινον ἀγαθὸν... (*anthrópinon agathòn*).
80. ...μία γὰρ χελιδὼν ἔαρ οὐ ποιεῖ, οὐδὲ μία ἡμέρα·... (*mía gàr khelidòn éar oy poieî, oydè mía heméra·*). Traduzimos livremente conforme o velho adágio. Mas a tradução mais rigorosa seria: ...pois uma só andorinha não produz *primavera* (εαρ [*ear*]), nem um só dia... .
81. ...θεατὴς γὰρ τἀληθοῦς. ... (*theatès gàr t'alethoŷs.*).

dos princípios e o fato é primário – ou princípio. [Acresça-se que] entre os princípios, alguns são especulados por indução, outros pela percepção sensível, outros *por certa habituação*[82] e outros, ainda, de diversas maneiras. Precisamos buscar os princípios de cada tipo
5 segundo sua maneira natural e nos empenharmos no sentido de defini-los corretamente, por serem sumamente importantes para a etapa subsequente. Parece que *o começo*[83] é mais do que a metade do todo, além de projetar luz ao mesmo tempo sobre muitas das questões que estão sendo investigadas.

8

Em coerência com isso, devemos examiná-lo não apenas a par-
10 tir de uma conclusão silogística e de certas premissas, como também a partir do que se diz correntemente a respeito. De fato, uma proposição verdadeira se harmonizará com os fatos, ao passo uma falsa entrará em conflito com eles.

Os bens foram divididos em três classes, a saber, bens externos e bens da alma e do corpo; dessas três classes de bens, considera-
15 mos como bens no sentido soberano e no mais elevado aqueles da alma. *Mas são as ações e as atividades que propomos acerca da alma.*[84] Nossa definição é correta, ao menos em harmonia com essa opinião antiga e que conta com a aprovação daqueles que se dedicam à filosofia.

Também a revela correta por declararmos que certas ações e atividades constituem a *finalidade*, que assim é incluída entre os *bens*
20 *da alma*[85] e não entre os externos.

---
82. ...αἱ δ' ἐθισμῷ τινί, ... (*hai d' ethismôi tiní,*).
83. ...ἡ ἀρχή,... (*he arkhé,*): Aristóteles parece insinuar o sentido duplo da palavra, isto é, não só o da ciência especulativa (*princípio*), como aquele sentido físico ou matemático de ponto de partida.
84. ...τὰς δὲ πράξεις καὶ τὰς ἐνεργείας τὰς περὶ ψυχὴν τίθεμεν·... (*tàs dè práxeis kaì tàs energeías tàs perì psykhèn títhemen·*).
85. ...ψυχὴν ἀγαθῶν... (*psykhèn agathôn*).

Ademais, nossa definição coincide com o perfil do homem feliz como alguém que *vive bem ou se dá bem*,[86] uma vez que é quase uma definição da felicidade como uma forma de *viver bem* ou *se dar bem*.

Acrescente-se a isso que se constata que todas as várias características buscadas na felicidade concernem ao que definimos. Há os que pensam ser a felicidade a *virtude*;[87] outros, a *prudência*;[88] outros, a *sabedoria*;[89] outros, ainda, afirmam que é todas, ou uma delas somada ao prazer, ou sem ele; outros incluem a prosperidade externa. Muitas pessoas desde a antiguidade defendem algumas dessas concepções; outras são defendidas por apenas alguns homens e, é provável, que nenhum deles esteja inteiramente errado. Que aquilo em que creem seja, ao menos, parcialmente, ou mesmo em muitos aspectos, correto é, com efeito, provável.

Relativamente aos que declaram ser a felicidade a virtude, ou alguma delas, disso vai de encontro nossa definição, pois a *atividade que diz repeito à virtude* constitui parte da virtude. Mas, provavelmente, faz uma grande diferença se concebemos o *bem mais excelente na posse ou uso*[90], na disposição [virtuosa] ou no exercício ativo [da virtude]; de fato, alguém pode estar nesse estado (disposição) sem que produza qualquer bom efeito, como quando se encontra adormecido, ou suas funções estejam suspensas por algum outro motivo. Entretanto, [a virtude] no exercício ativo não é inoperativa; *será, com efeito, necessariamente atuante e atuará bem*.[91] E tal *como nos Jogos Olímpicos não são coroados os mais belos e mais fortes*,[92] mas aqueles que participam das competições (é, de fato, destes que surgirão alguns vencedores), são aqueles que *agem* corretamente que abiscoitam o que há de nobre e bom na vida.

---

86. ...τὸ εὖ ζῆν καὶ τὸ εὖ πράττειν... (*tò eý zên kaì tò eý práttein*).
87. ...ἀρετή, ... (*areté,*).
88. ...φρόνησις, ... (*phrónesis,*).
89. ...σοφία... (*sophía*).
90. ...ἐν κτήσει ἢ χρήσει... (*en ktései è khrései*).
91. ...πράξει γὰρ ἐξ ἀνάγκης, καὶ εὖ πράξει. ... (*práxei gàr ex anágkes, kaì eý práxei.*).
92. ...ὥσπερ δ' Ὀλυμπίασιν οὐχ οἱ κάλλιστοι καὶ ἰσχυρότατοι στεφανοῦνται... (*hósper d'Olympíasin oykh hoi kállistoi kaì iskhyrótatoi stephanoŷntai*).

E que se acresça que sua vida é essencialmente prazerosa. Com efeito, o prazer é uma experiência da alma, e algo proporciona prazer a cada um na medida em que se diz que aquilo de que alguém gosta é prazeroso; exemplificando, um cavalo proporciona prazer a *alguém aficionado a cavalos*,[93] uma peça, a quem gosta de teatro[94] e, de maneira semelhante, *ações justas a quem ama a justiça, e virtuosas, geralmente, àquele que ama a virtude*.[95] O grosso da humanidade extrai prazer de coisas que entram em conflito mútuo, porque não são prazerosas por sua própria natureza; as coisas naturalmente prazerosas, porém, são prazerosas aos *amantes do que é nobre*[96] e, assim, mantêm-se como ações conforme à virtude, de modo que são prazerosas essencialmente e prazerosas aos amantes do que é nobre. Consequentemente, a vida destes últimos dispensa o prazer naquela qualidade específica de amuleto, uma vez que contém o prazer em si mesma. Que se considere adicionalmente que a pessoa que não experimenta prazer na prática de ações nobres não é uma boa pessoa. Ninguém classificaria como justo alguém que não gostasse de agir com justiça, nem como generoso alguém que não gostasse de praticar ações generosas e, do mesmo modo, no que se refere às demais virtudes. E se é assim, conclui-se serem as ações virtuosas essencialmente prazerosas.

Acrescente-se que são boas e nobres, e cada uma maximamente, se a pessoa boa as julgar corretamente – e seu julgamento é como dissemos que é. Conclusão: a felicidade é ao mesmo tempo a melhor, a mais nobre e a mais prazerosa das coisas, qualidades que não estão separadas, como ocorre na inscrição em Delos, ou seja...

O mais justo é o mais nobre, enquanto a saúde é o melhor,
Porém, o desejo daquilo que se ama é o mais prazeroso (...)

---

93. ...φιλίππῳ, ... (*philíppoi,*).
94. ...θέαμα δὲ τῷ φιλοθεώρῳ, ... (*théama dè tôi philotheóroi,*). Ou, em uma tradução menos restritiva: ...espetáculo a quem gosta de espetáculos... O significado primordial e genérico do substantivo θέαμα (*théama*), correspondente ao verbo θεάομαι (*theáomai*), contemplar (pelo sentido da visão ou pela inteligência), é *aquilo que se contempla*.
95. ...τὰ δίκαια τῷ φιλοδικαίῳ καὶ ὅλως τὰ κατ' ἀρετὴν τῷ φιλαρέτῳ·... (*tà díkaia tôi philodikaíoi kaì hólos tà kat' aretèn tôi philarétoi·*).
96. ...φιλοκάλοις... (*philokálois*).

...uma vez que as melhores atividades são detentoras de todas, e são as melhores atividades, ou uma atividade que é a melhor de todas, que, para nós é a felicidade.

Contudo, é evidente que ela também requer bens externos adicionais, como dissemos; *com efeito, é impossível, ou difícil*,[97] praticar ações nobres sem estar munido de *recursos*,[98] isto porque muitas ações nobres não prescindem para sua execução de *amigos, ou riqueza ou poder político*;[99] na qualidade de instrumentos há, ademais, certas coisas externas cuja falta embota a bem-aventurança, tais como o bom nascimento, filhos bons e beleza, quer dizer, alguém de péssima aparência ou de nascimento vil, ou sem filhos e sozinho certamente não participa da felicidade, e talvez participe menos ainda aquele que tem filhos ou amigos todos indignos, ou aquele que os teve bons, mas que a morte arrebatou. Assim, como dissemos, parece que a felicidade exige o acréscimo da prosperidade material, sendo esta a razão de alguns indivíduos identificá-la com *a boa sorte*[100] (a despeito de alguns a identificarem com a virtude).

9

Disso origina-se a questão de se ela pode ser aprendida ou adquirida por força do hábito, ou mediante outra forma de exercício, ou se é conferida por algum favor divino ou então pela sorte. Ora, se é uma dádiva dos deuses qualquer coisa possuída pela humanidade, é razoável conceber a felicidade como uma concessão divina – com efeito, de todas as posses humanas é a que maior probabilidade apresenta de o ser, porquanto é a mais excelente de

---

97. ...ἀδύνατον γὰρ ἢ οὐ ῥᾴδιον... (*adýnaton gàr è oy ráidion*).
98. ...ἀχορήγητον... (*akhorégeton*). Aristóteles faz uma analogia com o teatro, embora não se trate propriamente de uma metáfora. O *equipamento* do teatro (vestimentas, máscaras etc., em grego χορηγία – *khoregía*) era custeado em Atenas pelos cidadãos abastados, sendo considerado um dever público.
99. ...φίλων καὶ πλούτου καὶ πολιτικῆς δυνάμεως·... (*phílon kaì ploýtoy kaì politikês dynámeos·*).
100. ...τὴν εὐτυχίαν... (*tèn eytykhían*).

todas. Entretanto, esse assunto talvez diga respeito mais propriamente a uma outra investigação.[101] De todo modo, mesmo que a felicidade não nos seja enviada pelos deuses, mas produto da virtude e de alguma espécie de estudo ou treinamento, parece ser entre as coisas existentes uma das maiores detentoras de caráter divino; de fato, aquilo que constitui a recompensa e o propósito da virtude se afigura como o mais excelente, além de algo *divino e abençoado*.[102] Nesse nosso ponto de vista, ela oferece acesso a todos, visto que pode ser alcançada mediante alguma forma de estudo, ou pelo esforço por todos aqueles que não hajam sofrido uma mutilação de sua capacidade para a virtude. E se é melhor ser feliz nesses termos do que pela sorte, é razoável supor ser essa a forma correta, porque, segundo a natureza, as coisas tendem rumo à melhor disposição; é o mesmo no que concerne aos produtos da arte e de todas as causas, e especialmente da mais excelente. Que a mais grandiosa e mais nobre de todas as coisas devesse ficar a cargo da sorte constituiria uma falha extrema na disposição das coisas.

A solução da questão que investigamos também é iluminada por nossa definição [de felicidade]. *Com efeito, dissemos ser esta uma espécie de atividade da alma*,[103] enquanto os bens restantes são indispensáveis à felicidade ou meios naturalmente auxiliares e instrumentalmente úteis. Isso,[104] ademais, se harmoniza com o que declaramos no início, a saber, que o *bem mais excelente* era a finalidade da ciência política, enquanto o cuidado maior dela era produzir certo caráter moral nos cidadãos, ou seja, torná-los bons e capazes de ações nobres.

Assim, é com razão que não nos referirmos a um boi ou a um cavalo, ou a qualquer outro animal como *feliz*, porque nenhum

---

101. Ou seja, a teológica. Essa questão, contudo, não é tratada por Aristóteles no seu tratado pertinente, a *Metafísica*, ou em quaisquer de suas outras obras que chegaram a nós.

102. ...θεῖόν τι καὶ μακάριον. ... (*theión ti kaì makárion.*): a ideia de *abençoado* deve ser entendida como intimamente associada àquela de *bem-aventurado*. Este tópico realmente é da alçada da teologia e não da ética ou da política.

103. ...εἴρηται γὰρ ψυχῆς ἐνέργεια ποιά τις·... (*eíretai gàr psykhês enérgeia poiá tis·*). Burnet e outros helenistas acrescem: ...κατ' ἀρετὴν... (*kat' aretèn*), em conformidade com a virtude.

104. Ou seja, a felicidade não depender da sorte.

deles é capaz de participar dessas atividades. Devido à mesma causa, também *crianças* não são felizes; com efeito, sua idade não as capacita a realizar esses atos. Quando nos referimos a elas como felizes, aludimos às expectativas em relação a elas. A [felicidade,]
5 como afirmamos, requer *virtude completa e vida completa*.¹⁰⁵ É de se notar que todo tipo de golpes se alternam no curso da vida e é possível que o mais próspero dos homens possa se defrontar com grandes desventuras na velhice, *como se narra de Príamo na guerra de Troia*;¹⁰⁶ mas ninguém aponta como feliz alguém que se vê diante de reveses da sorte como esses e acaba padecendo um fim miserável.

10

10 DEVEREMOS, ENTÃO, não considerar qualquer outro ser humano como feliz enquanto viver e acatar a advertência de Sólon e "observar o fim"?¹⁰⁷ Se nos dispusermos a formular essa regra, não estaremos transferindo a felicidade para o pós-morte? Mas não incorre isso em um completo absurdo, particularmente para nós que definimos a felicidade como certa atividade? Se, ao contrário, nos
15 negarmos a considerar o morto como feliz, o que não é o que quer dizer Sólon, mas que somente o morto poderá com segurança ser tido como abençoado, já que se acha agora além do alcance dos

---

105. ...ἀρετῆς τελείας καὶ βίου τελείου. ... (*aretês teleías kaì bíoy teleíoy.*) A ideia é de uma virtude acabada, consumada e uma vida de experiência que somente a maturidade pode possibilitar.

106. ...καθάπερ ἐν τοῖς Τρωικοῖς περὶ Πριάμου μυθεύεται·... (*katháper en toîs Troikoîs perì Priámoy mytheýetai·*). Príamo, o desgraçado rei de Troia, que perdeu filhos queridos e a própria vida por ocasião do assédio e invasão dos gregos a Troia, que culminou com a destruição de seu reino. O épico é a *Ilíada* de Homero.

107. Πότερον οὖν οὐδ' ἄλλον οὐδένα ἀνθρώπων εὐδαιμονιστέον ἕως ἂν ζῇ, κατὰ Σόλωνα δὲ χρεὼν τέλος ὁρᾶν; (*Póteron oŷn oyd' állon oydéna anthrópon eydaimonistéon héos àn zêi, katà Sólona dè khreòn télos horân;*). *O nenhum outro ser humano* parece fazer referência a Príamo e a todos que sofreram infortúnios como ele, ou seja, todos os seres humanos exceto Príamo e aqueles que ele representa. Mas essa interpretação é discutível. Talvez Aristóteles esteja pura e simplesmente fazendo uma generalização, isto é: Será que é possível julgar alguém feliz durante sua existência? Será que o único referencial para avaliar se foi feliz não é sua morte?

males e dos infortúnios, isto também dará margem a certa discussão, pois se acredita que *mal e bem*[108] existem também para os mortos, tanto quanto para os vivos sem que estejam cientes disso
20 – *à guisa de exemplo, honras e desonras, sucessos e infortúnios de seus filhos e seus descendentes em geral*.[109] Isso igualmente enseja uma dificuldade. Suponhamos alguém que viveu e alcançou a velhice em bem-aventurança e findasse seus dias em idêntica condição: apesar disso, muitas reviravoltas poderiam, decerto, acontecer aos seus descendentes – alguns deles podendo ser bons e terem a sorte que
25 merecem, ocorrendo com outros, o oposto; e, claramente poderia haver uma variação multiforme nos graus de parentesco entre eles e seus ancestrais. Seria algo estranho o morto ser obrigado a compartilhar essas mudanças e alternar no tempo felicidade e infelicidade;
30 e, por outro lado, seria também estranho se a sorte dos descendentes não produzisse, mesmo por um período limitado, algum efeito sobre a felicidade de seus ancestrais.

Mas voltemos à nossa primeira dificuldade, pois, talvez, por meio de seu exame possamos esclarecer o problema que temos agora diante de nós. Se devêssemos ter nosso olhar fixado no fim e julgar um homem [morto] não como realmente sendo abençoado e bem-aventurado, mas porque foi abençoado e bem-aventurado no
35 passado, certamente seria estranho se, no momento em que experi-
1100b1 mentasse felicidade, isso não pudesse ser verdadeiramente predicado dele porque *não estamos dispostos a qualificar os vivos de felizes*[110] devido às reviravoltas da sorte e devido a concebermos a felicidade como algo permanente e *de modo algum sujeito à mudança*,[111] considerando que a roda da fortuna se mantém girando por completo relativamente à experiência do indivíduo [humano]. Com efeito,
5 está claro que, se tivermos que ser conduzidos pela sorte, teremos com frequência que classificar a mesma pessoa como primeiramen-

---

108. ...καὶ κακὸν καὶ ἀγαθόν, ... (*kai kakòn kai agathón,*).
109. ...οἷον τιμαὶ καὶ ἀτιμίαι καὶ τέκνων καὶ ὅλως ἀπογόνων εὐπραξίαι τε καὶ δυστυχίαι. ... (*hoîon timaì kaì atimíai kaì téknon kaì hólos apogónon eypraxíai te kaì dystykhíai.*).
110. ...μὴ βούλεσθαι τοὺς ζῶντας εὐδαιμονίζειν... (*mè boýlesthai toỳs zôntas eydaimonízein*).
111. ...μηδαμῶς εὐμετάβολον, ... (*medamôs eymetábolon,*).

te feliz e, depois, infeliz; teremos que fazer *a pessoa feliz parecer uma espécie de "camaleão" ou uma "casa construída sobre a areia".*[112]

Ou é inteiramente equívoco nos deixarmos conduzir pelas reviravoltas da sorte? Com efeito, *a prosperidade ou a adversidade*[113] não dependem dos favores da sorte, embora, como dissemos, a vida
10 humana os exija; são, pelo contrário, nossas atividades em conformidade com a virtude que geram a felicidade, e as atividades opostas, o seu oposto.

E a questão que agora discutimos corrobora nossa definição. Com efeito, nenhuma das *funções humanas*[114] possui a permanência que possuem as atividades em conformidade com a virtude, as quais parecem ser ainda mais duradouras do que as próprias ciên-
15 cias. E entre essas atividades, aquelas que são as mais valiosas são as mais duradouras, porque da maneira mais plena e contínua preenchem as vidas dos bem-aventurados. Com efeito, parece ser essa a razão determinante de não serem reduzidas ao esquecimento.

Portanto, [o ser humano] terá essa estabilidade e permanecerá feliz enquanto viver. *De fato, estará sempre, ou acima de tudo o mais,*
20 *ocupado em realizar e especular aquilo que é conforme a virtude.*[115] E suportará as reviravoltas da sorte com máxima nobreza e completo decoro, apoiado no fato de ser verdadeiramente bom e irrepreensivelmente franco.

Os acidentes da sorte são múltiplos e seu grau de importância, grande ou pequena, é variável; e fragmentos de boa sorte e igual-
25 mente dos seus opostos obviamente não alteram todo o curso da existência, mas grandes e reiterados eventos que se convertem em

---

112. ..."χαμαιλέοντά" τινα τὸν εὐδαίμονα ἀποφαίνοντες "καὶ σαθρῶς ἱδρυμένον". ... (*"khamailéontá" tina tòn eydaímona apophaínontes "kaì sathrôs hidryménon".*). σαθρῶς ἱδρυμένον (*sathrôs hidryménon*) significa literalmente casa (moradia) com alicerces avariados.

113. ...τὸ εὖ ἢ κακῶς, ... (*tò eý è kakôs,*), a felicidade ou infelicidade. Na verdade, talvez a tradução próxima à literalidade, isto é, ...o [estar] bem ou mal... seja aqui mais apropriada, pois Aristóteles refere-se a uma ou outra como estados subjetivos e não como fatos concretos e objetivos.

114. ...ἀνθρωπίνων ἔργων... (*anthropínon érgon*).

115. ...ἀεὶ γὰρ ἢ μάλιστα πάντων πράξει καὶ θεωρήσει τὰ κατ᾽ ἀρετήν. ... (*aeì gàr è málista pánton práxei kaì theorései tà kat' aretén.*).

sucessos tornarão a vida mais bem-aventurada, (*eles próprios* não só adicionam beleza à vida, como também a forma de seu emprego pode ser nobre e boa), ao passo que grandes e frequentes reveses podem esmagar e arruinar a bem-aventurança pelo sofrimento que causam devido à obstrução a muitas atividades. E, entretanto, mesmo na adversidade, a nobreza resplandece [e se destaca] quando se suporta serenamente infortúnios reiterados e severos, *não em função de insensibilidade à dor, mas graças à generosidade e grandeza de alma*.[116] E se, como dissemos, o que determina a vida de alguém são suas atividades, ninguém que seja bem-aventurado jamais poderá se tornar infeliz, *pois nunca praticará ações odiosas ou vis*.[117] Alguém verdadeiramente bom e sábio enfrentará tudo o que a sorte lhe reservar em uma postura decente, e sempre fará o melhor em quaisquer situações, tal como o bom general emprega do melhor modo seu exército e o bom sapateiro fabrica o melhor calçado possível do couro que lhe fornecem, o que vale também relativamente a *todos os demais profissionais*.[118] E sendo dessa forma, alguém feliz jamais estará sujeito à infelicidade, embora não será *bem-aventurado*[119] se defrontar-se com *a sorte*

---

116. ...μὴ δι' ἀναλγησίαν, ἀλλὰ γεννάδας ὢν καὶ μεγαλόψυχος. ... (*mè di' analgesían, allá gennádas òn kai megalópsykhos.*).

117. ...οὐδέποτε γὰρ πράξει τὰ μισητὰ καὶ τὰ φαῦλα·... (*oydépote gàr práxei tà misetà kai tà phaŷla·*).

118. ...ἄλλους τεχνίτας ἅπαντας. ... (*álloys tekhnítas hápantas.*). A τέχνη (*tékhne*) está diretamente vinculada em Aristóteles às ciências produtivas ou *poiéticas*, distintas das ciências especulativas (θεωρία [*theoría*]) e das ciências *práticas* (πρᾶξις [*práxis*]). Assim o artesão ou "artista" (τεχνίτης [*tekhnítes*]) é todo aquele que *produz* (produzir: ποιέω [*poiéo*]) algo (em sentido lato), ou seja, aquele cuja ação não se esgota em si mesma, mas cria, gera um produto que é distinto da ação e a transcende. O elenco dos ...τεχνίτας... (*tekhnítas*) é muito amplo e diversificado (daí traduzirmos aqui essa palavra sofrivelmente por *profissionais*, pois é a rigor intradutível). O general é *tekhnítes* porque produz a vitória, o sapateiro o é porque produz (fabrica) o calçado, o médico o é porque produz a saúde, o poeta porque produz (cria) o poema, o construtor porque produz (constrói) a casa, o pintor porque produz a pintura, o escultor porque produz a escultura etc.

119. ...μακάριός... (*makáriós*), que Aristóteles – embora não possamos estar absolutamente seguros disso – parece distinguir ao menos quantitativamente de εὐδαίμων (*eydaímon*), feliz. Esse termo, embora aplicável a seres humanos, tem uma clara conotação divina, contrapondo-se ao conceito de *felicidade* (εὐδαιμονία [*eydaimonía*]) que em Aristóteles está ligado à posse e fruição dos bens humanos e mortais do corpo [σῶμα (*sôma*)] (prazeres, riqueza, beleza física etc.), e que são inferiores aos bens da alma (ψυχή [*psykhé*]).

de Príamo.¹²⁰ Tampouco estará a mercê de variações e mudanças, porque não perderá facilmente seu posto de felicidade [pela força] de infortúnios ordinários, mas somente [pela força] de muitos desastres severos, dos quais não se recuperará rapidamente reconquistando logo a felicidade, mas somente, se o for, após um longo e completo período, no qual haja atingido posições ilustres e grandes realizações.

Não seria o caso, então, de declararmos como feliz aquele que age de acordo com a *virtude completa*¹²¹ e conta com o suficiente em *bens externos*¹²²? Ou que também deve estar destinado a viver nessa condição não só por um período qualquer de tempo, mas por uma vida inteira? E morrer uma morte compatível com essa vida? Afinal o porvir está oculto para nós, e propomos a felicidade como uma finalidade, algo total e absolutamente completo. Se assim for, declararemos aqueles entre os vivos que se encontram nessas condições que indicamos como bem-aventurados, ainda que do prisma humano da bem-aventurança. E que encerremos a discussão dessas questões.

11

Pensar que a felicidade de alguém não é influenciada de modo algum pela sorte de seus descendentes e de todos seus amigos parece ser um pensamento demasiado *cruel*¹²³ e que se opõe às opiniões [geralmente] aceitas. Mas os acidentes que acontecem

---

120. ...Πριαμικαῖς τύχαις... (*Priamikaîs týkhais*): embora em grego no plural, preferimos traduzir no singular. A τύχη (*týkhe*) é a sorte, o destino neutro do ser humano, que pode ser feliz ou infeliz, dependendo sobretudo das ações humanas, ainda que admitindo a ingerência dos deuses. Os deuses imortais, curiosamente, por mais poderosos que sejam, inclusive nas suas ações destrutivas contra os seres humanos, são incapazes de suprimir a liberdade (ἐλευθερία [*eleythería*]) humana. A τύχη (*týkhe*), assim, parece implicar fundamentalmente as consequências da conjunção das ações individuais e livres de vários seres humanos na sua relação.
121. ...ἀρετὴν τελείαν... (*aretèn teleían*).
122. ...ἐκτὸς ἀγαθοῖς... (*ektòs agathoîs*).
123. ...ἄφιλον... (*áphilon*): literalmente *hostil, não amável* ou *desagradável*.

25 apresentam multiplicidade e diversidade e diferem na intensidade em que nos afetam. [Apresentá-los] e discerni-los cada um seria, por certo, uma tarefa longa e efetivamente interminável; é possível que uma abordagem geral sob forma de esboço seja suficiente. É de se considerar que mesmo nossos próprios infortúnios, ainda que
30 em alguns casos exerçam *certo peso e influência sobre a vida*[124], em outros casos se mostram relativamente destituídos de importância, coisa idêntica ocorrendo quanto aos infortúnios de nossos amigos em todos os graus de amizade. E faz diferença se *as experiências sofridas*[125] por cada um são de vivos ou mortos, muito mais do que faz em uma tragédia se *os crimes e horrores*[126] presumivelmente já aconteceram ou são simplesmente representados no palco. É uma diferen-
35 ça a ser levada também em conta, ou antes, talvez, o fato da dúvida quanto a se os mortos *participam de algum bem ou mal*.[127] O que
1101b1 foi anteriormente indicado parece mostrar que, mesmo que algo que *seja ou bom* ou *o contrário*[128] os atinja, trata-se de algo pequeno e insignificante, quer em si, quer em relação a eles; ou se não ao
5 menos não de tal magnitude e tipo a ponto de converter o infeliz em feliz ou suprimir a bem-aventurança do indivíduo que é feliz.

Parece, por conseguinte, que *os mortos*[129] são influenciados de algum modo *pela boa sorte de seus amigos e, igualmente, por sua má sorte*,[130] mas de uma forma cujo efeito não é de tal caráter ou intensidade a ponto de tornar infeliz o feliz ou diferentemente o oposto.

---

124. ...βρῖθος καὶ ῥοπὴν πρὸς τὸν βίον... (*brîthos kaì ropèn pròs tòn bíon*).

125. ...τῶν παθῶν... (*tôn pathôn*).

126. ...τὰ παράνομα καὶ δεινά... (*tà paránoma kaì deinà*).

127. ...τινος ἀγαθοῦ κοινωνοῦσιν ἢ τῶν ἀντικειμένων·... (*tinos agathoŷ koinonoŷsin è tôn antikeiménon·*), ou literalmente: ...participam de algum bem ou do seu contrário. ... .

128. ...εἴτ᾽ ἀγαθὸν εἴτε τοὐναντίον, ... (*eít' agathòn eíte t'oynantíon,*).

129. ...τοῖς κεκμηκόσιν... (*toîs kekmekósin*), não explicitado na frase de abertura do capítulo.

130. ...αἱ εὐπραξίαι τῶν φίλων, ὁμοίως δὲ καὶ αἱ δυσπραξίαι, ... (*hai eypraxíai tôn phílon, homoíos dè kaì hai dyspraxíai,*): Aristóteles altera a terminologia, mas se trata precisamente da resposta à questão suscitada no início do capítulo. Assim preferimos manter a mesma palavra-chave *sorte* (boa e má) e não mudar para *sucesso* (εὐπραξία [*eypraxía*]) e δυσπραξία (*dyspraxía*), insucesso.

12

10 Uma vez respondidas essas questões, consideremos se a felicidade é uma das coisas que louvamos ou, antes, uma daquelas que avaliamos. Está claro, com efeito, que não é meramente potência.[131]

Parece que tudo o que louvamos é louvado pelo fato de possuir certa qualidade e relação com alguma coisa; louvamos, *de fato,* 15 *os justos e os corajosos*,[132] aliás, os bons e a virtude [em si] em geral devido às suas ações e os efeitos destas; e louvamos *os de corpos vigorosos e pés ligeiros*[133] e outros porque possuem certas qualidades naturais e se encontram certa relação com alguma coisa boa e séria. Esse ponto também se evidencia nos nossos louvores dirigidos aos deuses. Impressiona-nos como algo ridículo referir-se aos 20 deuses de acordo com nossos padrões, que é o que realizamos ao louvá-los, isso por força do fato de o louvor, como dissemos, exigir uma referência a alguma coisa mais. Mas se o louvor diz respeito ao que mostramos, fica claro que *as coisas mais excelentes são objeto não de louvor, mas de algo maior e melhor*,[134] como, de fato, é o que se evidencia. Não é à toa que classificamos os deuses como bem-aventurados e felizes e *os homens* que mais se assemelham a eles 25 como bem-aventurados.[135] O mesmo vale para os bens. A felicidade não recebe de nós o louvor que recebe a justiça, mas a classificamos como abençoada, considerando-a algo mais divino e melhor.

---

131. Aristóteles trabalha aqui com seus conceitos de potência [δύναμις (*dýnamis*)] e ato [ἐνέργεια (*enérgeia*)] desenvolvidos na *Física*. A felicidade não é um bem em potência, mas em ato.

132. ...τὸν γὰρ δίκαιον καὶ τὸν ἀνδρεῖον... (*tòn gàr díkaion kaì tòn andreîon*).

133. ...ἰσχυρὸν καὶ τὸν δρομικὸν... (*iskhyròn kaì tòn dromikòn*), literalmente: ...os fortes e os bons corredores... .

134. ...τῶν ἀρίστων οὐκ ἔστιν ἔπαινος, ἀλλὰ μεῖζόν τι καὶ βέλτιον, ... (*tôn aríston oyk éstin épainos, allà meízón ti kaì béltion,*).

135. ...τούς τε γὰρ θεοὺς μακαρίζομεν καὶ εὐδαιμονίζομεν καὶ τῶν ἀνδρῶν τοὺς θειοτάτους μακαρίζομεν·... (*toýs te gàr theoỳs makarízomen kaì eydaimonízomen kaì tôn andrôn toỳs theiotátoys makarízomen·*). Atentar para a expressão τῶν ἀνδρῶν, que inclui os homens nesse estado privilegiado e dele exclui as mulheres.

Estava Eudoxo,[136] pelo que parece, também certo ao advogar a posição do prazer ocupando a excelência máxima ao sustentar que o fato de ele, embora sendo um bem, não ser louvado, é indicativo de que é superior ao que é objeto de louvor, tal como o são Deus e o bem [supremo], porque são os padrões de tudo o mais que é avaliado.

O louvor tem a ver com a virtude já que é esta que capacita os indivíduos humanos a realizarem ações nobres. A *encomia*[137] tem a ver com os feitos consumados, *igualmente do corpo ou da alma*.[138] Entretanto, a tarefa de abordar esse tema talvez caiba mais propriamente àqueles que executaram um estudo da *encomia*. Para nós está claro a partir das observações antecedentes que a felicidade é uma coisa *avaliada e perfeita*,[139] o que parece ser corroborado pelo fato de ser ela um princípio. Com efeito, tudo o mais é feito por nós em função dela; e propomos que o princípio e causa das coisas boas é algo valioso e divino.

13

COMO A FELICIDADE é uma atividade da alma que se ajusta à virtude perfeita, é necessário examinar o que é a virtude, o que provavelmente nos ajudará a especular melhor a natureza da felicidade. Parece que o verdadeiro estadista é alguém que realizou, sobretudo, esse estudo, visto ser seu desejo tornar os cidadãos indivíduos bons e respeitadores da lei (do que são modelos os legisladores de Creta e Lacedemônia e alguns outros que se mostraram semelhantes a

---

136. Discípulo de Platão e filósofo hedonista.
137. A ἐγκώμια (*egkómia*), subclasse da oratória epidêitica ou declamatória, uma das três classes, segundo Aristóteles, da retórica (as duas restantes são a oratória deliberativa e a oratória forense), cuida dos discursos de louvor.
138. ...ὁμοίως καὶ τῶν σωματικῶν καὶ τῶν ψυχικῶν. ... (*homoíos kaì tôn somatikôn kaì tôn psykhikôn.*).
139. ...τιμίων καὶ τελείων. ... (*timíon kaì teleíon.*): *avaliada* no sentido forte de *valorada*, isto é, a felicidade recebe e encerra um *valor*, não estando sujeita simplesmente a um louvor externo acidental. Uma ação nobre é *louvável*, a felicidade é valorável e valiosa.

esses); mas, se esse estudo se enquadra no domínio da política,[140] é evidente que na investigação da virtude nos ateremos ao prévio plano que adotamos no início.

A *virtude que temos que investigar é claramente a humana*,[141] pois o bem e a felicidade que buscamos foram o bem humano e a felicidade humana. *Virtude humana significa não a do corpo mas a da alma*.[142] E entendemos felicidade como uma *atividade da alma*.[143] Ora, se é assim, está claro que caberá ao *estadista*[144] adquirir conhecimento *da psicologia*,[145] do mesmo modo que aquele que pretende curar o olho ou as outras partes do corpo precisa ter conhecimento do corpo [como um todo]. E esse conhecimento [da psicologia] para o estadista é ainda mais necessário quando constatamos que a política é uma ciência mais valiosa (e superior) do que a arte da medicina; médicos pertencentes à classe mais elevada devotam-se intensamente ao estudo do corpo humano. Portanto, o estudioso da política tem que estudar a alma, fazendo-o a título de um suporte à política e somente na medida da necessidade do objeto de sua investigação. Aprofundar-se no assunto até a minúcia se revelaria, talvez, um esforço desnecessário do ponto de vista do seu intento.

No que se refere à psicologia, parte do ensino contido em *discursos externos*[146] é satisfatório e pode ser aqui incorporado, por exem-

---

140. Ver nota 11.

141. ...περὶ ἀρετῆς δὲ ἐπισκεπτέον ἀνθρωπίνης δῆλον ὅτι·... (*perì aretês dè episkeptéon anthropínes dêlon hóti·*).

142. ...ἀρετὴν δὲ λέγομεν ἀνθρωπίνην οὐ τὴν τοῦ σώματος ἀλλὰ τὴν τῆς ψυχῆς·... (*aretèn dè légomen anthropínen oy tèn toŷ sómatos allà tèn tês psykhês·*).

143. ...ψυχῆς ἐνέργειαν... (*psykhês enérgeian*).

144. πολιτικὸν (*politikòn*) significa indistintamente estudioso da política e estadista. Aristóteles não os distingue porque a πολιτική (*politiké*) é uma ciência prática.

145. ...περὶ ψυχῆς, ... (*perì psykhês,*), literalmente *da alma*. Aristóteles, como Platão e outros filósofos gregos antigos, concebem não só a dualidade corpo/alma, como também a separação entre ambos e a superioridade da segunda sobre o primeiro. O leitor deve entender *psicologia* aqui como a ciência do estudo da *alma*, e não da *mente*, que é um conceito totalmente estranho à psicologia aristotélica, ligado a uma noção moderna da psicologia. Ver o *Da Alma*, tratado específico de Aristóteles dedicado ao estudo da alma [ψυχή] (*psykhé*).

146. ...ἐξωτερικοῖς λόγοις·... (*exoterikois lógois·*), ou seja, estudos não efetuados no Liceu. Aristóteles se refere às doutrinas da Academia e, em particular, à psicologia platônica. Não confundir com os *escritos exotéricos* do próprio Aristóteles.

plo, a informação de que existe na alma uma parte irracional e outra
30 dotada de razão (se essas partes são distintas como o são as partes do corpo ou de qualquer outra coisa divisível, ou se embora distinguíveis na definição como duas, são na realidade inseparáveis, como o convexo e o côncavo de uma curva, é uma questão irrelevante para o assunto em andamento). Na parte irracional da alma há uma divisão que parece ser comum [a todas as coisas vivas], possuindo natu-
1102b1 reza vegetativa. *Refiro-me ao que é causa de nutrição e crescimento,*[147] pois supormos, com efeito, que uma *faculdade vital*[148] dessa natureza existe em todas as coisas que assimilam alimento, e nos embriões, bem como no organismo totalmente desenvolvido, é mais razoável do que supor uma faculdade distinta presente nesse organismo. A virtude dessa faculdade parece, portanto, ser comum [a todos os seres animados] e não característica do ser humano. Com efeito, pa-
5 rece que essa faculdade ou parte [da alma] é mais atuante *no sono,*[149] enquanto a manifestação da bondade e da maldade é mínima durante o sono, (e daí o adágio segundo o qual não há como distinguir o feliz do infeliz se os observarmos somente por uma metade de suas vidas). Isso constitui um efeito natural do fato de o sono significar uma inatividade psíquica vinculada à bondade ou maldade da alma – exceto pelo fato de ser possível em algum modesto grau *certas impressões*[150] se fazerem presentes no sono, fazendo com que *os*
10 *sonhos*[151] dos bons superem em qualidade aqueles das pessoas comuns. Não há, todavia, necessidade de irmos avante nessa matéria, sendo admissível desconsiderarmos a parte nutritiva, a qual, por sua natureza, nada tem a ver com a virtude humana.

Parece haver também outra natureza na alma que é irracional, mas que de certa forma participa da razão. Com efeito,

---

147. ...λέγω δὲ τὸ αἴτιον τοῦ τρέφεσθαι καὶ αὔξεσθαι·... (*légo dè tò aítion toý tréphesthai kaì aýxesthai·*).

148. ...δύναμιν τῆς ψυχῆς... (*dýnamin tês psykhês*), literalmente faculdade da alma, faculdade psíquica. A *alma* é o que determina a vida em todos os seres vivos, ou seja, a alma é o princípio vital.

149. ...ἐν τοῖς ὕπνοις... (*en toís hýpnois*).

150. ...τινες τῶν κινήσεων,... (*tines tôn kinéseon,*).

151. ...τὰ φαντάσματα... (*tà phantásmata*).

aprovamos a razão do indivíduo *continente e do incontinente*[152] e a parte de suas almas que é racional, (que os encaminha na senda correta e para o melhor). Entretanto, evidencia-se neles igualmente a presença de outro elemento natural além da razão, o qual a combate e a ela se opõe. Exatamente como ocorre com o corpo em caso de paralisia (quando alguém deseja mover os membros para a direita e estes, ao contrário, se movem para a esquerda) ocorre com a alma. Com efeito, nas pessoas incontinentes, seus impulsos atuam contrariamente ao seu princípio. *Mas se, no corpo, vemos o que se move erraticamente, no que se refere à alma, não o vemos.*[153] Contudo, não se pode duvidar de que na alma existe, adicionalmente, algo além da razão, que a ela se opõe e lhe resiste (embora em que consiste a distinção entre eles não nos caiba discutir aqui). Mas parece que, como mencionamos, participa da razão; ao menos no indivíduo continente acata a razão, e é provável que no homem moderado e corajoso ele é ainda mais submisso, considerando-se que todos os aspectos desse homem se harmonizam com a razão.

Assim, parece que a parte irracional, é dupla. Com efeito, a parte vegetativa não participa, de maneira alguma, da razão; a dos apetites e do desejo em geral, contudo, participa, de certo modo, da razão, sendo obediente e submissa a ela, (que é o sentido que emprestamos ao acatamento do *racional* quando falamos em *dar atenção*[154] ao próprio pai ou aos próprios amigos, e não aquele que atribuímos ao *racional* nas matemáticas). E que o racional é capaz, de algum modo, de afetar o irracional via persuasão é indicado quando advertimos e empregamos a censura e a exortação em geral.

Se, nesse sentido, devemos nos referir à parte irracional da alma também como racional, neste caso, a parte racional também é duplamente dividida, uma parte detendo a razão soberana e em si

---

152. ...ἐγκρατοῦς καὶ ἀκρατοῦς... (*egkratoŷs kaì akratoŷs*), ou seja, o indivíduo *que se contém* (que tem domínio de si, controlado) e *aquele que não se contém* (descontrolado).

153. ...ἀλλ᾽ ἐν τοῖς σώμασι μὲν ὁρῶμεν τὸ παραφερόμενον, ἐπὶ δὲ τῆς ψυχῆς οὐχ ὁρῶμεν·... (*all' en toîs sómasi mèn horômen tò parapherómenon, epì dè tês psykhês oykh horômen·*).

154. ...ἔχειν λόγον,... (*ékhein logon,*) quer dizer genericamente tanto *deter razão* quanto *prestar atenção, acatar*, e especificamente *ser racional* no domínio das matemáticas.

mesma, e a outra parte apenas obediente a ela como se é em relação ao pai. A virtude também é diferenciada em consonância com essa mesma divisão. Algumas formas são chamadas *intelectuais* e outras *morais*.[155] A *sabedoria, o entendimento e a prudência*[156] são virtudes intelectuais; *generosidade* e *moderação*[157] são morais. Ao falarmos do *caráter moral*[158] de alguém, não nos exprimimos dizendo que é sábio ou dotado de entendimento, mas que é uma pessoa moderada ou sóbria. Mas o louvor também cabe ao homem sábio por sua disposição e *chamamos de virtudes as disposições dignas de louvor*.[159]

---

155. ...διανοητικὰς τὰς δὲ ἠθικάς, ... (*dianoetikàs tàs dè ethikás,*). O sentido de *morais* nesse contexto e na imediata sequência é o sentido primordial e específico *daquilo que concerne ao caráter habitual ou costume* (o *êthos* [ἦθος] grego ou *mores* romano).

156. ...σοφίαν μὲν καὶ σύνεσιν καὶ φρόνησιν... (*sophían mèn kaì sýnesin kaì phrónesin*). Aristóteles distingue a sabedoria teórica (sabedoria propriamente dita) da sabedoria prática (prudência).

157. ...ἐλευθεριότητα δὲ καὶ σωφροσύνην... (*eleytherióteta dè kaì sophrosýnen*).

158. ...ἤθους... (*éthoys*).

159. ...τῶν ἕξεων δὲ τὰς ἐπαινετὰς ἀρετὰς λέγομεν. ... (*tôn héxeon dè tàs epainetàs aretàs légomen.*).

LIVRO II

1

Sendo a virtude de dois tipos, nomeadamente, intelectual e moral, deve-se a produção e ampliação da primeira sobretudo à instrução, exigindo isso consequentemente experiência e tempo. A virtude moral ou ética é o produto do hábito, sendo seu nome derivado, com uma ligeira variação, dessa palavra.¹⁶⁰ E, portanto, fica evidente, inclusive, que não é a natureza que produz nenhuma das virtudes morais em nós, uma vez que nada que seja natural é passível de ser alterado pelo hábito. Por exemplo, a pedra, cuja natureza é se mover para baixo, não pode, por força de ser habituada, mover-se para cima, ainda que nos dispuséssemos a tentar habituá-la a fazê-lo lançando-a para cima dez mil vezes; nem pode o fogo ser habituado a mover-se para baixo e tampouco qualquer outra coisa que naturalmente se comporta de uma maneira ser habituada de modo a comportar-se de uma outra maneira. *As virtudes não são geradas nem em decorrência da natureza nem contra a natureza,*¹⁶¹ a qual nos capacita a recebê-las, capacidade que é aprimorada e amadurecida pelo hábito.

Ademais, as coisas que nos são transmitidas pela natureza temo-las primeiramente como *potência*,¹⁶² e nós exibimos sua *atividade*¹⁶³ posteriormente (o que claramente ocorre com nossos sentidos: com efeito, não adquirimos a visão ou a audição por ver ou ouvir frequen-

---

160. Ou seja, ἔθος (*éthos* – hábito) que apresenta em relação a ἦθος (*êthos* – caráter) uma ligeira diferença morfológica (a alternância do ε [*e*] e do η [*e*]). É quase certo que se trate de vocábulos congêneres.

161. ...οὔτ' ἄρα φύσει οὔτε παρὰ φύσιν ἐγγίνονται αἱ ἀρεταί, ... (*oýt' ára phýsei oýte parà phýsin eggínontai hai aretaí,*).

162. ...δυνάμεις... (*dynámeis*).

163. ...ἐνεργείας... (*energeías*), o mesmo que *ato* no par potência/ato.

temente, porém, antes, porque possuíamos os sentidos principiamos a empregá-los; não os obtivemos por força do seu uso). As virtudes, ao contrário, nós as adquirimos por tê-las inicialmente e tê-las posto em prática, tal como no que toca às artes. De fato, aprendemos, nesse caso, executando o que teremos que executar. Exemplo: homens se tornam construtores construindo e se tornam tocadores de lira tocando lira. Analogamente, é a realização de atos justos que nos torna justos, a de atos moderados que nos torna moderados, a de atos corajosos que nos torna corajosos; *o que acontece nos Estados testemunha isso*.[164] Legisladores, com efeito, tornam os cidadãos bons treinando-os em hábitos, o que é a *meta*[165] de todo legislador, que, se não a atingir, será um fracasso, [tarefa] no que se distingue a boa constituição política da má. Ademais, as ações que constituem princípios ou instrumentos para a produção de quaisquer virtudes são idênticas àquelas que são instrumentos da destruição dessas virtudes, o mesmo ocorrendo com as artes; com efeito, tanto os bons tocadores de lira como os maus são produzidos pela ação de tocar lira, ocorrendo coisa semelhante com os construtores e todos que se dedicam às artes; do mesmo modo que vos tornareis um bom construtor se construirdes bem, vos tornareis um mau construtor se construirdes mal. Se assim não fosse, não haveria qualquer necessidade de mestres, entendendo-se que todos já nasceriam bons ou maus profissionais. O mesmo, assim, vale para as virtudes. É a prática em *transações*[166] com nossos semelhantes que produz entre nós os que se tornam justos e os que se tornam injustos; através da ação em meio ao perigo *e ao formar o hábito do [sentimento] do medo ou [aquele] da autoconfiança que nos tornamos corajosos ou covardes*.[167]

---

164. ...μαρτυρεῖ δὲ καὶ τὸ γινόμενον ἐν ταῖς πόλεσιν·... (*martyreî dè kaì tò ginómenon en taîs pólesin·*).

165. ...βούλημα... (*boýlema*), desejo, intento.

166. ...συναλλάγμασι... (*synallágmasi*), genericamente relações humanas, embora Aristóteles pareça privilegiar aqui o sentido menos amplo e restrito de relações de negócios ou comerciais.

167. ...καὶ ἐθιζόμενοι φοβεῖσθαι ἢ θαρρεῖν οἱ μὲν ἀνδρεῖοι οἱ δὲ δειλοί·... (*kaì ethizómenoi phobeîsthai è tharreîn hoì mèn andreîoi hoì dè deiloí·*). Por algum motivo, aqui parece ocorrer uma inversão, pois é nos habituando ao sentimento do medo que nos tornamos *covardes* e nos habituando ao sentimento da autoconfiança que nos tornamos *corajosos*.

E o mesmo ocorre conosco relativamente aos apetites e [sentimentos] de animosidade. Entre os indivíduos há os que se tornam moderados e brandos, outros dissolutos e irascíveis devido ao seu comportamento variável nesta ou naquela situação. Em síntese, nossas disposições são geradas por atividades semelhantes. Consequentemente, nos compete controlar nossas atividades do ponto de vista qualitativo, já que isso determina a qualidade de nossas disposições. Não é, portanto, de pouca importância se somos educados *desde a infância*[168] mediante certos hábitos ou outros; é, ao contrário, de imensa, ou melhor, de total importância.

2

Considerando que o estudo em pauta, diferentemente dos outros, *não visa à teoria*[169] – já que não estamos investigando a virtude a fim de conhecer o que é, mas a fim de podermos nos tornar bons, sem o que nossa investigação seria inútil –, *é necessário investigarmos o que diz respeito à conduta*[170] e indagarmos como agir, uma vez que nossa ações, como asseveramos, determinam a qualidade da formação de nossas disposições.

Agir de acordo com a justa razão[171] é um princípio comum e pode ser tomado como nossa hipótese (dele nos ocuparemos mais tarde e da definição de justa razão e sua relação com as outras virtudes).

Mas estabeleçamos de antemão que toda a teoria relativa à conduta se limitará a um delineamento destituído de precisão, em consonância com o que mencionamos no início, a saber, que as teorias por nós exigidas devem se ater aos seus objetos de estudo. Não há nada

---

168. ...ἐκ νέων... (*ek néon*).
169. ...οὐ θεωρίας ἕνεκά ἐστιν... (*oy theorías hénekà estin*). Literalmente: ...não é em função da teoria. ... Aristóteles classifica os ramos da filosofia, para ele as *ciências*, em duas grandes categorias: as ciências *teóricas* ou especulativas (como a física, a metafísica, a psicologia, as matemáticas etc.) e as ciências *práticas* (domínio do conhecimento em que se acham a ética e a política). As artes pertencem a uma terceira categoria do conhecimento, denominada ocasionalmente por ele como *ciências produtivas* (*poiéticas*).
170. ...ἀναγκαῖον ἐπισκέψασθαι τὰ περὶ τὰς πράξεις, ... (*anagkaîon episképsasthai tà perì tàs práxeis,*).
171. ...κατὰ τὸν ὀρθὸν λόγον πράττειν... (*katà tòn orthòn lógon prátteín*).

de estável ou invariável em torno de matérias referentes à conduta e à conveniência, não mais do que em torno de questões relativas à saúde. E se assim é no que tange à teoria geral, ainda menos precisão haverá ao se tratar casos particulares. Estes efetivamente não se enquadram em qualquer arte ou conjunto de preceitos [de ciência], tendo os próprios agentes que julgar o que se ajusta às circunstâncias de cada situação, tal como ocorre na medicina ou na navegação. Mas, embora a discussão que se segue possua tal caráter, empreender o máximo empenho nessa tarefa é absolutamente necessário.

Em primeiro lugar, observemos que essas coisas são de tal modo naturalmente constituídas que *deficiência ou excesso*[172] as destrói, como percebemos no tocante ao vigor e à saúde (pois para obter esclarecimento acerca de coisas obscuras é preciso utilizar a evidência de coisas visíveis). É fato o excesso de exercícios bem como a deficiência destes arruinarem o vigor; do mesmo modo, tanto a bebida e o alimento em demasia quanto a falta destes arruínam a saúde, quando em proporção adequada a produzem, aumentam e preservam. O mesmo acontece em relação à moderação, à coragem e às outras virtudes. Aquele que, tomado pelo medo, de tudo foge e nada suporta se torna um *covarde*,[173] ao passo que aquele que não experimenta medo diante de coisa alguma e tudo enfrenta se torna um *temerário*.[174] Do mesmo modo, aquele que se curva a todos os prazeres e não se refreia diante de nenhum se converte em um *licencioso*[175]. Por outro lado, quem se afasta de todos os prazeres, *como os indivíduos rudes*,[176] se torna [um indivíduo] *insensível*[177]. *Assim, a moderação e a coragem são destruídas pelo excesso e pela deficiência e preservadas pela mediania.*[178]

---

172. ...ἐνδείας καὶ ὑπερβολῆς... (*endeías kaì hyperbolês*). A primeira dessas palavras denota tanto o sentido de *insuficiência* quanto o de falta (carência).

173. ...δειλὸς... (*deilòs*).

174. ...θρασύς... (*thrasýs*).

175. ...ἀκόλαστος... (*akólastos*), literalmente incontido, desregrado.

176. ...ὥσπερ οἱ ἀγροῖκοι, ... (*hósper hoi agroîkoi,*).

177. ...ἀναίσθητός... (*anaísthetós*).

178. ...φθείρεται δὴ ἡ σωφροσύνη καὶ ἡ ἀνδρεία ὑπὸ τῆς ὑπερβολῆς καὶ τῆς ἐλλείψεως, ὑπὸ δὲ τῆς μεσότητος σώζεται. ... (*phtheíretai dè he sophrosýne kaì he andreía hypò tês hyperbolês kaì tês elleípseos, hypò dè tês mesótetos sóizetai.*). Observe-se que Aristóte-

Mas não apenas são idênticas as ações que, por um lado geram e desenvolvem [as virtudes] e, por outro, as destroem, como também serão idênticas as suas atividades. É o que ocorre, com efeito, com
30 as outras coisas que oferecem maior visibilidade, tais como a força [corporal], pois esta é produzida ingerindo-se alimento em expressiva quantidade e empreendendo-se muito esforço; observa-se, ademais, que é o homem forte que será capaz de assim agir. O mesmo ocorre com as virtudes. É a abstenção dos prazeres que nos torna moderados e, paralelamente, estamos melhor capacitados
35 a nos abstermos dos prazeres quando nos tornamos moderados;
1104b1 igualmente com a coragem: tornamo-nos corajosos habituando-nos a desprezar e suportar os terrores e nos capacitamos a resistir aos terrores se tivermos nos tornado corajosos.

3

NOSSOS ESTADOS TÊM como indício o *prazer ou dor*[179] que acom-
5 panha nossas ações. Um indivíduo é moderado se abstém-se de prazeres do corpo e se compraz com a própria abstinência; é um desregrado se essa abstinência o incomoda; é corajoso se suporta os terrores com prazer ou, ao menos, sem experimentar dor; covarde, se o fizer experimentando-a.

Com efeito, a virtude moral diz respeito a prazeres e dores.[180] De
10 fato, é devido ao prazer que realizamos ações vis e devido à dor que deixamos de realizar ações nobres. Daí a importância, segundo Platão, de ser especificamente educado desde a infância a gostar

---

les substitui no seu importante par conceitual excesso/deficiência, ἔνδεια (*éndeia*) por ἔλλειψις (*élleipsis*). Essa prática de empregar sinônimos em suas exposições, mesmo com respeito a conceitos fundamentais, não é esporádica em Aristóteles. Felizmente, ele o faz na maioria das vezes criteriosamente, quer dizer, o termo substitutivo possui contextualmente o mesmo sentido do termo substituído. Por outro lado, o Estagirita introduz nesse período o conceito de μεσότης (*mesótes*), ao qual o leitor deve dispensar particular atenção, pois desempenha papel-chave na ética aristotélica.

179. ...ἡδονὴν ἢ λύπην... (*hedonèn è lýpen*).
180. ...περὶ ἡδονὰς γὰρ καὶ λύπας ἐστὶν ἡ ἠθικὴ ἀρετή. ... (*peri hedonàs gàr kaì lýpas estin he ethikè areté.*).

e não gostar das coisas: nisso consiste efetivamente a educação correta.[181]

Ademais, se as virtudes têm a ver com ações e paixões e toda paixão e toda ação são acompanhadas por prazer e dor,[182] é por isso também que a virtude diz respeito ao prazer e à dor.

O fato de o meio de punição ser a dor também o mostra, pois a punição é uma forma de medicina e esta opera naturalmente por meio de opostos.

Além disso, como afirmamos anteriormente, *todo estado da alma*[183] efetiva sua plena natureza no processo de relação e ocupando-se com aquela classe de objetos através dos quais tende a se tornar pior ou melhor. [Os seres humanos] se tornam piores através de prazeres e dores, quer perseguindo e evitando, respectivamente, os prazeres e dores equívocos, quer assim o fazendo no momento equívoco, ou da maneira equívoca, ou em um dos outros meios equívocos que podem ser detectados pela razão. Assim, alguns [pensadores] definem as virtudes como estados definidos de impassividade e repouso; não se saem bem nessa empreitada pois usam esses termos de modo absoluto, sem indicarem "na maneira certa (ou errada)" e "no momento certo (ou errado)" e as demais qualificações a serem acrescentadas.[184]

Nossa suposição é a de que a virtude é a qualidade segundo a qual agimos da melhor forma no tocante aos prazeres e às dores e que o *vício*[185] é o oposto. As considerações que se seguem arrojarão ainda mais luz nesses mesmos pontos.

---

181. Ver especialmente os diálogos *A República* e *As Leis*, de Platão.
182. ...ἔτι δ' εἰ αἱ ἀρεταί εἰσι περὶ πράξεις καὶ πάθη, παντὶ δὲ πάθει καὶ πάσῃ πράξει ἕπεται ἡδονὴ καὶ λύπη, ... (*éti d' ei hai aretaí eisi perì práxeis kaì páthe, pantì dè páthei kaì pásei práxei hépetai hedonè kaì lýpe,*).
183. ...πᾶσα ψυχῆς ἕξις, ... (*pâsa psykhês héxis,*).
184. A alusão é provavelmente aos estoicos, que sustentavam, a título de objetivo ético, um estado de completa libertação e isenção de qualquer paixão ou emoção, a que davam o nome de ἀπάθεια (*apátheia*), que é precisamente o que Aristóteles combate como um extremo de deficiência (contrário à sua doutrina da mediania) que levaria o ser humano à completa insensibilidade.
185. ...κακία... (*kakía*).

30   Há três coisas que nos impelem à *escolha*,¹⁸⁶ e três que nos impelem ao *evitar*,¹⁸⁷ a saber, o nobre, o útil, o prazeroso e seus opostos: o vil, o nocivo e o doloroso, sendo que, com respeito a todos eles, seja provável que o indivíduo bom se conduza corretamente, e o indivíduo mau, incorretamente; isto vale especialmente para o prazer, pois deste compartilham o ser humano e os animais inferiores,
35
1105a1 além de acompanhar todos os objetos de escolha, *visto que tanto o nobre quanto o útil nos parecem prazerosos*.¹⁸⁸

Por outro lado, [é de se notar] que o prazer se desenvolve em todos nós desde a tenra infância, o que faz dele uma paixão difícil de ser erradicada, estando enraizada em nossas vidas.

Ademais, é também graças ao prazer e à dor que todos nós, em
5   um maior ou menor grau, avaliamos nossas ações. Em razão disso, eles são necessariamente a nossa maior *preocupação*.¹⁸⁹ De fato, sentir prazer e dor *correta ou incorretamente*¹⁹⁰ exerce um grande efeito sobre a conduta.

Que se acresça que é mais difícil lutar contra o prazer do que contra a ira, como o diz Heráclito; de fato, a arte e a virtude se ocupam constantemente com o que é mais difícil. O grau de dificuldade da tarefa é proporcional ao grau de excelência do bem.
10   Inclusive por essa razão o prazer e a dor despontam como *toda a preocupação*¹⁹¹ da virtude, e da ciência política, visto que aquele que pessoalmente deles se serve corretamente será bom, e aquele que o fizer incorretamente, mau.

Podemos, então, ter como assentado que a virtude diz respeito aos prazeres e às dores, que as ações que a geram são tanto as que a ampliam como também, se diferentemente realizadas, as que a

---

186. ...αἱρέσεις... (*hairéseis*).

187. ...φυγάς... (*phygás*).

188. ...καὶ γὰρ τὸ καλὸν καὶ τὸ συμφέρον ἡδὺ φαίνεται. ... (*kaì gàr tò kalòn kaì tò symphéron hedỳ phaínetai.*).

189. ...πραγματείαν... (*pragmateían*), palavra cujo significado engloba a pre(ocupação), o cuidado, e a ocupação, o esforço, tendo, portanto, uma denotação simultaneamente psicológica e pragmática.

190. ...εὖ ἢ κακῶς... (*eỳ è kakôs*), literalmente *bem ou mal*.

191. ...πᾶσα ἡ πραγματεία... (*pâsa he pragmateía*): ver nota 189.

15 destroem, e que as ações que constituem sua fonte de geração são aquelas nas quais é ela convertida em ato.

4

É POSSÍVEL QUE UMA DIFICULDADE se apresente, a saber, o que queremos exprimir ao dizer que, para se tornar justo, é preciso realizar ações justas e que, para se tornar moderado, é preciso rea-
20 lizar ações moderadas; com efeito, se são realizados atos justos e moderados, já são [os seres humanos] justos e moderados, como aqueles que escrevem e leem corretamente ou tocam afinadamente são letrados ou músicos.

Ou não será assim mesmo ao menos no que toca às artes? É possível escrever e ler uma palavra corretamente por acaso ou porque alguém nos orientou a fazê-lo. Por conseguinte, alguém será um
25 letrado somente se escrever e ler corretamente tal como o letrado, ou seja, devido ao conhecimento gramatical que esse próprio alguém possui.

Ademais, entre as artes e as virtudes não há, a rigor, semelhança. Obras de arte, com efeito, contêm seu bem em si mesmas, de sorte a bastar que sejam criadas possuindo uma qualidade que lhes é própria; atos, entretanto, que são realizados em consonân-
30 cia com as virtudes, não são realizados justa ou moderadamente porque eles próprios possuem certa qualidade, mas somente se o agente também estiver em certa disposição ao realizá-los: em primeiro lugar, impõe-se que ele aja com *conhecimento*;[192] em segundo lugar, tem que eleger previamente o ato e elegê-lo por ele próprio; e, em terceiro lugar, é imperioso que o ato emerja de um caráter
1105b1 estável e permanente. Para a posse de uma arte, não se reconhece qualquer uma dessas condições, salvo o mero conhecimento. Para a posse das virtudes, contudo, *o conhecimento tem pouco ou*

---

192. ...εἰδώς. ... (*eidós.*). Conhecimento no sentido múltiplo de *ciência* ou consciência do que ele (o agente) está realizando (o ato em questão não deve ser inconsciente ou fortuito), e de *ciência* de que o ato é um ato correto, isto é, tem teor moral positivo.

nenhum peso,¹⁹³ enquanto as outras condições, longe de detentoras de pouco peso, são de total importância, na medida em que a virtude é gerada a partir da realização regular de ações justas e moderadas. Assim, as ações são qualificadas de justas e moderadas quando consistem nos atos que homens justos e moderados realizariam. Dessa forma, o agente é justo e moderado não quando realizar meramente esses atos, mas quando os realizar tomando homens justos e moderados como seu modelo. É, portanto, correto dizer que alguém se torna justo realizando ações justas e moderado realizando ações moderadas; e ninguém poderá ter sequer uma mera perspectiva de se tornar bom sem realizá-las. Mas a maioria dos seres humanos omitem-se quanto a essa realização e se dedicam à discussão [da virtude], imaginando que filosofam e que isso os tornará bons; são como pacientes que ouvem meticulosamente ao que o médico diz, mas deixam completamente de cumprir suas orientações. Tal como esse tipo de tratamento [ouvido e negligenciado pelo paciente] nenhum bem produzirá no corpo, igualmente esse tipo de filosofia nenhum bem produzirá na alma.

5

Cabe-nos a seguir tratar da definição da virtude.¹⁹⁴

Alojados na alma estão as paixões, as faculdades e os estados, de modo que a virtude tem que ser uma dessas três coisas. Por paixões quero dizer desejo, ira, medo, confiança, inveja, júbilo, amor, ódio, saudade, *ciúme*,¹⁹⁵ compaixão e geralmente aqueles sentimentos que são acompanhados por prazer ou dor. Aquilo em função de que se pode afirmar de nós que somos *suscetíveis às paixões*¹⁹⁶ são as faculda-

---

193. ...τὸ μὲν εἰδέναι μικρὸν ἢ οὐδὲν ἰσχύει, ... (*tò mèn eidénai mikròn è oydèn iskhýei,*).

194. ...Μετὰ δὲ ταῦτα τί ἐστιν ἡ ἀρετὴ σκεπτέον. ... (*Metà dè taŷta tí estin he aretè skeptéon.*), ou mais próximo da literalidade: Cabe-nos, a seguir, examinar o que é a virtude.

195. ...ζῆλον... (*zêlon*); *zélosis* [ζήλωσις] bem como *zéloma* [ζήλωμα] não têm, a rigor, o peso pejorativo da nossa ideia de *ciúme*, embora inclua a ideia de *estar cioso de, zelar por*. Trata-se, sobretudo, do sentimento de rivalização, para o que o nosso termo e conceito de *emulação* se prestariam mais propriamente.

196. ...παθητικοὶ... (*pathetikoi*).

des, por exemplo, sermos capazes de sentir ira, dor[197] ou compaixão. Os estados são aquilo em função do que nos encontramos bem ou mal *dispostos* em relação às paixões; por exemplo, estamos mal dispostos quanto a sentir ira se nos enraivecermos com demasiada veemência ou sem veemência suficiente; estamos bem dispostos nesse sentido se nos enraivecermos moderadamente – algo análogo valendo para as outras paixões.

As virtudes e os vícios não são paixões porque não somos classificados como bons ou maus segundo nossas paixões; essa classificação é determinada por nossas virtudes e nossos vícios; tampouco somos louvados ou censurados devido a nossas paixões (alguém não é louvado por estar amedrontado ou irado, censurado simplesmente por estar irado, mas por estar irado de certa maneira); somos louvados ou censurados por nossas virtudes e vícios. Ademais, nossa ira ou medo não são produto de nossa escolha, ao passo que as virtudes são tipos de escolha ou, de um modo ou outro, envolvem *escolhas*.[198] Além disso, dizem de nós que somos *movidos*[199] pelas paixões, enquanto no que toca às virtudes e aos vícios não dizem que somos *movidos*, mas que estamos *dispostos*[200] de certo modo.

Por idênticas razões também não são faculdades, uma vez que não dizem de nós que somos bons ou maus, ou somos louvados ou censurados simplesmente por nossa capacidade de experimentar a paixão. Há em nós faculdades naturais, mas não nascemos bons ou maus naturalmente. Isso já foi tratado anteriormente.

Não sendo as virtudes nem paixões, nem faculdades, por exclusão são estados, com o que estabelecemos o que é a virtude em termos de seu gênero.

---

197. Embora Bekker registre λυπηθῆναι (*lypethênai*), helenistas como Rassow e Rackham indicam ou sugerem φοβηθῆναι (*phobethênai*), o que acolhemos por uma questão de coerência interna do texto, já que para Aristóteles a dor não é propriamente uma paixão, mas sim o *medo*.
198. ...προαιρέσεως. ... (*proairéseos.*), a rigor, *prévias escolhas*.
199. ...κινεῖσθαι... (*kineîsthai*).
200. ...διακεῖσθαί... (*diakeîsthaí*).

6

Mas não é suficiente nos limitarmos a defini-la como um estado. É necessário que digamos também que espécie de estado é. Entenda-se, então, que toda virtude não torna apenas a própria coisa boa, como também faz com que ela desempenhe sua função bem. *Por exemplo, a virtude (excelência) do olho torna o olho e seu próprio funcionamento bons (com efeito, é graças à virtude do olho que enxergamos bem).*²⁰¹ De modo semelhante, a virtude (excelência) do cavalo faz dele um bom cavalo e também bom na corrida, no carregar o cavaleiro e no embate com o inimigo. Se, por conseguinte, assim é com respeito a todas as coisas, *a virtude (excelência) do ser humano*²⁰² será o estado que o torna um bom ser humano e também o que o fará desempenhar a sua própria função bem. Já indicamos o significado disso, porém ficará ainda mais claro se examinarmos qual é o caráter da própria virtude.

De tudo que é contínuo e divisível é possível tomar o maior, o menor, ou uma parte igual e essas partes podem ser maiores, menores e iguais seja relativamente à própria coisa ou relativamente a nós. O igual é uma mediania entre o excesso e a deficiência. Por *mediania da coisa*²⁰³ queremos dizer um ponto equidistante de cada um dos extremos, que é um e o mesmo para todos; pela mediania *relativa a nós* entendemos aquilo que não é nem excessivamente grande, nem excessivamente pequeno, o que *não é* um e o mesmo para todos. Por exemplo, suponhamos que 10 (dez) seja *muitos* e 2 (dois) *poucos*; nesse caso a mediania relativamente à coisa será 6 (seis), *uma vez que seis menos dois (6 − 2) é igual a dez menos seis (10 − 6)*,²⁰⁴ sendo esta a mediania determinada pela proporção aritmética.

---

201. ...οἷον ἡ τοῦ ὀφθαλμοῦ ἀρετὴ τόν τε ὀφθαλμὸν σπουδαῖον ποιεῖ καὶ τὸ ἔργον αὐτοῦ (τῇ γὰρ τοῦ ὀφθαλμοῦ ἀρετῇ εὖ ὁρῶμεν). ... [*hoîon he toŷ ophthalmoŷ aretè tón te ophthalmòn spoydaîon poieî kaì tò érgon aytoŷ (têi gàr toŷ ophthalmoŷ aretêi eŷ horômen).*].

202. ...τοῦ ἀνθρώπου ἀρετὴ... (*toŷ anthrópoy aretè*).

203. ...πράγματος μέσον... (*prágmatos méson*).

204. Isto é, o valor igual quatro (4). Próximo à literalidade: ...uma vez que excede e é excedido pelo [valor] igual... (...ἴσῳ γὰρ ὑπερέχει τε καὶ ὑπερέχεται, ...) [*ísoi gàr hyperékhei te kaì hyperékhetai,*].

Mas não cabível chegar, por esse caminho, à mediania relativa a nós. Se *dez (10) minas*[205] de alimento é muito para uma pessoa em particular e duas (2) minas pouco, disso não se conclui que o treinador prescreverá *seis (6) minas*[206] porque talvez mesmo isso seja demasiado ou excessivamente pouco para alguém que o irá receber. Será uma porção [excessivamente] pequena para Milo,[207] mas uma porção [excessivamente] grande para alguém que está começando a praticar atletismo. Algo semelhante vale para a corrida ou a luta. Assim, um mestre de qualquer arte evita o excesso e a deficiência, procurando e elegendo o ponto mediano, a mediania, quer dizer, não da coisa ou objeto, mas relativamente a nós. Se, portanto, a maneira na qual *toda arte*[208] cumpre eficientemente sua tarefa é se atendo à mediania e estimando seus produtos segundo ela (daí a observação corrente de que de uma perfeita obra de arte nada se pode tirar nem nada a ela adicionar, dando a entender que o excesso e a deficiência destroem a perfeição, ao passo que a mediania a preserva); se então, como dizemos, bons artesãos e profissionais norteiam-se pela mediania quando trabalham, e se a virtude, como a natureza, é mais exata e melhor do que qualquer arte, infere-se que a virtude possui a qualidade de visar à mediania. *Eu me refiro à virtude moral,*[209] pois esta diz respeito às paixões e ações nas quais existe excesso ou deficiência, ou a mediania. Por exemplo, é possível que alguém que esteja receoso ou confiante, sinta desejo, ira ou compaixão e experimente prazer e dor em geral, seja em excesso ou deficientemente e em ambos os casos, *indevidamente,*[210] ao passo que experimentá-los oportunamente, em relação às coisas certas, para o propósito certo e da maneira certa, corresponde à justa medida (mediania), a qual é a marca da virtude. Analogamente, existe excesso, deficiência e mediania nas ações. Ora, a virtude tem

---

205. ...δέκα μναῖ... (*déka mnaí*). Cada mina correspondia aproximadamente a uma libra, ou seja, quase meio quilo. Assim, dez minas (aprox. 10 libras) equivalem a cerca de 4,5 kg.

206. ...ἓξ μνᾶς... (*hèx mnâs*), cerca de 2,7 kg.

207. Famoso lutador grego.

208. ...πᾶσα ἐπιστήμη... (*pâsa epistéme*). Aristóteles alude às ciências produtivas ou *poiéticas*.

209. ...λέγω δὲ τὴν ἠθικήν·... (*légo dè tèn ethikén·*), ou seja, a teoria da mediania não é aplicável às virtudes intelectuais.

210. ...οὐκ εὖ·... (*oyk eŷ·*), literalmente *não bem, mal.*

a ver com as paixões e ações, sendo erros os excessos e deficiências destas; a medida mediana, por sua vez, é louvada e constitui o êxito; que se acrescente que ambos são marcas da virtude.[211] Assim, porquanto visa à mediania, a virtude é uma espécie de mediania. Por outro lado, o erro é *multiforme*[212] (com efeito, o mal é uma forma do ilimitado, como conjeturaram os pitagóricos, e o bem, uma forma do limitado), ao passo que o êxito somente é possível de *uma única maneira*[213] (razão pela qual aquele é fácil e este difícil – fácil errar o alvo e difícil acertá-lo); eis aí uma razão adicional do porquê o excesso e a deficiência são uma marca do vício e a mediania uma marca da virtude, ou seja:

De fato, simples é a bondade [humana], múltipla a maldade.[214]

Conclui-se ser a virtude um estado que leva à prévia escolha e que consiste na mediania relativa a nós, sendo isso determinado pela razão, isto é, como a pessoa dotada de prudência o determinaria.

E é uma mediania entre dois vícios, um em função do excesso e outro em função da deficiência. Acresça-se que é uma mediania em que, enquanto os vícios carecem ou se excedem no que é certo tanto nas paixões quanto nas ações, a virtude encontra por prévia escolha a mediania. Consequentemente, enquanto do prisma de sua substância e da definição que exprime o que é sua essência, a virtude é uma mediania, daquele da excelência e do bem, é um extremo.

Todavia, nem toda ação ou paixão admite uma mediania. Com efeito, a própria designação de algumas pressupõe o mal, tais como a *malevolência*,[215] a *impudência*, a *inveja* e, entre as ações, o *adultério*, o *roubo* e o *homicídio*.[216] Todas essas e outras semelhantes são

---

211. Ou seja, ser objeto de louvor e obter êxito.
212. ...πολλαχῶς... (*pollakhôs*), ou seja, assume várias formas ou ocorre de várias maneiras.
213. ...μοναχῶς... (*monakhôs*).
214. Verso cuja origem ignoramos.
215. ...ἐπιχαιρεκακία... (*epikhairekakía* – expressão composta que significa analiticamente o ato de se regozijar com a infelicidade alheia [malevolência]); ...ἀναισχυντία... (*anaiskhyntía* – impudência); ...φθόνος, ... (*phthónos*, – inveja).
216. ...μοιχεία... (*moikheía* – adultério); ...κλοπὴ... (*klopè* – roubo); ...ἀνδροφονία·... (*androphonía·* – expressão composta que significa analiticamente assassinato de um homem [homicídio]).

censuráveis como más em si mesmas – não é o excesso ou a deficiência delas que as torna más. É impossível, portanto, nossa conduta ser certa ao praticá-las, sendo, nesse caso, essa conduta
15 sempre errada; tampouco agir certo ou errado no caso delas tem a ver com as circunstâncias – por exemplo, se alguém comete adultério com a mulher certa no momento certo e da maneira certa; o seu mero cometimento é errado. É também como se supuséssemos haver uma mediania, um excesso e uma deficiência em atos de injustiça, covardia ou desregramento. Com isso teríamos que admitir
20 uma quantidade mediana de excesso e de deficiência, uma quantidade excessiva de excesso e uma quantidade deficiente de deficiência. Mas tal como não existe excesso ou deficiência na *moderação*, [na justiça], *e na coragem*[217] porque a mediania é, em certo sentido, um extremo, não existe qualquer mediania, nem excesso, nem deficiência nos atos [viciosos] correspondentes mencionados anteriormente, que, uma vez praticados, estão errados. Em termos gerais,
25 com efeito, não há uma mediania em excesso ou deficiência, e tampouco excesso ou deficiência de uma mediania.

7

Não devemos, contudo, nos limitarmos com o exprimir desse enunciado geral. Cabe-nos demonstrar que se aplica aos fatos parti-
30 culares. No âmbito do discurso racional referente às ações, embora princípios universais tenham uma aplicação e aceitação maiores, *os que dizem respeito a partes particulares*[218] contêm mais verdade. A relação das ações é, com efeito, com fatos particulares, impondo-se que nos harmonizemos com eles.

Tomemos esses fatos particulares da tabela.[219]

---

217. ...σωφροσύνης καὶ ἀνδρείας... (*sophrosýnes kaì andreías*): δικαιοσύνη (*dikaiosýne*), justiça, não está incluída aqui, mas a incluímos entre colchetes por uma questão incisiva de coerência contextual.

218. ...οἱ δ' ἐπὶ μέρους... (*hoi d'epì méroys*).

219. Ver *Ética a Eudemo*, Livro II, cap. 3, 1220b37 e ss.

1107b1   Com respeito ao medo e à autoconfiança, a mediania é a coragem. Aquele que se excede no *destemor*[220] não é denominado por qualquer nome específico (muitos são os casos de ausência de nomes); aquele que se excede na autoconfiança é *temerário*;[221] aquele que se excede no medo e é deficiente em autoconfiança é *covarde*.[222]
5   Com respeito aos prazeres e às dores – não todos eles e menos no tocante às dores – a mediania é a *moderação*,[223] o excesso o *desregramento*.[224] Indivíduos que sofrem de deficiência no que toca aos prazeres são raros e, consequentemente, falta um nome para eles, embora os possamos chamar de *insensíveis*.[225] No que tange a dar e
10   tomar *dinheiro*,[226] a mediania é a *generosidade*,[227] o excesso, a *prodigalidade*[228] e a deficiência, a *mesquinhez*,[229] o pródigo e o mesquinho sendo excessivos e carentes de maneiras opostas entre si: o pródigo se excede no abrir mão e é deficiente no tomar, enquanto o mesquinho se excede no tomar e é deficiente no abrir mão. Nossa presente descrição é delineada e breve, o que basta. Mais tar-
15   de isso será definido com maior precisão.

Há também outras disposições em relação ao dinheiro, a saber, o modo de encarar a mediania que chamamos de *magnificência*[230] (o magnificente, de fato, é diferente do generoso, visto que lida com grandes somas, enquanto este último lida com pequenas), o exces-
20   so que chamamos de *insipidez*[231] ou *vulgaridade*[232] e a deficiência,

---

220. ...ἀφοβίᾳ... (*aphobíai*).
221. ...θρασύς... (*thrasýs*).
222. ...δειλός... (*deilós*).
223. ...σωφροσύνη... (*sophrosýne*).
224. ...ἀκολασία... (*akolasía*).
225. ...ἀναίσθητοι... (*anaísthetoi*).
226. ...χρημάτων... (*khremáton*).
227. ...ἐλευθεριότης... (*eleytheriótes*).
228. ...ἀσωτία... (*asotía*).
229. ...ἀνελευθερία... (*aneleythería*).
230. ...μεγαλοπρέπεια... (*megaloprépeia*).
231. ...ἀπειροκαλία... (*apeirokalía*).
232. ...βαναυσία... (*banaysía*).

torpeza.²³³ Diferem dos vícios que se contrapõem à generosidade; mais tarde trataremos do caráter dessa diferença.

No tocante à honra e à desonra, a mediania é a *grandeza de alma*,²³⁴ o excesso algo que podemos chamar de uma espécie de *vaidade*,²³⁵ e a deficiência, a *pequenez de alma*.²³⁶ E tal como dissemos que a *generosidade* tem parentesco com a *magnificência*, desta diferindo por estar vinculada a pequenas quantias, há também certa qualidade relacionada à *grandeza de alma*, que *diz respeito a grandes honras*,²³⁷ ao passo que essa qualidade mesma diz respeito a pequenas, sendo possível ansiar por estas da maneira certa, ou além do certo, ou aquém dele. Aquele que se excede nesses anseios é chamado de *ambicioso*;²³⁸ aquele que deles carece, *não ambicioso*.²³⁹ A mediania não tem nome, sendo que as disposições também carecem de nome, salvo pelo fato daquela do indivíduo ambicioso ser chamada de *ambição*.²⁴⁰ Disso decorre que as pessoas que ocupam os extremos reivindicam a posição mediana e nós mesmos, às vezes, classificamos o indivíduo mediano de ambicioso e, às vezes, de não ambicioso, ora louvando alguém por ser *ambicioso*, ora por ser *não ambicioso*. A razão de assim agirmos é algo cuja discussão reservamos para mais tarde; agora devemos enquadrar as disposições restantes dentro da linha que estabelecemos.

A ira, também, admite excesso, deficiência e mediania. Estes a rigor carecem de nomes, mas como chamamos uma pessoa de caráter mediano de branda, chamemos a mediania de *brandura*;²⁴¹ no que respeita aos extremos, chamemos aquele que se excede de

---

233. ...μικροπρέπεια... (*mikroprépeia*).
234. ...μεγαλοψυχία... (*megalopsykhía*). Ver Livro IV, capítulo 3 e nota pertinente.
235. ...χαυνότης... (*khaynótes*).
236. ...μικροψυχία... (*mikropsykhía*).
237. ...περὶ τιμὴν οὖσαν μεγάλην, ... (*perì timèn oÿsan megálen,*).
238. ...φιλότιμος... (*philótimos*). Analiticamente: o aficionado a honras, amante das honras.
239. ...ἀφιλότιμος... (*aphilótimos*). Tal como no grego, não dispomos de um nome totalmente diferenciado; no grego há a prefixação negativa, enquanto em português limitamo-nos a empregar a partícula negativa *não*.
240. ...φιλοτιμία... (*philotimía*). Analiticamente: amor às honras.
241. ...πραότητα... (*praóteta*).

irascível e seu vício de *irascibilidade*,[242] e aquele que é deficiente em ira de desalentado (não irascível) e a deficiência de *desalento (não irascibilidade)*.[243]

Existem outras três medianias que apresentam certa seme-
10 lhança mútua, ainda que difiram entre si. Todas, com efeito, têm a ver com a permuta de palavras e ações, mas diferem no fato de uma dizer respeito à verdade nesse âmbito,[244] enquanto as outras duas dizem respeito ao prazer, este sendo considerado quer no entretenimento quer em todas as situações da vida. Covém, então,
15 também incluir essa discussão, que facilitará percebermos que em todas as coisas a mediania é louvável, enquanto *os extremos não são nem corretos nem louváveis, mas repreensíveis.*[245] A maioria dessas qualidades, de fato, carece de nome, mas nesses bem como nos demais casos cabe a nós mesmos procurar cunhar nomes, de modo a sermos claros e facilitarmos a compreensão de nossas colocações.

20 No que toca à verdade, aquele que ocupa a mediania pode ser chamado de *veraz*[246] e a mediania, *veracidade*;[247] a veleidade ou afetação sob a forma de exagero é a *ostentação*[248] e aquele que a possui, o *ostentador*;[249] sob a forma de atenuação, *autodepreciação*[250] e aquele que a possui, *autodepreciador*.[251]

---

242. ...ὀργιλότης... (*orgilótes*).

243. ...ἀοργησία. ... (*aorgesía*.).

244. Ou seja, naquele das palavras e das ações (...περὶ λόγων καὶ πράξεων... [*perì lógon kaì práxeon*]).

245. ...τὰ δ' ἄκρα οὔτ' ὀρθὰ οὔτ' ἐπαινετὰ ἀλλὰ ψεκτά. ... (*tà d'ákra oýt' orthà oýt' epainetà allà psektá*.).

246. ...ἀληθής... (*alethés*), verdadeiro, sincero.

247. ...ἀλήθεια... (*alétheia*), verdade. Mas este termo é demasiado abstrato para nós. Como Aristóteles está se referindo à conduta humana, o mais cabível em português, de preferência à *verdade*, ou mesmo à *veracidade*, seria *sinceridade* ou *franqueza*.

248. ...ἀλαζονεία... (*alazoneía*).

249. ...ἀλαζών... (*alazón*).

250. ...εἰρωνεία... (*eironeía*). Embora nossa palavra *ironia* seja aqui inadequada, há obviamente uma vinculação estreita entre o simular ou professar ignorância (à maneira de Sócrates) e a postura de autodepreciação. A "ironia", por parte de quem a pratica, envolve tanto depreciação de si mesmo quanto dissimulação; é, a rigor, autodepreciação calculada e dissimulada, não autêntica.

251. ...εἴρων. ... (*eíron*.).

Quanto ao prazer no entretenimento, o indivíduo mediano é *espirituoso*[252] e a disposição, *espirituosidade*;[253] o excesso é a *bufonaria*[254] e aquele que a manifesta, o *bufão*[255], enquanto aquele que é carente dela pode ser chamado de *rude*[256] e sua disposição, *rudeza*.[257] No que se refere à amenidade geral que se manifesta na vida, aquele que é amável da maneira apropriada é *amistoso*[258] e a mediania é a *amistosidade*;[259] aquele que se excede, se desinteressado, é *obsequioso*,[260] se incide no excesso por almejar o interesse próprio, é *bajulador*;[261] aquele que é deficiente no entretenimento e desagradável em todas as situações pode ser classificado como uma pessoa *hostil e mal-humorada*.[262]

As paixões também admitem medianias que lhes dizem respeito; com efeito, nesse domínio nos referimos a alguém como moderado e a outro indivíduo como excessivo; por exemplo, o acanhado caracterizado por um recato o faz envergonhar-se com tudo, enquanto aquele a quem falta vergonha ou não se envergonha com coisa alguma é desavergonhado, e o indivíduo que ocupa a mediania, recatado.

Por outro lado, a *justa indignação*[263] constitui a mediania entre a *inveja e a malevolência*[264] e essas três têm a ver com dor e prazer experimentados diante da sorte dos próprios semelhantes. O indignado com justiça se desgosta com o sucesso imerecido fruído por alguém; o invejoso ou ciumento o supera e todo sucesso alheio o desagrada,

---

252. ...εὐτράπελος... (*eytrápelos*).
253. ...εὐτραπελία... (*eytrapelía*).
254. ...βωμολοχία... (*bomolokhía*).
255. ...βωμολόχος... (*bomolókhos*).
256. ...ἀγροῖκός... (*agroîkós*).
257. ...ἀγροικία... (*agroikía*).
258. ...φίλος... (*phílos*).
259. ...φιλία... (*philía*).
260. ...ἄρεσκος... (*áreskos*).
261. ...κόλαξ... (*kólax*).
262. ...δύσερίς τις καὶ δύσκολος. ... (*dýserís tis kaì dýskolos.*).
263. ...νέμεσις... (*némesis*).
264. ...φθόνου καὶ ἐπιχαιρεκακίας, ... (*phthónoy kaì epikhairekakías,*).

ao passo que o malevolente é tão deficiente quanto a desgostar-se que chega a regozijar-se [diante do infortúnio de outrem].

Haverá, contudo, oportunidade para analisar em outra parte esses estados passivos, depois do que trataremos da *justiça*,[265] distinguindo os seus dois tipos (já que seu sentido não é simples) e mostrando de que forma cada um constitui uma mediania {e, de
10 modo análogo, trataremos das *virtudes lógicas*}.[266]

8

Há, assim, três disposições – duas destas, vícios (um em função de excesso e o outro em função de deficiência) – e uma virtude, que é a mediania; e *cada uma delas, de certa forma, se opõe às outras*.[267] Com efeito, os estados extremos são os opostos tanto do estado
15 mediano quanto dos outros [que estão em reciprocidade], e o estado mediano é o oposto dos extremos. Tal como o igual é maior se comparado com o menor e o menor se comparado com o maior, os estados medianos se acham em excesso se comparados com as deficiências e deficientes se comparados com os excessos, valendo isso quer nas paixões, quer nas ações. Nota-se, de fato, que o homem corajoso parece temerário em contraste com o covarde e covarde
20 se comparado com o temerário; analogamente, o moderado parece desregrado comparado ao insensível, mas insensível quando comparado ao desregrado; e o generoso parece pródigo se comparado ao mesquinho, e mesquinho se comparado a alguém pródigo. Existe uma tendência de cada indivíduo que ocupa os extremos no sentido de empurrar o indivíduo mediano rumo ao outro extremo: o co-

---

265. ...δικαιοσύνης... (*dikaiosýnes*).
266. ...λογικῶν ἀρετῶν... (*logikôn aretôn*) ou seja, as virtudes intelectuais. O acréscimo entre as chaves é considerado inautêntico por certos helenistas, como Grant, que argumenta que em nenhuma outra parte da *Ética a Nicômaco* as virtudes *intelectuais* recebem essa denominação, além do que, para Aristóteles, a doutrina da mediania não se aplica às virtudes intelectuais, mas só às morais. O segundo argumento de Grant nos parece peremptório.
267. ...πᾶσαι πάσαις ἀντίκεινταί πως·... (*pâsai pásais antíkeintaí pos·*), literalmente: todas, de certa forma, se opõem a todas.

varde qualifica o corajoso de temerário e o temerário o classifica de covarde – os demais casos revelam essa mesma atitude.

Diante dessa oposição das disposições entre si, a maior contrariedade é a dos dois extremos, uma vez que estes estão mais afastados entre si do que da mediania, tal como o grande se acha mais afastado do pequeno e o pequeno do grande do que um ou outro do igual. Ademais, manifesta-se certa semelhança entre alguns extremos e o mediano – por exemplo, a da *temeridade* com a *coragem*, a da prodigalidade com a generosidade. *Os extremos exibem a maior dessemelhança entre si*.[268] São coisas afastadas o máximo entre si que são definidas como contrários, e quanto maior o afastamento, maior a contrariedade.

Ora a deficiência, ora o excesso, opõe-se mais à mediania, como a *covardia*, que é uma deficiência, opõe-se mais à coragem do que a *temeridade*, que é um excesso; mas o *desregramento*, que é excesso, opõe-se mais à *moderação* do que o faz a *insensibilidade*, que é deficiência. Duas causas atuam aqui: uma delas surge *da própria coisa*;[269] pelo fato de um extremo estar mais próximo da mediania e a esta assemelhar-se mais, este não é considerado, mas sim o extremo contrário na oposição à mediania; por exemplo, pelo fato de a *temeridade* parecer se assemelhar, mais do que a *covardia*, à coragem e estar mais próxima dela, concebemos a *covardia* e não a *temeridade* como o contrário da *coragem*, pois se pensa que aquilo situado mais longe da mediania a ela se opõe mais. É esta a causa que se origina da própria coisa. Quanto à outra causa, sua origem se encontra em nós: com efeito, as coisas às quais nós próprios, por nossa natureza, estamos mais inclinados afiguram-se mais contrárias à mediania. Por exemplo, nossa natureza determina que sejamos mais inclinados aos prazeres, razão pela qual estamos mais predispostos ao desregramento {do que ao decoro}.[270] Classificamos como contrárias à

---

268. ...τοῖς δὲ ἄκροις πρὸς ἄλληλα πλείστη ἀνομοιότης. ... (*toîs dè ákrois pròs állela pleíste anomoiótes.*).

269. ...ἐξ αὐτοῦ τοῦ πράγματος·... (*ex aytoŷ toŷ prágmatos·*).

270. ...ἢ πρὸς κοσμιότητα... (*è pròs kosmióteta*). O texto entre chaves é provavelmente uma interpolação imprópria – de fato, o contexto e a fidelidade conceitual exigiriam ἀναισθησία (*anaisthesía* – insensibilidade) e não κοσμιότης (*kosmiótes* – decoro).

mediania, portanto, as coisas (ou estados passivos) para cujo desvio estamos mais propensos. Assim, o *desregramento*, que é excesso, é mais contrário[271] da *moderação*.

9

20 O SUFICIENTE FOI DITO objetivando mostrar que a virtude moral é uma mediania e em que sentido ela o é, a saber, que é uma mediania entre dois vícios (um em função do excesso e o outro em função da deficiência); foi dito, ademais, que ela o é porque visa a atingir o ponto mediano nas paixões e nas ações. É por isso que ser virtuoso 25 requer esforço. De fato, é difícil encontrar o ponto mediano em qualquer coisa; por exemplo, nem todos são capazes de encontrar *o ponto mediano*[272] de um círculo, salvo aqueles que conhecem [geometria]. Igualmente, irar-se é possível para todos, coisa fácil, e dar e gastar *dinheiro*;[273] porém fazê-lo tendo como alvo a pessoa certa, na medida certa, na ocasião certa, com o objetivo certo e da maneira certa – *isto* não está ao alcance de todos e nem é fácil; daí ser o bem raro, louvável e nobre.

30 Isso nos ensina, portanto, que, ao se visar a mediania, a primeira coisa a fazer é evitar o extremo que mais se opõe à mediania, segundo o conselho de Calipso, a saber:

Pilota o navio o mantendo longe daquele borrifo e daquela vaga.[274]

De fato, dos dois extremos, um deles envolve mais erro do que o outro. Assim, porquanto atingir a mediania é extremamente di-
35 fícil, a segunda melhor opção para navegar, como dizem, *é assumir*

---

271. ...ἐναντιωτέρα... (*enantiotéra*).
272. ...τὸ μέσον... (*tò méson*), isto é, o centro.
273. ...ἀργύριον... (*argýrion*), mais precisamente *moeda de prata*. Historicamente, o primeiro dinheiro cunhado, ou, ao menos, o mais corrente, foi o de prata. Atentar, linguisticamente, para o latim *argentum* e o francês *argent*.
274. Homero, *Odisseia*, xii, 219. Mas é Circe e não Calipso.

1109b1 *o menor dos males*,[275] e a melhor maneira de fazê-lo será conforme indicamos.

É imperioso considerarmos aquilo para o que temos propensão (visto que, por natureza, uns tendem para uma coisa, outros para outra) e descobriremos que é o prazer ou a dor que determina o
5 que experimentamos; a seguir, teremos que nos arrastar na direção oposta, pois rumando para longe do nosso erro alcançaremos um ponto mediano. É o que fazem aqueles que endireitam pedaços de madeira empenada.

Em tudo impõe-se estarmos vigilantes contra o que é prazeroso e o prazer, porque toda vez que este está em julgamento, não somos juízes imparciais. Cabe-nos, portanto, nos sentirmos em relação ao prazer
10 como os *anciões do povo*[276] se sentiam em relação a Helena[277] e repetir o discurso que dirigiram a ela em todas as ocasiões, pois, se assim o descartarmos,[278] teremos menos probabilidade de nos extraviar.

A adoção dessas precauções, em síntese, nos capacitará da melhor forma o acesso à mediania. Mas é provável que se trate de difícil tarefa,
15 especialmente *nos casos particulares*.[279] Com efeito, não é fácil determinar de que maneira, com quais pessoas, diante de qual tipo de provocação e por quanto tempo se deve estar irado e, de fato, por vezes louvamos aqueles que erram do ponto de vista da deficiência e os qualificamos de brandos, enquanto, em outras ocasiões, aqueles que ficam irados e os classificamos de *viris*.[280] Entretanto, não repreendemos alguém que se desvia um pouco do bem, seja do lado do mais
20 ou daquele do menos, mas aquele que o faz mais expressivamente, uma vez que ele não passa despercebido. Entretanto, qual o grau e a medida do desvio de alguém para ser alvo de censura não é algo fácil

---

275. ...τὰ ἐλάχιστα ληπτέον τῶν κακῶν·... (*tà elákhista leptéon tôn kakôn·*). Tecnicamente, em termos náuticos, seria recorrer aos remos na falta de vento, ou seja, apelar para a força humana dos braços quando não se pode contar com a força eólica.

276. ...δημογέροντες... (*demogérontes*), ou seja, a geração mais velha do povo de Troia, que via a permanência de Helena (trazida por Páris de Esparta) em Troia como algo sumamente perigoso para os troianos e Troia.

277. Homero, *Ilíada*, iii, 156-160.

278. Isto é, o *prazer.*

279. ...ἐν τοῖς καθ' ἕκαστον·... (*en toîs kath'hékaston·*).

280. ...ἀνδρώδεις... (*andródeis*).

de ser determinado pela razão. Com efeito, não é fácil fazê-lo quanto a qualquer objeto da percepção sensorial e essas coisas dependem de situações particulares, a decisão ficando a cargo da percepção.

O que se mostra claro, nessa situação, é que é o estado mediano em tudo que constitui objeto de louvor, embora devamos por vezes nos inclinar para o excesso e, por vezes, para a deficiência; *com efeito, é desse modo que mais facilmente atingiremos a mediania e o bem.*[281]

---

281. ...οὕτω γὰρ ῥᾷστα τοῦ μέσου καὶ τοῦ εὖ τευξόμεθα. ... (*hoýto gàr râista toý mésoy kaì toý eý teyxómetha.*).

LIVRO III

1

30 A VIRTUDE TEM A VER com paixões e ações, e o louvor e a censura são conferidos somente às voluntárias; as que são involuntárias são objeto de *perdão*[282] e, por vezes, até de *compaixão*.[283] Por conseguinte, provavelmente seja indispensável ao estudante da virtude discernir entre o *voluntário* e o *involuntário*,[284] o que também será útil ao
35 legislador quando for sua tarefa distribuir recompensas e punições.

Afirma-se geralmente que as [paixões e ações] são involuntá-
1110a1 rias se ocorrem sob compulsão ou causadas pela ignorância, e que são compulsórias quando seu princípio é externo, sendo de tal natureza que o agente ou o paciente nada contribui para ele – por exemplo, quando se é levado a algum lugar pela força do vento ou por pessoas que nos têm sob o seu poder. Mas paira alguma dúvida
5 com respeito ao que fazemos pelo medo de algo pior, ou tendo em vista algum objeto nobre – como, por exemplo, na situação em que um tirano, que tem os pais e os filhos de alguém em suas mãos, o força a cometer uma vileza, tendo os entes queridos poupados se a cometer, ou mortos se negar-se a cometê-la. É discutível se tais ações são voluntárias ou involuntárias. Uma situação que guarda alguma semelhança com essa ocorre quando, durante uma tempestade [no mar], joga-se a carga ao mesmo; com efeito, em condições normais, ninguém voluntariamente se privaria assim de seus bens;
10 mas o faria, contudo, qualquer indivíduo sensato visando a própria salvação e a de seus companheiros a bordo. Ações dessa espécie são, portanto, *mistas*. Todavia, assemelham-se mais às voluntárias, pois

---

282. ...συγγνώμης... (*syggnómes*).
283. ...ἐλέου... (*eléoy*).
284. ...τὸ ἑκούσιον καὶ τὸ ἀκούσιον... (*tò hekoýsion kaì tò akoýsion*).

no efetivo momento em que são realizadas, são eleitas; e a finali-
15 dade de uma ação subordina-se à ocasião, e *voluntário* e *involuntário* deveriam ser empregados com referência ao momento da ação. A ação nessas situações é voluntária. Com efeito, o princípio do movimento das partes [do corpo] que atuam como instrumentos da ação reside no agente, e quando o princípio de uma ação encontra-se em si mesmo, sua realização ou omissão está sob o controle do agente. Tais ações são, portanto, voluntárias, embora talvez involuntárias em circunstâncias normais, pois ninguém op-
20 taria por realizar quaisquer delas em função de si mesma.

Esse tipo de ações, a saber, quando as pessoas se submetem a algo vil ou doloroso em vista de algum objeto grandioso e nobre atrai às vezes louvor para elas; se não for esse o contexto, são censuradas, uma vez que é desprezível submeter-se a uma grande vileza sem proveito nobre algum ou somente visando a um proveito nobre irrisório. Em certos casos, tal ação não é louvada, mas perdoa-
25 da, ou seja, quando alguém realiza o que não deve sob pressões excessivas sobre a natureza humana, insuportáveis para qualquer um. Entretanto, talvez haja alguns atos para cuja realização não se pode obrigar alguém, sendo a mais dolorosa e terrível das mortes preferível a realizá-los. Por exemplo, parece risível que Alcmeon na peça de Eurípides[285] seja compelido por certos motivos a assassinar sua
30 mãe. Mas é, às vezes, difícil decidir o que escolher: se a realização de certo ato ou o sofrimento de certa pena. E é ainda mais difícil ser fiel à nossa decisão; de fato, na maioria dos casos a expectativa é dolorosa e a ação que nos forçam a realizar é desonrosa, razão pela qual o louvor e a censura são conferidos em função de cedermos ou
1110b1 não ao que somos forçados.

Que tipo de ações, então, devem ser classificadas como *compulsórias*?[286] Sem uma qualificação, *compulsório* se aplicaria a quando

---

285. Erífile, esposa do rei de Argos, Anfiarau, é subornada (ao preço de um colar) para que convença o marido a participar do ataque dos *Sete contra Tebas*. Induzido a fazê-lo e, ao mesmo tempo, convencido de que pereceria nesse ataque, o rei ordenou que seus filhos (entre eles Alcmeon) vingassem sua morte matando Erífile e, para obrigá-los a não o desobedecerem, ameaçou-os de invocar os deuses para que padecessem fome e a infelicidade de não poderem ter filhos.

286. ...βίαια... (*bíaia*).

a causa da ação está encerrada em coisas externas ao agente e para as quais este nada contribui.²⁸⁷ Mas quando ações, não obstante involuntárias, são, em dadas circunstâncias, eleitas, *e seu princípio está no agente*,²⁸⁸ imperioso declarar que essas ações são em si involuntárias, mas *circunstancialmente* voluntárias. Assemelham-se, contudo, mais ao voluntário; de fato, a conduta está nas coisas particulares realizadas e estas nesse caso são voluntárias. Mas não é fácil estabelecer um critério para decidir qual alternativa deve ser eleita. Os casos particulares, com efeito, diferem largamente.

Afirmar, contudo, que objetos de prazer e objetos de nobreza são compulsórios, uma vez que nos forçam a uma origem externa, é tornar toda ação compulsória. Com efeito, esses objetos fornecem os motivos para todas as ações. E agir sob compulsão e contra a vontade é doloroso; ora, ações realizadas agradavelmente ou nobremente são realizadas com prazer. E é ridículo responsabilizar as coisas externas em lugar de nós mesmos por sermos presa fácil de suas atrações, ou tomar o crédito de nossas ações nobres, mas responsabilizar os objetos do prazer pelas ações vis. Parece, portanto, que se trata de compulsório quando seu princípio é externo e a pessoa forçada em nada contribui para ele.

Todo ato executado por ignorância é em todos os casos *não voluntário*, sendo *involuntário*²⁸⁹ somente o ato que causa aflição e arrependimento a quem o praticou. De fato, de alguém que agiu por ignorância e não sente qualquer arrependimento por sua ação não se pode dizer que agiu voluntariamente considerando-se que não estava ciente de sua ação e, no entanto, também não é o caso de dizer que tenha agido involuntariamente, considerando-se que não sofre

---

287. ...ἢ ἁπλῶς μέν, ὁπότ' ἂν ἡ αἰτία ἐν τοῖς ἐκτὸς ᾖ καὶ ὁ πράττων μηδὲν συμβάλληται; ... (*è haplôs mén, hopót' àn he aitía en toîs ektòs êi kaì ho prátton medèn symbálletai;*). Ou traduzindo, em uma interrogativa (como no original) e mais próximo à literalidade: Seria o caso de dizermos não qualificadamente que a ação o é quando a causa está nas coisas externas e o agente em nada contribui?

288. ...καὶ ἡ ἀρχὴ ἐν τῷ πράττοντι, ... (*kaì he arkhè en tôi práttonti,*).

289. Aristóteles distingue os dois conceitos. Ἀκούσιον (*akoýsion* – involuntário) qualifica a ação realizada sem a presença da vontade consciente do agente; οὐχ ἑκούσιον (*oykh' hekoýsion* – não voluntário) qualifica a ação realizada circunstancialmente *na* ignorância de consequências e, portanto, não determinada pela vontade no sentido pleno.

pelo que fez. Quanto aos atos realizados por ignorância, portanto, se o agente se arrepende do ato, julgamos ter agido involuntariamente; se não se arrepende, a fim de caracterizar a distinção, podemos chamá-lo de agente não voluntário; de fato, posto que há distinção, convém que lhe atribuamos um nome particular. *Agir*
25 *devido à ignorância, contudo, parece ser diferente de agir na ignorância;*[290] com efeito, quando um homem está embriagado ou em um acesso de raiva, não se pensa que age *devido* à ignorância mas *devido* a uma ou outra das condições mencionadas, embora ele realmente aja sem conhecimento, vale dizer, *na* ignorância. Ora, todos os indivíduos maus ignoram no que consiste a ação moral e a imoral,
30 de que devem se abster, erro que gera a injustiça e o vício em geral. Mas o termo *involuntário* não é empregado usualmente em uma ação na qual o agente ignora seus interesses. A ignorância geradora de um ato involuntário não é a ignorância da prévia escolha (essa ignorância constitui maldade) – ou seja, não é uma ignorância universal (porque é esta a tida como sendo censurável), mas ignorância particular das circunstâncias do ato e das coisas [e indivíduos humanos] abrangidos por ela. Com efeito, nesse caso o ato é objeto de compaixão e de perdão porque o ignorante de quaisquer dessas circunstâncias *age involuntariamente*.[291]

1111a1

Diante disso, talvez seja útil determinar a natureza e o número delas: quem realiza a ação (agente), o que realiza (ação, ato), sobre quem ou o que atua ao realizar a ação (paciente) e, às vezes, com
5 o que realiza a ação (por exemplo, um instrumento), e em função do que (finalidade), por exemplo a salvação, e como realiza a ação (maneira), por exemplo com suavidade ou violência.

Ora, ninguém, exceto um insano, poderia ser ignorante de tudo isso e, evidentemente, não poderia o ser do agente – *pois como ignorar a si mesmo?*[292] Mas pode suceder de um indivíduo ser ignorante da ação que realiza, como por exemplo quando as pessoas dizem "escapou durante sua conversa" ou "eles desconheciam se tratar de

---

290. ...ἕτερον δ' ἔοικε καὶ τὸ δι' ἄγνοιαν πράττειν τοῦ ἀγνοοῦντα ποιεῖν·... (*héteron d' éoike kaì tò di' ágnoian práttein toý agnooýnta poieîn·*).
291. ...ἀκουσίως πράττει. ... (*akoysíos práttei.*).
292. ...πῶς γὰρ ἑαυτόν γε; ... (*pôs gàr heaytón ge;*).

10 um segredo", *como disse Ésquilo dos Mistérios*,²⁹³ ou que "houve um disparo quando a intenção era somente mostrar como funcionava" com referência a alguém na catapulta. Por outro lado, alguém poderia confundir o filho com um inimigo, como faz Merope,²⁹⁴ ou uma lança pontiaguda com uma de ponta embotada, ou uma pedra com uma pedra-pomes, ou acontecer de alguém que, embora visando à salvação de um indivíduo, administra-lhe uma poção capaz de
15 matá-lo, ou na luta livre golpear um homem quando se pretendia apenas tocá-lo. Sendo, portanto, a ignorância possível quanto a todas essas circunstâncias do ato, classifica-se como agente involuntário aquele que tenha agido na ignorância de uma ou outra delas e, especialmente, em relação às mais importantes – e as mais importantes circunstâncias parecem ser o que é a própria ação realizada e a finalidade por ela visada.
20 Eis aí a natureza da ignorância que se coaduna com o que chamamos de um ato involuntário, dada a condição do agente sofrer e se arrepender por tê-lo cometido.

Se a ação involuntária é aquela realizada sob compulsão ou devido à ignorância, a voluntária pareceria ser aquela cujo princípio reside no agente, o qual conhece as circunstâncias particulares de sua ação. *Com efeito, é provavelmente equivocado dizer que os atos*
25 *ocasionados pela ira ou pelo desejo são involuntários.*²⁹⁵ Em primeiro lugar, se assim o entendermos nenhum dos *animais inferiores*²⁹⁶ agirá voluntariamente, e tampouco as crianças. Depois, quer-se com isso dizer que nós não realizamos voluntariamente *quaisquer* dos atos devidos ao desejo ou à ira ou que realizamos os nobres voluntariamente e os vis involuntariamente? Não é isso ridículo se

---

293. ...ὥσπερ Αἰσχύλος τὰ μυστικά, ... (*hósper Aiskhýlos tà mystiká,*). O célebre dramaturgo Ésquilo foi acusado de ter desvelado os Mistérios de Deméter em algumas de suas tragédias. Teria colocado o que aqui é reproduzido por Aristóteles na boca de um dos personagens. Possivelmente foi alegando esse tipo de *ignorância* na sua defesa que obteve a absolvição.

294. No *Cresfontes* de Eurípides.

295. ...ἴσως γὰρ οὐ καλῶς λέγεται ἀκούσια εἶναι τὰ διὰ θυμὸν ἢ ἐπιθυμίαν. ... (*ísos gàr oy kalôs légetai akoýsia eînai tà dià thymòn è epithymían.*).

296. ...ἄλλων ζῴων... (*állon zóion*), literalmente *outros animais*, isto é, os outros animais exceto o ser humano.

concebemos um só agente como causador desses atos? Seria, contudo, certamente estranho falar de atos cuja meta é correta como involuntários, além do acerto de experimentar ira diante de certas coisas e também sentir desejo por certas coisas, por exemplo pela saúde e o aprendizado. Ademais, pensamos que o involuntário é doloroso e o que gratifica os apetites, prazeroso. E, por outro lado, qual diferença há no que tange ao seu caráter involuntário entre erros cometidos *conforme a razão*[297] e aqueles cometidos na ira? Cabe-nos evitar ambos, porém as *paixões irracionais*[298] são tão humanas quanto a razão, de sorte que as ações realizadas por motivo de ira ou de desejo também são ações humanas. É, portanto, estranho classificá-las como involuntárias.

2

Uma vez definidos o voluntário e o involuntário, cumpre-nos em seguida sondar o que é a *escolha*.[299] Esta, com efeito, parece estar estreitamente vinculada à virtude e propiciar uma melhor discriminação [da variedade do] caráter do que a propiciada pelas ações.

A prévia escolha é evidentemente voluntária, mas não se trata de coisas idênticas, o voluntário sendo mais amplo. De fato, crianças e animais distintos [do ser humano] participam do voluntário, mas não da prévia escolha, e atos repentinos podem ser qualificados como voluntários, mas não de realizados por prévia escolha.

---

297. ...κατὰ λογισμὸν... (*katà logismòn*).

298. ...ἄλογα πάθη, ... (*áloga páthe,*).

299. ...προαιρέσεως... (*proairéseos*), termo de tradução complicada; seu significado literal, já que é uma palavra composta de αἵρεσις (*haíresis*), escolha e do prefixo προ (*pro*), seria *pré-escolha* ou *prévia escolha*. Embora passemos a adotar na sequência a segunda dessas expressões, admitimos que não denota algo muito claro em nossa língua. Assim, diremos que se trata da escolha que pressupõe necessariamente uma preferência quanto à ação, ou seja, é a escolha moral consciente e deliberada do agente que, por assim dizer, avalia antecipadamente a ação que vai realizar, não em função de seu objetivo ou efeito, mas em função dela mesma.

Aqueles que identificam a prévia escolha com o *desejo*[300], ou com a *ira*[301] ou com a *vontade*[302] ou com alguma espécie de *opinião*[303] parecem dizer algo equivocado.

De fato, os [animais] irracionais não fazem prévia escolha, porém experimentam desejo, bem como ira. E um indivíduo humano que não tem autocontrole age em função de desejo, não em função
15 de prévia escolha. Ao contrário, aquele detentor de autocontrole age em função de prévia escolha e não de desejo. Por outro lado, o desejo se opõe à prévia escolha, mas não o desejo ao desejo. Ademais, o desejo tem ligação com o prazeroso e com o doloroso, enquanto a prévia escolha com nenhum dos dois.

Menos ainda se identifica ela com a ira. Com efeito, atos realizados a partir da ira não parecem, de modo algum, ser determinados pela prévia escolha.

20 Certamente não é, tampouco vontade, embora pareçam intimamente aparentadas. A prévia escolha não pode ser de impossibilidades: se alguém dissesse que escolheu algo impossível, seria dado como um insano. É possível, entretanto, que aspiremos (tenhamos vontade de) a coisas impossíveis, *por exemplo, imortalidade*.[304] Também podemos aspirar àquilo que não pode ser produzido por nos-
25 sa própria ação, por exemplo, que certo ator ou atleta vença [uma competição]. Entretanto, ninguém escolhe o que não depende de si, restringindo-se ao que pensa estar ao alcance de suas próprias ações. Acrescente-se que a vontade (aspiração) visa, de preferência, a fins, ao passo que a prévia escolha visa ao que contribui para a consecução do fim; por exemplo, temos vontade de ter saúde, mas escolhemos o que nos torna saudáveis, e temos a vontade de ser felizes, e assim o dizemos, mas não seria apropriado dizer que o es-
30 colhemos visto que, em geral, a prévia escolha parece dizer respeito a coisas que controlamos.

---

300. ...ἐπιθυμίαν... (*epithymían*), ou apetite.
301. ...θυμὸν... (*thymòn*), ou animosidade.
302. ...βούλησιν... (*boýlesin*).
303. ...δόξαν... (*dóxan*).
304. ...οἷον ἀθανασίας. ... (*hoîon athanasías.*).

Tampouco pode a prévia escolha ser opinião. Parece, com efeito, que se pode opinar sobre tudo. Formamos opinião sobre o que é eterno, e sobre o que é impossível, tanto quanto sobre o que está no âmbito de nosso poder. Ademais, distinguimos a opinião por sua falsidade ou verdade, não por ser boa ou má, ao passo que a prévia escolha é distinguida, ao contrário, por ser boa ou má. É, portanto, provável que ninguém realmente a identifique com a opinião em geral. Mas tampouco é idêntica a alguma opinião particular. De fato, é nossa prévia escolha do bem ou do mal que nos torna possuidores de um caráter e não nossa opinião acerca deles. E escolhemos *tomar ou evitar*[305] alguma coisa boa ou má, ao passo que opinamos sobre o que ela é, ou para quem é, ou como o é para alguém: não é o caso de formar uma opinião quanto a tomar ou evitar uma coisa. E louva-se a prévia escolha por sua relação com o objeto certo e não por estar *corretamente*[306] relacionada a ele, enquanto a opinião por estar *verdadeiramente*[307] relacionada ao seu objeto. E nós elegemos (escolhemos) somente coisas que sabemos, do melhor modo, que são boas, ao passo que opinamos sobre coisas que desconhecemos completamente. Tampouco são as mesmas pessoas as autoras das melhores prévias escolhas e as formadoras das melhores opiniões, uma vez que parece que alguns indivíduos formam as melhores opiniões, e no entanto escolhem o indevido impelidos pelo vício. Se a prévia escolha é precedida ou acompanhada pela opinião não nos importa aqui, porque não constitui o ponto que estamos examinando, que é, nomeadamente, se a prévia escolha é idêntica a alguma espécie de opinião.

O que é então, ou que gênero de coisa é [e o que a caracteriza], já que não é qualquer uma das coisas anteriormente mencionadas? É evidente que é voluntária, mas nem tudo que é voluntário é escolhido. *É então o definido mediante prévia deliberação?*[308] Com efeito, a prévia escolha não prescinde de razão e de certo processo mental. De fato, a prévia escolha parece ser sugerida pelo próprio nome, que é indicativo de alguma coisa *escolhida antes de outras.*[309]

---

305. ...λαβεῖν ἢ φυγεῖν... (*labein è phygein*).
306. ...ὀρθῶς... (*orthôs*).
307. ...ἀληθῶς... (*alethôs*).
308. ...ἀλλ' ἆρά γε τὸ προβεβουλευμένον; ... (*all' ârá ge tò probeboyleyménon;*).
309. ...πρὸ ἑτέρων αἱρετόν. ... (*prò hetéron hairetón.*). Ver nota 299.

3

Deliberam as pessoas sobre tudo?... São todas as coisas objetos possíveis de deliberação... ou será a *deliberação*[310] impossível no que tange a algumas coisas? É de se presumir que a expressão *objeto*
20 *de deliberação* não deva ser empregada no que respeita ao que um tolo ou um insano poderiam deliberar, devendo ser reservada ao que um indivíduo sensato deliberaria.

Ninguém delibera sobre coisas eternas, como *o universo ordenado*,[311] e a incomensurabilidade da diagonal e do lado de um quadrado; tampouco *sobre coisas mutáveis*,[312] mas que ocorrem segundo invariável regularidade determinada pela necessidade, pela
25 natureza ou por alguma outra causa, por exemplo, os solstícios e o nascer do sol; nem também a respeito de ocorrências de caráter variável, tais como secas e chuvas; [igualmente não deliberam] sobre os produtos do acaso, como descobrir um tesouro. Com efeito,
30 nossa ação é incapaz de produzir quaisquer dessas coisas. Deliberamos sobre aquilo que está sob nosso controle e que está na esfera de nossa ação (aquilo que é, efetivamente, a única coisa que ainda resta para ser considerada, já que *natureza, necessidade e acaso*,[313] com a inclusão da *inteligência*[314] e do agir humano total, constituem o elenco de causas admitido geralmente). Mas não deliberamos, tampouco, indiscriminadamente sobre todos os assuntos humanos – por exemplo: nenhum lacedemônio[315] delibera sobre a melhor forma de governo para a Cítia. Mas qualquer conjunto particular
1112b1 de pessoas delibera a respeito do que é realizável por suas próprias ações. Ademais, não existe deliberação no que toca às ciências que possuem exatidão e plena formulação, como é o caso da *orto-*

---

310. ...βουλή; ... (*boylé;*).
311. ...τοῦ κόσμου, ... (*toý kósmoy,*).
312. ...περὶ τῶν ἐν κινήσει, ... (*perì tôn en kinései,*), sobre aquilo que implica mudança (movimento).
313. ...φύσις καὶ ἀνάγκη καὶ τύχη, ... (*phýsis kaì anágke kaì týkhe,*).
314. ...νοῦς... (*noýs*).
315. Espartano.

grafia,³¹⁶ (com efeito, não alimentamos dúvidas quanto a como uma palavra deva ser escrita). Deliberamos sobre coisas nas quais a nossa ação opera, não produzindo, contudo, invariavelmente os mesmos resultados, do que constituem exemplos as questões da *medicina e dos negócios*;³¹⁷ e o fazemos mais na navegação do que na ginástica, em função da menor precisão da primeira e, de maneira análoga, no que toca a outras atividades. E deliberamos *mais a respeito das artes do que das ciências*,³¹⁸ porque temos mais incerteza acerca daquelas.³¹⁹

A deliberação envolve aquilo que via de regra acontece de uma determinada maneira, mas em que certa incerteza está presente. Tem a ver também com coisas que acontecem de maneira indeterminada; vale observar que, quando se trata de matérias importantes, recorremos ao auxílio de outrem, pondo em suspeita a nossa própria capacidade de deliberar.

Não deliberamos acerca de fins, mas acerca daquilo que concorre para os fins. Com efeito, um médico não delibera se irá curar, nem um orador se irá convencer, *nem um chefe de Estado se irá produzir um bom governo*,³²⁰ como tampouco irá qualquer outra pessoa deliberar a respeito do fim que lhe diz respeito – [essas pessoas] tomam algum fim por certo e consideram como e por quais meios ele pode ser atingido. Se lhes parecer que há vários meios disponíveis, passarão a apurar qual deles permitirá que o fim seja atingido da maneira mais fácil e melhor; se houver apenas um meio que faculte o atingimento do fim, indagarão como poderá ser atingido por esse meio e por qual *meio* esse *meio* pode ele próprio ser atingido, até alcançarem a primeira causa, a qual é a última na ordem da descoberta (com efeito, a pessoa que delibera parece assim

---

316. ...γραμμάτων... (*grammáton*), letras.
317. ...ἰατρικὴν καὶ χρηματιστικήν, ... (*iatrikèn kaì khrematistikén,*).
318. ...μᾶλλον δὲ καὶ περὶ τὰς τέχνας ἢ τὰς ἐπιστήμας·... (*mâllon dè kaì perì tàs tékhnas è tàs epistémas·*).
319. Quer dizer, quanto maior o grau de deliberação, menor o grau de rigor científico. Aristóteles hierarquiza as ciências do prisma de sua precisão e certeza: 1º) ciências especulativas (por exemplo, física, metafísica, matemáticas); 2º) ciências práticas (por exemplo, ética e política); 3º) ciências produtivas (por exemplo, navegação, medicina, escultura, o que para ele é identificável com as artes).
320. ...οὔτε πολιτικὸς εἰ εὐνομίαν ποιήσει, ... (*oýte politikòs ei eynomían poiései,*).

investigar e analisar como se estivesse analisando uma figura geométrica – de fato, *parece que ainda que nem toda investigação seja deliberação*,³²¹ como na investigação matemática, toda deliberação é investigação – e a derradeira etapa na análise parece ser a primeira
25 *na geração*).³²² Assim, se eles [o médico, o orador, o chefe de Estado etc.] se defrontarem com uma impossibilidade, abandonarão a busca – por exemplo, se esta exigir dinheiro e o dinheiro não puder ser obtido; se revelar-se algo possível, eles insistirão na ação. Por coisas *possíveis*³²³ quero dizer *capazes de ser executadas por nossa ação*. Com efeito, aqui estariam incluídas, em certo sentido, coisas que fazemos através da ação de nossos amigos, visto que o princípio da ação deles, nesse caso, reside em nós.

A questão, no que toca ao investigar, ora é saber quais instrumen-
30 tos usar, ora saber como usá-los; do mesmo modo, em outras esferas, é imperioso considerar ora os meios a serem empregados, ora como certos meios devem ser empregados ou a maneira de obtê-los.

Parece, portanto, como tem sido afirmado, que o *ser humano é o princípio-fundamento das ações*³²⁴ e que cabe à deliberação ocupar-se das ações a serem realizadas pelo próprio agente, estando cientes de que todas nossas ações visam a fins que são distintos delas mesmas. Não deliberamos a respeito de fins, mas a respeito do que
1113a1 concorre para os fins. Nem tampouco deliberamos a respeito de fatos particulares – por exemplo, "se isto é pão ou se foi bem assado." Com efeito, estas são matérias, simplesmente, de percepção sensorial. A perspectiva de deliberar sempre nos lançaria em uma caminhada ao infinito.

O objeto da deliberação e aquele da prévia escolha são o mesmo, com a ressalva de que o previamente escolhido já foi determinado, uma vez que é aquilo que foi decidido como decorrente da
5 deliberação que constitui o objeto da prévia escolha. Com efeito, há, da parte de todos, um cessar da indagação de como agirão no

---

321. ...φαίνεται δ' ἡ μὲν ζήτησις οὐ πᾶσα εἶναι βούλευσις,... (*pháinetai d' he mèn zétesis oy pâsa eînai boýleysis,*).
322. ...ἐν τῇ γενέσει... (*en têi genései*), ou seja, na busca específica de cada um.
323. ...δυνατὰ... (*dynatà*).
324. ...ἄνθρωπος εἶναι ἀρχὴ τῶν πράξεων,... (*ánthropos eînai arkhè tôn práxeon,*).

momento em que fazem o princípio-fundamento da ação retornar a si mesmos e para a parte dominante de si mesmos. De fato, é esta que escolhe. Isso pode, inclusive, ser evidenciado pelas *antigas Constituições*³²⁵ representadas por Homero: *os reis anunciavam, com efeito, ao povo o que haviam escolhido.*³²⁶

Tendo em mente que o objeto da prévia escolha é alguma coisa sob nosso poder desejada depois da deliberação, a prévia escolha será um *desejo deliberado*³²⁷ de coisas em nosso poder, pois deliberamos, em seguida selecionamos e então fixamos nosso desejo instruídos por nossa deliberação.

Com isso descrevemos sumariamente o que é a prévia escolha, a natureza de seus objetos e o fato de que ela se ocupa daquilo que concorre para os fins.

4

A VONTADE (ASPIRAÇÃO), AO CONTRÁRIO, como foi dito anteriormente, tem a ver com fins. Alguns sustentam que o que é aspirado é o bem, ao passo que outros acham que é *o que parece ser bem*.³²⁸ Aqueles que afirmam que o que é aspirado é o bem [ou seja, que o bem é o objeto da vontade] são obrigados a admitir, como consequência, que o objeto de aspiração daquele que escolhe incorretamente não é um objeto da vontade (aspiração) – porque se fosse tinha também que ser bom, quando no caso talvez acontecesse de alguém aspirar a alguma coisa má. E aqueles, por outro lado, que afirmam que o que parece ser bem é o objeto da vontade são forçados a admitir que não existe naturalmente tal objeto, mas apenas o que parece ser isso para cada indivíduo. Ora, coisas diferentes são aparentes a indivíduos diferentes e se assim acontece, aí estão incluídas as coisas contrárias.

---

325. ...ἀρχαίων πολιτειῶν, ... (*arkhaíon politeiôn,*), ou formas de governo antigas.
326. ...οἱ γὰρ βασιλεῖς ἃ προέλοιντο ἀνήγγελλον τῷ δήμῳ. ... (*hoi gàr basileîs hà proélointo anéggellon tôi démoi.*).
327. ...βουλευτικὴ ὄρεξις... (*boyleytikè órexis*).
328. ...τοῦ φαινομένου ἀγαθοῦ. ... (*toŷ phainoménoy agathoŷ.*).

Posto que nenhum desses pareceres se revela satisfatório, talvez devêssemos dizer que *simplesmente e conforme a verdade*[329] o bem é o objeto da vontade, mas para cada pessoa o que parece o bem; e, em conformidade com isso, que aquilo que é verdadeiramente um objeto de aspiração (vontade) o é para o indivíduo bom, enquanto qualquer produto do acaso o pode ser para o indivíduo mau (como no caso dos corpos, aquilo que é verdadeiramente saudável o é para corpos que se acham em condição satisfatória [e saudável], enquanto para aqueles que se acham [debilitados ou] enfermiços, outras coisas se revelam saudáveis, *o mesmo com relação a coisas amargas e doces, quentes e pesadas*[330] etc.). Com efeito, o indivíduo bom é capaz de julgar corretamente cada classe de coisas, e a verdade se revela a ele em cada uma. Coisas peculiares são nobres e aprazíveis correspondentemente a cada disposição de caráter e, talvez, o que distingue fundamentalmente o indivíduo bom é o fato de ele contemplar a verdade em cada disposição, como se ele próprio fosse a regra e a medida. Parece ser o prazer o que induz o grosso da humanidade ao erro. De fato, a eles (ao grosso da humanidade) ele se afigura como um bem, embora não o seja. *Consequentemente escolhem o prazeroso como bem e se esquivam da dor, como mal.*[331]

5

SENDO O FIM, ENTÃO, AO QUE ASPIRAMOS, e aquilo que para ele concorre o objeto de deliberação e prévia escolha, segue-se que as ações que dizem respeito a esse meio são realizadas por prévia escolha e voluntárias. As atividades que veiculam as virtudes têm a ver com os meios e, por conseguinte, a virtude também está na esfera de nosso poder, o mesmo sucedendo com o vício. Com efeito, onde somos livres para agir também somos livres para não agir, e dizer *não* ou dizer *sim*; se, portanto, depende de nós realizar algo

---

329. ...ἁπλῶς μὲν καὶ κατ' ἀλήθειαν... (*haplôs mèn kaì kat' alétheian*).
330. ...ὁμοίως δὲ καὶ πικρὰ καὶ γλυκέα καὶ θερμὰ καὶ βαρέα... (*homoíos dè kaì pikrà kaì glykéa kaì thermà kaì baréa*).
331. ...αἱροῦνται οὖν τὸ ἡδὺ ὡς ἀγαθόν, τὴν δὲ λύπην ὡς κακὸν φεύγουσιν. ... (*hairoŷntai oŷn tò hedỳ hos agathón, tèn dè lýpen hos kakòn pheýgoysin.*).

10 nobre, também depende de nós não realizar algo vil, e se depende de nós não realizar o que é nobre, também depende realizar o que é vil. Mas se depender de nós realizar e não realizar o nobre e o vil e se, como vimos, ser bom ou mau é realizar o nobre ou o vil, consequentemente depende de nós sermos virtuosos ou viciosos. Afirmar que...

15 *ninguém é voluntariamente mau, como não é involuntariamente bem-aventurado*

...parece ser meio falso, ainda que meio verdadeiro, quer dizer: ninguém, com efeito, hesita em ser bem-aventurado, *mas não é o caso de a maldade ser involuntária*;[332] se assim fosse, teríamos que contradizer o que acabamos de declarar e afirmar que o ser humano não é princípio-fundamento e gerador de suas ações, como o é de filhos. Sendo evidente, porém, que somos os autores de nossas 20 próprias ações e incapazes de fazê-las remontar a quaisquer outros princípios-fundamentos que não sejam aqueles dentro de nós mesmos, estamos autorizados a concluir que as ações cujos princípios--fundamentos residem em nós, elas próprias, dependem de nós e são voluntárias.

Isso parece ser atestado tanto pelas pessoas na vida privada quanto pelos legisladores; de fato, estes punem e exigem retificação daqueles que perpetram o mal (exceto quando é perpetrado sob compulsão ou devido à ignorância, pelo que quem o perpetrou não 25 é responsável); por outro lado, honram aqueles que realizam ações e feitos nobres, no propósito de estimular estes últimos e reprimir os primeiros. Ninguém, todavia, tenta nos estimular a realizar aquilo que não depende de nós mesmos e que não é voluntário; com efeito, não parece haver proveito algum em ser persuadido a não sentir calor, dor, fome ou coisa semelhante, uma vez que não deixaremos 30 [em absoluto] de senti-los. É admissível que alguém seja punido por sua ignorância nos casos nos quais é considerado responsável por sua ignorância; por exemplo, a penalidade é dobrada se estava embriagado, porque a origem do ato ofensivo estava no próprio indivíduo, na medida em que ele poderia ter evitado se embria-

---

332. ...ἡ δὲ μοχθηρία ἑκούσιον·... (*he dè mokhtería hekoýsion·*): ou, alternativamente, ...mas a maldade é voluntária... .

gar, o que foi a causa da ignorância do que estava fazendo. Há também punição quanto a atos realizados devido à ignorância de algo presente *nas leis*³³³ que as pessoas deviam conhecer e poderiam conhecer sem qualquer dificuldade; e assim por diante em outros casos nos quais a ignorância é atribuída à negligência, entendendo-se que não se justificava a ignorância do indivíduo uma vez que lhe era possível se empenhar no sentido de tomar o devido cuidado.

É de se objetar que talvez esse indivíduo não seja o tipo de homem que se empenhe no sentido de tomar o devido cuidado. Bem, mas se os próprios indivíduos se tornam negligentes em função de uma vida negligente, devem ser por isso responsabilizados como o são por serem injustos ou desregrados sempre que realizam atos maus ou passam o tempo em bebedeiras e coisas semelhantes. Adquirem um caráter particular devido a atividades constantes realizadas de uma maneira particular. Isso é evidenciado pela forma na qual indivíduos treinam para alguma competição de *luta ou ação*,³³⁴ ou seja, praticam continuamente. Somente uma pessoa inteiramente destituída de percepção é incapaz de perceber que são nossas atividades em relação a coisas particulares que geram nossa disposição moral; porém, se um indivíduo cientemente age de um modo que o torna injusto, é imperioso dele dizer que é voluntariamente injusto.

Além disso, é *irracional*³³⁵ afirmar que inexiste, da parte de um homem que age injusta ou desregradamente, uma vontade de ser injusto ou desregrado. Isso, entretanto, de modo algum significa que ele pode deixar de ser injusto e se tornar justo simplesmente por aspirar a fazê-lo, não mais do que o enfermo pode recuperar a saúde movido pela vontade; neste último caso, porém, é possível que sua enfermidade seja voluntária, no sentido de ser devida a uma vida sem autocontrole e ao não acatamento das orientações médicas. Inicialmente poderia ter evitado a doença, mas se desprezou sua chance, não é mais possível, como quando jogais ao ar uma pedra, é impossível retomá-la, apesar do que sois responsável por a ter apanhado e arrojado [ao ar], uma vez que o princípio-fundamento

---

333. ...ἐν τοῖς νόμοις, ... (*en toîs nómois,*).
334. ...ἀγωνίαν ἢ πρᾶξιν·... (*agonían è prâxin·*).
335. ...ἄλογον... (*álogon*).

do ato estava dentro de vós. O injusto e o desregrado poderiam, no início, ter evitado se converterem no que são e, portanto, o são voluntariamente; mas, agora, que assim se tornaram, é impossível para eles não serem o que são.

E não só os vícios da alma são voluntários, como alguns [defeitos] do corpo também, pelo que os censuramos.[336] Embora ninguém censure alguém por ser naturalmente feio, censuramos aquela disformidade causada por falta de exercícios e cuidado. O mesmo se diga das debilidades, deficiências e mutilações. Com efeito, ninguém condena, porém, ao contrário, compadece-se de uma pessoa *cega de nascimento*,[337] ou devido a uma doença ou a um acidente; entretanto, por certo todos condenariam alguém que tivesse ficado cego *devido ao alcoolismo ou a outro tipo de deboche*.[338] Constatamos, assim, que defeitos corporais que estão sob nosso controle são censuráveis, ao passo que aqueles que não estão não o são. Diante disso, conclui-se que também estão sob nosso controle nas outras situações os vícios censuráveis.[339]

É o caso, todavia, de alguém dizer: "*Todos almejam o que se lhes parece bom, mas não têm controle sobre essa aparência*;[340] mas o fim parece a cada indivíduo de uma forma determinada por seu caráter.[341] Ainda assim, na hipótese de cada um ser, de certa maneira, responsável por sua disposição [moral], será em certo sentido responsável pela aparência que tem [do bem]; em caso contrário, nenhum indivíduo é responsável *por sua má conduta*.[342] Perpetra o mal devido à ignorância do fim, pensando que assim agindo obterá

---

336. ...οὐ μόνον δ' αἱ τῆς ψυχῆς κακίαι ἑκούσιοί εἰσιν, ἀλλ' ἐνίοις καὶ αἱ τοῦ σώματος, οἷς καὶ ἐπιτιμῶμεν·... (*oy mónon d' hai tês psykhês kakíai hekoýsioí, all' eníois kaì hai toỹ sómatos, hoîs kaì epitimômen·*).

337. ...τυφλῷ φύσει... (*typhlôi phýsei*), naturalmente cega.

338. ...ἐξ οἰνοφλυγίας ἢ ἄλλης ἀκολασίας... (*ex oinophlygías è álles akolasías*).

339. Aristóteles refere-se aos defeitos que afetam a alma, ou seja, os vícios morais.

340. ...πάντες ἐφίενται τοῦ φαινομένου ἀγαθοῦ, τῆς δὲ φαντασίας οὐ κύριοι, ... (*pántes ephíentai toỹ phainoménoy agathoỹ, tês dè phantasías oy kýrioi,*).

341. Certos helenistas, como W. D. Ross, sugerem que a palavra do personagem imaginário que objeta Aristóteles finda aqui.

342. ...τοῦ κακὰ ποιεῖν, ... (*toỹ kakà poieín,*), traduzindo literalmente: ...por fazer o mal... . Outra entre outras traduções aceitáveis, porém não literal, seria: ...por incorrer em vícios... .

seu bem maior; e o bem a que ele visa não é *de sua própria escolha*.³⁴³ É preciso nascer, por assim dizer, com uma visão por meio da qual se possa discernir corretamente e eleger o que é verdadeiramente bom. Uma pessoa de bons dotes naturais é alguém bem dotado nesse aspecto; com efeito, se algo é *o mais grandioso e nobre*³⁴⁴ dos dons e é algo impossível de ser adquirido ou aprendido com outrem, mas uma posse concedida por ocasião do nascimento, o que constituirá um dote natural cabal e verdadeiro será uma boa e nobre dotação nesse sentido".

Ora, se isso for verdadeiro, como será a virtude mais voluntária que o vício? Para ambos igualmente – o indivíduo bom e o mau –, seus fins, tais como se lhes afigura, são determinados pela natureza ou de alguma outra forma; e todas suas ações têm por referência esses fins determinados. Assim sendo, se a aparência que cada um tem de seu fim, seja qual for, não é oriunda da natureza, mas parcialmente devida ao próprio indivíduo – ou se seu fim é determinado pela natureza – de uma maneira ou outra a virtude é voluntária porque as ações do indivíduo bom no sentido de atingir seu fim são voluntárias; e em um caso ou outro vício e virtude serão, em pé de igualdade, voluntários, pois o indivíduo mau, tal como o bom, detém espontaneidade em suas ações, mesmo se não em função de um fim. Se então, como é dito, as virtudes são voluntárias (e, de fato, somos nós próprios, em certo sentido, parcialmente a causa de nossos estados morais, e é termos certo caráter que nos faz estabelecer certo fim), conclui-se que nossos vícios também são voluntários. Com efeito, o mesmo vale para eles.

Efetuamos, assim, delineadamente, a discussão das virtudes em geral, indicando seu gênero (a saber, que são medianias e estados) e sua faculdade de nos capacitar a realizar ações idênticas àquelas responsáveis por sua produção e fazê-lo segundo a *justa razão*;³⁴⁵ e que estão sob nosso controle e são voluntárias.

Mas estados não são voluntários do mesmo modo que ações. Temos, com efeito, o controle de nossas ações do começo ao fim

---

343. ...οὐκ αὐθαίρετος, ... (*oyk aythaíretos,*).
344. ...μέγιστον καὶ κάλλιστον, ... (*mégiston kaì kálliston,*).
345. ...ὀρθὸς λόγος... (*orthòs lógos*).

desde que conscientes das particularidades em cada etapa do procedimento. Todavia, no que toca aos estados (disposições), embora possamos controlar seu começo, cada etapa de seu desenvolvimento é imperceptível, como ocorre no desenvolvimento de uma doença, isso ainda que sejam voluntários no sentido de que de nós depende utilizar nossas capacidades de uma forma ou de outra.

Mas retomemos [a discussão geral], considerando as várias virtudes, apontando a natureza de cada uma, qual a sua vinculação e qual a maneira em que esta ocorre. Ao procedermos a isso, deixaremos evidente, inclusive, quantas existem.

6

E PRINCIPIEMOS PELA CORAGEM.[346] Já foi mostrado que esta é a mediania no tocante ao *medo* e à *autoconfiança*.[347] Está claro que as coisas de que temos medo são coisas temíveis, o que significa dizer simplesmente que são *males*,[348] de modo que o medo é, inclusive, definido como *expectativa do mal*.[349] Portanto, temos medo de todas as coisas más – *por exemplo, da má reputação, da pobreza, da doença, da falta de amigos, da morte*.[350] Entretanto, não se pensa que todas essas coisas digam respeito ao corajoso; com efeito, há algumas coisas que é certo e nobre temer e [inclusive] vil não temer, do que é exemplo a má reputação ou ignomínia. Temê-la distingue um homem honrado e que tem senso de pudor; não temê-la revela

---

346. ...καὶ πρῶτον περὶ ἀνδρείας. ... (*kaì prôton perì andreías.*).

347. ...φόβους καὶ θάρρη, ... (*phóboys kaì thárre,*). Entretanto, na sua famosa tabela da *Ética a Eudemo* [doravante mencionada por E. E.], 1220b40, Aristóteles emprega tanto terminologia distinta quanto conceitos não exatamente idênticos: para φόβος (*phóbos*), δειλία (*deilía*), covardia; para θάρρη (*thárre*), θρασύτης (*thrasýtes*), temeridade. A ideia é essencialmente a mesma, pois o sentimento (πάθος [*páthos*]) do medo corresponde ao vício (κακία [*kakía*]) da covardia e aquele da autoconfiança (excesso de confiança) corresponde ao vício da temeridade.

348. ...κακά... (*kaká*).

349. ...προσδοκίαν κακοῦ. ... (*prosdokían kakoŷ.*).

350. ...οἷον ἀδοξίαν πενίαν νόσον ἀφιλίαν θάνατον, ... (*hoîon adoxían penían nóson aphilían thánaton,*).

15 um impudente. Há quem, todavia, o chame de *corajoso* figurativamente, porque ele é um pouco semelhante ao corajoso no sentido de que o corajoso também é destemido (*não experimenta medo*).

Por outro lado, talvez não seja o caso de temer a pobreza ou a doença ou, em geral, qualquer coisa não resultante do vício e que não tenha nós mesmos como causa. Mas também não é corajoso o indivíduo destemido nessas coisas (ainda que assim o chamemos 20 também, por analogia); com efeito, alguns homens que são covardes na guerra mostram-se generosos quando se trata de dinheiro e encaram a perda da fortuna *com firmeza*;[351] *tampouco é um homem covarde ao temer o insulto aos filhos e à esposa, ou a inveja, ou coisas do mesmo gênero*;[352] nem corajoso se exibir *autoconfiança*[353] na iminência de suportar um açoitamento.

Quais são, então, as coisas temíveis com as quais tem a ver o co-25 rajoso? Será que com *as maiores*?[354] Com efeito, sua firmeza diante do perigo supera a de todos. A morte é o mais temível de tudo, porquanto é o desfecho, bem ou mal, passando a ser indiferentes para o morto. Mas, mesmo a morte, não oferece em todas as circunstâncias uma oportunidade para a postura do corajoso – por exemplo, não qualificamos de corajoso o homem que encarou a morte *em um naufrágio ou na doença*.[355] Qual a situação, então? Será a mais nobre 30 delas? Ora, a mais nobre situação fatal é a da morte em batalha, pois é encarada em meio ao maior e mais nobre dos perigos. E isso é corroborado pela prática segundo a qual honras são conferidas *nas democracias*[356] e monarquias [aos mortos em batalha].

---

351. ...εὐθαρσῶς... (*eytharsôs*).

352. ...οὐδὲ δὴ εἴ τις ὕβριν περὶ παῖδας καὶ γυναῖκα φοβεῖται, ἢ φθόνον ἤ τι τῶν τοιούτων, δειλός ἐστιν· ... (*oydè dè eí tis hýbrin perì paídas kaì gynaîka phobeîtai, è phthónon é ti tôn toioýton, deilós estin·*).

353. ...θαρρεῖ... (*tharreî*). Mas essa nossa expressão parece não traduzir bem, pois a ideia aqui é de algo que tem a rigor peso negativo e não positivo (que é o que transmite o termo *autoconfiança*). A ideia é mais de pura e simples ousadia ou temeridade.

354. ...τὰ μέγιστα; ... (*tà mégista;*), quer dizer, as *mais* temíveis.

355. ...ἐν θαλάττῃ ἢ ἐν νόσοις. ... (*en thaláttei è en nósois.*). Literalmente: ...no mar ou na doença... .

356. ...ἐν ταῖς πόλεσι... (*en taîs pólesi*). Literalmente ...nos Estados... É difícil ter certeza aqui se Aristóteles alude genericamente às cidades-Estados dentro do modelo grego (como

O corajoso, portanto, no exato sentido da expressão, é aquele que enfrenta com destemor a morte nobre ou algum perigo súbito por trás do qual a morte se oculta. E os perigos da guerra são os mais intensos desse naipe, o que não quer dizer que o corajoso não seja também destemido no mar (bem como na doença); não o é, porém, da mesma forma que os marinheiros; com efeito, para o corajoso não há salvação, e morrer assim é para ele penoso, ao passo que os marinheiros acalentam esperanças devido à experiência que possuem. Também a coragem é exibida em meio a circunstâncias que oferecem oportunidade de se defender recorrendo a vigor e destreza ou morrer nobremente; contudo, nem isto nem aquilo é possível em doenças ou naufrágios.

7

As mesmas coisas não são temíveis a todos, mas há terrores que consideramos estarem além de toda resistência humana, pelo que são temíveis a todas as pessoas em estado de lucidez. E as coisas terríveis que o ser humano é capaz de suportar diferem em magnitude e intensidade (que é igualmente o que sucede nas situações que inspiram autoconfiança). Mas o homem corajoso é imperturbável no limite do humano. Consequentemente, embora ele por vezes tema até terrores que não ultrapassam a resistência humana, ele se portará devidamente e os suportará em conformidade com a razão, em função do que é nobre, *pois é esta a meta da virtude*.[357] Por outro lado, é possível temer essas coisas terríveis em graus distintos e, inclusive, temer coisas que não são temíveis como se o fossem. O erro surge

---

Atenas, Esparta, Corinto, Tebas etc.) ou se especificamente às democracias (que é o caso da Atenas do seu tempo). Os tradutores, como em tantas outras situações, divergem. Alguns parecem querer contrastar a cidade-Estado helênica com as monarquias, sobretudo despóticas, bastante comuns no Oriente. Preferimos entender *democracias*, estando o Estagirita distinguindo formas de governo do próprio mundo grego, ainda que com isso não exclua as monarquias orientais. Convém frisar que a distinção ora feita é puramente técnica e não valorativa. No seu pensamento político (na sequência da *Ética a Nicômaco*) Aristóteles considerará a democracia (δημοκρατία [*demokratía*]), governo do povo, uma forma degenerada de governo.

357. ...τοῦτο γὰρ τέλος τῆς ἀρετῆς. ... (*toŷto gàr télos tês aretês.*).

seja de temer o que não se deve temer, seja de temer como não se deve, seja fazê-lo não oportunamente, ou coisa semelhante; e analogamente no tocante a situações que ensejam autoconfiança.

Aquele que suporta ou teme as coisas certas, visando o certo, como o deve oportunamente e que mostra, igualmente, autoconfiança, por conseguinte, é o corajoso. (Com efeito, o corajoso *sen-*
20 *te e age*[358] ajustando-se às circunstâncias e segundo o determinado pela razão. E toda atividade objetiva a meta que corresponde ao estado do qual ela é a manifestação. Assim, ocorre com o corajoso: como sua coragem é nobre, sua *meta*[359] é a nobreza, pois cada coisa é definida por seu fim; consequentemente, o que leva o corajoso a suportar e agir segundo o que determina a coragem é a nobreza de sua meta).

25 Entre os que incorrem no excesso, não há nome para aquele que o faz quanto ao destemor (observamos anteriormente que muitas [disposições] carecem de nomes); entretanto, seria o caso de qualificar de *louco ou insensível*[360] aquele que nada temesse, *nem terremotos nem vagas,*[361] como dizem dos celtas; aquele que se excede em autoconfiança *ante coisas temíveis*[362] é temerário. O indivíduo
30 temerário é tido, porém, como um impostor que tão-só finge ser corajoso; ao menos, ele aspira a *parecer* diante das situações temíveis o que o homem corajoso realmente é, imitando-o na medida do possível. Por conseguinte, muitos temerários realmente são, a rigor e em seu íntimo, covardes que ostentam coragem exibindo ousadia em situações que ensejam autoconfiança; mas o fato é que não suportam aquilo que causa terror.

Aquele que incorre no excesso do medo é covarde, pois teme as
35 coisas que não deve e da maneira que não deve e, assim por diante,
1116a1 quanto a tudo o mais que a ele se vincula. Falta-lhe também autoconfiança, embora seu medo excessivo diante de circunstâncias dolorosas seja mais aparente. *O covarde é um desesperado que, de*

---

358. ...πάσχει καὶ πράττει... (*páskhei kai práttei*).
359. ...τέλος, ... (*télos,*), fim, finalidade.
360. ...μαινόμενος ἢ ἀνάλγητος, ... (*mainómenos è análgetos,*).
361. ...μήτε σεισμὸν μήτε κύματα, ... (*méte seismòn méte kýmata,*).
362. ...περὶ τὰ φοβερὰ... (*perì tà phoberà*), literalmente: sobre coisas temíveis.

fato, tem medo de tudo,³⁶³ ao passo que {o corajoso é o oposto},³⁶⁴ pois a autoconfiança pertence a um temperamento que alimenta a esperança.

5 Assim, o covarde, o temerário e o corajoso têm a ver com os mesmos objetos, mas suas disposições são distintas em relação a eles: os dois primeiros pecam por excesso e deficiência; o corajoso, ao contrário, mantém a mediania, ou seja, a disposição correta. Os temerários são impetuosos e, embora ansiosos pelo perigo, recuam no momento de enfrentá-lo, enquanto os corajosos são ardentes no momento da ação, mas calmos antes.

10 Assim, como foi dito, a *coragem* é a mediania em relação a coisas que inspiram autoconfiança ou medo nas situações que indicamos; a confiança e resistência que transmite são determinadas pela nobreza da ação e pela vileza de sua omissão. Contudo, recorrer à morte a fim de escapar da *pobreza ou do amor*,³⁶⁵ ou do sofrimento, nada tem a ver com a ação do homem corajoso, mas com a do covarde, pois constitui fraqueza fugir dos problemas; ademais, su-
15 portar a morte nesse caso não representa nobreza, mas a intenção de safar-se do mal.

8

Eis o que é a coragem, mas este nome é aplicado também a outros cinco diferentes tipos.

---

363. ...δύσελπις δή τις ὁ δειλός, πάντα γὰρ φοβεῖται... (*dýselpis dé tis ho deilós, pánta gàr phobeîtai*˙).

364. O estilo conciso e categórico de Aristóteles, tão diferente daquele de Platão, pode nos levar, por vezes, a sérios erros de interpretação. A categoricidade da frase entre chaves dá a entender que *covardia* e *coragem* são opostos no sentido de extremos, o que é falso em relação à teoria da mediania aplicada às virtudes morais; a coragem é precisamente a *mediania*, ou *ponto médio*, entre a *temeridade* e a *covardia*, estas sim opostas e extremadas. Melhor seria (para efeito de compreensão) deslocar a ideia da virtude da coragem para a ideia do seu agente (aquele que realiza atos corajosos) e dizer: *o corajoso possui a disposição oposta àquela do covarde.*

365. ...πενίαν ἢ ἔρωτα... (*penían è érota*), entenda-se a *pobreza* ou o *amor erótico* (o amor heterossexual e, inclusive, homossexual).

Em primeiro lugar, assemelhando-se o mais estreitamente à que descrevemos, apresenta-se a coragem *do cidadão*.[366] Cidadãos parecem suportar perigos devido às penas impostas pelas leis e à reprovação de que podem ser objeto; junte-se a isso as honras concedidas pela ação corajosa; consequentemente, os povos que constituem se afiguram como os mais corajosos, entre eles os covardes sendo objeto de desonra e os corajosos, objeto de honra. É essa coragem a retratada por Homero, por exemplo, em Diomedes e Heitor, como segue:

Polidamas será o primeiro a cobrir-me de censuras;...[367]

E Diomedes:

Heitor algum dia se vangloriará em Troia:
"Por mim foi o filho de Tideu..."[368]

Esse tipo de coragem é o que mais se assemelha ao descrito anteriormente, porque é fomentada por uma virtude (a saber, o pudor) e pelo desejo de nobreza (ou seja, a honra) além do que se evita a desonra de ser censurado.

Contigentes forçados ao campo de batalha por seus comandantes são classificáveis na mesma categoria; reconhece-se, contudo, sua inferioridade na medida em que não se conduzem guiados pelo pudor, mas pelo medo, e o desejo que as move não é evitar a desonra, mas o sofrimento. Seus chefes os forçam, como faz Heitor [ao exclamar]:

Que eu veja qualquer covarde safar-se furtivamente da luta,
E ele não impedirá sua carcaça de ser arrojada aos cães![369]

Idêntica é a ação dos que fazem avançar suas tropas e as punem se estas se põem em retirada, ou os que as colocam alinhadas em formação dispondo uma trincheira ou algo similar na retaguarda.

---

366. ...πολιτική... (*politiké*), ou seja, a coragem exibida na defesa da pátria, que entre os antigos gregos era expressa na defesa da πόλις (*pólis*), a cidade-Estado, e que Homero, o maior dos poetas gregos, na *Ilíada*, paradoxalmente celebra narrando a bravura de guerreiros *troianos*, que defendiam sua cidade sitiada pelos gregos.

367. Homero, *Ilíada*, xxii, 100.

368. Homero, *Ilíada*, viii, 148. Os versos completos poderiam ser assim traduzidos: *Por mim foi o filho de Tideu posto em fuga / refugiando-se nos navios*.

369. Homero, *Ilíada*, ii, 391. Mas não se trata de Heitor, mas de Agamenon, e a citação de Aristóteles não é textual.

Todos esses, com efeito, empregam coação, mas não se deve ser corajoso por coação, mas porque é nobre.[370]

Por outro lado, a experiência de alguma forma particular [de perigo] é tida como coragem, o que gerou a ideia de Sócrates de que *a coragem é conhecimento.*[371] Outros exibem isso em outras circunstâncias de perigo e particularmente na guerra os *soldados mercenários*,[372] pois a guerra é repleta de alarmes sem fundamento, o que esses homens tiveram farta oportunidade de observar. Assim, parecem corajosos devido à ignorância alheia do que realmente ocorre. Adicionalmente, a experiência os torna excepcionalmente capazes de infligir perdas sem eles próprios as sofrerem, uma vez que são hábeis no manejo das armas e equipados com as mais adequadas para infligir perdas, mas se mantendo ilesos – como se fossem homens armados contra homens desarmados ou atletas treinados [profissionais] competindo com amadores; com efeito, mesmo nessas competições não são os mais corajosos que são os melhores lutadores, porém os mais fortes e que contam com os corpos melhor treinados. Mas soldados profissionais (mercenários) se tornam covardes quando o perigo impõe uma pressão excessiva e quando a situação deles é desvantajosa no que respeita ao seu número e o armamento de que dispõem; realmente, nesse caso, são os primeiros a fugir, enquanto *as tropas de cidadãos*[373] não abrem mão de sua posição e morrem lutando, como aconteceu *no templo de Hermes.*[374] Com efeito, a fuga significa desonra para eles, sendo-lhes preferível a morte a esse tipo de salvação; ao passo que os mercenários, confiando desde o início na suposta superioridade das forças, quando

---

370. ...πάντες γὰρ ἀναγκάζουσιν. δεῖ δ᾽ οὐ δι᾽ ἀνάγκην ἀνδρεῖον εἶναι, ἀλλ᾽ ὅτι καλόν. (*pántes gàr anagkázoysin. deî d' oy di' anágken andreîon eînai, all' hóti kalón.*).

371. ...ἐπιστήμην εἶναι τὴν ἀνδρείαν. ... (*epistémen eînai tèn andreían.*). Ver Platão, Laques.

372. ...στρατιῶται... (*stratiôtai*). Essa palavra designa primordial e genericamente soldados, mas Aristóteles parece ter em vista neste contexto não os soldados que lutam por puro ardor guerreiro e/ou pela defesa da pátria, mas precisamente os soldados contratados que lutam por dinheiro, glória pessoal e reputação profissional.

373. ...τὰ δὲ πολιτικὰ... (*tà dè politikà*).

374. ...τῷ Ἑρμαίῳ... (*tôi Hermaíoi*). Aristóteles se refere à batalha de Coroneia em 353 a.C.

percebem a realidade, põem-se em fuga, *temendo mais a morte do que a ignomínia*.³⁷⁵ Ora, o corajoso não se identifica com isso.

A *paixão*³⁷⁶ é também, por vezes, reconhecida como coragem. Pensa-se que homens que agem sob o ímpeto da paixão, *como os animais ferozes*³⁷⁷ que se lançam sobre quem os feriu, sejam corajosos (de fato, os corajosos também são intensamente passionais e é verdade que a paixão [mais do que qualquer outra coisa] anseia por afrontar o perigo). E assim Homero: (...) *ele incutiu força em sua paixão* (...) e (...) *despertou seu vigor e sua paixão* (...) e (...) *viva cólera em suas narinas* (...) e (...) *seu sangue ferveu*(...),³⁷⁸ pois todas essas frases parecem indicar uma excitação e impulso da paixão. Ora, os corajosos agem movidos pela nobreza, embora neles também contribua a paixão. Mas animais selvagens são encorajados pela dor; com efeito, atacam porque estão feridos ou amedrontados – uma vez que se estivessem *em uma floresta {ou em um pântano}*³⁷⁹ não atacariam. Portanto, não devem ser classificados como corajosos por arremeterem contra o perigo quando acicatados pela dor e a cólera e cegos diante dos perigos, posto que nessa avaliação até mesmo asnos se revelariam corajosos quando famintos; com efeito, golpe algum os fará parar de pastar. (E os adúlteros também são induzidos a ações arrojadas impulsionados

---

375. ...τὸν θάνατον μᾶλλον τοῦ αἰσχροῦ φοβούμενοι·... (*tòn thánaton mâllon toŷ aiskhroŷ phoboýmenoi·*).

376. θυμὸν (*thymòn*) é um termo de rico teor conceitual e de dificílima tradução para os idiomas modernos. Entre outras coisas, significa genericamente *sopro, princípio vital, alma* – é a sede da vida, da inteligência e dos sentimentos e paixões e, assim, correlatamente, também significa *coração*. Menos genericamente significa *desejo* e *vontade*. Por extensão, denota especificamente manifestações passionais da alma e do coração, como a ira ou cólera. Neste contexto, a opção menos ruim nos parece ser *paixão*, a despeito dos inconvenientes dessa palavra.

377. ...ὥσπερ τὰ θηρία... (*hósper tà thería*).

378. *Ilíada*, v, 470, xiv, 151 ou xvi, 529; *Odisseia*, xxiv, 318. Exceto a última citação, que não consta no Homero que chegou a nós. Aliás, sempre sob a referência do Homero que conhecemos, todas essas citações se revelam parciais e aproximativas; ademais, a noção de θυμός (*thymós*) evidentemente aparece em outras passagens da *Ilíada* e da *Odisseia* além das indicadas por nós.

379. ...ἐν ὕλῃ {ἢ ἐν ἕλει}... (*en hýlei {è en hélei}*) Bekker e Bywater incluem com reservas o que fizemos constar entre chaves.

pelo desejo.) {Não são, portanto, corajosos aqueles que a dor ou a paixão impele contra o perigo.}³⁸⁰

A [coragem] produzida pela paixão parece, porém, ser a mais
5 natural, e, quando reforçada por prévia escolha e propósito, parece ser decididamente coragem. E seres humanos também sofrem dor quando irados, experimentando prazer quando vingados. Mas aqueles que lutam por esses motivos, ainda que *lutadores*,³⁸¹ não são corajosos. De fato, o motivo de sua ação não é nobre, nem orientado pela razão, vindo, sim, do *sentimento*.³⁸² Mas é inegável que mostram alguma afinidade com a coragem.

10 Tampouco é coragem a ousadia dos *esperançosos*.³⁸³ Estes são confiantes diante do perigo porque se sagraram vencedores muitas vezes sobre muitos inimigos. Assemelham-se aos corajosos porque tanto uns como outros são autoconfiantes, mas enquanto os corajosos o são pelas razões anteriormente explicitadas, os esperançosos o são porque pensam ser mais fortes do que o inimigo e imunes a quaisquer males. (Idêntica a ousadia dos que se embriagam, o que
15 os torna esperançosos). Quando, porém, a realidade não confirma suas expectativas, os esperançosos debandam, enquanto a marca do corajoso é suportar coisas que *são e se revelam*³⁸⁴ temíveis [e terríveis] a um ser humano, porque é nobre agir assim e vil não agir assim. Consequentemente, julga-se indício de maior coragem mais ser destemido e cheio de alento em situações súbitas de perigo, do que o ser em situações de perigo que foram previstas. Com efei-
20 to, a bravura em situações de perigo imprevisto é mais fruto da dis-

---

380. { } ...οὐ δή ἐστιν ἀνδρεῖα τὰ δι' ἀλγηδόνος ἢ θυμοῦ ἐξελαυνόμενα πρὸς τὸν κίνδυνον. ... (*oy dé estin andreîa tà di' algedónos è thymoý exelaynómena pròs tòn kíndynon.*). Esta longa sentença conclusiva é indicada restritivamente por Bekker. Bywater a rejeita. Embora pareça uma interpolação, ou adição posterior do próprio autor, ajusta-se perfeitamente ao contexto, apesar da ressalva na imediata sequência.

381. ...μάχιμοι... (*mákhimoi*).

382. ...πάθος... (*páthos*), ou seja, os sentimentos de ira e vingança, acompanhados respectivamente daqueles de dor e prazer.

383. ...εὐέλπιδες... (*eyélpides*). O termo soa estranho. Entendamos o *esperançoso* como aquele imbuído de uma confiança sólida e inabalável.

384. ...ὄντα καὶ φαινόμενα... (*ónta kaì phainómena*). Aristóteles soma o ser ao desvelamento do ser, já que o *ser* pode ser sem se mostrar, isto é, oculto.

posição moral, posto que depende menos da preparação; é possível a resolução de enfrentar um perigo que se prevê contando com o *cálculo e a razão*,[385] mas somente uma disposição moral capacita alguém a afrontar um perigo repentino.

Aqueles que ignoram o perigo também parecem corajosos e se assemelham bastante aos esperançosos; a falta de *autoestima*,[386] o que não falta ao esperançoso, entretanto, faz com que sejam inferiores a este último. Resulta disso o esperançoso permanecer firme por algum tempo enquanto aqueles que foram enganados quanto ao perigo, se perceberem ou suspeitarem de que se trata de outra situação, por-se-ão em fuga, como fizeram os argivos ao toparem com os lacedemônios[387] e os tomarem por sicionianos.[388]

9

Encerramos a descrição das características dos corajosos e daqueles que são tidos como tais.

A coragem tem a ver com a autoconfiança e o medo, mas não igualmente. Diz respeito mais particularmente aos objetos do medo. Com efeito, alguém que se mantém imperturbável diante de terrores e se comporta como deve em relação a eles é corajoso em um sentido mais positivo do que alguém que o faz em situações que inspiram confiança. É, portanto, o fato de suportar o doloroso, como foi dito, que determina a qualificação de corajosos dos indivíduos. Daí a própria coragem envolver dor e ser justamente objeto de louvor porque é mais árduo suportar dor do que se abster do prazer. Entretanto, pareceria que o fim que a coragem visa é realmente prazeroso, sendo apenas ocultado pelas circunstâncias presentes, como ocorre nas

---

385. ...λογισμοῦ καὶ λόγου... (*logismoŷ kaì lógoy*).
386. ...ἀξίωμα... (*axíoma*).
387. Espartanos.
388. Em 392 a.C., em Corinto, os argivos pensaram estar se defrontando com os sicionianos quando estavam diante de espartanos. Xenofonte nos narra que a cavalaria espartana apeou de seus cavalos e se armou com os escudos dos sicionianos, que haviam sido obrigados a bater em retirada. Os escudos dos cavaleiros sicionianos eram identificados com um sigma maiúsculo (Σ).

competições de atletismo. Para os pugilistas, com efeito, o seu fim – o objeto em função do qual atuam, a saber, *a coroa e as honras*[389] – é prazeroso, mas os golpes que recebem decerto machucam, sendo eles de carne e osso; ademais, todo o esforço que suportam é penoso; e tais golpes são tão numerosos que o que visam, sendo algo modestíssimo, parece não conter prazer algum. A imaginar que suceda o mesmo em relação à coragem, *a morte ou os ferimentos*[390] que ela pode acarretar serão dolorosos ao corajoso e padecidos involuntariamente. A razão de suportá-los está na nobreza da ação ou na vileza de omitir-se a ela. E quanto mais possui a virtude na sua totalidade e quanto *mais feliz*[391] for, mais sofrimento lhe causará a morte; com efeito, para esse homem a vida é sumamente valiosa e ele perde os maiores bens cientemente, o que deve constituir causa de dor. Mas ele não é menos corajoso devido a isso – talvez até o seja mais pois elege a nobreza na guerra ao preterir aqueles bens.

Não é fato, portanto, no que tange à toda virtude, que de seu exercício extraímos prazer. Isso somente ocorre na medida em que seu fim é atingido.

É provável que homens com esse perfil não se revelarão os melhores soldados mercenários, sendo estes menos corajosos e não tendo nada de valor a perder salvo a vida; com efeito, afrontam prontamente o perigo e venderão suas vidas por *ganhos insignificantes*.[392]

Isso basta no que respeita à coragem. Do que foi dito, não será difícil ter certa compreensão de sua natureza.

10

DEPOIS DA CORAGEM, TRATEMOS DA *MODERAÇÃO*.[393] Estas, com efeito, parecem ser as virtudes das *partes irracionais*.[394]

---

389. ...ὁ στέφανος καὶ αἱ τιμαί, ... (*ho stéphanos kaì hai timaí,*).
390. ...ὁ μὲν θάνατος καὶ τὰ τραύματα... ((*ho mèn thánatos kaì tà traýmata*).
391. ...εὐδαιμονέστερος... (*eydaimonésteros*).
392. ...μικρὰ κέρδη... (*mikrà kérde*).
393. ...σωφροσύνης... (*sophrosýnes*).
394. ...ἀλόγων μερῶν... (*alógon merôn*).

Dissemos que a moderação é a mediania no que respeita aos prazeres (sua pertinência com as dores é em uma escala inferior e de caráter diverso); e o *desregramento*[395] aparece na mesma esfera. Definamos agora a espécie de prazeres com os quais têm a ver essas qualidades.

Distingamos entre os da alma e os do corpo, como o amor à hon-
30 *ra e o amor ao saber.*[396] Com efeito, cada um desses amantes extrai prazer daquilo que ama sem que seu corpo seja, de modo algum, afetado: trata-se de uma experiência intelectual. Os indivíduos não são classificados como moderados ou desregrados por referência a esses prazeres. Nem, analogamente, designamos desse modo o gozo de quaisquer outros prazeres não experimentados pelo corpo. De fato, chamamos de tagarelas ociosos e não de desregrados *aqueles que gostam de ouvir e contar histórias mirabolantes*[397] e que passam
35 seus dias em meio à trivialidade dos mexericos; tampouco classifi-
1118a1 camos de desregrados aqueles que, diante da perda da fortuna ou de amigos, veem-se mergulhados no sofrimento.

A moderação, portanto, diz respeito aos prazeres do corpo. Mas não à totalidade destes. Com efeito, aqueles que extraem prazer da visão apreciando, por exemplo, cores, formas e pinturas também
5 não são qualificados de moderados ou desregrados; seria susten-
tável, todavia, que isso também pudesse ser fruído devidamente, ou excessivamente, ou deficientemente. Coisa semelhante se pode dizer dos objetos da audição. Decerto, ninguém classificaria de desregrados aqueles que extraem excessivo prazer da *música ou*

---

395. ...ἀκολασία... (*akolasía*) é o *des*regramento fundamentalmente no que respeita aos prazeres dos sentidos do paladar e do tato. Embora desses prazeres o mais incisivo e destacado seja o prazer sexual, não devemos restringir o conceito traduzindo-o por *devassidão*, *libertinagem* ou qualquer substantivo que indique unicamente o desregramento sexual. Os termos *temperança ou continência* para σωφροσύνη (*sophrosýne*) e *intemperança ou incontinência* para ἀκολασία (*akolasía*) se ressentem de certo arcaísmo, pelo que preferimos optar por moderação e *des*regramento. De resto, Aristóteles se detém minuciosamente nesses conceitos na imediata sequência.

396. ...διηρήσθωσαν δὴ αἱ ψυχικαὶ καὶ αἱ σωματικαί, οἷον φιλοτιμία, φιλομάθεια·... (*dieirésthosan dè hai psykhikaì hai somatikaí, hoîon philotimía, philomátheia·*).

397. ...φιλομύθους καὶ διηγητικοὺς... (*philomýthoys kaì diegetikoỳs*). A palavra μῦθος (*mýthos*) é empregada aqui no seu sentido específico de história fabulosa, avessa à razão e à ciência.

do teatro,³⁹⁸ nem de moderados aqueles que disso desfrutassem na medida certa. Igualmente, não usamos esse tipo de designação no
10 que toca ao olfato, a não ser *de maneira incidental*.³⁹⁹ Não qualificamos de desregrados aqueles que apreciam o cheiro dos *frutos*,⁴⁰⁰ das rosas ou do incenso, embora qualifiquemos assim aqueles que gostam do cheiro de *perfumes e de pratos saborosos*,⁴⁰¹ pois o desregrado extrai prazer desses cheiros porque o lembram dos objetos de seus desejos. Pode-se observar que pessoas de outro perfil, quando famintas, também extraem prazer do cheiro de alimento. Mas ter
15 prazer com coisas desse tipo é uma marca do desregrado. Com efeito, são as coisas nas quais se fixam seus desejos.⁴⁰²

Os animais distintos do ser humano também não experimentam prazer através desses sentidos, salvo *de maneira incidental*.⁴⁰³ Os cães, de fato, não sentem prazer em cheirar lebres, mas em comê-las;
20 o cheiro apenas lhes acusa a presença da lebre. Tampouco o leão experimenta prazer com o mugido do boi, mas com devorá-lo; é fato, porém, o mugido lhe anunciar a proximidade do boi, parecendo que ele extrai prazer desse som. Do mesmo modo, não experimenta prazer com a visão de *um veado ou uma cabra selvagem*,⁴⁰⁴ mas sim porque vai fazer uma refeição.

A *moderação* e o *desregramento* têm a ver, portanto, com os praze-
25 res que o ser humano compartilha com os outros animais e que consequentemente se afiguram vis e animalescos. São aqueles do tato e do paladar. Mas mesmo o paladar parece ser de pouca importância, se é que tem alguma no que diz respeito à moderação; com efeito, o paladar tem a ver com a distinção de sabores, como é feita pelos expe-

---

398. ...μέλεσιν ἢ ὑποκρίσει... (*mélesin è hypokrísei*) ou, literalmente, *canto ou da interpretação do ator*.

399. ...συμβεβηκός... (*symbebekós*), quer dizer, indiretamente.

400. ...μήλων... (*mélon*) ou, mais propriamente, das maçãs.

401. ...μύρων καὶ ὄψων... (*mýron kaì ópson*); μύρον (*mýron*) é o unguento, essência ou perfume líquido, distinto do perfume ou aroma que exala de um odorífero queimado, como o incenso (θυμίαμα [*thymíama*]).

402. ...ἐπιθυμητά... (*epithymetá*), ou, mais propriamente, *apetites*.

403. Ver nota 399.

404. ...ἔλαφον ἢ ἄγριον αἶγα, ... (*élaphon è ágrion aîga,*). Aristóteles parece evocar Homero, *Ilíada*, iii, 24.

rimentadores de vinhos e cozinheiros que introduzem os temperos ao preparar pratos saborosos; mas não é disso que extraem prazer, ou para todos os efeitos não é esse o caso do desregrado; é realmente o fruir do objeto que é prazeroso, o que invariavelmente é exclusivo do tato, igualmente *no comer e no beber*[405] e naquilo que é classificado como os *prazeres do sexo*.[406] Esta é a razão por que certo glutão desejava que sua garganta se tornasse mais longa do que a de um grou, sugerindo que seu prazer consistia na sensação do contato.

A conclusão é que o sentido ao qual o desregramento está vinculado é o mais comum dos sentidos. E parece haver boas razões para a má reputação de que é objeto, porque diz respeito a nós não como seres humanos, mas como animais. Assim, gozar esses prazeres e preferi-los revelam nosso lado animalesco. Essa postura, inclusive, suprime os prazeres mais refinados do tato como os produzidos por fricção e banhos quentes nos ginásios; os prazeres do tato do desregrado, com efeito, estão ligados somente a certas partes do corpo e não a ele inteiro.

11

ENTRE OS *DESEJOS OU APETITES*[407], alguns parecem ser comuns a todos os indivíduos humanos, e outros, característicos de certos indivíduos, além de adicionais. Por exemplo, o apetite por alimento é natural, devido ao desejo comum por alimento sólido ou líquido, e, às vezes, por ambos, quando deles se manifesta carência; e também pelas relações sexuais,[408] como diz Homero, quando *jovens e no máximo do ardor*.[409] Mas nem todos desejam este ou aquele tipo particular de

---

405. ...ἐν σιτίοις καὶ ἐν ποτοῖς... (*en sitíois kai en potoîs*), no alimento e na bebida.

406. ...ἀφροδισίοις... (*aphrodisíois*), os [prazeres] afrodisíacos, ou seja, os prazeres de Afrodite, deusa do amor erótico (sexo), mãe de Eros [Ἔρως (*Éros*)], deus que personifica o próprio amor sexual ou sexo.

407. ...ἐπιθυμιῶν... (*epithymiôn*). Embora tenhamos traduzido cumulativamente com duas palavras em português, o leitor deve ter em mente, em todo o contexto, a ideia mais restrita de *apetite(s)* e não propriamente a mais ampla de *desejo(s)*.

408. ...εὐνῆς, ... (*eynēs,*), literalmente *leito*, por extensão *prazeres do leito*.

409. ...νέος καὶ ἀκμάζων·... (*néos kaì akmázon·*), mas não encontramos essa citação textualmente em Homero, apenas um reflexo na *Ilíada*, xxiv, 129.

alimento, tanto quanto a mesma porção; consequentemente um gosto por este ou aquele parece ser algo de cunho pessoal. Entretanto, isso possui, decerto, caráter natural, na medida em que coisas diferentes são prazerosas a diferentes pessoas e há certas coisas mais agradáveis unanimemente preferidas ao alimento ordinário e casual.

No que respeita aos apetites naturais, portanto, poucos incorrem em erro e, quando o fazem, somente incorrem naquele do excesso; de fato, empanturrar-se ou exagerar na bebida é exceder a quantidade natural, o apetite natural exigindo apenas a satisfação da própria necessidade. Assim, essas pessoas são chamadas de *loucas do estômago*,[410] dando a entender que enchem o estômago além da medida; são indivíduos de natureza especialmente vil os que se convertem nesse tipo de gente.

No que toca, contudo, aos prazeres característicos de indivíduos, muitos erram e o fazem de diversas formas; com efeito, quando se diz das pessoas que apreciam muito isto ou aquilo é porque ou apreciam coisas que não devem apreciar, ou as apreciam mais do que a maioria, ou porque as apreciam da maneira errada. E o excesso dos desregrados ocorre de todas essas formas; de fato, gostam de algumas coisas de que não deviam (com efeito, abomináveis),[411] e quaisquer daquelas coisas das quais deviam gostar são objeto de um gosto que ultrapassa o devido e aquele da maioria das pessoas.

Assim, fica claro que o excesso no que se refere aos prazeres é *desregramento* e que é censurável. No tocante às dores, por outro lado, não acontece com a *moderação* o que acontece com a *coragem*: ninguém é chamado de moderado por suportar dor ou de desregrado por não a suportar, mas de desregrado por sentir mais dor do que o devido na incapacidade de experimentar prazeres (pois, no seu caso, o próprio prazer causa a dor)[412] e de moderado por não sentir dor na ausência do prazer ou por dele se abster.

---

410. ...γαστρίμαργοι... (*gastrímargoi*), que é o sentido etimológico e analítico que Aristóteles parece contemplar aqui. O significado corrente é simplesmente *glutões*, mas é acentuado o aspecto do desregramento e da desmedida.

411. ...(μισητὰ γάρ), ... (*misetà gár*).

412. ...(καὶ τὴν λύπην δὲ ποιεῖ αὐτῷ ἡ ἡδονή), ... (*kaì tèn lýpen dè poieî aytôi he hedoné*). Indiretamente, pois é a *falta* do prazer que provoca dor e não o próprio prazer.

1119a1   O apetite do desregrado, assim, é por todos os prazeres ou por aqueles que são os mais intensos e leva o desregrado a persegui-los de preferência a tudo o mais. Consequentemente, o desregrado experimenta dor quer quando não consegue obtê-los, quer em função
5 do próprio apetite por eles, uma vez que este acarreta dor, por mais estranho que pareça a dor ser causada pelo prazer.

    Aqueles que são deficientes quanto aos prazeres e que os experimentam abaixo do devido são raros; com efeito, tal insensibilidade não é humana. De fato, mesmo os animais diferentes dos seres humanos distinguem os alimentos, gostando de uns e não gostando de outros; e na hipótese de haver um ser que não acha nada prazeroso
10 e é incapaz de detectar a diferença entre isto e aquilo, deve ser uma criatura extremamente diferente do ser humano. A raridade de seres humanos desse tipo determina a inexistência de um nome para designá-los.

    A postura adotada pelo indivíduo moderado nessas situações é a da mediania. Não extrai, com efeito, prazer algum das coisas das quais o desregrado extrai máximo prazer; pelo contrário, elas o desgostam; tampouco geralmente encontra prazer nas coisas não recomendáveis, nem prazer excessivo em nada dessa ordem; sua falta não lhe causa dor ou apetite, ou isto apenas ocorre em um grau
15 moderado, não mais do que o que deve, nem no momento inoportuno etc. Mas o que promove a saúde e a boa forma ele desejará *comedidamente e como deve*,[413] bem como outros prazeres na medida em que não barrem sua meta de saúde e boa forma física, não sejam vis, ou estejam *além de seus meios*.[414] Aquele que não admite esses limites valoriza esses prazeres mais do que merecem – o que não ocorre com o moderado, pois ele só valoriza o que lhe é ditado pela
20 justa razão.

12

O *DESREGRAMENTO* PARECE ser mais voluntário do que a *covardia*, uma vez que o primeiro é provocado pelo prazer, enquanto

---

413. ...μετρίως καὶ ὡς δεῖ, ... (*metríos kaì hos deî,*).
414. ...ὑπὲρ τὴν οὐσίαν. ... (*hypèr tèn oysían.*).

a segunda o é pela dor – sendo o prazer algo que escolhemos, ao passo que a dor é algo que evitamos. E a dor nos desconcerta, aniquilando a natureza de quem a padece, ao passo que o prazer não 25 produz nada disso. O desregramento é, portanto, mais voluntário, o que atrai para ele maior censura. Com efeito, é mais fácil nos habituar com as tentações do desregramento porque há muitas delas na vida, além do que se habituar com elas não envolve perigo algum, tratando-se do oposto com os objetos do medo.

Por outro lado, a covardia como disposição moral se afiguraria, diferentemente, como mais voluntária do que atitudes particulares [e isoladas] de covardia. De fato, a covardia em si mesma não é dolorosa, enquanto acessos particulares dela são tão doloro- 30 sos a ponto de deixar alguém desconcertado e fazê-lo jogar fora suas armas ou comportar-se de outra forma positivamente inconveniente. A conclusão é que atos dessa ordem parecem ser realizados sob compulsão. Diferentemente, no caso do desregrado, os atos particulares são voluntários já que movidos por apetite e desejo, embora a disposição moral geralmente o seja menos. Com efeito, ninguém deseja ser um desregrado.

A palavra *desregramento*[415] é aplicada também à *peraltice das* 1119b1 *crianças*,[416] a qual apresenta aqui alguma semelhança. Qual dos dois conceitos empresta o seu nome à qual é uma questão que carece de importância na presente investigação. Está claro, porém, que o posterior deva ser designado a partir do anterior. A transposição do nome parece suficientemente apropriada. Com efeito, é aquilo que deseja o que é vil e que se desenvolve celeremente que necessita 5 *castigo* ou *podadura (correção)*,[417] e isso se aplica, sobretudo, ao apetite e à criança. Crianças, com efeito, vivem induzidas pelo apetite; e o desejo pelo prazer se mostra mais intenso na infância; se não for então disciplinado e submetido à autoridade, fará grandes progressos. No ser *irracional*,[418] o desejo pelo prazer é, com efeito, insaciá-

---

415. Ou seja, ἀκολασία (*akolasía*): significa primordial e literalmente *falta de repressão ou punição*.
416. ...παιδικὰς ἁμαρτίας... (*paidikàs hamartías*). Literalmente: *faltas infantis*.
417. Ou seja, o substantivo κόλασις (*kólasis*).
418. ...ἀνοήτῳ, ... (*anoétoi,*).

vel e toda fonte de gratificação lhe serve. E a força inata do apetite é aumentada pela atividade dele; se tal gratificação [dos apetites] for intensa e violenta, chegará mesmo a sobrepujar a razão. Assim, nossos prazeres devem ser comedidos, e poucos, e, de modo algum, se oporem ao racional – que é o que se quer dizer com *disciplinado* e *castigado* – e a *parte apetitiva*[419] deve ser regida pela razão tal como um menino deve viver segundo as ordens de seu tutor. É de se concluir que no indivíduo moderado deve existir necessariamente harmonia entre a parte apetitiva e a razão, pois o que é nobre é a meta comum da moderação e da razão. E o indivíduo moderado é aquele que anseia pelas coisas devidas, da maneira devida e oportunamente, que é o que determina a razão.

E com isso encerramos o que nos cabia dizer sobre a *moderação*.

---

419. ...ἐπιθυμητικὸν... (*epithymetikòn*).

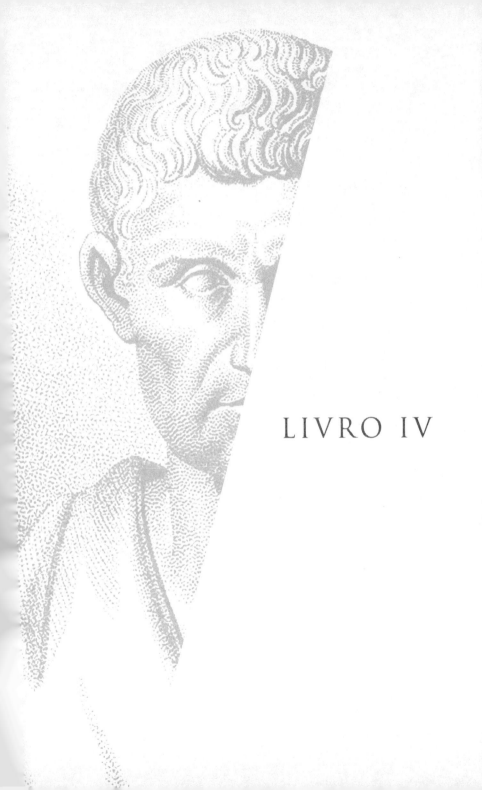

LIVRO IV

1

A seguir tratemos da *generosidade*.⁴²⁰ Parece ser a mediania no que toca à riqueza; com efeito, louvamos a generosidade de um indivíduo não na guerra, nem em assuntos em que é louvado como moderado, nem em decisões judiciais, mas no que diz respeito a dar e *receber* (*obter* ou *tomar*)⁴²¹ e, sobretudo, dar, entendendo-se por riqueza tudo aquilo cujo valor é medido pelo dinheiro.

A *prodigalidade* e a *mesquinhez*,⁴²² por outro lado, são [respectivamente] excessos e deficiências no que tange à riqueza. A mesquinhez se aplica sempre àqueles que são ciosos mais do que o devido pela riqueza, mas a palavra prodigalidade é, às vezes, empregada em um sentido mais cumulativo; de fato, chamamos de *pródigos* os descontrolados e os que dissipam dinheiro no desregramento; e, portanto, a esses é atribuída a maior vileza pois associam múltiplos vícios. Mas esse não é o emprego apropriado da palavra. Realmente *pródigo* indica o possuidor de um vício em particular, ou seja, o esbanjamento dos próprios recursos; com efeito, o pródigo se arruína por sua própria ação, e desperdiçar os próprios bens é providenciar a própria ruína; de fato, a vida exige recursos. É esse, portanto, o sentido no qual o termo prodigalidade deve ser aqui entendido.

Ora, coisas úteis podem ser bem ou mal usadas. A riqueza serve à utilidade e aquele que usa da melhor forma uma coisa é o possuidor da virtude relacionada a essa coisa. A riqueza, por conseguinte, terá melhor serventia nas mãos de quem possuir a virtude relativa à

---

420. ...ἐλευθεριότητος... (*eleytheriótetos*).

421. A variação semântica de λῆψις (*lêpsis*) entre os atos de receber, obter e tomar é inevitável, mesmo nesse contexto aristotélico específico.

422. ...ἡ ἀσωτία καὶ ἡ ἀνελευθερία... (*he asotía kaì he aneleythería*).

riqueza. Essa pessoa é o generoso. O uso da riqueza parece consistir
10 em gasto e doação,⁴²³ uma vez que *sua obtenção e conservação*⁴²⁴ são, ao contrário, os modos de adquiri-la e possuí-la. Consequentemente, o generoso se destaca mais por dar aos indivíduos certos do que por obter riqueza das fontes certas e não a obter das erradas. *Com efeito, a virtude consiste mais em beneficiar do que ser beneficiado e mais em realizar atos nobres do que não realizar atos vis,*⁴²⁵ mas é evidente que beneficiar e agir nobremente se relacionam com o dar, ao passo que ser
15 beneficiado e não realizar atos vis se relacionam com o obter. E a gratidão é dirigida a quem dá e não a quem se limita a não tomar, ocorrendo isso ainda mais positivamente no que respeita ao louvor. Além disso, é mais fácil não tomar do que dar. Os seres humanos, com efeito, são menos flexíveis quanto a ceder o que a eles pertence do que quanto a tomar o que pertence a outrem. Acresça-se que
20 são aqueles que dão que chamamos de generosos; os que não tomam não são louvados por generosidade, mas por *justiça,*⁴²⁶ e aqueles que tomam não são, de modo algum, objeto de louvor. E de todos os virtuosos, os mais amados entre todos são os generosos porque prestam benefícios, sendo generosos porque cedem [sua riqueza].

Ações virtuosas são nobres e sua realização se deve à própria nobreza; o generoso, portanto, dará pela nobreza de dar. E ele o
25 fará corretamente. Dará às pessoas certas, a quantia certa e oportunamente, além do que acatará todas as demais condições da correta doação. É de se acrescer que ele dará com prazer ou sem dor [e pesar], visto que sendo a ação virtuosa prazerosa, ou isenta de dor, certamente não pode ser penosa. Quem dá às pessoas que não deve ou não em função da nobreza da doação, mas por algum outro motivo, não será chamado de generoso, mas receberá outro nome;
30 tampouco será generoso quem dá experimentando um sentimento penoso; nesse caso, com efeito, estaria preferindo o dinheiro e preterindo ato nobre, o que não se identifica com o generoso.

---

423. ...δαπάνη καὶ δόσις... (*dapáne kaì dósis*).
424. ...ἡ δὲ λῆψις καὶ ἡ φυλακὴ... (*he dè lêpsis kaì he phylakè*).
425. ...τῆς γὰρ ἀρετῆς μᾶλλον τὸ εὖ ποιεῖν ἢ τὸ εὖ πάσχειν, καὶ τὰ καλὰ πράττειν μᾶλλον ἢ τὰ αἰσχρὰ μὴ πράττειν·... (*tês gàr aretês mâllon tò eŷ poieîn è tò eŷ páskhein, kaì tà kalà práttein mâllon è tà aiskhrà mè práttein·*).
426. ...δικαιοσύνην... (*dikaiosýnen*).

O indivíduo generoso, igualmente, não tomará dinheiro de fonte errada, o que explica por que alguém que não confere grande valor à riqueza não realiza ganhos indevidos. Tampouco será ele predisposto a pedir favores, pois alguém vocacionado a proporcionar benefícios não os aceita facilmente. Mas obterá riqueza da fonte correta, por exemplo, *de suas próprias posses*,[427] não em função de considerá-lo nobre, mas porque constitui uma necessidade para ter recursos que visam à doação. Tampouco será descuidado com seus bens, posto que deseja empregá-los na ajuda dos outros. Nem fará doações de maneira indiscriminada, capacitando-se a se manter preparado para dar às pessoas certas, e no momento certo, e nas situações determinadas pela nobreza. Um pendor inevitável do generoso é se exceder nas doações, de forma a ele próprio ficar com uma mínima parcela; de fato, faz parte da natureza do generoso não se importar consigo mesmo.

A generosidade deve ser entendida em consonância com os recursos de cada um; com efeito, a generosidade de uma dádiva nada tem a ver com sua quantidade, mas com a disposição do doador, a qual deve se harmonizar com seus recursos. É, portanto, possível que aquele que dá menos seja mais generoso se der com base em recursos mais modestos. Herdeiros de fortunas são tidos como mais generosos do que aqueles que as construíram, visto que os primeiros nunca sofreram carência, além do que todas as pessoas são particularmente ciosas do que criaram por si mesmas, *como os pais e os poetas*.[428] Decididamente não é fácil para o generoso ser abastado, uma vez que ele não é hábil nem na obtenção de dinheiro, nem na conservação deste, ao passo que o cede com facilidade e estima a riqueza não por si mesma, mas visando à sua doação. Por conseguinte, a sorte é acusada pelo fato de os indivíduos mais merecedores da riqueza serem os menos ricos. Contudo, nada há de irracional nisso: não se pode ter dinheiro, mais do que qualquer outra coisa, se não se empreende esforços para tê-lo.

E o generoso não dará às pessoas erradas, nem não oportunamente, e assim por diante; com efeito, isso não seria agir generosamente,

---

427. ...τῶν ἰδίων κτημάτων, ... (*tôn idíon ktemáton,*).

428. ...ὥσπερ οἱ γονεῖς καὶ οἱ ποιηταί. ... (*hósper hoi goneîs kaì hoi poietaí.*). Aristóteles evoca Platão. Ver *A República*, Livro I, 330c.

de modo algum; e se gastou nos objetos errados, lhe faltará para gastar nos certos. Como foi anteriormente dito, o generoso gasta em consonância com seus recursos, bem como nos objetos certos, ao passo que aquele que vai além é pródigo. Eis a razão para não considerarmos pródigos *os tiranos*,[429] porque por mais que gastem e deem, dificilmente conseguem exceder o limite de suas posses.

Sendo a generosidade a mediania no dar e obter riqueza, resulta que o generoso dará e gastará as quantias corretas nos objetos corretos igualmente em pequenas e grandes coisas, fazendo-o, inclusive, com prazer; também tomará as quantias certas e das fontes certas; pois como essa virtude é uma mediania *no que respeita a ambos*,[430] ele realizará ambos como deve. O correto obter, de fato, acompanha o correto dar e o obter incorreto se opõe ao correto dar; os dois procedimentos harmoniosos, portanto, podem ser encontrados na mesma pessoa, enquanto, decerto, não é possível encontrar os dois opostos.

Se acontecer de o generoso vir a gastar de uma maneira *contrária ao que é conveniente e nobre*,[431] isso lhe causará aflição, ainda que moderadamente e da maneira certa, pois é característico da virtude ser objeto tanto de prazer quanto de dor nas coisas devidas e da maneira devida. Ademais, o generoso é uma pessoa fácil de lidar quando se trata de assuntos que envolvem dinheiro; com efeito, pode ser ludibriado porque não valoriza o dinheiro e se sente mais aborrecido se tiver pago menos do que devia do que lesado se tiver pago mais. Ademais, não concorda com Simônides.[432]

O pródigo, por outro lado, erra também nesse mesmo sentido; não sente nem prazer nem dor diante das coisas devidas e nem na maneira devida, o que a sequência de nossas considerações esclarecerá melhor.

---

429. ...τοὺς τυράννους... (*toỳs tyránnoys*). Reis (monarcas) e tiranos eram em geral sumamente abastados nos tempos de Aristóteles, principalmente os nababos das monarquias despóticas do Oriente.

430. ...περὶ ἄμφω... (*perì ámpho*), isto é, o dar e o obter.

431. ...παρὰ τὸ δέον καὶ τὸ καλῶς... (*parà tò déon kaì tò kalôs*).

432. Simônides de Ceos (século VI a.C.), poeta versátil, mas sobretudo lírico. Ver Aristóteles, *Retórica*, Livro II, capítulo 16.

10   Dissemos que a prodigalidade e a mesquinhez são excessos e deficiências⁴³³ e isso no que tange a duas coisas – dar e obter, o dar, com efeito, incluindo o gastar. A prodigalidade se excede no dar sem obter e é deficiente neste último; a mesquinhez é deficiente no dar e se excede no obter ou tomar, salvo em pequenas coisas.
15   Esses dois aspectos da prodigalidade muito esporadicamente são encontrados combinados (com efeito, não é fácil dar a todos sem obter de alguém, ou seja, os recursos do doador estariam logo exauridos sendo ele um *cidadão particular*,⁴³⁴ e somente essas pessoas
20   são designadas como pródigas). Na verdade, um indivíduo como esse pareceria consideravelmente superior ao indivíduo mesquinho. Com efeito, é facilmente curado *pela idade ou pela pobreza*⁴³⁵ e é capaz de dirigir-se à mediania porque possui os traços essenciais do generoso – ele é doador e deixa de ser tomador, embora não doe nem tome do modo apropriado ou bem. Corrigido isso pela força do hábito, ou transformado ele de outra maneira, tornar-se-
25   -á alguém generoso; com efeito, então encaminhará a doação aos objetos corretos, ao mesmo tempo que não obterá os recursos das fontes erradas. Essa é a razão de não ser considerado realmente um *mau caráter*.⁴³⁶ De fato, não constitui propriamente mal ou vileza exceder-se no dar sem obter, mas apenas uma tolice. O pródigo desse tipo, assim, se afigura muito superior ao indivíduo mesquinho, seja pelas razões já indicadas, seja porque o pródigo beneficia muitas pessoas, ao passo que o mesquinho não beneficia a ninguém, nem sequer a si mesmo.
30   Mas a maioria dos indivíduos pródigos, como foi dito, além da doação errônea, tomam de fontes erradas e com isso acabam por se revelar realmente mesquinhos. E o que os habilita a obter mesqui-

---

433. ...εἴρηται δὴ ἡμῖν ὅτι ὑπερβολαὶ καὶ ἐλλείψεις εἰσὶν ἡ ἀσωτία καὶ ἡ ἀνελευθερία, ... (*eíretai dè hemín hóti hyperbolaì kaì elleípseis eisin he asotía kaì he aneleythería,*). Apesar do plural, deve-se entender que a prodigalidade e a mesquinhez são *respectivamente* excesso e deficiência. A generosidade é precisamente a mediania entre as duas e, como tal, uma disposição moral virtuosa.
434. ...ἰδιώτας... (*idiótas*), ou seja, o cidadão no Estado que se limita a uma vida privada, sem ocupar cargos públicos.
435. ...ὑπὸ τῆς ἡλικίας καὶ ὑπὸ τῆς ἀπορίας, ... (*hypò tês helikías kaì hypò tês aporías,*).
436. ...φαῦλος τὸ ἦθος·... (*phaýlos tò êthos·*).

nhamente é a vontade de gastar, mas não o podem fazer facilmente porque logo não dispõem mais de recursos próprios, com o que são obrigados a obter recursos de fontes externas. Ademais, sendo indiferentes à nobreza, são descuidados quanto à forma de obtenção do dinheiro, e o tomam indiscriminadamente de qualquer lugar; *seu desejo, com efeito, é dar*[437] e não se importam como ou onde obterão os recursos para isso. Consequentemente, inclusive sua doação não é generosa: suas dádivas não são nobres, nem visam à nobreza do ato de dar, nem as efetuam da maneira devida; às vezes tornam ricos homens que deveriam ser pobres e nada dão às pessoas dignas, enquanto cumulam de benefícios *bajuladores*[438] e outros que lhes propiciam outros prazeres. A consequência é a maioria dos pródigos mergulhar no desregramento, pois, como gastam seu dinheiro fácil e indiscriminadamente, parte dele é esbanjada na licensiosidade. Ademais, não se conduzindo pela nobreza, facilmente cedem à sedução do prazer.

É nisso que se transforma o pródigo se não for *disciplinado;*[439] mas se lhe for dispensado o devido cuidado, poderá atingir a mediania e a correta disposição.[440] A mesquinhez, contudo, é incurável (parece, efetivamente, que a mesquinhez pode ser produzida pela velhice ou por qualquer forma de incapacidade). Além disso, está mais enraizada na natureza humana do que a prodigalidade; *com efeito, o grosso [da humanidade] aprecia mais ganhar dinheiro do que dá-lo.*[441] Acrescente-se que a *mesquinhez* difunde-se largamente e tem aspecto multiforme. De fato, parece existir variados tipos de mesquinhez, pois como consiste ela de duas coisas (deficiência no distribuir e excesso no tomar), não topamos com ela inteira em to-

---

437. ...διδόναι γὰρ ἐπιθυμοῦσι, ... (*didónai gàr epithymoýsi,*), quer dizer, dar é para eles uma espécie de apetite compulsório.

438. ...κόλαξιν... (*kólaxin*), parasitas.

439. ...ἀπαιδαγώγητος... (*apaidagógetos*). Aristóteles compara o pródigo à criança que era acompanhada e disciplinada rigorosamente pelo seu condutor, que era geralmente um escravo incumbido de conduzi-la à escola, mas na prática, responsável por seu comportamento, tendo o poder de disciplina-la e influir grandemente em sua formação e educação.

440. Ou seja, a da generosidade.

441. ...οἱ γὰρ πολλοὶ φιλοχρήματοι μᾶλλον ἢ δοτικοί. ... (*hoi gàr polloì philokhrématoi mâllon è dotikoí.*).

dos os casos, visto que por vezes as duas ações ocorrem independentemente, alguns indivíduos excedendo-se no obter, enquanto outros são deficientes no ato de dar (distribuir). Caracteres designados por expressões tais como "*avarentos*", "*mão fechada*", "*pão duro*"[442] são todos deficientes no ato da doação, mas não cobiçam os bens alheios nem desejam se apoderar deles. Quanto a alguns deles, sua atitude é explicada por certo senso de equidade e uma precaução diante de uma conduta vil (de fato, algumas pessoas sustentam ou, para todos os efeitos, professam uma postura de muito zelo com seu dinheiro porque desejam evitar a contigência de serem forçadas a cometer algo vil; a essa classe pertencem o *sovina*[443] e tipos semelhantes, que recebem seus nomes em função de uma excessiva aversão quanto ao ato de dar). É, porém, o medo que faz com que alguns conservem suas mãos longe dos bens alheios; julgam que não é fácil tomar o que pertence a outros sem serem objeto de idêntica ação por parte dos outros, o que os reduz à posição de preferir nem tomar nem dar. Outros se excedem em termos de obtenção, tomando de todas as fontes e tudo que podem, como os que se dedicam a formas degradantes de comércio, *indivíduos que cuidam de bordéis*[444] e todas as pessoas desse tipo, além dos *usurários*[445] que emprestam pequenas somas de dinheiro a uma alta taxa de juros. Todos esses tomam de fontes indevidas e mais do que devem. Uma avidez sórdida revela-se como o traço comum de todos eles; de fato, suportam o peso da má reputação em virtude do ganho – a propósito, um pequeno ganho. Quanto aos que obtêm grandes ganhos impróprios em fontes impróprias, como os tiranos que saqueiam as cidades e roubam os templos, sua designação não é a de mesquinhos, mas preferivelmente a de perversos, ímpios ou injustos. *Todavia, o jogador de dados e o bandido ou o salteador de estrada*[446] devem ser

---

442. ...φειδωλοὶ γλίσχροι κίμβικες, ... (*pheidoloi glískhroi kímbikes,*). O primeiro desses termos denota também os parcimoniosos, "controlados" em matéria de dinheiro, mas o viés aqui é francamente pejorativo.

443. κυμινοπρίστης (*kyminopristes*), que quer dizer na literalidade: *serrador de sementes de cominho*, expressão que sugere sutilmente a avareza.

444. ...πορνοβοσκοὶ... (*pornoboskoi*).

445. ...τοκισταὶ... (*tokistai*).

446. ...ὁ μέντοι κυβευτὴς καὶ ὁ λωποδύτης καὶ ὁ λῃστὴς... (*ho méntoi kybeytès kaì ho lopodýtes kaì ho leistès*).

qualificados de mesquinhos, uma vez que demonstram uma sórdida avidez. Ambos, com efeito, exercem um negócio que impõe suportar a reprovação geral, um[447] correndo sérios riscos pelo produto do roubo e o outro[448] ganhando pela extorsão de seus amigos, aos quais seria recomendável dar. Ambos são culpados de um sórdido amor pelo ganho, impulsionados pelo desejo de obter ganho de fontes indevidas. E todos os modos similares a esses de obtenção [de riqueza] são mesquinhos por igual motivo.

Foi com razão que nos referimos à mesquinhez como o oposto da generosidade, pois não somente é ela um mal maior do que a prodigalidade, como também a mesquinhez é mais frequente do que a prodigalidade, como o definimos, conduzindo o ser humano mais ao erro.

Que isso baste quanto ao que cabia dizer sobre a *generosidade* e sobre os vícios que a ela se opõem.

2

NA SEQUÊNCIA, PARECERIA ADEQUADO tratarmos da *magnificência*,[449] uma vez que esta também parece ser uma virtude que tem a ver com a riqueza. A magnificência, entretanto, como acontece com a generosidade, não abrange todas as ações que envolvem a riqueza, limitando-se ao gasto desta; mas nisso ela supera a generosidade do ponto de vista da grandeza, pois como seu próprio nome sugere,[450] ela consiste no devido gasto com grandeza.

Mas essa grandeza é relativa.[451] Realmente, o gasto para uma pessoa equipar uma trirreme não seria o mesmo para alguém custear a organização de uma *delegação do Estado*.[452] A adequabilidade

---

447. O bandido ou salteador de estrada.

448. O jogador.

449. ...μεγαλοπρεπείας... (*megaloprepeías*).

450. Ou seja, μεγαλοπρέπεια (*megaloprépeia*) significa literalmente *grande ostentação, grande distinção, esplendor, pompa.*

451. ...τὸ δὲ μέγεθος πρός τι·... (*tò dè mégethos prós ti·*).

452. ...ἀρχιθεωρῷ... (*arkhitheorôi*). Aristóteles refere-se a um sentido específico (aplicável mais particularmente a Atenas) dessa expressão composta derivada de θεωρία (*theoría*), genericamente contemplação, observação, a ação de um espectador.

do custo é relativa, portanto, à pessoa que desembolsa o dinheiro, à ocasião e ao objeto. O termo *magnificente* não designa alguém que despende somas que se ajustam a situações de importância apenas modesta ou moderada, como quem disse "Muitas vezes dei [esmolas] a mendigos",[453] mas alguém que gasta em grandes realizações, pois ainda que a pessoa magnificente seja generosa, a generosa não é necessariamente magnificente.

30 A deficiência relativa à disposição magnânima ou magnificente é chamada de *torpeza*[454] e o excesso de *vulgaridade*,[455] incluindo a carência de gosto ou coisas similares, vícios que nada têm a ver com gasto excessivo com os objetos apropriados, mas com a postura de exibir uma grande ostentação nas ocasiões indevidas e de forma [igualmente] indevida. Faremos referência, contudo, a eles mais tarde.

O magnificente parece um *artista*[456] em matéria de gastos; é
35 capaz de discernir o que é conveniente e desembolsar grandes so-
1122b1 mas com senso de medida. (Com efeito, como dissemos no início, uma disposição é determinada pelas atividades na qual é manifestada e pelos objetos que lhe são pertinentes.) As despesas do magnificente são grandes e adequadas, e idênticos seus resultados; com efeito, isso produzirá um *grande gasto*,[457] e à altura de seu resultado. Consequentemente, o resultado deve ser condizente com
5 a despesa, e esta com o resultado, ou mesmo superá-lo. Ademais, o magnificente gastará em função da nobreza da ação, o que é comum a todas as virtudes. Ademais, gastará prazerosa e generosamente, pois o cálculo exato [em seu caso] representa mesquinhez, e ele estará focado em como realizar seu projeto da maneira mais
10 bela e esplêndida, ou seja, seu foco não é custo ou barateamento.

O magnificente é, portanto, necessariamente também generoso, já que o generoso também gastará a quantia devida da maneira de-

---

453. ...πολλάκι δόσκον ἀλήτῃ... (*polláki dóskon alétei*). É o que diz Odisseu nos andrajos de um mendigo logo depois de retornar a Ítaca (Homero, *Odisseia*, xvii, 420).
454. ...μικροπρέπεια... (*mikroprépeia*).
455. ...βαναυσία... (*banaysía*).
456. ...ἐπιστήμονι... (*epistémoni*), ou seja, um conhecedor, alguém versado, especialmente habilitado em algo.
457. ...μέγα δαπάνημα... (*méga dapánema*).

vida; e é nisso que o termo *grande*[458] no magnificente (vale dizer sua grandeza) é exibido, no que está envolvida a generosidade. E o magnificente que desembolsa igual quantia obterá um resultado mais magnificente. Com efeito, o padrão de excelência aplicável a um resultado e o aplicável a uma posse não são idênticos; no que
15 se refere a posses, a coisa condizente com o maior preço é a mais valiosa, o ouro, por exemplo, porém o resultado mais valioso é aquele que é *grandioso e nobre*[459] (uma vez que um resultado desses desperta a admiração do espectador e causar admiração compete à magnificência); e a virtude (excelência) presente em um resultado envolve grandeza. Ora, há gastos definitivamente tidos
20 como valiosos e honrosos, por exemplo o gasto a serviço dos deuses: oferendas votivas, edifícios sagrados, sacrifícios – e *igualmente os ofícios religiosos em geral*,[460] inclusive os benefícios públicos que constituem objetos do amor à honra, por exemplo o dever de equipar esplendidamente um coral ou uma trirreme, ou mesmo oferecer um repasto ao público. Mas em todos esses pontos, como foi antecipado, estima-se a grandeza do gasto com referência à
25 pessoa que desembolsa o dinheiro, isto é, com referência à sua posição e ao seu volume de recursos, pois gasto é algo que deve ser condizente com os recursos e compatível não apenas com o resultado como também com o doador. A conclusão é um indivíduo pobre ser incapaz de ser magnificente, uma vez que não dispõe dos recursos para efetuar uma grande despesa adequadamente; e o pobre que tenta ser magnificente é tolo porque gasta além de seus recursos e além do que deve, quando a virtude somente se
30 manifesta no gasto correto. Grandes benefícios proporcionados graças a grandes gastos se ajustam àqueles que possuem recursos convenientes originários de suas próprias atividades, ou de seus ancestrais ou parentes, e àqueles que são muito bem nascidos, que têm prestígio e assim por diante, posto que nascimento, prestígio etc. geram grandeza e distinção. O indivíduo magnificente, por-

---

458. ...μέγα... (*méga*).
459. ...μέγα καὶ καλόν... (*méga kaì kalón*).
460. ...ὁμοίως δὲ καὶ περὶ πᾶν τὸ δαιμόνιον, ... (*homoíos dè kaì perì pân tò daimónion,*), ou, em uma tradução mais próxima da literalidade: ...igualmente os cultos a todas as divindades... .

tanto, pertence, sobretudo, a essa espécie, e a *magnificência* encontra maximamente sua expressão nesses benefícios e gastos,
35 como dissemos (tratam-se, com efeito, das formas mais grandiosas de gasto e as mais valiosas e honrosas). A magnificência também encontra expressão naquelas ocasiões privadas apropriadas
1123a1 ao gasto que acontecem apenas uma vez, *como o casamento e [cerimônias] similares*,⁴⁶¹ ou que despertam o interesse dos cidadãos em geral ou de pessoas de posição; e também na recepção de convidados estrangeiros e na celebração da partida destes, *e na troca de presentes*;⁴⁶² de fato, a pessoa magnificente não gasta dinheiro
5 consigo, mas com objetos de interesse público; ora, suas dádivas assemelham-se em certa medida às oferendas votivas. Acrescenta-se que o magnificente mobilia sua casa de uma maneira compatível com sua riqueza (*com efeito, isso constitui [requinte] e ornamento*)⁴⁶³ e prefere gastar com obras duradouras (já que estas são as mais belas), e uma quantia que seja apropriada à ocasião particular
10 (*pois coisas idênticas não são adequadas a deuses e seres humanos e a um sacrifício e a um funeral*).⁴⁶⁴ Com efeito, na medida em que a grandeza de qualquer gasto varia conforme sua particularidade e, embora o mais magnificente gasto seja em geral grande gasto em um objeto grandioso, o mais magnificente em um caso específico é a quantia que é grande naquele caso, e na medida em que a gran-
15 deza do resultado não é idêntica à do gasto (pois a mais bela bola ou frasco de azeite constitui um presente magnificente para uma criança ainda que seu custo seja pequeno e mesquinho), conclui--se ser a marca do magnificente, não importa o resultado do que busca, produzir um resultado magnífico (pois este é dificilmente superado), e um resultado condizente com o custo.

Tal é, portanto, a pessoa magnificente. A ela se opõe no exces-
20 so, a pessoa vulgar, que se excede, como foi dito, por despender

---

461. ...οἷον γάμος καὶ εἴ τι τοιοῦτον, ... (*hoîon gámos kaì eí ti toioŷton,*).
462. ...καὶ δωρεὰς καὶ ἀντιδωρεάς·... (*kaì doreàs kaì antidoreás·*).
463. ...(κόσμος γάρ τις καὶ οὗτος). ... (*kósmos gár tis kaì hoŷtos*).
464. ...(οὐ γὰρ ταὐτὰ ἁρμόζει θεοῖς καὶ ἀνθρώποις, οὐδ᾽ ἐν ἱερῷ καὶ τάφῳ). ... (*oy gàr t'aytà harmózei theoîs kaì anthrópois, oyd' en hieroî kaì táphoi*). Ou: ...pois coisas idênticas não são adequadas a deuses e seres humanos nem em um santuário e em um túmulo.

além do que é devido. Gasta muito e realiza um evento insípido em ocasiões desprovidas de importância, como oferecer um jantar ao seu grupo de amigos da envergadura de um *banquete de núpcias*.[465] Por outro lado, quando custeia a formação de um coral para as comédias, essa pessoa o traz ao palco envergando mantos
25 de púrpura na sua primeira aparição, como é feito em Megara.[466] Tudo isso é por ela realizado não em função da nobreza, mas visando fazer espalhafato de sua riqueza, estando ela movida pela ideia de que esse tipo de coisa atrai para si a admiração; e gasta pouco onde deve gastar muito e muito onde deve gastar pouco. A pessoa torpe, de sua parte, incorrerá no erro através de todo tipo de deficiência; mesmo quando despendeu muito, arruinará a beleza do resultado devido a uma ninharia e, seja o que for que estiver realizando, hesitará e tratará de gastar o mínimo, lamentando
30 até isso, e terá consigo que está realizando tudo em uma dimensão maior do que é devido. Essas disposições (estados) são, portanto, vícios, mas não acarretam propriamente reprovação visto que não são ofensivas a outrem, nem são muito inconvenientes.

3

A *GRANDEZA DE ALMA*,[467] como sugere a própria expressão, parece dizer respeito a coisas grandiosas. Comecemos por definir que tipo
1123b1 de coisas são essas. Será indiferente se examinarmos a própria disposição (estado) ou a pessoa que a exibe.

---

465. ...γαμικῶς ἑστιῶν, ... (*gamikôs hestiôn,*).

466. Nas comédias (aquelas de Aristófanes, por exemplo), os mantos de púrpura são impróprios às cenas de abertura. Aristóteles equipara as comédias de Megara a peças de bufonaria de mau gosto.

467. Esta tradução literal em uma expressão composta para μεγαλοψυχία (*megalopsykhía*) nos pareceu a melhor escolha. Quanto a expressões como autoestima, amor próprio, autorrespeito, parecem-nos seriamente inconvenientes, pois implicam as mais variadas acepções. A tradução *orgulho* é admissível, entendendo-o como um sentimento autêntico de elevada dignidade pessoal, mas que pode, inclusive, descambar em arrogância ou altivez e mesmo pura egolatria. Por isso, não se deve entender aqui *grandeza de alma* como um conceito que se circunscreva e se esgote no conceito latino *magnanimitas*, pois a magnanimidade parece ser apenas um dos seus atributos ou traços, e não sua essência.

Considera-se que alguém seja detentor de grandeza de alma se reivindicar muito e merecer muito;[468] aquele, realmente, que reivindica acima do merecimento é tolo, e ninguém que seja virtuoso é tolo ou insensato. O indivíduo dotado de grandeza de alma é, assim, como acabamos de descrever. Aquele que merece pouco e se julga merecedor de pouco é recatado ou comedido, mas não grandioso de alma; de fato, isso requer grandeza tal como a beleza física requer tamanho. Pessoas pequenas podem ter bom aspecto e boa constituição física, mas não são belas. Aquele que se julga merecedor de muito, mas não é, é *vaidoso*,[469] embora nem todos que se julgam dignos de mais do que merecem sejam vaidosos. Aquele que se julga merecedor de menos do que merece é *pequeno de alma*,[470] quer seus méritos sejam grandes, quer sejam moderados, ou mesmo que mereça pouco se julgar-se merecedor de ainda menos. O *mais pequeno* de alma de todos pareceria ser aquele que se julga merecedor de menos do que merece quando seus méritos são muito expressivos, pois o que teria ele feito se não merecesse tanto?

Assim, embora relativamente à grandeza daquilo de que se julga digno o detentor de grandeza de alma seja um extremo, sua posição é mediana, a considerarmos sua exatidão (pois reivindica o que merece), enquanto o vaidoso e o pequeno de alma incidem respectivamente no excesso e na deficiência.

Se então ele[471] reivindica e é merecedor de grandes coisas e, acima de tudo, das coisas mais grandiosas, tem a ver com um objeto em particular. Com a palavra relativa *mérito*[472] significamos uma reivindicação a bens externos. Ora, a maior (mais grandiosa) coisa externa, segundo deveríamos supor, é o tributo que oferecemos aos deuses e que corresponde à mais cobiçada por indivíduos de

---

468. ...δοκεῖ δὴ μεγαλόψυχος εἶναι ὁ μεγάλων αὐτὸν ἀξιῶν ἄξιος ὤν·... (*dokeî dè megalópsykhos eînai ho megálon haytòn axiôn áxios ón*·), ou, em uma tradução mais vizinha da literalidade: Considera-se que alguém seja detentor de grandeza de alma se julgar-se merecedor de grandes coisas e o ser.

469. ...χαῦνος... (*khaýnos*).

470. ...μικρόψυχος... (*mikrópsykhos*) – optamos pela tradução na mesma linha do termo oposto (vide nota 467), embora o termo *humilde* seja admissível.

471. Ou seja, o indivíduo detentor de grandeza de alma.

472. ...ἀξία... (*axía*).

elevada posição, constituindo a recompensa conferida pelas ações mais nobres. Trata-se da *honra*,[473] efetivamente o maior dos bens externos. Portanto, o grandioso de alma é o portador da disposição devida relativamente a honras e desonras. E mesmo dispensando argumentos, evidencia-se que a honra é o objeto com o qual aqueles que têm grandeza de alma estão vinculados, uma vez que é ela, sobretudo, que eles reivindicam e merecem.

A pessoa de alma pequena é deficiente tanto sob o prisma de seus próprios méritos como se confrontada com a reivindicação da pessoa de alma grandiosa; o vaidoso, por outro lado, ainda que exceda de acordo com seu próprio referencial, não excede o indivíduo grandioso de alma.

Ora, como o indivíduo que tem grandeza de alma é o mais merecedor de todos, é imperioso que seja o mais excelente. Com efeito, aquele que é melhor é sempre merecedor de mais e aquele que é *o* melhor (*o* mais excelente) é merecedor do máximo. *Portanto, o indivíduo verdadeiramente grandioso de alma é necessariamente bom.*[474] A grandeza em cada uma das virtudes pareceria, de fato, manter-se paralela ao grandioso de alma. Por exemplo, seria inteiramente impróprio da parte do indivíduo detentor de grandeza de alma fugir em desabalada carreira depois de depor suas armas, ou agir injustamente. Afinal, qual motivo terá ele para uma conduta vil quando nada para ele é grande?[475] Considerando-o em cada um de seus aspectos, acharemos absolutamente ridículo [e absurdo] não ver no indivíduo grandioso de alma senão um indivíduo bom.

Ademais, se ele fosse mau, não seria digno de honra uma vez ser esta a recompensa da virtude e aquilo que tributamos ao bem. A grandeza de alma parece, portanto, ser uma espécie de *ornamento majestoso*[476] das virtudes; ela as engrandece e não passa a existir sem

---

473. ...τιμή... (*timé*).
474. ...τὸν ὡς ἀληθῶς ἄρα μεγαλόψυχον δεῖ ἀγαθὸν εἶναι. ... (*tòn hos alethôs ára megalópsykhon deî agathòn eînai.*).
475. Uma vez que nada que é prosaico e ordinário tem muito valor para ele, a vantagem no seu sentido mais lato (a qual constitui motivo de desonestidade e prática de injustiça para muitos) não o seduz de modo algum.
476. ...κόσμος... (*kósmos*).

elas. Consequentemente, é difícil ser genuinamente grandioso de alma. *De fato, isso é impossível na ausência de nobreza moral.*[477]

Portanto, os objetos de maior envolvimento do indivíduo grandioso de alma são a honra e a desonra. Grandes honras concedidas por pessoas dignas o regozijarão apenas moderadamente, pois ele sentirá que tudo que está recebendo é tão só o que lhe cabe, ou mesmo menos. Com efeito, honra alguma pode estar à altura da virtude perfeita; mas, de qualquer modo, dignar-se-á a aceitá-las porque tais pessoas não dispõem de algo maior para lhe oferecer. Quanto à honra que lhe é dirigida por pessoas ordinárias e por razões triviais, ele a desprezará inteiramente, pois isso é incompatível com o que ele merece, o mesmo se aplicando à desonra, pois nenhuma desonra pode com justiça lhe dizer respeito. O indivíduo de grandeza de alma, como foi dito, tem a ver, sobretudo com a honra. Entretanto, suas ações exibirão moderação no tocante à riqueza, ao poder e a toda sorte (boa ou má), já que estas o podem atingir; *e nem se regozijará excessivamente na prosperidade, nem se entristecerá demasiado na adversidade.*[478] De fato, ele não se importa muito nem sequer com a honra,[479] que é o maior dos bens externos (efetivamente, o poder e a riqueza só são desejáveis em função da honra que deles decorre, pois é, ao menos, através do poder e da riqueza que seus possuidores desejam ser honrados); e, assim, para quem até mesmo a honra é algo pequeno, também o serão as demais coisas. Consequentemente, indivíduos grandiosos de alma são considerados *arrogantes*.[480]

Mas considera-se que *os dons da boa sorte*[481] também concorrem para a grandeza de alma. De fato, os bem nascidos e os poderosos ou abastados são tidos como dignos de honra; com efeito, são superio-

---

477. ...οὐ γὰρ οἷόν τε ἄνευ καλοκἀγαθίας. ... (*oy gàr hoîón te áney kalokagathías.*).

478. ...καὶ οὔτ' εὐτυχῶν περιχαρὴς ἔσται οὔτ' ἀτυχῶν περίλυπος. ... (*kaì oýt' eytykhôn perikharès éstai oýt' atykhôn perílypos.*).

479. O leitor deverá considerar isso mais um paradoxo do que uma contradição. O orgulhoso (grandioso de alma) se sente tão superior a tudo e a todos que pode chegar a desprezar a única coisa externa a ele mesmo que lhe diz respeito: a honra.

480. ...ὑπερόπται... (*hyperóptai*), isto é, pessoas que manifestam um usual desdém ou desprezo pelos outros, de modo a expressar e enfatizar sempre sua superioridade e transmitir que não se importam com os outros.

481. ...τὰ εὐτυχήματα... (*tà eytykhḗmata*).

res, e aquele que é superior em alguma coisa boa é objeto de maior honra; resulta que mesmo essas coisas[482] tornam os indivíduos mais grandiosos de alma porque algumas pessoas os honram pela posse delas. Mas, na verdade, somente o indivíduo bom deve ser honrado, embora aquele que tem ambas[483] seja tido como mais digno de honra. Contudo, os possuidores dos dons da boa sorte destituídos de virtude não podem com justiça reivindicar alta dignidade nem podem ser corretamente designados como dotados de grandeza de alma, posto que isso exige a virtude plena. Mesmo aqueles que possuem os dons da boa sorte tornam-se *arrogantes e insolentes*,[484] isso porque sem a virtude não é fácil ostentar a boa sorte convenientemente, e tais indivíduos, sendo incapazes de ter sobre os ombros sua própria prosperidade e pensando eles próprios ser superiores aos outros, desprezam as demais pessoas, e agem como bem entendem. Apesar de sua tentativa de imitar o grandioso de alma não são realmente como ele, limitando-se a copiá-lo no que podem, dispensando desdém aos outros, mas não agindo virtuosamente. Pois é justo que o indivíduo de grandeza de alma pratique o desprezo (pois suas opiniões são verdadeiras[485]) – muitos, contudo, assim agem *inconsequentemente*.[486]

O grandioso de alma não se atira ao perigo inútil e não é um amante do perigo porque há poucas coisas que são objeto de sua estima; mas ele afrontará o perigo necessário e estará pronto a sacrificar sua vida, pois pensa que nem em todas as situações é digno viver.

Conceder benefícios lhe agrada, embora ser beneficiado o envergonhe, porque a primeira [dessas ações] é uma marca de superioridade, enquanto a segunda é uma marca de inferioridade. Assim, restitui um serviço que lhe é prestado com um benefício adicional, uma vez que isso colocará o benfeitor original em débito com ele, tornando este último a parte que obteve vantagem. Pensa-se que os detentores de grandeza de alma têm boa memória quanto a qualquer benefício que hajam proporcionado, mas uma má memória

---

482. Ou seja, os tais dons proporcionados pela boa sorte.
483. Ou seja, virtude e boa sorte.
484. ...ὑπερόπται δὲ καὶ ὑβρισταὶ... (*hyperóptai dè kaì hybristaì*).
485. ...(δοξάζει γὰρ ἀληθῶς), ... (*doxázei gàr alethôs*).
486. ...τυχόντως. ... (*tykhóntos.*), literalmente: acidentalmente, ao sabor do acaso.

para os benefícios de que foram objeto (isso porque o beneficiado é inferior ao benfeitor e eles desejam ser superiores); [também pensa-
15 -se que] se deleitam em ser lembrados do primeiro ato [ou seja, o de proporcionar benefícios], mas não gostam de ser lembrados do último [ou seja, serem objeto de benefícios]. Essa é a razão por que Tétis não menciona [minuciosamente] seus serviços a Zeus;[487] e nem *os lacônios*,[488] ao tratarem com os atenienses, relembram os auxílios prestados a Atenas, mas aqueles que Atenas prestara a Esparta.

Também é característico do detentor de grandeza de alma não pedir ajuda a outrem, ou fazê-lo apenas esporadicamente, mas prestar ajuda *de boa vontade*;[489] e igualmente é próprio dele comportar-se de modo altivo com pessoas de posição e boa sorte, mas de modo cortês com aqueles de condição mediana; de fato, a postura de su-
20 perioridade perante os grandes é difícil e sobressai grandemente, ao passo que é fácil comportar-se assim com os pequenos, e uma postura altiva com os primeiros não é mal-educada, enquanto é vulgar exibi-la com pessoas humildes, *como empregar força contra os fracos*.[490] O detentor da grandeza de alma não terá como meta os objetos ordinários da ambição e aqueles em que outras pessoas já ocuparam o primeiro posto; ele se manterá ocioso e agirá lentamen-
25 te, exceto quando estiver envolvido na conquista de uma grande honra ou façanha; também se ocupará de poucos empreendimentos, limitando-se àqueles que são importantes e de grande distinção. *É necessário que se revele no ódio e no amor (a ocultação, com efeito, indica medo)*;[491] além disso, importar-se-á mais com a verdade do que com a opinião das pessoas, devendo falar e agir abertamente, uma vez que, desprezando ele os outros, é sincero e franco, salvo quando
30 se expressa com *ironia*,[492] sendo irônico com as pessoas comuns. E

---

487. Homero, *Ilíada*, i, 503 e ss.

488. ...οἱ Λάκωνες... (*hoi Lákones*), os lacedemônios, espartanos.

489. ...προθύμως... (*prothýmos*).

490. ...ὥσπερ εἰς τοὺς ἀσθενεῖς ἰσχυρίζεσθαι.... (*hósper eis toỳs astheneîs iskhyrízesthai.*).

491. ...ἀναγκαῖον δὲ καὶ φανερομισῆ εἶναι καὶ φανερόφιλον (τὸ γὰρ λανθάνειν φοβουμένου)... (*anagkaîon dè kaì phaneromisê eînai kaì phanerόphilon [tò gàr lanthánein phoboyménoy]*).

492. ...εἰρωνείαν·... (*eironeían·*), ou seja, a prática de indagar algo simulando ignorância. Esse parece ser o sentido específico utilizado aqui, claramente evocativo de Sócrates. Na tabela

ele será incapaz de viver submetido à vontade de outra pessoa, a não ser um amigo (essa sujeição, com efeito é vil, daí os bajuladores serem sempre servis, e as pessoas carentes de autorrespeito, bajuladores). Não é propenso à admiração, uma vez que nada se lhe afigura grande. Não alimenta rancores, porque não é próprio do grandioso de alma reter muitas lembranças, especialmente de danos que lhe foram causados, mas sim passá-los por alto. *Nem se ocupa de falar dos outros*,[493] pois não discursará sobre si mesmo ou sobre outrem, porquanto não lhe importa se será louvado ou se outros serão censurados, não fazendo questão alguma do louvor alheio. E, assim, não é *pessoa de falar mal dos outros*,[494] mesmo de seus inimigos, a não ser quando tenciona ser insolente. Diante de problemas inevitáveis ou picuinhas jamais se porá a lamentar, ou pedirá auxílio, comportamento que indicaria estar levando tais coisas a sério. Ele possuirá coisas belas e improdutivas, de preferência a coisas produtivas e úteis, que podem envolver alguma forma de débito ou compromisso. De fato, as primeiras exibem mais a sua autossuficiência.

Outros traços são considerados típicos do detentor de grandeza de alma, a saber, um andar vagaroso, uma voz grave e uma expressão firme no discurso; não é de se esperar, realmente, de alguém que atribui seriedade a poucas coisas e que não julga nada grandioso um andar apressado e uma voz aguda, o que indica um temperamento tanto excitável quanto predisposto ao nervosismo.

da *Ética a Eudemo*, 1221a6, Aristóteles apresenta a ironia como uma conduta autodepreciativa, vício determinado pela deficiência colocado entre a ostentação (ἀλαζονεία [*alazoneía*]), vício determinado pelo excesso, e a virtude da sinceridade (verdade), ἀλήθεια (*alétheia*). A ironia socrática (revelando esse viés de autodepreciação) é retratada, sobretudo, no diálogo *Eutidemo*, de Platão. Entretanto, embora tenhamos traduzido εἰρωνεία (*eironeía*) por *autodepreciação* na tabela da E.E. e na sequência da E.N., no esforço de caracterizar bem a doutrina da mediania, deve-se entender no presente contexto a atitude (conduta) eventual do grandioso de alma estritamente como *dizer ou indagar algo simulando ignorância* (ironia), mas não *se autodepreciando*, já que esta seria a disposição cabível ao indivíduo dotado de pequenez de alma, ou seja, ao humilde e não ao orgulhoso (grandioso de alma).

493. ...οὐδ᾽ ἀνθρωπολόγος·... (*oyd' anthropológos·*). Embora ἀνθρωπολόγος signifique neutra e simplesmente *aquele que fala sobre o ser humano*, há um ligeiro viés aqui para a figura do mexeriqueiro.

494. ...κακολόγος, ... (*kakológos,*), detrator ou mesmo caluniador.

Eis, portanto, o indivíduo grandioso de alma, o correspondente do ponto de vista da deficiência sendo o indivíduo detentor de pequenez de alma, e do ponto de vista do excesso, o vaidoso. Estes últimos, inclusive, não são tidos como viciosos (maus), visto que não causam males, limitando-se a cometer erros. O pequeno de alma, com efeito, priva a si mesmo das boas coisas que merece e ao não se julgar digno de boas coisas transmite a impressão de que tem algo vicioso em torno de si {e também que desconhece a si mesmo},[495] pois se fosse diferente o caso, ele teria desejado as coisas de que era merecedor e que constituíam bens. Não que a estupidez lhes seja atribuída, mas uma demasiada timidez; a apreciação, entretanto, que a eles é dirigida acaba por torná-los ainda piores. Com efeito, as metas de cada classe de seres humanos indicam do que são dignos, e os pequenos de alma recuam diante de empreendimentos e ações nobres e se abstêm igualmente de bens externos no pensamento de que não são dignos deles.

Os vaidosos, por outro lado, são pessoas tolas, ignorantes de si mesmas e que expõem essa deficiência. Assumem responsabilidades honrosas das quais não são dignos e acabam por ser descobertos. São espalhafatosos no vestir, nos modos e assim por diante. Desejam que as pessoas saibam quão bem sucedidos são, e falam de si mesmos abertamente, imaginando que isso atrairá honra para suas pessoas.

A *pequenez de alma* se opõe mais do que a *vaidade* à *grandeza de alma*; com efeito, é mais predominante e pior.

A grandeza de alma, como dissemos, diz respeito às grandes honras.

4

1125b1 PARECE QUE A HONRA TAMBÉM, como foi afirmado na primeira parte, encerra certa virtude que no seu âmbito mantém uma relação com a grandeza de alma nos mesmos moldes que a genero-

---

495. {...καὶ ἀγνοεῖν δ' ἑαυτόν...} (*kai agnoeín d' heaytón*). O texto entre chaves é provavelmente uma interpolação.

5 sidade mantém com a magnificência. Ambas[496] carecem de grandiosidade, mas nos levam a uma predisposição correta em relação aos objetos moderados e modestos. Tal como ocorre mediania e também excesso e deficiência em obter e dar dinheiro, também é possível desejar a honra [quantitativamente], mais ou menos do que é o devido e, inclusive, desejá-la da fonte devida e da maneira devida.
10 Reprovamos o *ambicioso*[497] que busca a honra mais do que deve ou de fontes indevidas; e reprovamos o *não ambicioso*[498] que não opta por receber honras mesmo com fundamentos nobres. Mas em outra oportunidade louvamos o ambicioso *como viril e amante do que é nobre*,[499] ou louvamos o não ambicioso *como recatado e moderado*,[500] como dissemos na primeira abordagem. Evidentemente a expressão *aficionado a isto ou aquilo*[501] é múltipla e
15 nem sempre aplicamos a expressão *aficionado à honra* (ambicioso) à mesma coisa; quando a empregamos visando ao louvor, queremos dizer aquele *mais aficionado à honra do que a maioria dos indivíduos*; e quando a empregamos visando à censura, [queremos dizer] aquele que é *aficionado a ela mais do que o devido*. Considerando que a mediania não tem nome, os dois extremos disputam, por assim dizer, o posto vago. Mas onde existe excesso e deficiência,
20 existe também a mediania. As pessoas aspiram à honra tanto mais quanto menos do que se deve; é, portanto, possível também ter essa aspiração como se deve. É essa disposição mediana sem nome relativamente à honra que louvamos. Comparada à *ambição* (amor à honra), ela se revela como *não ambição* (falta de amor à honra), e comparada à não ambição, ela se revela como ambição; [finalmente] comparada a ambas, revela-se, em certo sentido, como ambas. O mesmo parece também ocorrer com as outras virtudes.
25 Mas, no caso em pauta, os extremos revelam-se como opostos, porque a mediania não foi nomeada.

---

496. Quer dizer, a generosidade e essa virtude.
497. ...φιλότιμον... (*philótimon*), o aficionado às honras, aquele que aprecia honras.
498. ...ἀφιλότιμον... (*aphilótimon*), o não aficionado às honras, aquele que não aprecia honras.
499. ...ὡς ἀνδρώδη καὶ φιλόκαλον, ... (*hos andróde kaì philókalon,*).
500. ...ὡς μέτριον καὶ σώφρονα, ... (*hos métrion kaì sóphrona,*).
501. ...φιλοτοιούτου... (*philotoioýtoy*).

5

A *BRANDURA* É A MEDIANIA NO QUE RESPEITA À IRA,[502] não havendo [, porém], a rigor, nenhum nome preciso para *a mediania*,[503] e tampouco nomes para os extremos, de maneira que empregamos a palavra *brandura* para mediania, embora se incline para a deficiência, que não tem nome. Mas o excesso pode ser designado como uma espécie de *irascibilidade*,[504] uma vez que a emoção (paixão) envolvida é a ira; as causas, porém, nesse caso, são múltiplas e diversificadas.

Ora, alguém que sente ira em função das coisas devidas, contra as pessoas devidas, e também da maneira devida, no momento devido e pela duração devida é objeto de nosso louvor. Trata-se do indivíduo brando, desde que consideremos a brandura algo louvável (pois *brando* efetivamente qualifica uma disposição imperturbável que não é orientada pela paixão, mas que só se converte em ira de certa maneira, com certas coisas e em um período de tempo determinado pela razão – isso embora se pense, antes, que a pessoa incorra em erro por deficiência, já que o indivíduo brando não é vingativo diante das ofensas, mas prefere perdoá-las).

A deficiência, por outro lado, seja ela uma espécie de *não irascibilidade* ou seja lá o que for, é objeto de censura: com efeito, são considerados tolos os que não ficam irados com aquilo ante o que se deve se tomar de ira (indignar-se), sendo assim aqueles que não ficam irados como se deve, no momento devido e com as pessoas devidas. Cogita-se que são insensíveis a uma ofensa e não sofrem com ela, e que se alguém nunca se indigna, não será capaz de se defender; some-se a isso a vileza de ignorar um insulto que nos é dirigido ou tolerar que nossos amigos sejam insultados.

O excesso pode ser produzido em todas essas formas (pois alguém pode ficar irado com as pessoas indevidas, em função das coisas indevidas, ou mais do que o devido, ou mais rapidamente, ou durante mais tempo do que o devido); mas nem todos esses

---

502. ...Πραότης δ' ἐστὶ μεσότης περὶ ὀργάς, ... (*Praótes d' estì mesótes perì orgás,*).

503. ...τοῦ μέσου, ... (*toŷ mésoy,*).

504. ...ὀργιλότης... (*orgilótes*).

excessos são encontrados na mesma pessoa. Isso seria, de fato, impossível, *pois o mal destrói até a si mesmo*[505] e, quando presente inteiro, torna-se insuportável. Eis, então, o *irascível*, o qual se torna irado rapidamente, com as pessoas indevidas, pelas coisas indevidas e mais do que deve, mas cuja ira não demora a desaparecer. Este último aspecto é o melhor deles e se manifesta por não alimentarem a própria ira, pois sendo a disposição irascível muito fugaz, revelam-na abertamente pela retaliação e, em seguida, dão tudo por encerrado. Em virtude do excesso, *os fugazmente irascíveis*[506] são *coléricos*,[507] mergulhando em uma cólera diante de tudo e em todos os ensejos e daí o seu nome. Os *rabugentos*,[508] por outro lado, são inflexíveis e permanecem irados por muito tempo, porquanto alimentam e realimentam a ira, ao passo que o indivíduo retaliador produz uma cessação: a dor do ressentimento é substituída pelo prazer da *vingança*,[509] dando fim à ira. Não ocorrendo isso, o ressentimento é retido, e como sua ira é ocultada, ninguém procura aplacá-la, e leva tempo para alguém digerir a própria ira. Os rabugentos são sumamente importunos tanto para si mesmos quanto para os amigos mais íntimos. Quanto aos que perdem a calma pelas coisas indevidas e mais tempo do que devem, e que não se deixam aplacar sem que obtenham *vingança ou punição*,[510] nós os chamamos de *indivíduos de mau gênio*.[511]

O excesso é mais oposto à brandura do que a deficiência, porque, com efeito, sua incidência é maior (a natureza humana sendo mais propensa à vingança [e ao ajuste de contas]), e porque os mal geniosos são de pior convivência.

O que foi dito anteriormente fica também claro pelo que agora dizemos. Realmente não é fácil definir de que maneira, com quem, com o que e durante quanto tempo se deve ficar irado e até que ponto

---

505. ...τὸ γὰρ κακὸν καὶ ἑαυτὸ ἀπόλλυσι, ... (*tò gàr kakòn kaì heaytò apóllysi*,).
506. ...οἱ ἀκρόχολοι... (*hoi akrókholoi*).
507. ...ὀργίλοι... (*orgíloi*).
508. ...πικροὶ... (*pikroi*).
509. ...τιμωρία... (*timoría*).
510. ...τιμωρίας ἢ κολάσεως. ... (*timorías è koláseos.*).
511. ...χαλεποὺς... (*khalepoỳs*), ou seja, na linguagem corrente: pessoas difíceis.

35 se age acertadamente e onde principia o erro. De fato, aquele que se desvia apenas um pouco não é tido como censurável, incorra ele no excesso ou na deficiência; com efeito, por vezes louvamos os que são deficientes em ira e os classificamos de brandos e, por vezes, louvamos os mal geniosos como viris e *capazes de comando*.⁵¹² Não é, portanto, fácil determinar racionalmente até que ponto e de que maneira alguém deve desviar-se para ser alvo de censura. De fato, trata-se de uma matéria que envolve circunstâncias particulares, a percepção fornecendo critério para o julgamento. De qualquer forma, aconteça o que acontecer, fica claro que o estado mediano é louvável, pois é ele que nos conduz à ira com as pessoas devidas pela coisas devidas da maneira devida e assim por diante, ao passo que todas as formas de excesso e deficiência são censuráveis – ligeiramente se presentes em uma modesta intensidade, mais censuráveis se em uma intensidade mais elevada, e muitíssimo se em uma intensidade elevadíssima. É evidente, portanto, o nosso dever de atingir o estado mediano.

Que baste quanto ao que tínhamos a dizer acerca dos estados relacionados à ira.

6

NAS REUNIÕES SOCIAIS, na vida em comum e nas relações que envolvem intercâmbio de discursos e de ações, alguns indivíduos são tidos como *obsequiosos*;⁵¹³ são pessoas que, no intuito de proporcionar prazer, aprovam tudo e jamais apresentam objeções, pensando ser seu dever não causar qualquer sofrimento àqueles com quem mantêm contato. Aqueles que, pelo contrário, tudo contestam e não se importam em absoluto quanto ao sofrimento que causam são chamados de *rudes* e *contenciosos*.⁵¹⁴ E agora está bastante *claro*⁵¹⁵ que os estados mencionados são censuráveis e que o estado mediano entre eles é louvável, isto é, a disposição de aquiescer nas

---

512. ...δυναμένους ἄρχειν. ... (*dynaménoys árkhein.*).
513. ...ἄρεσκοι... (*áreskoi*).
514. ...δύσκολοι καὶ δυσέριδες... (*dýskoloi kaì dysérides*).
515. ...οὐκ ἄδηλον,... (*oyk ádelon,*).

coisas devidas e, do mesmo modo, reprovar nas coisas devidas, da maneira devida. *Mas a isso nenhum nome foi atribuído, embora se pareça muitíssimo com amizade*,[516] uma vez que aquele que representa esse estado ou disposição mediana é o tipo de indivíduo que entendemos pela expressão *o bom amigo*,[517] com a inclusão da afeição. Difere da amizade por estarem ausentes a emoção ou a afeição pelos próprios companheiros. De fato, não é devido a uma simpatia ou antipatia pessoais, porém, devido a certo caráter que tal indivíduo a tudo acolhe do modo correto. Ele se comportará igualmente diante de *estranhos e conhecidos*,[518] com pessoas com as quais está familiarizado e com aquelas com as quais não está; entretanto, seu comportamento se ajusta a cada caso, visto não ser apropriado exibir a mesma consideração ou consternação pelos sentimentos de amigos e estranhos.

Dissemos, portanto, em termos gerais, que sua postura será correta no convívio social. Queremos dizer que, ao almejar produzir sofrimento ou distribuir prazer, o fará em função de considerações de honra e de conveniência. Com efeito, parece estar comprometido com prazer e dor na relação social. Reprovará (em desfavor do prazer) [situações] das quais é desonroso ou nocivo ele próprio participar, preferindo causar [desconforto e] desprazer [não participando delas]; e ele também se recusará a aquiescer a um prazer que venha a acarretar grande descrédito ou dano ao agente se sua oposição não causar muita dor. *Ele se conduzirá diferentemente no trato de pessoas de alta posição e pessoas comuns*,[519] no trato de pessoas mais e menos bem conhecidas por ele e, igualmente, no que respeita a outras distinções, atribuindo a cada classe a deferência que lhe cabe; e, de sua parte, preferirá participar dos prazeres e se manter evitando ser agente de sofrimento (desprazer), embora tendo as consequências como diretrizes, ou seja, os efeitos produzidos

---

516. ...ὄνομα δ' οὐκ ἀποδέδοται αὐτῇ τι, ἔοικε δὲ μάλιστα φιλίᾳ·... (*ónoma d'oyk apodédotai aytêi ti, éoike dè málista philíai·*).

517. ...τὸν ἐπιεικῆ φίλον, ... (*tôn epieikê phílon,*).

518. ...ἀγνῶτας καὶ γνωρίμους... (*agnôtas kaì gnorímoys*).

519. ...διαφερόντως δ' ὁμιλήσει τοῖς ἐν ἀξιώμασι καὶ τοῖς τυχοῦσι, ... (*diapheróntos d' homilései toîs en axiómasi kaì toîs tykhoŷsi,*).

do prisma de sua honra ou interesse. Presentemente será o criador de uma modesta quantidade de desprazer em favor de uma grande quantidade de prazer no futuro.

Tal é o indivíduo de caráter mediano, carecendo de denominação. Aquele que, aderindo aos prazeres de seus companheiros, se dispõe a ser agradável sem um motivo ulterior, é *obsequioso*; se assim age para obter dinheiro ou as coisas que o dinheiro compra, é um *bajulador*. Aquele que tudo contesta é, como dissemos, rude e contencioso. Os extremos parecem ser opostos entre si, porquanto a mediania não tem nome.

7

A MEDIANIA EM RELAÇÃO à *ostentação* insere-se quase no mesmo âmbito. É, igualmente, inominada, mas será de bom alvitre abordar essas disposições inominadas também, posto que entenderemos melhor a natureza do *caráter moral*[520] se examinarmos suas qualidades nas suas particularidades; ademais, ratificaremos nossa crença de que as virtudes são medianias, se percebermos como isso é confirmado em todos os casos. Descrevemos a conduta em sociedade relativamente a propiciar prazer e desprazer (dor). Tratemos agora daqueles que exprimem verdade ou falsidade *igualmente no discurso e na ação*,[521] e das pretensões de cada um.

Considera-se, então, que o ostentador (presunçoso) é aquele que simula deter méritos que realmente não detém, ou que detém menos do que ele alega, enquanto inversamente, o *autodepreciador*[522] nega ou deprecia méritos genuínos; na mediania entre eles se encontra *o sincero tanto no comportamento quanto no discurso*,[523] o qual professa seus méritos sem qualquer exagero ou depreciação.

---

520. ...ἦθος... (*éthos*).
521. ...ὁμοίως ἐν λόγοις καὶ πράξεσι... (*homoíos en lógois kaì práxesi*).
522. ...εἴρων... (*eíron*). Ver nota 492.
523. ...ὁ δὲ μέσος αὐθέκαστός τις ὢν ἀληθευτικὸς κἄν τῷ βίῳ καὶ τῷ λόγῳ, ... (*ho dè mésos aythékastós tis òn aletheytikòs kân tôi bíoi kaì tôi lógoi,*). Bywater não registra κἄν (*kân*), mas καὶ (*kai*): ...o sincero (*verdadeiro*) na vida e no discurso.... A ideia é obviamente a mesma.

Cada um desses procedimentos pode ser acompanhado ou não de um objeto, mas cada pessoa fala, age e realmente vive segundo seu caráter desde que não aja em função de um objeto. A falsidade é em si mesma vil e repreensível e a verdade, nobre e louvável. Assim, o indivíduo sincero (verdadeiro) que se coloca entre os dois extremos é louvado e ambos os *insinceros*[524] são censuráveis, o ostentador sobretudo. Vejamos cada um deles, começando pelo indivíduo sincero.

Não estamos nos referindo à verdade nas relações de negócios ou em questões que têm a ver com *injustiça ou justiça*[525] (visto que dizem respeito a uma virtude distinta),[526] porém a casos nos quais alguém é sincero (verdadeiro) tanto no discurso quanto na conduta independentemente disso, mas, a partir de uma disposição moral. Essa pessoa pareceria, de fato, equitativa, pois o *amante da verdade*,[527] que é sincero mesmo quando ela não importa, o será ainda mais quando ela importar; com efeito, tendo evitado a falsidade por sua própria causa, por certo a evitará quando é ignóbil; a esta pessoa louvamos. O sincero, por vezes, se desviará da verdade, porém mais na direção da atenuação do que daquela do exagero, visto a primeira revelar melhor gosto, na medida em que todo excesso é ofensivo.

O indivíduo que reivindica ter mais mérito do que realmente tem, sem qualquer finalidade, decerto é uma pessoa desprezível (caso contrário não se regozijaria com a falsidade); mas *parece ser mais frívolo do que mau*.[528] Quando, por outro lado, alguém assim se comporta com certa finalidade, se esta for reputação ou honra, não será muito censurável, como o ostentador, mas se assim agir no intuito de obter dinheiro ou coisas associadas ao dinheiro, isso será mais inconveniente. (O ostentador não é um produto de uma capacidade, mas de uma prévia escolha; alguém é ostentador por possuir uma disposição característica de se gabar, ou seja, um caráter de presunçoso.) A semelhança aqui é com os mentirosos

---

524. ...ψευδόμενοι... (*pseydómenoi*).
525. ...ἀδικίαν ἢ δικαιοσύνην... (*adikían è dikaiosýnen*).
526. A justiça, abordada no Livro V.
527. ...φιλαλήθης, ... (*philaléthes,*).
528. ...μάταιος δὲ φαίνεται μᾶλλον ἢ κακός. ... (*mátaios dè phaínetai mâllon è kakós.*).

que gostam de mentir por mentir e aqueles que mentem *por ambicionarem reputação ou ganho*.[529] Aqueles que se gabam em vista da reputação professam possuir qualidades que são *encomiadas e pelas quais são felicitados*;[530] aqueles que o fazem visando ao lucro professam [se empenhar por] realizações que são proveitosas aos seus semelhantes e suas pretensas qualidades não são facilmente
20 detectadas – por exemplo, aquelas do *profeta, sábio ou médico*.[531] Como essas coisas atendem a essas características [a saber, utilidade de outrem e dificuldade de detecção] constituem os domínios onde a maioria dos indivíduos mais comumente exibe pretensão e ostentação (jactância). É, com efeito, neles que topamos com as qualidades anteriormente indicadas.

Autodepreciadores, que se subestimam, parecem possuir um caráter *mais afável*,[532] pois, com efeito, considera-se que seu discurso não visa ao ganho, mas que é a ostentação que os desagrada.
25 Também repudiam maximamente *a fama*,[533] como *Sócrates fazia*[534]. As pessoas que repudiam as distinções *insignificantes ou óbvias*[535] são chamadas de *ladinos afetados*[536] e são *mais desprezíveis*.[537] E, por vezes, isso parece ser realmente ostentação, como *a vestimenta dos lacônios*,[538] pois a extrema deficiência no vestir, bem como o exces-
30 so nisso, encerra ostentação. Entretanto, um uso moderado de *au-*

---

529. ...ὃ δὲ δόξης ὀρεγόμενος ἢ κέρδους. ... (*hò dè dóxes oregómenos è kérdoys.*).
530. ...ἔπαινος ἢ εὐδαιμονισμός, ... (*épainos è eydaimonismós,*).
531. ...μάντιν σοφὸν ἰατρόν. ... (*mántin sophòn iatrón.*). Esta ordem é alterada conforme este ou aquele helenista.
532. ...χαριέστεροι... (*khariésteroi*), mais amável, mais gracioso.
533. ...τὰ ἔνδοξα... (*tà éndoxa*).
534. ...οἷον καὶ Σωκράτης ἐποίει. ... (*hoîon kaì Sokrátes epoíei.*). Ver nota 492.
535. ...τὰ μικρὰ καὶ τὰ φανερὰ... (*tà mikrà kaì tà phanerà*).
536. ...βαυκοπανοῦργοι... (*baykopanoŷrgoi*): tradução literal.
537. ...εὐκαταφρονητότεροί... (*eykataphronetóteroí*), ou εὐκαταφρόνητοι (*eykatafrónetoi*), desprezíveis, sem o comparativo.
538. ...οἷον ἡ τῶν Λακώνων ἐσθής·... (*hoîon he tôn Lakónon esthés·*). Como se sabe, os *lacônios*, ou melhor, espartanos ou lacedemônios, tinham costumes de muito comedimento, frugalidade e simplicidade. Aristóteles, que nasceu em Estagira, viveu em Atenas e bom tempo na vistosa corte de Pela, não se agrada com o "jeito espartano" de vestir, que considera não exatamente um desleixo, porém dúbio, acabando por ser uma afetação.

*todepreciação*⁵³⁹ em matérias que não sejam demasiado prosaicas e óbvias não é destituído de graça.

O ostentador parece ser o oposto do indivíduo sincero (verdadeiro) porque, com efeito, é pior [do que o autodepreciador].

8

CONSIDERANDO-SE QUE A VIDA também inclui descanso, do qual fazem parte distrações que nos servem de entretenimento, percebemos que há, também, certo padrão de bom gosto no relacionamento social e certa compostura no que dizemos e na nossa maneira de dizê-lo, e ainda no que nos permitimos ouvir; igualmente caberá a nós saber se as pessoas com as quais falamos e ouvimos se conformam ao mesmo padrão. E está claro que nesse domínio também existe excesso ou deficiência em relação à mediania.

*Aqueles, portanto, que atingem o excesso no grotesco são tidos como bufões e indivíduos vulgares,*⁵⁴⁰ e são indivíduos que se empenham em apresentar seu humor a todo custo, mais interessados em provocar uma risada do que dizerem o que está nos limites do decoro, com o que sacrificariam o objeto de seu divertimento. Aqueles que, por outro lado, jamais expressam qualquer coisa humorística e mal suportam os que o fazem, são considerados *rudes e indelicados.*⁵⁴¹ Indivíduos que motejam com bom gosto são chamados de *espirituosos,*⁵⁴² ou seja, hábeis e vivazes quanto a um sem-número de lances espirituosos; *com efeito, estes parecem ser movimentos do caráter, e nós julgamos o caráter, como os corpos, a partir de seus movimentos.*⁵⁴³ Mas como a matéria para o risível é de fácil acesso, e como a

---

539. ...εἰρωνεία... (*eironeíai*). Ver nota 492.
540. ...οἱ μὲν οὖν τῷ γελοίῳ ὑπερβάλλοντες βωμολόχοι δοκοῦσιν εἶναι καὶ φορτικοί, ... (*hoi mèn oŷn tôi geloíoi hyperbállontes bomolókhoi dokoŷsin eînai kaì phortikoí,*).
541. ...ἄγροικοι καὶ σκληροί... (*ágroikoi kaì skleroí*).
542. ...εὐτράπελοι... (*eytrápeloi*).
543. ...τοῦ γὰρ ἤθους αἱ τοιαῦται δοκοῦσι κινήσεις εἶναι, ὥσπερ δὲ τὰ σώματα ἐκ τῶν κινήσεων κρίνεται, οὕτω καὶ τὰ ἤθη. ... (*toŷ gàr éthoys hai toiaŷtai dokoŷsi kinéseis eînai, hósper dè tà sómata ek tôn kinéseon krínetai, hoýto kaì tà éthe.*).

maioria dos indivíduos é exageradamente apreciadora de diversão
e gracejos, até mesmo os bufões são qualificados de espirituosos e
passam por graciosos, embora esteja claro pelo que foi dito que os
primeiros são diferentes – largamente diferentes – dos segundos. A
disposição mediana é mais propriamente caracterizada pelo *tato*,[544]
seu detentor se restringindo a dizer e ouvir somente aquilo que se
compatibiliza com *o indivíduo virtuoso e bem-nascido;*[545] é fato existir certo decoro no que um tal indivíduo dirá e ouvirá em matéria de
gracejo, e o gracejar de um indivíduo bem nascido difere daquele
de uma pessoa de baixa extração, como difere aquele de uma pessoa
educada de uma pessoa sem educação. Tal diferença pode ser aquilatada comparando-se as comédias antigas e as atuais. Os antigos comediógrafos, com efeito, julgavam a *obscenidade* divertida, ao passo
que os atuais preferem a *insinuação*,[546] o que representa uma grande
diferença em termos de decoro. Podemos então definir aquele que
expressa o bom humor dizendo que seus gracejos não são inconvenientes aos *indivíduos bem nascidos,*[547] ou que evitam ser ferinos
ou que efetivamente transmitem prazer ao ouvinte? Ou será indefinível, uma vez que os gostos diferem quanto ao que é *ofensivo e ao
que é divertido*?[548] O mesmo valeria para coisas que um indivíduo se

---

544. ...ἐπιδεξιότης... (*epidexiótes*).

545. ...τῷ ἐπιεικεῖ καὶ ἐλευθερίῳ... (*tôi epieikeî kaì eleytheríoi*), ou: ...o indivíduo bom e livre.... . No âmbito da estrutura social da cidade-Estado grega (por exemplo, Atenas), sob a instituição da escravatura, ocorria uma necessária paridade entre o indivíduo livre e o indivíduo bem nascido e bem educado. Tanto a pessoa ordinária (não pertencente a uma estirpe nobre, ou seja, não bem nascida) quanto o escravo (que não passava de uma propriedade, não sendo considerado sequer uma pessoa e, muito menos um cidadão) não tinham acesso à educação liberal, o indivíduo comum (não nobre) tendo apenas acesso ao aprendizado das chamadas artes *manuais* (carpintaria, escultura, confecção de calçados, curtume, construção, olaria etc.), e destinado a trabalhar no comércio em geral e como trabalhador braçal. Essa distinção social, profissional e educacional correspondia a uma distinção moral, vale dizer, o trabalho manual e braçal era estimado como vil (αἰσχρός [*aiskhrós*]), em oposição às ocupações nobres (política, arte militar, filosofia) e mesmo ao ócio, isto é, o que era καλός (*kalós*), nobre.

546. Aristóteles opõe a αἰσχρολογία (*aiskhrología*), obscenidade à insinuação (ὑπόνοια [*hypónoia*]), ou seja, o explícito ao implícito.

547. ...ἐλευθερίῳ, ... (*eleytheríoi,*): ver nota 545.

548. ...μισητόν τε καὶ ἡδύ. ... (*misetón te kaì hedý.*), mais exatamente *o que é detestável (repulsivo) e o que é prazeroso.*

permitisse ouvir, porquanto proezas que um indivíduo permite que lhe sejam atribuídas são as que ele prosseguiria realizando. Consequentemente, ele não fará certas pilhérias. *Com efeito, a zombaria é uma espécie de vilipêndio*[549] e algumas formas são proibidas por lei e, talvez, certas formas de motejo o devessem ser, também. O indivíduo refinado e bem nascido terá, portanto, esse perfil quanto à sua espirituosidade e criará, por assim dizer, uma lei para si mesmo.

O indivíduo que ocupa a mediania, seja ele denominado o indivíduo *de tato* ou o *espirituoso* é esse que acabamos de apontar. O bufão é aquele que não consegue conter o humor;[550] ele não poupará a si mesmo ou a quem quer que seja para provocar uma boa risada, e dirá coisas que um indivíduo refinado jamais diria, sendo que algumas delas sequer se permitiria ouvir. O rude (ou obtuso) representa uma completa inutilidade no relacionamento social: de fato, não contribui em nada e se ofende com tudo; *todavia, o descanso e o entretenimento parecem ser necessários à vida.*[551]

Três, então, são as medianias na vida mencionadas por nós, todas elas concernentes às conversações ou a certas atividades comuns. Diferem pelo fato de uma dizer respeito à verdade e as outras serem tocantes ao ser agradável ou prazenteiro. Das duas referentes ao prazer, uma delas é exibida nos entretenimentos e a outra nas relações sociais em geral da vida.

9

Quanto ao *recato*,[552] não deve ser entendido como uma virtude. *Com efeito, mais parece ser um sentimento do que uma dispo-*

---

549. ...τὸ γὰρ σκῶμμα λοιδόρημά τί ἐστίν, ... (*tò gàr skômma loidóremá tí estín,*).
550. Exemplo perfeito desse tipo humano é o *Coringa* (*The Joker*), criado pelo imortal Bob Krane, que contrasta e se opõe ao miliardário, circunspecto e requintado Bruce Wayne.
551. ...δοκεῖ δὲ ἡ ἀνάπαυσις καὶ ἡ παιδιὰ ἐν τῷ βίῳ εἶναι ἀναγκαῖον. ... (*dokeî dè he anápaysis kaì he paidià en tôi bíoi eînai anagkaîon.*). Embora fosse seu projeto, Aristóteles, na *Poética* inacabada, não chegou a tratar da comédia e de seus ingredientes (como o riso). É instrutiva, a esse respeito, a leitura do brilhante romance de Umberto Eco, *O Nome da Rosa*.
552. ...αἰδοῦς... (*aidoŷs*).

sição;[553] ao menos é definido como uma modalidade de receio da má reputação; de fato, do prisma de seus efeitos apresenta certa semelhança com o receio do perigo. Com efeito, as pessoas que se envergonham enrubescem, enquanto aquelas *que temem por suas vidas*[554] se tornam pálidas, parecendo ser, portanto, em certo sentido, ambos (o recato – receio da má reputação e o receio do perigo) de caráter corpóreo, ou seja, mais propriamente sentimentos do que disposições.

O sentimento [de recato] não se ajusta a toda idade, restringindo-se aos jovens. Pensamos, com efeito, que seja mais apropriado aos jovens porque sentimentos e paixões estão intensamente presentes em suas vidas, de modo que *com frequência incorrem no erro*[555], e o recato pode mantê-los sob controle; e louvamos jovens recatados, enquanto ninguém louvaria uma pessoa mais velha por manifestar recato. Nosso pensamento nesse caso é o de que não se deve fazer nada do que se possa envergonhar, pois, efetivamente, não é próprio do indivíduo virtuoso envergonhar-se, tratando-se este de um sentimento causado pelas ações más; posto que não se deve realizar ações más (a distinção entre ações realmente vergonhosas e aquelas tidas como tais pela opinião[556] é irrelevante, visto que não devemos realizar nem umas nem outras), a conclusão é que não se deve ter por que se envergonhar. A vergonha é algo distintivo do indivíduo mau e nasce naquele capaz de efetuar um ato vergonhoso. E é absurdo que, pelo fato de um indivíduo dessa natureza envergonhar-se por um ato vergonhoso, merecesse a qualificação de bom. Ações que geram vergonha são efetivamente voluntárias, e um indivíduo virtuoso jamais realizará voluntariamente ações más ou vis. O recato só pode conter virtude sob a condição hipotética de um indivíduo virtuoso envergonhar-se *se* ele cometesse esta ou aquela falta; porém, as virtudes são incondicionais. E, embora a impudência e o não ter recato sejam caracte-

---

553. ...πάθει γὰρ μᾶλλον ἔοικεν ἢ ἕξει. ... (*páthei gàr mâllon éoiken è héxei.*).
554. ...θάνατον φοβούμενοι... (*thánaton phoboýmenoi*), literalmente: *que temem a morte.*
555. ...πολλὰ ἁμαρτάνειν, ... (*pollà hamartánein,*).
556. ...Aristóteles evidentemente distingue a verdade (ἀλήθεια [*alétheia*]) da opinião (δόξα [*dóxa*]).

rísticos de pessoas moralmente inferiores, isso não prova que estar envergonhado quando se realiza atos vergonhosos indica a presença da virtude na pessoa, como tampouco é o autocontrole uma virtude e não, mais propriamente, uma mescla. Isso se mostrará mais tarde. Tratemos agora da *justiça*.

LIVRO V

1

1129a1 *NO QUE TANGE À JUSTIÇA E À INJUSTIÇA,*[557] cabe-nos indagar precisamente a que tipos de ações dizem respeito, qual mediania é a justiça e entre quais extremos *o ato justo*[558] é mediano. O mesmo 5 método de nossas investigações anteriores nos servirá nesta.

Notamos que todos entendem por justiça aquele estado que torna os indivíduos predispostos a realizar atos justos e que os faz agir justamente e desejar aqueles atos; e, analogamente, por injustiça o que torna os indivíduos predispostos a agir injustamente e 10 desejar *os atos injustos.*[559] Comecemos por estabelecer isso como fundamento de nossa discussão.

De fato, o que se aplica a estados não é o mesmo se comparado a *ciências e faculdades.*[560] Parece, com efeito, que a mesma faculdade ou ciência se ocupa de opostos. Um estado, entretanto, que constitui um entre dois opostos, não produz os resultados opostos – 15 por exemplo, a saúde não gera o oposto do saudável, mas somente o saudável; o caminhar saudável, com efeito, significa caminhar como alguém saudável caminharia.[561]

Consequentemente, muitas vezes a natureza de um de dois estados opostos é distinguida em função da outra, muitas vezes os estados são distinguidos a partir das coisas nos quais são encontrados; por exemplo, se sabemos o que é a boa condição corpórea, a

---

557. Περὶ δὲ δικαιοσύνης καὶ ἀδικίας... (*Perì dè dikaiosýnes kaì adikías*).
558. ...τὸ δίκαιον... (*tò díkaion*).
559. ...τὰ ἄδικα. ... (*tà ádika.*).
560. ...ἐπιστημῶν καὶ δυνάμεων... (*epistemôn kaì dynámeon*).
561. Quer dizer, não significa concorrentemente andar tropegamente ou à maneira, por exemplo, de uma pessoa coxa.

partir disso saberemos também qual é a má; mas saberemos, inclusive, o que é a boa condição com base em coisas em boa condição, e saberemos quais coisas estão em boa condição se soubermos o que é a boa condição. Assim, supondo que a boa condição seja a *firmeza da carne*[562], a má terá que ser a *flacidez da carne*[563], e uma dieta [alimentar] geradora de boa condição precisará ser uma dieta geradora de firmeza da carne.

Igualmente, se uma de duas palavras é utilizada em múltiplos sentidos, segue-se, em termos gerais, que a outra é utilizada também em múltiplos sentidos – por exemplo, se *justo* tiver mais de um sentido, o mesmo ocorrerá com *injusto* e *injustiça*. Parece que os termos justiça e injustiça são empregados em múltiplos sentidos, mas como sua homonímia apresenta estreita conexão, o homônimo não é percebido; diferentemente, no caso se coisas largamente distintas designadas por um nome idêntico, o homônimo relativamente se destaca, por exemplo (sendo a diferença considerável do ponto de vista da forma externa), o uso homônimo da palavra *kleís*[564] para indicar tanto o osso na base do pescoço do animal quanto aquilo com o que trancamos as portas.

Vamos apurar em quantos sentidos diz-se de um indivíduo ser ele *injusto*.[565] Ora, o termo *injusto* é tido como indicativo tanto do *transgressor da lei*[566] quanto do *indivíduo que quer mais do que aquilo que lhe é devido*[567] e o indivíduo não equitativo. Diante disso, é evidente que o indivíduo que obedece à lei e o indivíduo equitativo serão ambos justos. O *justo*, portanto, significa o legal e o igual ou equitativo, e o *injusto* significa o ilegal e o desigual ou não equitativo.[568]

---

562. ...πυκνότης σαρκός, ... (*pyknótes sarkós,*).

563. ...μανότητα σαρκὸς... (*manóteta sarkòs*).

564. O grego κλείς (*kleís*), como o inglês *key*, significa tanto clavícula quanto chave.

565. ...ἄδικος... (*ádikos*).

566. ...παράνομος... (*paránomos*).

567. ...πλεονέκτης... (*pleonéktes*), ou seja, a pessoa cúpida.

568. Ou seja, o justo e o injusto estão na esfera do legal e na do moral, isto para nos expressarmos em termos modernos, pois, a rigor e na prática, não havia uma nítida separação, para os antigos gregos, entre o direito e a ética.

Ademais, uma vez que o indivíduo injusto é aquele que quer e toma mais do que lhe é devido, ele será injusto no que toca às coisas boas, não todas ela, mas aquelas das quais dependem *a boa e a má sorte*.[569] Essas, ainda que sempre boas no sentido absoluto, nem sempre o são, para certa pessoa em particular. Contudo, esses
5 são os mesmos bens pelos quais os seres humanos oram e perseguem, embora não devessem fazê-lo; deveriam, ao mesmo tempo que escolhem as coisas que são boas para si, dirigir suas orações à possibilidade de que aquilo que é bom absolutamente também o seja para eles [particularmente].

O indivíduo injusto, porém, nem sempre escolhe a maior porção; pelo contrário, das coisas que, exprimindo-nos em termos absolutos, são más, escolhe a menor porção; mas, não obstante isso, sua ação é tida como cúpida, porque o menor entre dois males parece, em certo sentido, ser um bem e agir com cupidez (tomar mais do que lhe é devido) significa tomar mais do que é devido do bem.
10 Adicione-se ser ele *não equitativo*,[570] termo que é tanto inclusivo quanto comum a ambas essas coisas.

Por outro lado, a julgarmos que o transgressor da lei é injusto e aquele que a obedece, justo, evidencia-se que todas as coisas lícitas são coisas justas, pois aquilo que é legal é decidido pela legislação e consideramos justas as várias decisões desta. Ora, todas as promul-
15 gações da lei objetivam ou o interesse comum de todos, ou *o dos mais excelentes*,[571] ou *o dos que detêm o poder*,[572] seja devido à sua virtude ou algo do gênero, de sorte que, em um de seus sentidos, *justo* significa *aquilo que produz e preserva a felicidade e as partes componentes desta da comunidade política*.[573]

---

569. ...εὐτυχία καὶ ἀτυχία, ... (*eytykhía kaì atykhía,*).

570. ...ἄνισος... (*ánisos*), literalmente *desigual*, mas a expressão *não equitativo*, como a *equitativo* (ἴσος [*ísos*]), exprime melhor o sentido moral.

571. ...ἣ τοῖς ἀρίστοις... (*è toîs arístois*).

572. ...ἣ τοῖς κυρίοις... (*è toîs kyríois*).

573. ...τὰ ποιητικὰ καὶ φυλακτικὰ τῆς εὐδαιμονίας καὶ τῶν μορίων αὐτῆς τῇ πολιτικῇ κοινωνίᾳ. ... (*tà poietikà kaì phylaktikà tês eydaimonías kaì tôn moríon aytês têi politikêi koinoníai.*).

A conduta de um homem corajoso é ordenada pela lei, por exemplo: não abandonar seu posto, não fugir, não jogar de lado suas armas; a conduta de um homem moderado, por exemplo, *não cometer adultério nem ultraje*,[574] de alguém brando, por exemplo, *não ferir nem praticar maledicência*;[575] e igualmente com as ações que servem de exemplo às outras virtudes e vícios, proibindo estes e ordenando aquelas – corretamente se a lei houver sido corretamente [produzida e] promulgada, e não tanto assim se foi produzida a esmo.

A justiça, então, com esse feitio, é virtude *perfeita*,[576] ainda que com relação aos outros [e não no absoluto]. Eis por que a justiça é considerada frequentemente *a melhor das virtudes*,[577] não sendo nem a estrela vespertina nem a matutina tão admiráveis, de modo que dispomos do provérbio...

Na justiça está toda a virtude somada.[578]

E é a virtude perfeita por ser ela a prática efetiva da virtude perfeita, sendo também sua perfeição explicada pelo fato de seu possuidor poder praticá-la dirigindo-se aos outros e não apenas praticá-la isoladamente; com efeito, há muitos que são capazes de praticar a virtude nos seus próprios assuntos privados, mas são incapazes de fazê-lo em suas relações com outrem. É por isso que se considera bastante satisfatório o dito de Bias[579] segundo o qual "a autoridade mostrará o homem",[580] pois é no exercício da autoridade que alguém é levado necessariamente à relação com os outros e se torna um membro da comunidade.

Pela mesma razão de significar a relação com alguém, pensa-se que a justiça, exclusivamente entre as virtudes, é o bem alheio porque concretiza o que constitui a vantagem do outro, seja este o detentor

---

574. ...μὴ μοιχεύειν μηδ᾽ ὑβρίζειν, ... (*mè moikheýein med᾽ hybrízein,*).

575. ...μὴ τύπτειν μηδὲ κακηγορεῖν, ... (*mè týptein medè kakegoreîn,*).

576. ...τελεία, ... (*teleía,*).

577. ...κρατίστη τῶν ἀρετῶν... (*kratíste tôn aretôn*).

578. ...ἐν δὲ δικαιοσύνῃ συλλήβδην πᾶσ᾽ ἀρετὴ ἔνι. ... (*en dè dikaiosýnei syllébden pâs᾽ aretè éni.*). Atribuído a Teógnis.

579. Bias de Priene (*circa* meados do século VI a.C.), político incluído entre os Sete Sábios da antiga Grécia.

580. ...ἀρχὴ ἄνδρα δείξει. ... (*arkhè ándra deíxei.*).

da autoridade, seja ele um parceiro na comunidade. Como então *o pior [dos homens]*[581] é o que pratica o vício consigo mesmo e na relação com seus amigos, *o melhor*[582] não é o que pratica a virtude em relação a si mesmo, mas aquele que o faz em relação aos outros. Trata-se, com efeito, de uma tarefa difícil. E a justiça, nesse sentido,
10 por conseguinte, *não é uma parte da virtude, mas a virtude total,*[583] e o seu oposto, a injustiça, não é uma *parte do vício, mas a totalidade do vício*[584] (a distinção entre virtude e justiça emergindo clara do que foi dito. *São, com efeito, idênticas, mas sua essência não é idêntica*;[585] aquilo que é manifestado na relação com os outros é justiça – no ser simplesmente um estado de certo tipo é virtude).

2

Nosso objeto de investigação, contudo, é a justiça que é par-
15 te da virtude, tendo nós sustentado a existência da justiça nesse sentido. Analogamente, estamos investigando a injustiça como parte [do vício]. A existência dessa última é indicada [em primeiro lugar] quando alguém manifesta os demais vícios – digamos depõe seu escudo acossado pela covardia ou se expressa abusivamente por mau gênio, ou se recusa a ajudar um amigo mediante dinheiro, por mesquinhez. Embora esteja agindo injustamente, sua ação não é cúpida; em contrapartida, quando alguém age com cupidez, frequente-
20 mente não é devido a algum desses vícios, e certamente isso não se deve, tampouco, à totalidade deles, ainda que a ação efetivamente exiba algum vício (de fato, censuramo-la); a rigor, o que exibe é o vício da injustiça. Por conseguinte, notamos que há outra espécie de injustiça que constitui parte da injustiça total e há alguma coisa injusta que constitui parte do injusto total [no sentido mais abrangente] do que se opõe à lei. [Em segundo lugar], imaginemos que

---
581. ...κάκιστος... (*kákistos*).
582. ...ἄριστος... (*áristos*).
583. ...οὐ μέρος ἀρετῆς ἀλλ' ὅλη ἀρετή ἐστιν, ... (*oy méros aretês all' hóle areté estin,*).
584. ...μέρος κακίας ἀλλ' ὅλη κακία. ... (*méros kakías all' hóle kakía.*).
585. ...ἔστι μὲν γὰρ ἡ αὐτή, τὸ δ' εἶναι οὐ τὸ αὐτό, ... (*ésti mèn gàr he ayté, tò d' eînai oy tò aytó,*).

dois indivíduos cometam adultério, um deles visando ao lucro, que é por ele obtido mediante o ato, enquanto o outro o faz por desejo, mas acaba por ter que pagar por isso, com o que amarga uma perda. Seria o caso de considerar este último um desregrado e não alguém que age com cupidez, enquanto o primeiro seria classificado injusto, mas não desregrado, já que é claramente o fato de cometer o adultério visando ao lucro que o torna injusto. [Em terceiro lugar], enquanto todos os outros atos injustos são sempre atribuídos a algum vício particular – por exemplo, o adultério ao desregramento, o abandono de um companheiro de batalha à covardia, a agressão à ira – um ato que resultou em lucro não é atribuído a qualquer outro vício senão à injustiça.

É de se concluir que evidentemente existe outro tipo de injustiça, esta parcial, *além da total*.[586] A designação é a mesma porque sua definição se enquadra no mesmo gênero. Com efeito, ambos os tipos de injustiça são expostos na relação que um indivíduo tem com os outros. Entretanto, enquanto a parcial *diz respeito à honra, ao dinheiro ou à segurança*,[587] não importa qual o nome que pudéssemos utilizar para englobar todas essas coisas, seu motivo sendo o prazer extraído do ganho, o outro tipo diz respeito a tudo aquilo que toca ao indivíduo bom.

Assim, a existência de mais de um tipo de justiça é patente, existindo um que difere daquele da virtude como um todo. Teremos, então, que averiguar a natureza e os atributos desse tipo.

Distinguimos significados do *injusto*, especificamente o ilegal e o desigual ou não equitativo, e significados do *justo*, especificamente o legal e o igual ou equitativo. A injustiça, portanto, entendida como o que foi previamente mencionado, corresponde ao *ilegal*, mas visto que o não equitativo não é idêntico ao ilegal, sendo distintos como a parte o é do todo (pois enquanto tudo que é não equitativo é ilegal, nem tudo que é ilegal é não equitativo), assim também o injusto e a injustiça no sentido parcial não coincidem com o injusto e a injustiça no sentido total, sendo destes distintos, como a parte em relação ao todo; com efeito, a injustiça nes-

---

586. ...παρὰ τὴν ὅλην... (*parà tèn hólen*).
587. ...περὶ τιμὴν ἢ χρήματα ἢ σωτηρίαν, ... (*perì timèn è khrémata è soterían,*).

se sentido é uma parte da injustiça total e, analogamente, a justiça que submetemos agora a exame é uma parte da justiça total. A nós compete presentemente tratar da justiça particular (parcial) e da injustiça particular (parcial) e, analogamente, do justo e do injusto entendidos como partes.

Dessa feita, podemos colocar de lado aquela justiça correspondente à virtude total, sendo em relação ao outro tanto a prática da virtude total quanto a injustiça que é a prática do vício total. Não há também dúvida quanto a como distinguirmos o que é justo e injusto nos sentidos correspondentes. Com efeito, as ações que nascem da virtude total são, fundamentalmente, idênticas às ações que se harmonizam com a lei; de fato, a lei ordena a prática das várias virtudes particulares e proíbe a prática dos vários vícios particulares. Igualmente, as regras estabelecidas para a educação que tornam um indivíduo apto à vida em comunidade são as geradoras da virtude total. Quanto à educação do indivíduo, a responsável por tornar alguém simplesmente um *bom homem*,[588] apurar se isso cabe à ciência política ou a alguma outra, é algo a ser determinado mais tarde. *Com efeito, talvez não seja o mesmo em todos os casos ser bom homem e bom cidadão.*[589]

Quanto à justiça particular (parcial) e o justo no sentido que lhe é correspondente, um dos seus tipos é exercido na distribuição de honra, riqueza e demais bens compartilháveis na *comunidade política*[590]

---

588. ...ἀνὴρ ἀγαθός... (*anèr agathós*): explicitação do ser humano do sexo masculino.

589. ...οὐ γὰρ ἴσως ταὐτὸν ἀνδρί τ᾽ ἀγαθῷ εἶναι καὶ πολίτῃ παντί. ... (*oy gàr ísos t'aytòn andrí t'agathôi eînai kaì polítei pantí*.). Questão nevrálgica para Aristóteles, mas ele entenderá que o ético (esfera do indivíduo enquanto tal) caminha fiel e metodicamente rumo ao político (esfera do animal político, o ser humano – onde este atualiza sua potência ao existir como cidadão, já que o indivíduo isolado *não é*, não existe). Embora antecipemos isso ao leitor, pedimos encarecidamente a ele que não adiante o estudo da *Política*, o que seria um crasso erro de método: esse último tratado é *organicamente* a sequência e complementamento da *Ética a Nicômaco*. Também a *E.E.* deve ser lida e estudada antes da *Política*.

590. ...πολιτείας... (*politeías*). Aristóteles emprega aqui esta palavra importantíssima e de difícil tradução em um sentido que não são os genéricos e amplos (Constituição ou forma de governo) e também não é o sentido específico e restrito de República. Refere-se a uma comunidade política qualquer, porém na qual o membro da comunidade é um cidadão (πολίτης [*polítes*]), o que parece excluir, portanto, as monarquias e, sobretudo, as monarquias despóticas e tiranias.

(com efeito, o que é possível aquinhoar aos seus membros em porções desiguais ou iguais). O outro tipo é aquele dotado de um elemento corretivo *nos contratos entre particulares*.[591] Esse tipo, por sua vez, divide-se em dois subtipos, que dizem respeito às duas classes de contratos entre particulares, as voluntárias e as involuntárias. Transações contratuais entre particulares voluntárias são, por exemplo, a venda, a compra, o *empréstimo a juros*,[592] a caução, o emprego de serviços, a garantia de pagamento, o *assalariamento*[593] (estas transações sendo qualificadas como voluntárias devido ao caráter voluntário de seu princípio). Das transações contratuais involuntárias algumas são *furtivas*[594], a título de exemplo, *o furto, o adultério, o envenenamento, a prostituição, a corrupção de escravos, o assassinato à traição, o falso testemunho*;[595] outras são violentas, a título de exemplo *o assalto, o aprisionamento, o crime de morte, o roubo mediante violência, a mutilação, a difamação, o insulto*.[596]

3

Visto que o indivíduo injusto é não equitativo, além de ser o [ato] injusto não equitativo, está claro que existe para esse último uma mediania, ou seja, o equitativo (o igual), pois em qualquer tipo de ação na qual um mais e um menos estão envolvidos, o igual tam-

---

591. ...ἐν τοῖς συναλλάγμασι... (*en toîs synallágmasi*).

592. ...δανεισμός, ... (*daneismós*,), usura.

593. ...μίσθωσις... (*místhosis*): a referência é ao trabalho contratado e *remunerado*. Grande parte do trabalho na Grécia antiga não era remunerado, a começar obviamente pelo dos escravos, que constituíam expressivo contingente populacional nas cidades-Estados. Era, por outro lado, comum generais financiarem expedições militares com seu próprio dinheiro, não recebendo sequer uma dracma por sua atividade na guerra. Entretanto, o termo *mercenário* (significando *assalariado* simplesmente) não tinha nesse contexto social qualquer conotação pejorativa.

594. ...λαθραῖα, ... (*lathraîa,*), clandestinas.

595. ...οἷον κλοπὴ, μοιχεία, φαρμακεία, προαγωγεία, δουλαπατία, δολοφονία, ψευδομαρτυρία, ... (*hoîon klopè, moikheía, pharmakeía, proagogeía, doylapatía, dolophonía, pseydomartyría,*).

596. ...οἷον αἰκία, δεσμός, θάνατος, ἁρπαγή, πήρωσις, κακηγορία, προπηλακισμός. ... (*hoîon aikía, desmós, thánatos, harpagé, pérosis, kakegoría, propelakismós.*).

bém é admissível. Se, então, o injusto é o não equitativo (desigual), o justo é o equitativo (igual) – uma posição aceita por todos sem necessidade de argumentação; e uma vez que o igual é uma media-
15 nia, o justo será uma mediania também. *A igualdade é, no mínimo, dupla.*[597] É forçoso, em conformidade com isso, não só que o justo seja uma mediania e igual, além de relativo a algo para determinados indivíduos, como também que na qualidade de mediania esteja entre o mais e o menos; que, na qualidade de igual, implique duas porções e que, na qualidade de justo, envolva determinados indivíduos. *O justo, portanto, necessariamente, é, no mínimo, quádruplo.*[598] Com
20 efeito, envolve dois indivíduos para os quais existe justiça e duas coisas que são justas. E a mesma igualdade estará presente entre uns e outras; de fato, a proporção entre as coisas será igual à proporção entre os indivíduos, pois, não sendo as pessoas iguais, não terão coisas em porções iguais, entendendo-se que, na medida em que não são iguais, não receberão em pé de igualdade,[599] o que, porém, não impede o surgimento de conflitos e queixas, seja quando iguais têm ou recebem coisas em porções desiguais, seja quando desiguais têm ou recebem coisas em porções iguais.

Isso também ressalta como evidente à luz do princípio da atri-
25 buição *a partir do mérito*.[600] Todos, de fato, estão concordes de que a justiça distributiva tem que ser a partir de certo mérito, embora nem todos entendam o mesmo tipo de mérito; para os adeptos da democracia, trata-se da *liberdade*,[601] para os adeptos da oligarquia, trata-se da *riqueza*[602] ou do *bom nascimento*,[603] enquanto para aqueles da aristocracia, trata-se da *virtude*.[604] *O justo é, portanto, cer-*

---

597. ...ἔστι δὲ τὸ ἴσον ἐν ἐλαχίστοις δυσίν. ... (*ésti dè tò íson en elakhístois dysín.*).

598. ...ἀνάγκη ἄρα τὸ δίκαιον ἐν ἐλαχίστοις εἶναι τέτταρσιν·... (*anágke ára tò díkaion en elakhístois eînai téttarsin·*).

599. Implícitos os princípios basilares de que *só pode haver igualdade entre iguais* (a igualdade não pode ser indiscriminada e geral) e de que *estabelecer a igualdade entre iguais e desiguais indiscriminadamente é injusto.*

600. ...ἐκ τοῦ κατ' ἀξίαν... (*ek toý kat' axían.*).

601. ...ἐλευθερίαν, ... (*eleytherían,*).

602. ...πλοῦτον, ... (*ploŷton,*).

603. ...εὐγένειαν, ... (*eygéneian,*).

604. ...ἀρετήν ... (*aretén.*).

to tipo de proporcional.⁶⁰⁵ Atente-se, com efeito, que proporção não é meramente uma propriedade numérica relativa a unidades, mas uma propriedade numérica geral. A proporção é uma igualdade de relações de caráter no mínimo quádruplo.

(Que a proporção discreta encerra quatro termos está claro, porém o mesmo ocorre com a proporção contínua na medida em que utiliza um termo como dois e o exprime duas vezes; por exemplo, como a linha que representa o termo *a* está para a linha que representa o termo *b*, esta está para a linha que representa o termo *c*; a linha neste caso que representa o termo *b* é exprimida duas vezes, resultando que na hipótese de ser computada duas vezes, existirão quatro proporcionais.)

O justo também é, no mínimo, quádruplo (envolve quatro termos), e a *relação*⁶⁰⁶ a mesma, pois a divisão a partir do primeiro termo é semelhante; assim, como o primeiro termo está para o segundo, o terceiro está para o quarto e, consequentemente, por alternância, como o primeiro está para o terceiro, o segundo está para o quarto. Resulta, inclusive, que o todo se encontra em idêntica relação com o todo. Eis a combinação realizada por uma distribuição de porções – *justa* se indivíduos e porções de coisas forem assim combinados. O que determina a justiça distributiva, portanto, é a conjunção do primeiro termo com o terceiro e do segundo com o quarto; e o justo é mediania entre desproporcionais. Com efeito, o proporcional é mediano e o justo é proporcional.

(Esse tipo de proporção é chamado de *proporção geométrica*⁶⁰⁷ pelos matemáticos. Com efeito, nessa proporção, o primeiro todo está para o segundo todo como cada parte está para cada parte. Mas não se trata de uma proporção contínua, pois, do ponto de vista

---

605. ...ἔστιν ἄρα τὸ δίκαιον ἀνάλογόν τι. ... (*éstin ára tò díkaion análogón ti.*).
606. ...λόγος... (*lógos*).
607. ...ἀναλογίαν γεωμετρικὴν... (*analogían geometrikèn*). É oportuno lembrar que as matemáticas para Aristóteles (e para os gregos antigos) eram a aritmética, a geometria, a harmonia (música) e a astronomia, o que vale dizer que a álgebra estava ausente, simplesmente porque os gregos não a conheciam. A *álgebra*, como o próprio nome indica, é uma invenção árabe; a propósito, os gregos, como os romanos, representavam a progressão numérica por letras.

do número, não se registra a presença de um termo singular para o indivíduo e a coisa.)

O justo é, portanto, o proporcional e o injusto aquilo que transgride a proporção. Pode-se, assim, incorrer no excesso ou na deficiência (no "demasiado muito" ou no "demasiado pouco"), o que é realmente o que ocorre na prática. Com efeito, quando a injustiça é cometida, aquele que a comete está de posse do bem em excesso, enquanto a vítima da injustiça está de posse desse bem de modo deficiente ou insuficiente; no caso de um mal sucede o inverso, porque o mal menor comparado ao maior é estimado como um bem, porquanto o menor de dois males é preferível ao maior; entretanto, o que é [efetivamente] preferível é o bem, e quanto mais o for, maior bem será.

É essa, portanto, uma das formas do justo.

4

A OUTRA FORMA QUE RESTA é *a corretiva,*[608] que ocorre nas transações contratuais (entre particulares) tanto voluntárias quanto involuntárias. Trata-se de uma forma de justiça que difere da anterior, *pois a justiça na distribuição dos bens comuns sempre se conforma à proporção que descrevemos*[609] (com efeito, quando a distribuição é feita dos *recursos comuns*[610] será conforme a mesma proporção empregada nas transações de uns e outros entre si); e a injustiça que se opõe a essa justiça é uma transgressão dessa proporção. O justo, porém, nas transações contratuais entre particulares, embora estabeleça certa igualdade, e o injusto certa desigualdade, não é o igual de acordo com a proporção geométrica, mas de acordo com a proporção aritmética. Com efeito, não faz qualquer diferença se alguém bom trapaceou alguém mau ou se este trapaceou aquele, nem se foi um homem bom ou mau que cometeu adultério; a lei apenas con-

---

608. ...τὸ διορθωτικόν,... (*tò diorthotikón,*).
609. ...τὸ μὲν γὰρ διανεμητικὸν δίκαιον τῶν κοινῶν ἀεὶ κατὰ τὴν ἀναλογίαν ἐστὶ τὴν εἰρημένην... (*tò mèn gàr dianemetikòn díkaion tôn koinôn aeì katà tèn analogían estì tèn eireménen*).
610. ...χρημάτων κοινῶν... (*khremáton koinôn*), literalmente o dinheiro público, riqueza em recursos pecuniários do Estado.

templa a natureza característica do dano, tratando as partes como iguais, apurando simplesmente se alguém praticou injustiça enquanto o outro indivíduo a sofreu, e se alguém produziu o dano enquanto alguém foi por ele atingido. Por conseguinte, *como o injusto aqui é o desigual, o juiz se empenha em torná-lo igual,*[611] porquanto alguém foi ferido, tendo o outro o ferido, ou alguém matou e o outro foi morto, sendo neste caso a distribuição *do sofrer e do fazer*[612] desigual; nesta conjuntura o juiz se empenha em torná-los iguais mediante *a punição*[613] por ele imposta, retirando o ganho. (A palavra *ganho*[614] é empregada em uma acepção simples e genérica, de modo a ter aqui aplicação, ainda que não seja, a rigor, apropriada a alguns desses casos, por exemplo relativamente a um indivíduo agressor, nem é a palavra *perda*[615] apropriada aqui ao indivíduo agredido; mas, para todos os efeitos, fala-se em perda e ganho quando a quantidade de *sofrimento*[616] recebido foi estimada.) Assim, enquanto o igual é uma mediania entre mais e menos, ganho e perda são respectivamente o mais e o menos contrariamente, mais bem e menos mal sendo o ganho, e o contrário, a perda; e como o igual, que declaramos ser o justo, constitui mediania entre eles, conclui-se que *a justiça corretiva*[617] será a mediania entre perda e ganho.

Eis a razão por que, em caso de disputas, recorre-se ao juiz. Dirigir-se a um juiz é dirigir-se à justiça. De fato, o juiz é como se fosse a

---

611. ...ὥστε τὸ ἄδικον τοῦτο ἄνισον ὂν ἰσάζειν πειρᾶται ὁ δικαστής·... (*hóste tò ádikon toŷto ánison òn isázein peirâtai ho dikastés*·). Daí ser essa justiça, concebida e aplicada pelos juízes entre os particulares, corretiva ou corretora, vale dizer, equalizadora. Embora para Aristóteles não haja teórica e explicitamente uma distinção entre o ético e o jurídico (o legal está encerrado no ético ou, em outras palavras, não há uma ciência autônoma do direito, a qual os romanos chamarão de *jurisprudentia*), ele estabelece implicitamente nesse ponto a clara fronteira (que existe na prática) entre o moral e o legal, visto que a justiça corretiva é para ele precisamente a justiça dos tribunais, a justiça pertinente ao domínio do que denominaremos posteriormente *direito*, e mais particularmente direito civil e direito penal.

612. ...τὸ πάθος καὶ ἡ πρᾶξις... (*tò páthos kaì he prâxis*). Literalmente: da paixão e da ação.

613. ...τῇ ζημίᾳ... (*têi zemíai*): outro sentido dessa palavra cabível neste contexto, além de punição, castigo, é *perda*.

614. ...κέρδος... (*kérdos*).

615. ...ζημία... (*zemía*).

616. ...πάθος... (*páthos*).

617. ...τὸ ἐπανορθωτικὸν δίκαιον... (*tò epanorthotikòn díkaion*).

justiça dotada de alma. Outro motivo para buscarmos o juiz é para que ele estabeleça a mediania, pelo que, efetivamente, em alguns lugares, chamam-se os juízes de *mediadores*,[618] pois se eles atingem a mediania, segundo lhes parece, atingem o justo. É de se concluir, portanto, que o justo é uma espécie de mediania na medida em que o juiz encarna essa mediania.

25 O juiz restaura a igualdade, como se, de uma linha dividida em duas partes desiguais, ele subtraísse do segmento maior a porção pela qual é excedida uma metade da linha inteira e a somasse ao segmento menor. Tendo sido o todo dividido em duas metades, as pessoas costumam dizer que assim "têm o que lhes cabe",[619] ou seja, quando obtiveram o que é igual. Essa é, de fato, a razão de dizer-
30 -se δίκαιον [*díkaion* (justo)], cujo significado é δίχα [*díkha* (em dois)], como se alguém devesse chamá-lo [e pronunciá-lo] δίχαιον (*díkhaion*) e um δικαστής [*dikastés* (juiz)] fosse um διχαστής [*dikhastés* (aquele que separa em duas metades)]. {O igual é mediania de acordo com a proporção aritmética entre o maior e o menor.}[620] De fato, sempre que de dois iguais uma quantidade é subtraída de um e adicionada ao outro, este excederá o primeiro duas vezes a quantidade adicionada, ao passo que se houvesse sido subtraída de um, porém sem a adição ao outro, este último excede-
1132b1 ria o primeiro uma vez somente tal quantidade. Portanto, excederá a mediania *uma vez* a quantidade e a mediania excederá o primeiro do qual a quantidade foi subtraída *uma vez* aquela quantidade. Isso nos capacitará a apurar o que subtrair da parte que tem muito
5 e o que adicionar àquela de tem pouco: teremos que adicionar a esta última a quantidade por meio da qual a mediania entre elas a excede e subtrair da primeira a quantidade pela qual a mediania é por ela excedida. Suponhamos as linhas AA, BB, CC iguais entre si; que o segmento AE seja subtraído de AA e que o segmento CD

---

618. ...μεσιδίους, ... (*mesidíoys,*).

619. ...ἔχειν τὰ αὑτῶν, ... (*ékhein tà haytôn,*).

620. ...τὸ δ᾽ ἴσον μέσον ἐστὶ τῆς μείζονος καὶ ἐλάττονος κατὰ τὴν ἀριθμητικὴν ἀναλογίαν. ... (*tò d' íson méson estì tês meízonos kaì eláttonos katà tèn arithmetikèn analogían.*). { } Sentença deslocada algumas linhas visando à concatenação conjectural do contexto, embora no manuscrito ela apareça em 1132a29-30 segundo a numeração de Bekker.

seja adicionado a CC, de maneira que toda a linha DCC exceda a linha EA pelo segmento CD e o segmento CF; resulta que DCC excederá BB por meio de CD.[621]

As palavras perda e ganho originam-se da permuta voluntária. Nesse contexto, ter mais do que o que lhe cabe é chamado de ganho e ter menos do que aquilo que se tinha originalmente, de perda, como ocorre no comprar e vender e em todas as demais transações em que a lei libera os indivíduos para agirem segundo seu próprio critério. Quando a transação não resulta nem em aumento nem em diminuição, mas apenas no mesmo que as próprias partes possuíam, as pessoas dizem que "têm o que lhes cabe" e nem perderam, nem ganharam. Isso nos autoriza a concluir que a justiça nas transações *involuntárias*[622] é uma mediania entre certo ganho e certa perda: é ter uma quantidade igual anterior e posteriormente à transação.

5

HÁ OS QUE OPINAM QUE A SIMPLES *RECIPROCIDADE*[623] é o justo, como os pitagóricos, que, com efeito, definiam o justo simplesmente como a reciprocidade entre uns e outros.[624]

A reciprocidade, entretanto, não se enquadra nem na justiça distributiva nem na corretiva (ainda que as pessoas queiram que seja este o significado da justiça de Radamanto,[625] isto é:

Sofresse alguém o que fez e a reta justiça passaria a existir).[626]

---

621. Devido à abstração, convém que o leitor trace em um papel as linhas e segmentos indicados pelo autor para facilitar a compreensão.
622. ...παρὰ τὸ ἑκούσιον, ... (*parà tò hekoýsion,*), literalmente: contrárias ao voluntário.
623. ...ἀντιπεπονθὸς... (*antipeponthòs*).
624. O que implica no plano prático e moral a vingança (τιμωρία [*timoría*]) e naquele espiritual a metempsicose (μετεμψύχωσις [*metempsýkhosis*]) e o carma. É também o princípio por trás da lei de Talião.
625. Um dos juízes das almas (espectros) no Hades (mundo subterrâneo dos mortos), filho de Zeus e irmão de Minos.
626. ...εἴ κε πάθοι τά τ' ἔρεξε, δίκη κ' ἰθεῖα γένοιτο... (*eí ke páthoi tá t' érexe, díke k' itheîa génoito*).

Com efeito, muitas vezes uma diverge da outra.[627] Por exemplo, supondo que alguém investido de autoridade agrida uma pessoa, não é certo que esta revide; e se uma pessoa agride alguém investido de autoridade, o revide deste último não bastará, cabendo também uma punição ao agressor. Por outro lado, faz uma grande diferença o fato de um ato ser realizado voluntária ou involuntariamente. No intercâmbio de favores, a justiça entendida como reciprocidade é o vínculo que mantém a associação – *reciprocidade de acordo com a proporção e não com a igualdade*.[628] A própria integridade do Estado depende da reciprocidade fundada na proporção. De fato, os indivíduos procuram retribuir o mal com o mal – a incapacidade de fazê-lo os leva a se julgarem na condição de escravos; ou o bem com o bem, na falta do que nenhum intercâmbio ocorre, quando sua associação é constituída pelo intercâmbio. É por isso que construímos um *santuário das Graças*[629] em um lugar de fácil acesso a todos para lembrar às pessoas que retribuam a amabilidade. *Com efeito, isso é característica da graça.*[630] De fato, constitui um dever não só retribuir um favor quando se foi o favorecido, como também em um próximo ensejo tomar a iniciativa de prestarmos nós mesmos o favor.

A retribuição conforme a proporção é produzida em uma conjunção em diagonal. Por exemplo, suponhamos que A seja um *construtor*,[631] B um *sapateiro*,[632] C uma *casa*[633] e D um *calçado*;[634] o construtor deve receber do sapateiro o produto do trabalho deste e a ele entregar o produto do seu. Se a igualdade baseada na proporção entre os produtos for instaurada em uma primeira instância, e ocorrer a reciprocidade, o resultado que indicamos terá sido alcança-

---

627. Ou seja, a reciprocidade e a justiça.

628. ...ἀντιπεπονθός κατ' ἀναλογίαν καὶ μὴ κατ' ἰσότητα. ... (*antipeponthós kat' analogían kai mè kat' isóteta.*).

629. ...Χαρίτων ἱερὸν... (*Kharíton hieròn*). Graças (Aglaê, Eufrosine e Tália), aqui divindades que personificam a atribuição das graças e favorecimentos.

630. ...τοῦτο γὰρ ἴδιον χάριτος... (*toýto gàr ídion kháritos*).

631. ...οἰκοδόμος... (*oikodómos*).

632. ...σκυτοτόμος... (*skytotómos*).

633. ...οἰκία... (*oikía*).

634. ...ὑπόδημα... (*hypódema*).

do; mas se não for esse o caso, o acordo comercial não apresentará igualdade, o intercâmbio não procedendo, pois pode acontecer de o produto de um dos artesãos ter mais valor do aquele do outro, caso em que terão que ser tornados iguais. {Algo idêntico vale no que se refere às demais artes; com efeito, deixariam de existir se seu agente não produzisse e não recebesse o mesmo quantitativa e qualitativamente que o paciente recebe.}[635] De fato, não são dois médicos que se associam para uma permuta, mas *médico e agricultor*[636], e geralmente pessoas que são diferentes e possivelmente desiguais; ora, nesse caso têm que ser tornadas iguais. A consequência é todas as coisas permutadas necessitarem ser, de alguma forma, comensuráveis. A introdução do dinheiro ocorreu com o objetivo de atender a essa exigência; sendo uma medida de todas as coisas, de certa forma o dinheiro se converteu em um elemento intermediário, que é, inclusive, medida do excesso e da deficiência das coisas, o que vale dizer quantos calçados são *iguais*[637] a uma casa ou a uma determinada quantidade de alimento. A quantidade de calçados que serve de permuta por uma casa {ou alimento}[638] tem, portanto, que apresentar uma relação proporcional entre construtor e sapateiro; com efeito, na ausência desta não haverá qualquer comércio ou associação e tal relação proporcional não poderá ser realizada a menos que aqueles produtos guardem alguma equivalência.

É forçoso, portanto, que todos os produtos comerciais possuam um padrão de medida, como foi dito anteriormente. E esse padrão é, na realidade, *a necessidade,*[639] aquilo que mantém a coesão de

---

635. ...ἔστι δὲ τοῦτο καὶ ἐπὶ τῶν ἄλλων τεχνῶν· ἀνῃροῦντο γὰρ ἄν, εἰ μὴ ὃ ἐποίει τὸ ποιοῦν καὶ ὅσον καὶ οἷον, καὶ τὸ πάσχον ἔπασχε τοῦτο καὶ τοσοῦτον καὶ τοιοῦτον. ... (*ésti dè toŷto kaì epì tôn állon tekhnôn· aneyroŷnto gàr án, ei mè hò epoíei tò poioŷn kaì hóson kaì hoîon, kaì tò páskhon épaskhe toŷto kaì tosoŷton kaì toioŷton.*). Todo este período entre chaves (com ligeira diferença formal) foi deslocado para cá de 1132b9-10 (numeração de Bekker) por força da coerência contextual, ainda que em todos os manuscritos sua posição seja aquela.

636. ...ἰατροῦ καὶ γεωργοῦ, ... (*iatroŷ kaì georgoŷ,*).

637. ...ἴσον... (*íson*), ou seja, equivalentes.

638. ...ἢ τροφήν... (*è trophén*), entre chaves: interpolação que parece simplesmente visar ao completamento da ideia.

639. ...ἡ χρεία, ... (*he khreía,*), comercialmente falando, a demanda.

tudo; de fato, se as pessoas deixassem completamente de ter necessidades, ou se não as experimentassem entre si em pé de igualdade, o intercâmbio não perduraria ou não seria o mesmo que é. Mas, segundo uma convenção, a necessidade passou a ser representada pelo
30 *dinheiro*,[640] daí o nome νόμισμα (*nómisma*) para o dinheiro, porque *não existe por natureza, porém por convenção*,[641] e está em nosso poder alterá-lo ou inutilizá-lo. Existirá, por conseguinte, reciprocidade toda vez que os produtos forem tornados iguais, de maneira a estabelecer-se para o intercâmbio uma equivalência entre o produto
1133b1 do agricultor e aquele do sapateiro. Mas, por ocasião da troca, os seus produtos têm que ser reduzidos à forma de uma proporção; de fato, se isso não for feito, um dos extremos encerrará ambos os excessos; quando, entretanto, cada um tem o que lhe cabe, são, então, igualados e capazes de se associarem, pois, no caso deles, a igualdade
5 pode ser estabelecida (agricultor A, alimento C, sapateiro B, o produto deste equalizado D); na impossibilidade de realizar a reciprocidade desse modo, a associação entre eles não seria possível. Que é a necessidade, ao atuar como uma unidade, que mantém essa coesão, fica claro pelo fato de que, na ausência de necessidade mútua quanto a ambas as partes, ou, ao menos, quanto a uma delas, não se instaura qualquer intercâmbio entre elas {como quando alguém necessita de algo que alguém já possui, é concedida a permissão, por exemplo,
10 de exportação de trigo em troca de vinho}.[642] Neste caso, portanto, é necessária uma equalização. E o dinheiro atua como uma garantia de comércio para o futuro; na hipótese de não precisarmos de nada no presente, ele assegura a possibilidade da permuta quando houver uma necessidade. Nossa disponibilidade de dinheiro nos possibilita obter aquilo de que precisamos. Ele é tão suscetível à flutuação da necessidade quanto os produtos comercializados (mercadorias), porquanto seu valor varia sempre, embora tenda a certa estabilidade. Consequentemente, convém que todos os produtos co-

---

640. ...νόμισμα, ... (*nómisma,*).
641. ...οὐ φύσει ἀλλὰ νόμῳ ἐστί, ... (*oy phýsei allà nómoi estí,*).
642. ...ὥσπερ ὅταν οὗ ἔχει αὐτὸς δέηταί τις, οἷον οἴνου διδόντες σίτου ἐξαγωγήν... (*hósper hótan hoŷ ékhei aytòs déetaí tis, hoîon oínoy didóntes sítoy exagogén*). Há helenistas que consideram este período entre chaves uma interpolação, que, concordamos, inclusive, é aqui pouco esclarecedora e até desconexa do assunto.

mercializados tenham seus preços estabelecidos, o que assegurará a
15 existência do comércio e, como resultado, aquela da associação. O
dinheiro, então, atua como uma medida que transmite comensurabilidade aos produtos comercializados, igualando-os. De fato a
inexistência do comércio determinaria aquela da associação, enquanto o primeiro não existiria na ausência de igualdade e esta
igualdade sem comensurabilidade. Embora, na verdade, seja im-
20 possível para coisas tão diferentes se tornarem comensuráveis, a necessidade (demanda) possibilita uma medida comum suficiente. É
forçoso haver algum padrão que seja estabelecido consensualmente
(razão pela qual é chamado de dinheiro).[643] Com efeito, é ele que
transmite comensurabilidade a todas as coisas, na medida em que
todas são mensuráveis pelo dinheiro. Suponhamos que A seja uma
casa, B *dez minas*,[644] e C uma cama. Nesse caso, A é a metade de B
25 (se a casa valer cinco minas, ou igual a isso); a cama, C, é a décima
parte de B; disto se conclui claramente *quantas camas são iguais a
uma casa, ou seja, cinco*.[645] Está claro que a operação comercial (permuta) foi feita dessa forma devido à existência do dinheiro, porém é
indiferente, com efeito, se são cinco camas que são permutáveis por
uma casa, ou se o valor de cinco camas.

Acabamos de mencionar o que são a injustiça e a justiça.[646] Com
30 base nessa sua distinção, fica evidente que *a ação justa*[647] é mediania
entre infligir e sofrer injustiça, pois infligi-la é dispor de excesso e
sofrê-la é dispor de deficiência ou insuficiência. E a justiça é uma
modalidade de mediania, ainda que não nos mesmos moldes das
outras virtudes, mas por associação a uma mediania; a injustiça,
de sua parte, está associada aos extremos. Além disso, a justiça é

---

643. ...διὸ νόμισμα καλεῖται... (*diò nómisma kaleîtai*): o significado específico de νόμισμα é *moeda corrente*, mas o genérico é *qualquer coisa estabelecida por força do costume ou convenção*.

644. ...μναῖ δέκα... (*mnaî déka*). Mina: moeda de cem dracmas.

645. ...πόσαι κλῖναι ἴσον οἰκίᾳ, ὅτι πέντε. ... (*pósai klînai íson oikíai, hóti pénte*.). Dada a presença aqui do dinheiro como padrão comum no intercâmbio, o conceito de *ser igual* (*igualar*) já incorpora o de *equivaler* (ou seja, ter o mesmo valor), a despeito de se tratar ainda de uma proporção aritmética.

646. Τί μὲν οὖν τὸ ἄδικον καὶ τί τὸ δίκαιόν ἐστιν, εἴρηται. ... (*Tí mèn oŷn tò ádikon kaì tí tò díkaión estin, eíretai.*).

647. ...ἡ δικαιοπραγία... (*he dikaiopragía*).

1134a1 aquilo em função do que se diz de um indivíduo que é praticante por prévia escolha do justo, posto que sempre que está distribuindo coisas para si e outrem, ou entre duas outras pessoas, não concede demasiado a si mesmo e demasiado pouco ao seu semelhante do que é desejável e o inverso no tocante ao que é prejudicial. Sua
5 distribuição é proporcionalmente igual, inclusive no que respeita a distribuir entre duas pessoas. A injustiça, ao contrário, estando semelhantemente associada ao injusto, constitui excesso ou deficiência de alguma coisa benéfica ou nociva, ferindo a proporção. Resulta que a injustiça é excesso ou deficiência enquanto produ-
10 tora de excesso ou deficiência que afeta o próprio perpetrador da injustiça – excesso de qualquer coisa que é absolutamente benéfica e deficiência de qualquer coisa nociva; e na medida que afeta os outros, ainda que a consequência como um todo seja idêntica, é a transgressão do proporcional, a qual pode ocorrer em qualquer direção. No ato injusto, ter demasiado pouco é ser vítima de injustiça, ao passo que ter demasiado é infligir injustiça.
15 Sobre a justiça e a injustiça, a natureza de cada uma delas, e igualmente sobre o justo e o injusto, é o que em termos gerais tínhamos a dizer.

6

COMO, PORÉM, ALGUÉM PODE infligir injustiça sem realmente ser injusto, cabe-nos indagar: que espécie de atos injustos determinam que aquele que os cometeu seja injusto no tocante a cada tipo de injustiça – *por exemplo, o ladrão, ou o adúltero, ou o assaltante?*[648] Ou seria o caso de afirmarmos que a diferença reside nos tipos? *Com efeito, alguém pode manter relações sexuais com uma mulher*
20 *ciente de quem ela é*,[649] o ponto de partida desse ato não sendo uma

---
648. ...οἷον κλέπτης ἢ μοιχὸς ἢ λῃστής; ... (*hoîon kléptes è moikhòs è leistés;*).
649. ...καὶ γὰρ ἂν **συγγένοιτο** γυναικὶ εἰδὼς τὸ ᾗ, ... (*kaì gàr àn* **syggénoito** *gynaikì eidòs tò hêi,*): o verbo que assinalamos em negrito e traduzimos por *manter relações sexuais* na verdade tem aqui um sentido mais específico, ou seja, *compartilhar sexualmente*, que é precisamente o que ocorre no adultério, no qual alguém (homem ou mulher), na condição de adúltero ou adúltera, compartilha de maneira sexual respectivamente da esposa de outro homem ou do esposo de outra mulher.

prévia escolha, mas motivado por paixão. E nesse caso, embora tenha ele cometido injustiça, não é um homem injusto; por exemplo, alguém não é um ladrão ainda que tenha executado um furto; não é um adúltero ainda que haja cometido um adultério; o mesmo se aplica aos demais casos.

Foi mencionado anteriormente de que modo a reciprocidade se relaciona com a justiça.

Não devemos nos esquecer, porém, de que o que investigamos é tanto *a justiça pura e simplesmente quanto a justiça política*.[650] Esta existe entre pessoas livres e iguais do prisma da proporção, ou aritmeticamente iguais, pessoas que vivem uma vida em comum com a finalidade da autossuficiência. Por conseguinte, entre indivíduos que não atendem a esses requisitos, a justiça política não existe,[651] tão somente uma espécie de justiça por similitude. O fato é que somente entre indivíduos cujas relações mútuas são reguladas pela lei há possibilidade de existir justiça, e esta existe no seio daqueles entre os quais também pode ocorrer injustiça. Com efeito, a administração da justiça implica a distinção entre o justo e o injusto. Pessoas, portanto, entre as quais a injustiça é possível, podem agir mutuamente de maneira injusta (ainda que na ação injusta nem

---

650. ...τὸ ἁπλῶς δίκαιον καὶ τὸ πολιτικὸν δίκαιον. ... (*tò haplôs díkaion kai tò politikòn díkaion.*). Por trás disso está para o Estagirita a distinção fundamental entre a esfera da ação do indivíduo nos atos privados de sua vida e a esfera de seus atos como cidadão na comunidade política ou social, o que implica em Aristóteles tanto um princípio axiológico quanto um teleológico, quer dizer, a **vida do cidadão** [mais exatamente, segundo o Estagirita, do animal político: o ser humano, diferentemente dos deuses e dos outros animais, caracteriza-se necessariamente como ser social, ou seja, que vive em comunidade na πόλις (*pólis*)] não só é mais digna do que **a vida privada do indivíduo**, como constitui o fim (meta) de sua existência, vale dizer, da existência humana. Ora, a *justiça entre cidadãos* (indivíduos na sua ação [πρᾶξις (*prâxis*)] política), embora, obviamente, não exclua a *justiça entre particulares*, mas a esta se some, possui dimensão muito maior do que essa última. Ademais, não se trata apenas de conceituar a justiça em abstrato ou em termos universais, mas também de indicar como praticá-la na *polis* entre cidadãos.

651. O *escravo* (δοῦλος [*doýlos*]) é uma propriedade. Perante a lei não é sequer uma pessoa e, muito menos, um cidadão. A capacidade de agir justa ou injustamente está restrita à pessoa e ao cidadão. Assim, qualquer ação legal, que envolve justiça e injustiça, tem sempre o escravo como objeto e nunca como agente ou sujeito; somente seu senhor (que é livre) pode tanto agir justa ou injustamente quanto dirigir-se ao juiz, representar o escravo que lhe pertence, reivindicar seus direitos em relação a ele e responder pelas ações dele perante a lei e perante outros proprietários de escravos.

sempre haja injustiça), significando isso atribuir-se uma quantidade excessivamente grande do que é simplesmente bom e uma exces-
sivamente pequena do que é simplesmente mau. *Eis a razão por que não admitimos que um ser humano governe, mas a lei,*[652] porque ele o faz em seu próprio interesse e se converte em um tirano; o governante atua como o guardião da justiça, e se o é da justiça, também o é da igualdade. Sendo ele justo, parece não se locupletar (com efeito, não direciona a si próprio uma porção maior daquilo que é simplesmente bom, a não ser que seus méritos assim o determinem; pelo contrário, ele se empenha a favor dos outros, *razão pela qual dizem que a justiça é o bem alheio, como foi mencionado anteriormente*[653]). Daí a razão de lhe proporcionarem alguma recompensa, isto é, honra e privilégio. Aqueles para os quais isso não basta tornam-se tiranos.

Entre a justiça do senhor e a do pai não há identidade, mas só semelhança. Com efeito, não existe injustiça no sentido absoluto quanto ao que nos pertence, e uma *propriedade*[654] ou o filho, até alcançar certa idade e adquirir independência, é como se fosse uma parte de nós mesmos e ninguém deliberadamente opta por prejudicar a si mesmo; a razão é não existir uma injustiça que se dirige contra a própria pessoa, e, portanto, nada injusto ou justo no sentido político; com efeito, estes, como vimos, estão incorporados na lei e vigoram entre pessoas naturalmente submetidas à lei, isto é, pessoas que participam igualmente *do mando e da obediên-*

---

652. ...διὸ οὐκ ἐῶμεν ἄρχειν ἄνθρωπον, ἀλλὰ τὸν νόμον, ... (*diò oyk eômen árkhein ánthropon, allà tòn nómon,*). Um dos manuscritos indica λόγον (*lógon*), razão, em lugar de νόμον (*nómon*), lei. Não vimos por que não seguirmos Bekker, porquanto nos parece que, neste contexto, o conceito de razão mostra-se demasiado amplo e genérico e, talvez, até não pertinente, pois Aristóteles está às voltas com a justiça, a qual implica necessariamente a lei, mas não a lei necessariamente racional ou a razão. Como Aristóteles, ao tocar na justiça política, já antecipa seu desagrado pela monarquia, sobretudo a despótica, o leitor encontrará a resposta mais satisfatória a essa questão no devido tempo quando estudar a *Política*.

653. ...καὶ διὰ τοῦτο ἀλλότριον εἶναί φασιν ἀγαθὸν τὴν δικαιοσύνην, καθάπερ ἐλέχθη καὶ πρότερον... (*kaì dià toŷto allótrion eînai phasin agathòn tèn dikaiosýnen, katháper elékhthe kaì próteron*).

654. ...κτῆμα... (*ktêma*), bens em geral, especialmente bens móveis; mas aqui Aristóteles se refere a um bem móvel específico: o escravo.

cia.[655] Por conseguinte, a justiça é mais efetivamente praticável em relação à mulher do que em relação aos filhos e às propriedades;[656] com efeito, essa justiça entre homem e mulher (esposo e esposa) é *justiça doméstica.*[657] Todavia, a justiça doméstica também se distingue da justiça política.

7

A JUSTIÇA POLÍTICA É EM PARTE NATURAL, em parte convencional: natural a que vigora do mesmo modo em todos os lugares
20 e não depende da aceitação ou não aceitação; convencional aquela que originalmente é possível ser estabelecida deste ou daquele modo indiferentemente, mas que, uma vez estabelecida, deixa de ser indiferente. Por exemplo, ser o resgate de um prisioneiro no valor de uma mina, constituir o sacrifício de uma cabra e não de duas ovelhas, e quaisquer leis promulgadas para aplicação a casos particulares, como o sacrifício em honra de Brasidas[658] e *as ordenações*

---

655. ...τοῦ ἄρχειν καὶ ἄρχεσθαι. ... (*toŷ árkhein kaì árkhesthai.*), literalmente *do mandar e ser mandado*, que é a acepção ampla e genérica alusiva, por exemplo, ao pai e o filho ou ao senhor e o escravo. Mas Aristóteles insinua, ainda que contrastivamente, também o conceito mais restrito da relação entre governante(s) e governados na comunidade política que, inclusive, na Atenas democrática, ocorria pela alternância entre uns e outros.

656. Entenda-se o mando do *senhor* (δεσπότης [*despótes*]), que é *homem e esposo* (ἀνήρ [*anér*]) e a sujeição (obediência) da *mulher e esposa* (γυνή [*gyné*]), dos *filhos* (τέκνα [*tékna*]) e dos escravos, aqui distinguidos como *propriedades* (κτήματα [*ktémata*]), pois estão nelas compreendidos. Ver nota 651.

657. ...τὸ οἰκονομικὸν δίκαιον... (*tò oikonomikòn díkaion·*). Na sociedade helênica antiga, a **esfera da** οἶκος (*oîkos*), que significa casa/família em um sentido tão lato que não admite a tradução por um ou outro desses vocábulos isoladamente (a *oikos* é o domínio do *despotes*, pai e senhor absoluto de filhos, esposa, escravos, animais, habitações, implementos agrícolas, terras e bens imóveis em geral) se distingue claramente da **esfera da** πόλις (*pólis*), a saber, aquela do Estado e do cidadão. É por isso que Aristóteles afirma que a justiça entre esposo e esposa é diferente da justiça política. Todavia, embora o filósofo tenha sempre nítida a distinção entre o privado, o doméstico e o público, como o ser humano é o "animal político" (entendamos modernamente animal social), as esferas do privado e do doméstico, na prática, incorporam-se na esfera do público (político).

658. Espartano que, em 424 a.C., livrou Anfípolis do jugo de Atenas. Morreu em 422 a.C. lutando em defesa de Anfípolis, que desde então passou a honrá-lo com a celebração de jogos e sacrifícios.

sob forma de decretos.⁶⁵⁹ Algumas pessoas pensam que toda justiça é desse tipo,⁶⁶⁰ porque enquanto uma lei da natureza é imutável e tem vigência igualmente em todos os lugares, *como o fogo que queima tanto aqui quanto na Pérsia*,⁶⁶¹ observa-se que as coisas tidas como justas variam. Mas isso não é verdadeiro em termos absolutos, mas apenas em certas situações. Com efeito, no que toca aos deuses, talvez não seja verdadeiro de modo algum. No tocante a nós, embora haja essa justiça natural, tudo está sujeito à mudança. De qualquer modo, há nesse domínio o natural bem como o que não é determinado pela natureza, e percebemos com clareza quais regras da justiça, ainda que não absolutas, são naturais e quais não são, mas *legais e convencionais*,⁶⁶² ambas sendo igualmente mutáveis. Acusamos idêntica distinção em todas as demais coisas; por exemplo, é fato ser a mão direita mais forte [do que a esquerda], o que não impede, entretanto, que qualquer indivíduo torne-se ambidestro. As coisas consideradas justas com base na convenção e na conveniência são como medidas. *Com efeito, as medidas de vinho e trigo não são iguais em todos os lugares*,⁶⁶³ mas são maiores no atacado e menores no varejo. De maneira semelhante, as coisas tidas como justas ordenadas não com base na natureza, mas no humano não são as mesmas em todos os lugares, visto que tampouco o são as *formas de governo*,⁶⁶⁴ ainda que em todos haja apenas uma que do ponto de vista da natureza é a melhor. Cada uma das coisas justas e legais está vinculada à ação que lhe é pertinente, como *os universais relativamente aos particulares*,⁶⁶⁵ pois as ações praticadas são muitas, sendo, porém, cada uma delas una; com efeito, é univer-

---

659. ...τὰ ψηφισματώδη. ... (*tà psephismatóde.*).
660. Ou seja, toda justiça é produto da convenção – opinião, por exemplo, sustentada pelos sofistas.
661. ...ὥσπερ τὸ πῦρ καὶ ἐνθάδε καὶ ἐν Πέρσαις καίει, ... (*hósper tò pŷr kaì entháde kaì en Pérsais kaíei,*).
662. ...νομικὸν καὶ συνθήκῃ, ... (*nomikòn kaì synthékei,*).
663. ...οὐ γὰρ πανταχοῦ ἴσα τὰ οἰνηρὰ καὶ σιτηρὰ μέτρα, ... (*oy gàr pantakhoŷ ísa tà oinerà kaì siterà métra,*).
664. ...πολιτεῖαι... (*politeîai*).
665. ...τὰ καθόλου πρὸς τὰ καθ' ἕκαστα... (*tà kathóloy pròs tà kath' hékasta*).

sal.⁶⁶⁶ *Existe uma diferença entre a conduta injusta e o injusto e entre a conduta justa e o justo.*⁶⁶⁷ Algo é declarado como injusto pela natureza ou mediante uma disposição legal. Quando essa mesma coisa é realizada, estamos cientes de uma conduta injusta; enquanto não é realizada, é apenas injusta. Sucede semelhantemente com a conduta justa (chamada mais comumente de *ação justa,*⁶⁶⁸ que é o termo geral, *conduta justa*⁶⁶⁹ indicando a retificação de uma conduta injusta. Teremos posteriormente que examinar cada uma dessas coisas no tocante à sua qualidade, à quantidade de suas formas e à natureza daquilo a que dizem respeito.

8

Sendo as ações justas e injustas tal como as descrevemos, será a sua realização voluntária que determinará ser a conduta justa ou injusta. Se alguém as realiza involuntariamente, não age injusta ou justamente, salvo *incidentalmente*⁶⁷⁰ no sentido de que realiza atos eventualmente justos ou injustos. Portanto, uma ação ser ou não um ato de injustiça, ou de justiça, é determinado por seu cunho voluntário ou involuntário. Quando é voluntária, é censurável e nesse caso um ato de injustiça; disso decorre a possibilidade de um ato ser injusto sem ser um ato de injustiça se a voluntariedade estiver

---

666. ...καθόλου γάρ. ... (*kathóloy gár.*). Esta frase sumária dá a entender que cada ação una é universal, quando o que é universal é cada uma das coisas justas e legais que se vinculam às ações.

667. ...διαφέρει δὲ τὸ ἀδίκημα καὶ τὸ ἄδικον καὶ τὸ δικαίωμα καὶ τὸ δίκαιον·... (*diaphérei dè tò adíkema kaì tò ádikon kaì tò dikaíoma kaì tò díkaion·*). Aristóteles distingue tecnicamente a prática da injustiça (ou seja, os atos injustos, do conceito de injustiça, isto é, da injustiça absoluta, sem qualificação (ἁπλόος [*haplóos*]), ou, como diríamos na linguagem filosófica moderna, da injustiça abstrata. Faz o mesmo com a conduta justa e o justo. Deixa clara a distinção entre as esferas da teoria do conhecimento e da ética, vale dizer, entre o conceito e a ação.

668. ...δικαιοπράγημα... (*dikaioprágema*).

669. ...δικαίωμα... (*dikaíoma*).

670. ...κατὰ συμβεβηκός·... (*katà symbebekós·*).

ausente.[671] Por voluntário, como foi expresso antes, entendo aquilo que está na esfera do próprio controle e que é manifestado cientemente, isto é, sem desconhecer a pessoa que sofre a ação, o instrumento empregado na ação e o resultado a ser atingido (por exemplo, é imperioso saber quem agride, com qual instrumento e qual o propósito), sem que cada uma dessas circunstâncias ocorra incidentalmente ou mediante força. Exemplo: se alguém se apoderou da mão de outra pessoa e com ela golpeou uma terceira pessoa, a segunda pessoa não foi um agente voluntário; de fato, essa ação não esteve sob seu controle. Outro caso: um agressor, embora ciente de que está agredindo alguém e que se trate, talvez, de uma das pessoas ao seu redor, desconhece que o agredido é seu pai. Ademais, de modo semelhante pode ser estabelecida essa distinção tomando-se como referência o propósito e as circunstâncias da ação como um todo. O ato involuntário é, portanto, aquele realizado na ignorância ou, ainda que não realizado nessa condição, aquele que ocorre na falta do controle do agente ou que é realizado sob coação. *Com efeito, existem muitos processos da natureza que são executados ou sofridos cientemente e, no entanto, nenhum deles é voluntário ou involuntário, a exemplo o envelhecer ou o morrer*.[672] Um ato pode igualmente ser ou injusto ou justo incidentalmente. Com efeito, um indivíduo pode restituir um depósito involuntariamente e por receio de deixar de fazê-lo e, no entanto, não diremos que realizou o justo, ou que agiu justamente, mas que o fez de maneira meramente incidental. Do mesmo modo, limitar-nos-emos a dizer da pessoa que deixou de restituir um depósito devido à coação e contra sua vontade que agiu injustamente ou que cometeu o injusto de modo incidental. Entre os atos voluntários há os realizados por prévia escolha e os realizados na ausência desta, aqueles por prévia escolha realizados após deliberação e os segundos realizados sem prévia deliberação.

---

671. A sutileza é inevitável. Entretanto, a ideia é simplíssima. Atendo-se ao que o Estagirita entende por *voluntário*, o que determina necessariamente a existência de ações justas ou injustas é a presença da *vontade* no agente. Aquele que não tem vontade própria e que não sabe o que faz, como faz e para quem faz é inqualificável de ação justa ou injusta.

672. ...πολλὰ γὰρ καὶ τῶν φύσει ὑπαρχόντων εἰδότες καὶ πράττομεν καὶ πάσχομεν, ὧν οὐθὲν οὔθ᾽ ἑκούσιον οὔτ᾽ ἀκούσιόν ἐστιν, οἷον τὸ γηρᾶν ἢ ἀποθνήσκειν. ... (*pollà gàr kaì tôn phýsei hyparkhónton eidótes kaì práttomen kaì páskhomen, hôn oythèn oýth' hekoýsion oýt'akoýsión estin, hoîon tò gêrân è apothnéskein.*).

Três formas de *ofensas*,[673] portanto, estão presentes nas transações. Quando as ofensas são cometidas na ignorância são *erros*,[674] a pessoa ofendida, o ato, o instrumento ou o propósito revelando-se distintos daquilo que o agente (ofensor) supôs – alguém não julgou
15 estar ferindo, ou não com aquele projétil, ou não aquela pessoa, ou não visando àquele resultado, mas sucedeu que esse resultado foi diferente do esperado (exemplo, com o arremesso não pretendia causar um ferimento, mas apenas uma punctura), ou se enganou quanto à pessoa, ou quanto ao projétil. Quando a ofensa acontece contrariamente a uma expectativa plausível, estamos diante da *falha involuntária*.[675] Quando a ofensa, embora sem chocar-se com uma expectativa plausível, é cometida sem maldade, temos um *erro*[676] (com efeito, trata-se de erro quando a origem da ignorância de alguém reside na própria pessoa, enquanto se trata somente de uma falha involuntária quando a origem é a ela externa). No caso
20 do ofensor agir cientemente, mas não deliberadamente, trata-se de um *ato de injustiça*,[677] tais como os atos motivados pela ira ou qualquer outra paixão da qual o ser humano é necessária ou naturalmente suscetível; ao cometer essa forma de ofensa, o indivíduo comete um erro e sua ação é um ato de injustiça, mas ainda assim isso não constitui razão para classificá-lo como injusto nem mau,
25 pois a ofensa não foi realizada por maldade. Se, contudo, alguém age mediante prévia escolha, trata-se de um ofensor injusto e mau. Isso nos leva a não crer acertadamente que atos motivados pela ira repentina sejam realizados com *premeditação*.[678] Com efeito, foi a pessoa que provocou a ira que desencadeou o ato, e não a pessoa que agiu em um acesso passional. Ademais, a questão em pauta não é algo ter acontecido ou não, mas a justiça que lhe diz respeito (*pois*
30 *é a injustiça manifestada que enseja a ira*[679]); realmente, não se ques-

---

673. ...βλαβῶν... (*blabôn*).
674. ...ἁμαρτήματά... (*hamartémata*).
675. ...ἀτύχημα... (*atýkhema*).
676. ...ἁμάρτημα... (*hamártema*).
677. ...ἀδίκημα... (*adíkema*).
678. ...προνοίας... (*pronoías*).
679. ...ἐπὶ φαινομένῃ γὰρ ἀδικίᾳ ἡ ὀργή ἐστιν·... (*epì phainoménei gàr adikíai he orgé estin·*).

tiona o fato [do ato de ofender], como nas transações contratuais entre particulares, no caso de uma das partes ser necessariamente desonesta – a não ser que seja um caso *devido ao esquecimento*;[680] há concordância quanto à coisa, mas discordância quanto ao lado em que se encontra a justiça, *enquanto quem deliberadamente [ofendeu], não deixa de sabê-lo.*[681] Resulta que uma das partes julga que foi objeto de tratamento injusto, ao passo que a outra não. Entretanto, a situação em que alguém comete uma ofensa contra outra pessoa mediante prévia escolha revela uma ação injusta. Essa ação injusta, por sua vez, revela alguém culpado de injustiça do tipo que torna seu agente um indivíduo injusto *quando contraria a proporção ou contraria a igualdade.*[682] Do mesmo modo, alguém que se conduz justamente segundo prévia escolha é um indivíduo justo. Mas sua conduta será justa somente se agir voluntariamente.[683]

Entre as ações involuntárias algumas são perdoáveis e outras não perdoáveis. *Com efeito, erros não só perpetrados na ignorância, mas gerados pela ignorância, são perdoáveis,*[684] enquanto os erros cometidos *na* ignorância, mas não gerados por ela, porém por paixões não naturais ou de caráter inumano, são *imperdoáveis.*[685]

---

680. ...διὰ λήθην... (*dià léthen*).
681. ...ὁ δ' ἐπιβουλεύσας οὐκ ἀγνοεῖ... (*ho d' epiboyleýsas oyk agnoeî*).
682. ...ὅταν παρὰ τὸ ἀνάλογον ᾖ ἢ παρὰ τὸ ἴσον. ... (*hótan parà tò análogon êi è parà tò íson.*).
683. Todo este parágrafo é tanto de suma importância quanto ligeiramente intricado. As ...Τριῶν δὴ οὐσῶν βλαβῶν... (*Triôn dè oysôn blabôn*), ou seja, as *três* formas de ofensas parecem ser *cinco*. Mas são realmente três. Expliquemos. As três formas são: ἀτύχημα (*atýkhema*), falha involuntária, ἁμάρτημα (*hamártema*), erro puro e simples, e ἀδίκημα (*adíkema*), ato de injustiça. Ora, *atykhema* engloba o engano (o qual é também um erro involuntário e desculpável) e *adikema* subdivide-se no ato de injustiça cometido passionalmente (1), que não expressa maldade, e no ato de injustiça cometido propositalmente (com prévia escolha) (2), que manifesta maldade – ou seja, o primeiro (1) é praticado com ciência, mas sem propósito deliberado, ao passo que o segundo (2) é praticado com ciência e com propósito deliberado (com base na prévia escolha) no sentido de ofender.
684. ...ὅσα μὲν γὰρ μὴ μόνον ἀγνοοῦντες ἀλλὰ καὶ δι' ἄγνοιαν ἁμαρτάνουσι, συγγνωμονικά, ... (*hósa mèn gàr mè mónon agnooýntes allà kaì di' ágnoian hamartánoysi, syggnomoniká,*).
685. ...οὐ συγγνωμονικά. ... (*oy syggnomoniká.*), isto é, não são perdoáveis.

9

10   MAS É POSSÍVEL SER QUESTIONADO se definimos suficientemente nossa abordagem do sofrer e cometer injustiça, começando nós por indagar se é de fato como Eurípides[686] formulou no estranho discurso abaixo:

> Matei minha mãe: eis o resumo da história.
> Foram ambos nisso espontâneos, ou ambos não espontâneos?[687]

15   É, pois, verdadeiramente possível ser vítima de injustiça voluntariamente ou sofrê-la é invariavelmente involuntário, como agir injustamente é em todos os casos voluntário? E ser vítima de injustiça é invariavelmente voluntário, ou em todos os casos é involuntário, ou às vezes é uma coisa, às vezes outra? Outro tanto ocorre no que diz respeito a ser tratado justamente (com efeito, toda ação justa é voluntária[688]). Assim seria razoável supor uma oposição semelhante em uma situação ou outra, isto é, ser tratado injusta ou

20   justamente seria ou igualmente voluntário ou involuntário. Mas parece absurdo que mesmo ser tratado justamente seja invariavelmente voluntário, *uma vez que alguns são tratados justamente contra sua vontade*.[689] Seria o caso de levantarmos uma questão suplementar, a saber, se todo aquele que foi vitimado por algo injusto foi tratado injustamente, ou se será a mesma coisa aplicável no que respeita ao

25   sofrer e fazer algo injusto. Constatamos ser possível em ambos os casos partilhar incidentalmente os atos justos. Está claro que igualmente os injustos. *Fazer o que é injusto, com efeito, não é idêntico a agir injustamente, e tampouco é sofrer o que é injusto idêntico a ser tratado injustamente,*[690] o mesmo se revelando quanto a agir e

---

686. Eurípides de Salamina (480-406 a.C.), poeta trágico.

687. A ideia é se o cometimento da injustiça (neste exemplo, o matricídio) prevê ou não a vontade não só do criminoso como também aquela, quer dizer, o consentimento, da vítima.

688. ...τὸ γὰρ δικαιοπραγεῖν πᾶν ἑκούσιον... (*tò gàr dikaiopragaîn pân hekoýsion*).

689. ...ἔνιοι γὰρ δικαιοῦνται οὐχ ἑκόντες. ... (*énioi gàr dikaioýntai oykh hekóntes.*).

690. ...οὐ γὰρ ταὐτὸν τὸ τἄδικα πράττειν τῷ ἀδικεῖν οὐδὲ τὸ ἄδικα πάσχειν τῷ ἀδικεῖσθαι, ... (*oy gàr t'aytòn tò t'ádika práttein tôi adikeîn oydè tò ádika páskhein tôi adikeîsthai,*).

30 ser tratado justamente. De fato, é impossível ser tratado injustamente sem a ação injusta alheia, ou ser tratado justamente sem a ação justa alheia. Se, contudo, agir injustamente é simplesmente prejudicar o outro voluntariamente, e voluntariamente pressupõe conhecer a pessoa prejudicada, o instrumento e a forma da ofensa, o indivíduo sem autocontrole, na medida em que voluntariamente prejudica a si mesmo, sofre injustiça voluntariamente (como é também 1136b1 possível que aja injustamente consigo mesmo, algo cuja possibilidade também é questionável). Ademais, alguém descontrolado pode se tornar voluntariamente sujeito a ser prejudicado por outra pessoa, o que apontaria para a possibilidade de sofrer injustiça voluntariamente. Ou há incorreção nessa definição e devêssemos acrescentar às palavras *prejudicar conhecendo a pessoa prejudicada, o instrumento e a forma da ofensa* as palavras *contra a vontade da* 5 *pessoa prejudicada?* Se fosse assim, seria o caso de alguém poder ser prejudicado e poder ter sido vítima de algo injusto perpetrado contra ele voluntariamente. Mas não há possibilidade de alguém sofrer injustiça voluntariamente. Com efeito, ninguém deseja sofrer injustiça, inclusive o descontrolado, cuja manifestação contraria seu desejo; de fato, ninguém deseja algo que não julgue ser bom, embora 10 o descontrolado realmente faça coisas que não julga que deve fazer. [A propósito,] de alguém que dá o que é seu, como Homero[691] diz que Gláucon deu a Diomedes...

(...) *objetos de ouro por bronze, o valor de cem bois por aquele de nove, (...)*[692]

...não se diz que é vítima de injustiça; com efeito, o dar se encontra sob o controle de cada um, enquanto o sofrer injustiça, não. Todavia, é imperioso haver um agente da injustiça em relação a cada pessoa. Disso se conclui claramente que sofrer injustiça não é algo voluntário.

15 Duas questões que nos propusemos a abordar permanecem sem ser abordadas, a saber, se é aquele que atribui a porção que ultrapassa o merecimento que comete a injustiça ou aquele que a recebe, e se é

---

691. Poeta épico que floresceu em torno de 850 a.C., autor da *Ilíada* e da *Odisseia*.

692. ...χρύσεα χαλκείων, ἑκατόμβοι' ἐννεαβοίων, ... (*khrýsea khalkeíon, hekatómboi' enneaboíon,*), *Ilíada*, vi, 236.

possível alguém infligir injustiça a si mesmo. Com efeito, na hipótese da possibilidade da primeira alternativa, ou seja, aquele que atribui e não aquele que recebe uma porção além do merecimento que é o perpetrador da injustiça, então quando um indivíduo *ciente e voluntariamente*[693] atribuir uma porção maior a outra pessoa do que a si mesmo – como os indivíduos moderados parecem fazer, pois alguém virtuoso tende a tomar menos do aquilo que lhe é devido – teremos diante de nós alguém agindo injustamente consigo mesmo. Ou essa enunciação é destituída de qualificação, embora a requeira? Com efeito, aquele que destinou a si a porção menor possivelmente obteve uma porção maior de algum outro bem, *por exemplo, glória ou a simples nobreza moral.*[694] Ademais, essa questão pode ser afastada se nos nortearmos por nossa definição do infligir (fazer) injustiça. De fato, ele não foi afetado por coisa alguma que contrariasse sua vontade, e assim não é alvo de injustiça porque toma a porção menor – no máximo, tem apenas um prejuízo. É evidente que aquele que atribui uma porção indevida está agindo injustamente e nem sempre o recebedor ao receber uma porção excessiva. É de se constatar que a acusação de injustiça pode ser feita não a alguém de que se possa dizer que realiza o que é injusto, mas de quem se pode dizer que o realiza voluntariamente, ou seja, a pessoa na qual reside *o princípio da ação*[695] e este nesse caso está naquele que atribui e não naquele que recebe. Que se acrescente que é em múltiplos sentidos que dizemos que um objeto realiza coisas. Em certo sentido, *as coisas inanimadas, ou a mão ou o servo ordenado, matam,*[696] mas, embora façam coisas injustas, não agem injustamente. Ademais, ainda que um juiz tenha, na ignorância, proferido uma sentença injusta, não dizemos que cometeu injustiça, nem que a *sentença*[697] é, tampouco,

---

693. ...εἰδὼς καὶ ἑκών, ... (*eidòs kaì hekón,*).

694. ...οἷον δόξης ἢ τοῦ ἁπλῶς καλοῦ. ... (*hoîon dóxes è toý haplôs kaloŷ.*).

695. ...ἡ ἀρχὴ τῆς πράξεως, ... (*he arkhè tês práxeos,*).

696. ...τὰ ἄψυχα κτείνει καὶ ἡ χεὶρ καὶ ὁ οἰκέτης ἐπιτάξαντος, ... (*tà ápsykha kteínei kaì he kheir kaì ho oikétes epitáxantos,*). Coisas inanimadas: por exemplo, um punhal; a mão e o servo ou escravo são coisas animadas (ἔμψυχα [*émpsykha*]), objetos e instrumentos, mas não pessoas agentes.

697. ...κρίσις... (*krísis*), decisão judicial.

injusta segundo a *justiça legal*[698] (embora a sentença seja injusta no sentido primordial, do qual difere a justiça legal). Quando pronun-
1137a1 cia cientemente uma sentença injusta, o que ele próprio faz é tomar mais do que a porção que lhe cabe de *condescendência ou de vingança*.[699] Resulta que alguém que julga injustamente nesses termos toma mais do que lhe cabe exatamente como se tivesse partilhado da injustiça. E, com efeito, aquele que julga atribuindo *terra*[700] sob essa condição, não recebe terra, mas *dinheiro*.[701]

5 Pensam os seres humanos que agir injustamente está sob seu poder, daí concluindo pela facilidade de ser justo. Mas não é assim. De fato, é fácil manter relações íntimas com a esposa de um vizinho, agredir outro vizinho ou subornar alguém. Não há dúvida de que está em nosso poder executar ou não essas ações. Contudo, executá-las como fruto de uma disposição não é nem fácil nem está em nosso
10 poder. De maneira semelhante, pensam que é dispensável ser especialmente *sábio*[702] para saber o que é justo e o que é injusto, porque não é difícil atinar com as coisas com as quais as leis têm a ver. Mas essas coisas são apenas incidentalmente justas. Entretanto, saber como uma ação deve ser executada e como proceder a uma distribuição de modo a serem justas é mais difícil do que saber o que

---

698. ...νομικὸν δίκαιον... (*nomikòn díkaion*). Aristóteles acena para um sentido *jurídico* da justiça, que difere daquele sentido original (moral, ἠθικός [*ethikós*] – ético). O problema, do qual ele se dá conta na imediata sequência, é que, embora essa acepção seja diferente, não pode se contrapor ao sentido primordial moral, pois a lei (representada pelo juiz – que é o mediador) está inserida, também ela, na esfera da justiça corretiva. Na verdade, esse magno problema, a nosso ver formulado *negativamente* por Aristóteles, persiste até os dias de hoje sem solução satisfatória: a relação entre o direito (lei) e a justiça. Sendo a lei, a regra legal, uma mera convenção, decerto pode ser *injusta* (na *Apologia de Sócrates* escrita por Platão, aquele se curva à *lei injusta* que o leva à morte, entendendo que se não deve se retratar de seu pensamento filosófico e de sua conduta coerente com esse pensamento, por outro lado, a lei é soberana, ainda que injusta). Ora, será uma questão de lei injusta ou de justiça legal? Este último conceito nos parece tanto artificioso, dúbio e cômodo quanto um instrumento pragmático para desarticular ou descompatibilizar o jurídico do moral.

699. ...χάριτος ἢ τιμωρίας. ... (*kháritos è timorías.*).

700. ...ἀγρὸν... (*agròn*), um terreno, um pedaço de terra (propriedade rural) ou qualquer produto resultante do campo.

701. ...ἀργύριον... (*argýrion*).

702. ...σοφὸν... (*sophòn*).

beneficia a saúde. Mesmo nesse caso, a despeito de ser fácil estar ciente de que são bons para a saúde *o mel, o vinho, o heléboro, a cauterização e a incisão,*[703] saber *como, para quem e quando* os utilizar visando a gerar saúde é tarefa exclusiva de um *médico*.[704] E por isso mesmo se pensa ser possível ao indivíduo justo agir injustamente não menos do que justamente porque ele não é menos, mas, pelo contrário, mais capaz de realizar cada uma dessas ações; é capaz de manter relações íntimas com uma mulher [casada] ou assestar um golpe [em um vizinho], e *o homem corajoso arrojar de lado seu escudo*[705] e pôr-se em fuga em qualquer direção. Mas agir covardemente ou cometer injustiça não consiste na realização dessas coisas (salvo incidentalmente), porém na sua realização com base em certa disposição, tal como *o exercer medicina e o curar*[706] não consistem em utilizar ou não utilizar instrumentos cirúrgicos ou medicamentos, mas em fazê-lo de um determinado modo.

Reivindicações no que se refere à justiça[707] são entre indivíduos que compartilham de coisas simplesmente boas e que podem obter porções excessivas ou deficientes dessas coisas boas. Com efeito, há quem não pode ter uma porção excessiva delas –, que é o que se presume, por exemplo, no tocante aos deuses. Para outros, nenhuma porção delas revela-se proveitosa: é o caso dos *maus incuráveis,*[708] para os quais todas essas coisas são danosas. Para outros, ainda, são proveitosas em certa medida. Aqui se inserem os seres humanos.

---

703. ...μέλι καὶ οἶνον καὶ ἐλλέβορον καὶ καῦσιν καὶ τομὴν... (*méli kaì oînon kaì elléboron kaì kaŷsin kaì tomèn*). O significado genérico e amplo de τομή (*tomé*) é corte, abrangendo especificamente a incisão, a amputação e mesmo o instrumento cirúrgico empregado para essas operações.

704. ...ἰατρὸν... (*iatròn*).

705. ...ὁ ἀνδρεῖος τὴν ἀσπίδα ἀφεῖναι... (*ho andreîos tèn aspída apheînai*).

706. ...τὸ ἰατρεύειν καὶ τὸ ὑγιάζειν... (*tò iatreýein kaì tò hygiázein*).

707. ...τὰ δίκαια... (*tà díkaia*): literalmente os atos justos, mas Aristóteles alude à aplicação diferenciada da justiça entre os indivíduos.

708. ...ἀνιάτως κακοῖς, ... (*aniátos kakoîs,*).

10

CABE-NOS TRATAR, A SEGUIR, da *equidade e do equitativo*[709] e da relação da equidade com a justiça e do equitativo com o justo. Com efeito, quando examinados, revela-se que não são nem simplesmente idênticos, nem genericamente diferentes. E, por vezes, louvamos o *homem*[710] equitativo a ponto de chegarmos a empregar essa pa-
35 lavra como um termo de aprovação no que toca a outras virtudes, e a empregamos na sua equivalência com *bom,*[711] querendo dizer
1137b1 com *mais equitativo*[712] que algo é melhor. Em outras oportunidades, todavia, quando submetemos a palavra efetivamente ao crivo da razão, a nós parece estranho ser o equitativo louvável no caso de ser ele distinto do justo. Com efeito, se são distintos, [um deles]: o
5 justo ou o equitativo, não é bom; *se ambos são bons, são idênticos.*[713]

Eis aí os pontos, em caráter aproximativo, que ensejam a dificuldade no que tange ao equitativo, mas que são, de certa forma, corretos e não geram contradição entre si; com efeito, o equitativo, embora superior a certa espécie de justo é, ele mesmo, justo: não é superior ao justo ao ser genericamente distinto dele. *Justo*
10 *e equitativo são, portanto, o mesmo, sendo ambos bons, ainda que o equitativo seja o melhor.*[714] O que gera a dificuldade é o equitativo, embora justo, não constituir justiça legal, porém correção desta. A

---

709. ...ἐπιεικείας καὶ τοῦ ἐπιεικοῦς, ... (*epieikeías kaì toý epieikoýs,*). Especialmente para os estudantes de Direito, esses conceitos de Aristóteles são extraordinariamente importantes, pois é baseado neles que os grandes juristas romanos (particularmente a partir do eclético Marco Túlio Cícero) aportarão ao conceito de *aequitas*, que é o fundamento de todo o direito romano como expressão pragmática do *ius dicere*, ou seja, da prática forense e judicial, na qual o juiz utiliza para proferir suas sentenças mais propriamente um lato senso de justiça, aplicável flexivelmente à especificidade dos casos (no qual a consciência moral capitaneada pela clemência está necessariamente presente além da interpretação do espírito da lei), do que a mera aplicação mecânica, seca e acadêmica da letra da lei e da jurisprudência. Toda a ciência jurídica ocidental deve ao Estagirita esse fulcro indispensável.

710. ...ἄνδρα... (*ándra*), ser humano do sexo masculino.

711. ...ἀγαθοῦ, ... (*agathoý,*).

712. ...ἐπιεικέστερον... (*epieikésteron*).

713. ...εἰ ἄμφω σπουδαῖα, ταὐτόν ἐστιν. ... (*ei ámpho spoydaîa, t'aytón estin.*).

714. ...ταὐτὸν ἄρα δίκαιον καὶ ἐπιεικές, καὶ ἀμφοῖν σπουδαίοιν ὄντοιν κρεῖττον τὸ ἐπιεικές. ... (*t'aytòn ára díkaion kaì epieikés, kaì amphoîn spoydaíoin óntoin kreîtton tà epieikés.*).

razão para isso reside no caráter geral de toda lei. O problema são alguns casos que não se enquadram nessa generalidade corretamente. Em casos, portanto, nos quais não é possível discursar em caráter
15 geral, embora fosse necessário fazê-lo, a lei toma em consideração os casos mais típicos,[715] ainda que não desconheça o erro que tal coisa pode acarretar. E nem por isso se torna uma lei incorreta, *pois o erro não está nem na lei nem no legislador, mas na natureza da coisa*.[716] Com efeito, a matéria das questões práticas está de imediato nessa
20 natureza. Quando, portanto, a lei se expressa em termos gerais e surge um caso que não se enquadra na regra, será, então, correto – onde a expressão do legislador, por ser *absoluta*,[717] é lacunar e errônea – corrigir a deficiência (preencher a lacuna), pronunciando como o próprio legislador teria pronunciado se estivesse presente oportunamente e teria legislado se tivesse conhecimento do caso em parti-
25 cular. Por conseguinte, o equitativo é justo e superior a certa espécie de justiça, porém não superior àquela absoluta, mas apenas ao erro gerado pela sua expressão absoluta. Tal é a natureza própria do equitativo, ou seja, ele constitui uma correção da lei onde esta é lacunar por força de sua generalidade. A propósito, aí reside a razão de nem todas as coisas serem determinadas pela lei, a saber, em alguns casos [e situações] é impossível estabelecer uma lei necessária e *decreto*;[718]
30 com efeito, aquilo que é indefinido, como a *régua plúmbea*[719] usada na *construção de Lesbos;*[720] tal como essa régua não é rígida, podendo ser flexibilizada de modo a se ajustar ao formato da pedra, é um de-

---

715. No sentido moderno de precedentes arquivados pela Justiça, ou seja, "jurisprudência".

716. ...τὸ γὰρ ἁμάρτημα οὐκ ἐν τῷ νόμῳ οὐδ' ἐν τῷ νομοθέτῃ ἀλλ' ἐν τῇ φύσει τοῦ πράγματός ἐστιν·... (*tò gàr hamártema oyk en tôi vómoi oyd' en tôi nomothétei all' en têi phýsei toŷ prágmatós estin·*).

717. ...ἁπλῶς... (*haplôs*), isto é, em linguagem moderna, inteiramente abstrata, que não é capaz de abranger o caso concreto.

718. ...ψηφίσματος... (*psephísmatos*): o sentido literal e original é de uma decisão tomada mediante o uso de seixos – seixo: ψῆφος [*psêphos*].

719. ...μολίβδινος κανών·... (*molíbdinos kanón·*). Κανών (*kanón*) significa primariamente caule de caniço ou de algum outro vegetal semelhante. Os sentidos empregados neste contexto são de régua (o instrumento físico de medida) e os correlatos de regra, cânone, padrão. A analogia com a *flexibilidade* do caule do caniço é evidente.

720. ....Λεσβίας οἰκοδομίας... (*Lesbías oikodomías*). Lesbos: ilha situada no mar Egeu cuja cidade principal era Mitilene.

creto produzido para se ajustar aos fatos circunstanciais. Está claro, portanto, o que é o equitativo, que é justo e superior a certa espécie de justiça. A partir disso se evidencia, igualmente, quem é o indivíduo equitativo, nomeadamente alguém que por prévia escolha e hábito pratica o que é equitativo, e que não é inflexível quanto aos seus direitos, exibindo o pendor de receber uma porção menor mesmo que tenha a lei a seu favor. E o *estado*⁷²¹ que se identifica com isso é a equidade, a qual é uma espécie de justiça e não um estado distinto.

11

A DISCUSSÃO PRECEDENTE LANÇOU LUZ à questão de ser possível ou não para alguém cometer injustiça contra si mesmo. Com efeito, uma classe de atos justos é constituída por aqueles atos, em harmonia com qualquer virtude, que são determinados pela lei; *por exemplo, a lei não ordena o suicídio*⁷²² (e o que não ordena, ela proscreve). Ademais, quando um indivíduo, ao violar a lei, prejudica outro indivíduo (não no caso de devolver uma ofensa⁷²³) voluntariamente (ou seja, com conhecimento da pessoa prejudicada e do instrumento utilizado), está cometendo injustiça. Aquele *que comete suicídio*⁷²⁴ em um acesso de descontrole emocional voluntariamente comete uma ofensa (em oposição à justa razão) que a lei não admite. Conclusão: o suicida pratica injustiça. Mas contra quem? Contra o *Estado*⁷²⁵ e não contra si mesmo? Decerto que contra o Estado, pois ele sofre voluntariamente e ninguém sofre injustiça voluntariamente. Essa é a razão por que o suicídio é punido pelo Estado via *ignomínia*,⁷²⁶ sendo considerado uma injustiça cometi-

---

721. ...ἕξις... (*héxis*), no mesmo sentido de disposição.
722. ...οἷον οὐ κελεύει ἀποκτιννύναι ἑαυτὸν ὁ νόμος... (*hoîon oy keleýei apoktinnýnai heaytòn ho nómos*).
723. ...μὴ ἀντιβλάπτων... (*mè antiblápton*), quer dizer, não a título de retaliação, vingança.
724. ...ἑαυτὸν σφάττων... (*heaytòn sphátton*): o sentido literal e mais preciso é: *se mata com uma faca ou espada*.
725. ...πόλιν... (*pólin*).
726. ...ἀτιμία... (*atimía*). Genericamente ignomínia, estigma de desonra. Embora particularmente em Atenas essa palavra designe também especificamente a perda dos direitos civis,

da contra o Estado. Que se acresça a impossibilidade de agir injustamente contra si mesmo naquele sentido no qual o perpetrador da injustiça o é apenas enquanto tal e *não mau em termos gerais*.[727] (Com efeito, essa última situação distingue-se da primeira porque o indivíduo injusto, em certo sentido, é um tipo particular de pessoa má, como o covarde, não envolvendo maldade em termos gerais; impõe-se, portanto, a necessidade de demonstrar que um indivíduo está impossibilitado de cometer injustiça contra si mesmo também nesse sentido.) De fato, tal possibilidade seria aquela de uma mesma coisa ser subtraída e adicionada à mesma coisa simultaneamente. Isso é impossível, visto que o justo e o injusto envolvem invariável e necessariamente a pluralidade de pessoas.[728] Por outro lado, o ato injusto é tanto voluntário quanto praticado por prévia escolha, além de ter anterioridade (não se considera, com efeito, que um indivíduo age injustamente pelo fato de que, tendo sofrido injustiça, ele se desforra devolvendo o que recebeu). Entretanto, quando alguém comete uma ofensa contra si mesmo, ele a sofre e a produz concomitantemente. Ademais, isso representaria a possibilidade de sofrer pessoalmente a injustiça de modo voluntário. Que se acresça que ninguém age injustamente sem haver perpetrado algum ato injusto particular: não é possível que um homem pratique adultério com a própria esposa, arrombe sua própria habitação ou furte seus próprios bens. E, em termos gerais, a questão de ser possível alguém agir injustamente contra si mesmo é respondida pelo que definimos quanto à outra questão, a saber, se é possível alguém sofrer injustiça voluntariamente.

(Além disso, revela-se que, ainda que sejam ambos males, isto é, sofrer e cometer injustiça – posto que um é ter menos e o outro é ter mais do que a mediania, e esta é *como a obtenção da saúde na medicina e a da boa forma física na ginástica*[729] – cometer injustiça é

Aristóteles parece se referir aqui a certas restrições que atingiam o suicida no tocante aos rituais funerários e ao próprio sepultamento.

727. ...μὴ ὅλως φαῦλος, ... (*mè hólos phaŷlos,*).

728. Ou seja, no mínimo duas.

729. ...ὥσπερ ὑγιεινὸν μὲν ἐν ἰατρικῇ, εὐεκτικὸν δὲ ἐν γυμναστικῇ... (*hósper hygieinòn mèn en iatrikêi, eyektikòn dè en gymnastikêi*).

o pior, pois acarreta vício e reprovação, *e vício completo e absoluto ou aproximadamente isso*;⁷³⁰ com efeito, nem todo ato injusto voluntário acarreta *vício*;⁷³¹ por outro lado, sofrer injustiça pode ocorrer sem a presença do vício ou da injustiça. Portanto, em si mesmo sofrer injustiça é o menor dos males, embora acidentalmente não haja como impedirmos que se converta no maior. *A ciência*,⁷³² contudo, nada tem a ver com isso. Considera a pleurite um mal mais grave do que uma torcedura, quando esta, de fato, conforme as circunstâncias, pode se revelar acidentalmente pior – por exemplo, se uma torcedura fosse a causa de um tombo, que, por sua vez, possibilitasse ao inimigo surpreender alguém e matá-lo.)

Entretanto, *em um sentido metafórico e por analogia*⁷³³ há uma justiça não de alguém relativamente a si mesmo, mas entre certas partes próprias de alguém, não justiça em todos os sentidos, mas justiça no sentido daquela entre o que diz respeito *ao senhor ou à comunidade doméstica*.⁷³⁴ *Com efeito, nos discursos sobre isso, dissocia-se a parte da alma que possui razão relativamente à parte irracional,*⁷³⁵ o que leva as pessoas, inclusive, a supor que exista a injustiça contra si mesmo, uma vez que essas [partes] podem sofrer contrariedade nos seus próprios desejos. Considera-se, assim, que existe uma justiça mútua quanto a elas, tal como aquela entre quem manda e quem obedece.⁷³⁶

Sobre a justiça e as outras *virtudes morais*⁷³⁷ foi essa nossa maneira de discuti-las.

---

730. ...καὶ κακίας ἢ τῆς τελείας καὶ ἁπλῶς ἢ ἐγγύς... (*kaì kakías è tês teleías kaì haplôs è eggýs*).

731. ...κακίας... (*kakías*), mas outros helenistas, inclusive Bywater, preferem ...ἀδικίας... (*adikías*), injustiça. Nossa opção apoia-se na coerência contextual.

732. ...τῇ τέχνῃ, ... (*têi tékhnei,*): literalmente *a arte*. Aristóteles refere-se à arte médica. Para ele, a medicina está classificada entre as ciências produtivas ou *poiéticas*.

733. ...Κατὰ μεταφορὰν δὲ καὶ ὁμοιότητά... (*Katà metaphoràn dè kaì homoiótetá*).

734. ...τὸ δεσποτικὸν ἢ τὸ οἰκονομικόν. ... (*tò despotikòn è tò oikonomikón.*), ou seja, a justiça praticada entre o senhor e chefe da família (δεσπότης [*despótes*]) e a esposa, filhos e escravos.

735. ...ἐν τούτοις γὰρ τοῖς λόγοις διέστηκε τὸ λόγον ἔχον μέρος τῆς ψυχῆς πρὸς τὸ ἄλογον·... (*en toýtois gàr toîs lógois diésteke tò lógon ékhon méros tês psykhês pròs tò álogon·*).

736. Ver nota 734.

737. ...ἠθικῶν ἀρετῶν... (*ethikôn aretôn*).

LIVRO VI

1

DIANTE DA AFIRMAÇÃO anteriormente apresentada de que se deve escolher a mediania e não o excesso nem a deficiência, e que a mediania é determinada pela *reta razão*,[738] cabe-nos analisar tal coisa. Com efeito, no caso de todos os estados que foram discutidos, assim como no tocante a todas as demais coisas, há certo alvo a ser visado no qual aquele que está de posse da razão pousa seu olhar, aumentando ou relaxando sua tensão em conformidade com ele,[739] e existe uma regra determinante dessas *medianias*[740] que dissemos ocuparem a posição intermediária entre o excesso e a deficiência, em harmonia com a reta razão. Essa afirmação, porém, a despeito de sua verdade, está longe de ser esclarecedora. De fato, no tocante a todas as demais ocupações, entre as quais está a *ciência*,[741] pode-se dizer – com o que se diz a verdade – que o esforço deve ser feito e afrouxado nem demais nem de menos, mas a uma tensão média e de acordo com o orientado pela reta razão. Todavia, estando alguém de posse desse conhecimento, nem por isso se tornará mais sábio do que antes, exemplificando: tal pessoa desconhecerá quais medicamentos administrar ao seu corpo se contar com a mera informação de que deve ingerir tudo que é indicado pela medicina ou por alguém nela versado. Resulta que, *no que toca aos estados da*

---

738. ...λόγος ὁ ὀρθὸς... (*lógos ho orthòs*), ou *justa* razão. O que parece uma adjetivação redundante ficará esclarecido precisamente na imediata sequência, constituindo exatamente a base indispensável para o autor explicitar as virtudes intelectuais.

739. A analogia parece ser com a alternância de tensão e afrouxamento aplicados ao arco para a colocação e o disparo da seta que deverá atingir o alvo.

740. ...μεσοτήτων... (*mesotéton*).

741. ...ἐπιστήμη... (*epistéme*).

alma,⁷⁴² igualmente, não bastará estabelecer a verdade da afirmação anterior, sendo necessário definir com exatidão o que é a reta razão e o que a determina.

Dividimos as virtudes da alma nomeadamente em virtudes *do caráter e virtudes do intelecto*.⁷⁴³ As primeiras, as virtudes morais, já foram objeto de nosso exame. Nossa avaliação das segundas requer que tracemos algumas observações *de cunho psicológico*.⁷⁴⁴ Foi dito antes que na alma existem duas partes: *a que possui razão e a irracional*.⁷⁴⁵ Dividamos, agora, analogamente a parte racional e suponhamos a existência de duas partes racionais, uma pela qual especulamos *as coisas que são*,⁷⁴⁶ cujos princípios *não podem ser diferentes*⁷⁴⁷ e uma pela qual o fazemos com *as coisas que podem*.⁷⁴⁸ Com efeito, na hipótese de o *conhecimento*⁷⁴⁹ estar baseado em certa semelhança ou afinidade, será imperativo que as próprias partes da alma aptas ao conhecimento dos objetos dotados de gêneros diferentes difiram enquanto gêneros. E podemos chamar essas partes de *científica*⁷⁵⁰ e *calculadora*;⁷⁵¹ *uma vez que deliberar e calcular são o mesmo*⁷⁵² e não há deliberação sobre coisas imutáveis, [entendemos que] a parte calculadora constitui uma parte da parte (faculdade) racional da alma. Determinar, portanto, qual é o estado de cada uma dessas partes que é o melhor é aqui nossa tarefa, pois esse estado será a virtude de cada uma delas.

---

742. ...περὶ τὰς τῆς ψυχῆς ἕξεις... (*perì tàs tês psykhês héxeis*).
743. ...τοῦ ἤθους ἔφαμεν τὰς δὲ τῆς διανοίας. ... (*toý éthoys éphamen tàs dè tês dianoías.*), ou seja, virtudes morais e virtudes intelectuais.
744. ...περὶ ψυχῆς... (*perì psykhês*), ou literalmente: *acerca da alma*.
745. ...τό τε λόγον ἔχον καὶ τὸ ἄλογον·... (*tó te lógon ékhon kaì tò álogon·*).
746. ...τῶν ὄντων... (*tôn óntōn*), os seres.
747. ...μὴ ἐνδέχονται ἄλλως ἔχειν, ... (*mè endékhontai állos ékhein,*), ou seja, cujos princípios são imutáveis.
748. ...τὰ ἐνδεχόμενα·... (*tà endekhómena·*), ou seja, as coisas mutáveis.
749. ...γνῶσις... (*gnôsis*).
750. ...ἐπιστημονικὸν... (*epistemonikòn*).
751. ...λογιστικόν... (*logistikón*).
752. ...τὸ γὰρ βουλεύεσθαι καὶ λογίζεσθαι ταὐτόν, ... (*tò gàr boyleýesthai kaì logízesthai t'aytón,*).

2

A VIRTUDE DE UMA COISA ESTÁ VINCULADA à função que lhe é própria. *Há três coisas na alma que têm o controle da ação e da verdade: percepção sensorial, intelecto, desejo.*[753] Desses três elementos, a percepção sensorial não gera ação, como é evidenciado pelo fato de *os animais*[754] serem dotados de percepção sensorial, mas *não agirem.*[755]

O buscar e o evitar no desejo são o que a afirmação e a negação são no intelecto. Por conseguinte, na medida em que a virtude moral é um estado que diz respeito à prévia escolha, e esta é *desejo deliberado,*[756] conclui-se que se ela deve ser boa, a razão precisa ser verdadeira e o desejo correto, ficando este último obrigado a buscar as mesmas coisas afirmadas pela primeira. Nossa alusão aqui é ao intelecto e à verdade relativamente à ação, isto é, práticos; no que tange ao *pensamento especulativo,*[757] que não diz respeito à ação nem à produção, *bem e mal*[758] são verdade e falsidade; com efeito, o atingir da verdade é a função do intelectual na sua totalidade,[759] ao passo que a função do intelecto relativamente à ação é o atingir da verdade compatível com o desejo correto. O princípio da ação (ou seja, o seu movimento, não o seu fim)[760] é a prévia escolha e o princípio desta é o desejo e a razão visando a certo fim. Disso resulta que a prévia escolha não prescinde do *pensamento e do intelecto,*[761]

---

753. ...τρία δ' ἐστὶν ἐν τῇ ψυχῇ τὰ κύρια πράξεως καὶ ἀληθείας, αἴσθησις νοῦς ὄρεξις. ... (*tría d' estìn en têi psykhêi tà kýria práxeos kaì aletheías, aísthesis noŷs órexis.*).

754. ...τὰ θηρία... (*tà theria*), cujo significado mais usual e mais restrito é animais selvagens, feras. Mas Aristóteles refere-se aos animais irracionais em geral, o que exclui o ser humano.

755. ...πράξεως δὲ μὴ κοινωνεῖν. ... (*práxeos dè mè koinoneîn.*), literalmente: não participarem da ação.

756. ...ὄρεξις βουλευτική, ... (*órexis boyleytiké,*).

757. ...θεωρητικῆς διανοίας... (*theoretikês dianoías*).

758. ...εὖ καὶ κακῶς... (*eŷ kaì kakôs*), não os nossos substantivos bem e mal, mas nossos advérbios de modo *bem* e *mal.*

759. Ou seja, do pensamento especulativo.

760. Vale dizer, a causa eficiente, não a causa final. Ver *Metafísica*, Livro V, 2.

761. ...νοῦ καὶ διανοίας... (*noŷ kaì dianoías*): o primeiro desses conceitos, que traduzimos por pensamento, é mais amplo que o segundo, intelecto, que denota neste contexto basicamente a parte racional da alma.

bem como não prescinde de um estado moral. {com efeito, a boa
35 ação e seu contrário não prescindem, na prática, do intelecto e do
caráter}.⁷⁶² O intelecto, entretanto, nada move por si mesmo, mas
somente o intelecto que visa a um fim e vinculado à ação. Este é,
1139b1 com efeito, *o princípio produtivo*,⁷⁶³ inclusive, posto que todo aquele que *produz*⁷⁶⁴ algo tem algum fim em vista: o produzido não é
um fim absoluto, mas apenas relativo e diz respeito a algo mais,
enquanto o agido (realizado) é um fim em si mesmo, uma vez que o
agir bem (a *boa ação*⁷⁶⁵) é o fim e isso é o visado pelo desejo. A con-
5 clusão é que a prévia escolha é qualificável ou como o pensamento
vinculado ao desejo ou o desejo vinculado ao intelecto, e esse princípio ativo é o ser humano.

(A prévia escolha nada tem a ver com o que já tenha acontecido. Exemplifiquemos: ninguém escolhe previamente *ter saqueado Troia*.⁷⁶⁶ Com efeito, não se delibera quanto ao passado, mas somente quanto ao *futuro e contingente*⁷⁶⁷; *o que aconteceu não pode ser (des)acontecido*,⁷⁶⁸ pelo que Agaton⁷⁶⁹ expressa-se corretamente ao dizer:

10   *Disso apenas é privada mesmo a Divindade.*
*Tornar desfeito o que foi feito.*⁷⁷⁰)

---

762. ...εὐπραξία γὰρ καὶ τὸ ἐναντίον ἐν πράξει ἄνευ διανοίας καὶ ἤθους οὐκ ἔστιν. ... (*eypraxía gàr kaì tò enantíon en práxei áney dianoías kaì éthoys oyk éstin.*). Esta sentença entre chaves é registrada com reservas por Bekker e mesmo outros helenistas. De fato, parece-nos uma inserção inconveniente, se não incoerente decerto de teor repetitivo. Bywater a registra normalmente.

763. ...τῆς ποιητικῆς ἄρχει·... (*tês poietikês árkhei·*).

764. ...ποιεῖ... (*poieî*), produz, cria, fabrica. Aristóteles frisará a distinção e a contraposição entre ποιέω (*poiéo*) e πράσσω (*prásso*), πράττω (*prátto*), fazer no sentido de agir, realizar, que envolvem conduta, ou seja, o aspecto ético.

765. ...εὐπραξία... (*eypraxía*).

766. ...Ἴλιον πεπορθηκέναι·... (*Ílion peporthekénai·*).

767. ...ἐσομένου καὶ ἐνδεχομένου, ... (*esoménoy kaì endekhoménoy,*), o que será e é possível.

768. ...τὸ δὲ γεγονὸς οὐκ ἐνδέχεται μὴ γενέσθαι·... (*tò dè gegonòs oyk endékhetai mè genésthai·*).

769. Agaton de Atenas (em torno de 448-401 a.C.), poeta trágico. Agaton figura como um dos personagens de *O Banquete* de Platão, também sendo mencionado por Platão no *Protágoras*, 315e.

770. ...μόνου γὰρ αὐτοῦ καὶ θεὸς στερίσκεται. ἀγένητα ποιεῖν ἄσσ' ἂν ᾖ πεπραγμένα. ... (*mónoy gàr aytoŷ kaì theòs serísketai. agéneta poieîn háss'àn êi pepragména.*).

Portanto, ambas as partes intelectuais têm como função alcançar a verdade, o que nos leva a concluir que as virtudes de cada uma são aqueles estados que melhor as sustentarão para alcançar a verdade.

3

PASSEMOS, ENTÃO, A ABORDAR essas coisas do começo, retomando o assunto. Suponhamos que os meios através dos quais a alma alcança a verdade por afirmação ou negação sejam cinco. São eles: *arte, conhecimento, prudência (sabedoria prática), sabedoria, entendimento*.[771] Com efeito, *conjectura e opinião*[772] são passíveis de erro. É possível esclarecer o que é conhecimento conferindo ao termo o seu exato sentido e deixando as semelhanças de lado, tal como se segue. Todos nós admitimos que aquilo que conhecemos *não pode ser diferentemente*;[773] quando uma coisa que pode ser diferentemente se acha fora de nossa observação, não sabemos se ela existe ou não. *O objeto do conhecimento, portanto, existe necessariamente.*[774] Disso resulta que é eterno, pois tudo o que existe com base na necessidade pura e simples é eterno. E aquilo que é eterno é não gerado e imperecível. Ademais, parece que todo conhecimento pode ser transmitido por ensinamento e que aquilo que é objeto do conhecimento pode ser aprendido. E o ponto de partida de todo ensino é o previamente conhecido, como estabelecemos nos *Analíticos*,[775] uma vez que procede por *indução*[776] ou por *dedução*.[777] A indução é dos princípios e do universal, ao passo que a dedução parte dos universais. Existem, assim, princípios dos quais a dedução parte, mas que ela não atinge. Compete, então, à indução atingi-los. O conhecimento, portanto,

---

771. ...τέχνη, ἐπιστήμη, φρόνησις, σοφία, νοῦς·... (*tékhne, epistéme, phrónesis, sophía, noŷs·*).

772. ...ὑπολήψει γὰρ καὶ δόξῃ... (*hypolépsei gàr kaì dóxei*).

773. ...μηδ᾽ ἐνδέχεσθαι ἄλλως ἔχειν·... (*med᾽ endékhesthai állos ékhein·*), ou seja, é imutável.

774. ...ἐξ ἀνάγκης ἄρα ἐστὶ τὸ ἐπιστητόν. ... (*ex anágkes ára estì tò epistetón.*).

775. *Analíticos Posteriores*, um dos tratados do *Órganon*.

776. ...ἐπαγωγῆς... (*epagogês*), o método de raciocinar partindo do particular para o universal.

777. ...συλλογισμῷ... (*syllogismôi*), o método de raciocinar partindo do universal para o particular.

é o estado mediante o qual demonstramos agregando-se a isso as características que definimos nos *Analíticos*. Com efeito, uma pessoa conhece quando de algum modo confia em algo e quando os princípios em que se apoia essa confiança lhe são conhecidos com certeza. De fato, a menos que ela esteja mais segura dos princípios do que daquilo que deles concluiu, seu conhecimento será apenas acidental. Que o conhecimento fique por nós assim definido.

4

1140a1 O QUE PODE SER DIFERENTEMENTE (que é mutável) abarca *tanto o criado (produzido) quanto o realizado*.[778] Criação (fabricação, produção) é diferente de ação (realização)[779] (algo que abordamos e admitimos, inclusive, a partir dos *discursos externos*[780]). Assim, a *capacidade racional*[781] que diz respeito ao fazer (realizar) é distinta daquela que diz respeito ao criar (produzir, fabricar); tampouco estão mutuamente incorporadas, pois ação (realização) não é criação (produção) e nem esta é aquela. A construção de casas é uma arte e também uma capacidade racional que tem a ver com o criar (fabricar); tampouco qualquer arte deixa de ser uma capacidade racional

---

778. ...τι καὶ ποιητὸν καὶ πρακτόν,... (*ti kaì poietòn kaì praktón,*). Criar (produzir, fabricar) implica necessariamente a coisa criada (isto é, algo que é distinto e transcendente da ação de criar), enquanto *fazer (realizar, agir)* é a ação mesma e pura, nada mais, bastando a si mesma, sem qualquer produto que seja dela distinto e a transcenda. Dizemos "eu *faço* o que quero"; "isto deve ser *feito* porque é correto". Mas não dizemos "eu *fiz* uma pintura" ou "os automóveis são *feitos*" e sim "eu *criei* uma pintura" ou "os automóveis são *fabricados*". Os conceitos expressos por esses verbos – ποιέω (*poiéo*) e πράσσω (*prásso*), πράττω (*prátto*) e substantivos correspondentes (ver nota 779 a seguir) – delimitam respectivamente, entre outras coisas, a esfera da arte e aquela da conduta humana (moral, ética). Paralelamente delimitam, em Aristóteles, a fronteira e os domínios distintos das ciências produtivas (*poiéticas*, da criação) e ciências práticas (da ação).
779. ...ἕτερον δ᾽ ἐστὶ ποίησις καὶ πρᾶξις... (*héteron d'estì poíesis kaì práxis*).
780. ...ἐξωτερικοῖς λόγοις... (*exoterikoîs lógois*). Não sabemos precisamente ao que o Estagirita alude. É provável que se refira simplesmente a tratados ou doutrinas distintos daqueles de sua escola, o Liceu, incluindo, é claro, a Academia de Platão. Mas é possível também que esteja se referindo aos seus próprios escritos *exotéricos* (ver *Aristóteles: sua obra*, neste mesmo volume), cuja grande maioria não chegou a nós.
781. ...λόγου ἕξις... (*lógoy héxis*).

que diz respeito ao criar (fabricar) e nem uma capacidade tal que lhe
10 obste ser uma arte. Conclui-se disso que arte é o mesmo que capacidade racional no tocante a criar (produzir, fabricar) e que envolve um genuíno processo racional. *Toda arte é do vir a ser*,[782] e dedicar-se a uma arte pressupõe estudar como fazer vir a ser uma coisa que é possível *ser ou não ser*,[783] cujo princípio está no criador e não na coisa criada. Com efeito, a arte não se ocupa de coisas que são ou vêm
15 a ser necessariamente ou segundo a natureza, uma vez que essas coisas possuem seus *princípios*[784] em si mesmas. Sendo, porém, criação (produção) e ação (realização) diferentes, a arte, tendo a ver com a criação, fica patente sua desconexão com a ação. E em certo sentido, os objetos da sorte e da arte são idênticos, como diz Agaton:
20 *A arte ama a sorte e a sorte, a arte*.[785]

Portanto, a arte, como dissemos, é uma disposição que tem a ver com o criar segundo um genuíno processo racional, ao passo que a *falta de arte*,[786] seu oposto, é uma disposição relativa ao criar que envolve um falso processo racional. As duas têm a ver com aquilo que comporta a possibilidade de ser diferente (o mutável).

5

No QUE TOCA À PRUDÊNCIA (sabedoria prática), é possível sua
25 definição por meio do exame daqueles ditos prudentes. Tem-se como característica do indivíduo prudente ser ele capaz de *deliberar bem sobre o que é bom e proveitoso para si mesmo, não em um aspecto parcial e particular*,[787] – por exemplo, o que concorre para sua

---

782. ...ἔστι δὲ τέχνη πᾶσα περὶ γένεσιν,... (*ésti dè tékhne pâsa perì génesin,*), ou seja, toda arte é necessariamente produtiva, criativa: resulta em um produto (obra).

783. ...εἶναι καὶ μὴ εἶναι, ... (*eînai kai mè eînai,*).

784. ...ἀρχήν... (*arkhén*).

785. ...τέχνη τύχην ἔστερξε καὶ τύχη τέχνην. ... (*tékhne týkhen ésterxe kaì týkhe tékhnen.*).

786. ...ἀτεχνία... (*atekhnía*), inabilidade.

787. ...καλῶς βουλεύσασθαι περὶ τὰ αὐτῷ ἀγαθὰ καὶ συμφέροντα, οὐ κατὰ μέρος, ... (*kalôs boyleýsasthai perì tà haytôi agathà kaì symphéronta, oy katà meros,*).

saúde ou vigor – mas o que contribui, na sua vida, para o bem-estar geral. É indicativo disso o fato de também nos referirmos às pessoas como prudentes em algo particular quando são capazes de *calcular*
30 *bem*[788] objetivando algum fim bom (que não sejam aqueles da arte). A conclusão é que o indivíduo prudente em geral é aquele que revela eficiência no deliberar. Mas ninguém delibera com respeito a coisas que não podem ser diferentemente (coisas imutáveis), ou quanto a coisas cuja realização lhe é impossível. Por conseguinte, uma vez que o conhecimento envolve *demonstração*,[789] enquanto coisas cujos princípios são mutáveis (ou seja, podem ser diferen-
35 temente), são indemonstráveis (é possível, com efeito, que todas
1140b1 sejam mutáveis), e uma vez que não se pode deliberar sobre seres que estão no âmbito da *necessidade*,[790] conclui-se que a prudência (sabedoria prática) não é conhecimento, como tampouco é arte. Impossível ser conhecimento, porque coisas realizáveis são mutáveis; não pode ser arte, porque ação (realização) e criação (produção, fabricação), enquanto gêneros, são diferentes. A criação visa a
5 um fim distinto do ato de criar; na ação, o fim é tão só o próprio ato de agir – *com efeito, a boa ação é ela mesma o fim*.[791] Resta dizer, portanto, que a prudência é uma capacidade racional genuína que diz respeito à ação relativamente às coisas que são boas e más para os seres humanos. Eis por que Péricles[792] e outros semelhantes

---

788. ...εὖ λογίσωνται... (*eý logísontai*).

789. ...ἀποδείξεως... (*apodeíxeos*).

790. ...ἀνάγκης... (*anágkes*). A ἀνάγκη (*anágke*) se contrapõe a tudo que é simplesmente possível e contingente; é o independente de nossa ação, criação, escolha e deliberação, o que é à nossa revelia, a despeito de nós, por nós e contra nós; aquilo de que não podemos nos safar, diante do que não podemos recuar e de que não podemos nos desviar. Qualquer tradução que apresentarmos no português será incompleta, insuficiente ou mesmo inconveniente (necessidade, inexorabilidade, fatalidade, inevitabilidade, destino). A trajetória regular dos astros, o nascimento, desenvolvimento e perecimento dos seres vivos, a condição existencial humana a um tempo terrível e sublime, aquilo a que todos nós (seja quem for) estamos condenados e para o que caminhamos inscientes do que seja, não importa qual seja a senda, se demoramos em mil pontos na estrada ou se encetamos contornos sinuosos – tudo isso é muito mais, é *anagke*.

791. ...ἔστι γὰρ αὐτὴ ἡ εὐπραξία τέλος. ... (*ésti gàr aytè he eypraxía télos.*).

792. Péricles (495?-429 a.C.), homem de Estado ateniense, promotor e instaurador da democracia.

a ele são tidos como prudentes na medida em que são capazes de
10 *discernir*[793] que coisas são boas para eles mesmos e para os seres humanos. É isso que coincide com nosso entendimento do que seja alguém conhecedor *da administração doméstica ou da administração política*.[794] (Daí se explica, inclusive, o nome *moderação*,[795] ou seja, *preservadora da prudência*.[796] E ela preserva uma conjectura, tal como o indicamos. Com efeito, o prazer e a dor não destroem *todas as conjecturas*,[797] por exemplo, a de que o triângulo possui ou
15 não possui ângulos iguais a dois ângulos retos, mas apenas aquelas relativas ao que é realizado. De fato, os princípios do que é realizado constituem o fim para o qual nossos atos servem de meios; alguém, contudo, corrompido diretamente pelo prazer ou pela dor não consegue, de modo algum, ver claramente qualquer princípio e perceber que deve escolher e realizar tudo a título de um meio para esse fim e que sirva a esse fim; com efeito, o vício aniquila o prin-
20 cípio.) *A prudência é, portanto, necessariamente, uma capacidade racional genuína que diz respeito à ação relativamente aos bens humanos*.[798] Ademais, enquanto a virtude está presente na arte, está ausente na prudência. Igualmente, na arte o erro voluntário é mais sustentável, ao passo que no domínio da prudência é pior, como o
25 é [de resto] naquele das virtudes. Fica claro, portanto, ser ela uma virtude e não uma arte. Sendo duas as partes da alma detentoras

---

793. ...θεωρεῖν... (*theoreîn*), literalmente observar, contemplar, mas aqui perceber pela inteligência.

794. ...τοὺς οἰκονομικοὺς καὶ τοὺς πολιτικούς. ... (*toỳs oikonomikoỳs kaì toỳs politikoýs*.).

795. ...σωφροσύνην... (*sophrosýnen*), ampla e genericamente a qualidade e o estado daquele que é sadio de espírito e de coração. Aristóteles sugere uma ponte ou conexão linguística e efetiva entre uma virtude moral (a moderação ou temperança, como foi visto na primeira parte) e uma virtude intelectual (a prudência ou sabedora prática) – a noção é no sentido de a moderação conviver com a prudência e preservá-la. Ver próxima nota.

796. ...σῴζουσαν τὴν φρόνησιν. ... (*sóizoysan tèn phrónesin*.). Aristóteles indica o sentido da palavra (semântica) com base na sua suposta formação (morfologia): σωφροσύνη (*sophrosýne*) seria uma derivação (espécie de aglutinação) de σῴζειν (*sóizein*) e φρόνησις (*phrónesis*).

797. ...ἅπασαν ὑπόληψιν... (*hápasan hypólepsin*).

798. ...ὥστ' ἀνάγκη τὴν φρόνησιν ἕξιν εἶναι μετὰ λόγου ἀληθῆ περὶ τὰ ἀνθρώπινα ἀγαθὰ πρακτικήν. ... (*hóst'anágke tèn phrónesin héxin eînai metà lógoy alethê perì tà anthrópina agathà praktikén*.). Cf. 1140b5.

de razão, é forçoso ser a prudência a virtude de uma delas, a saber, *da que forma opiniões*,⁷⁹⁹ pois cabe à opinião aquilo que pode ser diferentemente (o mutável), o que cabe igualmente à prudência. Entretanto, esta última não se limita a ser uma capacidade racional. Disso é indicativo uma capacidade racional poder ser esquecida, não sendo o que ocorre com a prudência.

6

O CONHECIMENTO É CONJECTURA EM TORNO dos universais e dos seres necessários, além do que dispomos de princípios para tudo que é demonstrado (o conhecimento, com efeito, envolve razão). A conclusão é não ser possível que o princípio do cognoscível, ele próprio, seja objeto do conhecimento,⁸⁰⁰ como tampouco da arte ou da prudência. Para que seja objeto do conhecimento, uma coisa tem que ser demonstrada, ao passo que a arte e a prudência referem-se exclusivamente ao que encerra a possibilidade de ser diferentemente (o mutável). Tampouco tem a *sabedoria*⁸⁰¹ a ver com esses [princípios], visto que o sábio não prescinde da demonstração no que se refere a certas coisas. Se, então, atingimos a verdade, e jamais somos conduzidos à falsidade, quer no que se trata daquilo que não pode ser diferentemente (as coisas imutáveis), quer no que se trata daquilo que o pode ser (as coisas mutáveis), isto através do conhecimento, da prudência, da sabedoria e do entendimento, e se não é possível que o que nos faculte o acesso aos princípios seja nenhum dos três primeiros (quero dizer, prudência, conhecimento, sabedoria), só nos resta admitir que o que apreende *os princípios*⁸⁰² é o entendimento.

---

799. ...τοῦ δοξαστικοῦ... (*toŷ doxastikoý*).

800. Isto é, embora esse princípio possibilite a cognoscibilidade, ele mesmo não é cognoscível.

801. ...σοφία... (*sophía*), sabedoria pura e simples, distinta da prudência (sabedoria prática) – φρόνησις (*phrónesis*). A acepção de *sofia* aqui empregada é a de um saber profundo e geral, mais amplo e mais elevado do que todas as demais virtudes intelectuais. Como o leitor perceberá pelas próximas linhas, Aristóteles não a distingue essencialmente do conhecimento e do entendimento, vendo nela uma mescla harmoniosa destes últimos. Todavia, distingue-a marcantemente da prudência.

802. ...τῶν ἀρχῶν... (*tôn arkhôn*).

7

SABEDORIA[803] ESTÁ PRESENTE NAS ARTES referindo-se àqueles homens que são os mais consumados mestres em suas artes, por exemplo a Fídias como escultor e a Policleito como confeccionador de estátuas humanas.[804] Nesse sentido, portanto, *sofia* significa simplesmente ser excelente na arte. Pensamos, porém, que alguns são sábios em geral e não em um domínio particular e parcial; nem sábios em algo adicional diferente, como diz Homero no *Margites*:[805]

Dele não fizeram os deuses nem um cavador nem um lavrador,
Nem sábio em algo diferente.[806]

Conclui-se, diante disso, que a sabedoria (*sofia*) é claramente a forma mais consumada de conhecimento. O sábio, portanto, não se limita a conhecer as conclusões resultantes dos princípios, mas em verdade tem a compreensão dos próprios princípios. Daí ser a sabedoria entendimento e conhecimento combinados: imperioso ser ela um conhecimento pleno das coisas mais excelsas.[807] Seria insólito, com efeito, pensar que a ciência política ou a prudência é *a mais importante*[808] forma de conhecimento *quando o ser humano não é a coisa mais excelente no mundo.*[809] E visto que saudável e bom

---

803. ...σοφίαν... (*sophían*).
804. Fídias de Atenas (*circa* 490-430 a.C.), o mais ilustre dos escultores gregos (provavelmente falecido em Olímpia), autor da estátua de Zeus em Olímpia e daquela de Atena no Partenon (todas destruídas). Era um λιθουργός (*lithoyrgós*), isto é, escultor que se servia de pedra para criar suas obras. Policleito de Argos floresceu em meados do século V a.C. e trabalhava a forma humana, especialmente com o bronze. Era um estatuário (ἀνδριαντοποιός [*andriantopoiós*]).
805. ...Μαργίτῃ... (*Margítei*), poema cômico atribuído na Antiguidade a Homero.
806. ...τὸν δ᾽ οὔτ᾽ ἄρ σκαπτῆρα θεοὶ θέσαν οὔτ᾽ ἀροτῆρα οὔτ᾽ ἄλλως τι σοφόν. ... (*tòn d' oýt'àr skaptêra theoì thésan oýt' arotêra oýt' állos ti sophón.*)
807. Aristóteles apoia-se em uma figura de linguagem de Platão no *Górgias*, 505d: ...ὥσπερ κεφαλὴν ἔχουσα ἐπιστήμη τῶν τιμιωτάτων. ... (*hósper kephalèn ékhoysa epistéme tôn timiotáton.*), literalmente: conhecimento das coisas mais excelsas que, por assim dizer, tivesse uma cabeça.
808. ...σπουδαιοτάτην... (*spoydaiotáten*).
809. ...εἰ μὴ τὸ ἄριστον τῶν ἐν τῷ κόσμῳ ἄνθρωπός ἐστιν. ... (*ei mè tò áriston tôn en tôi kósmoi ánthropós estin.*). O Estagirita parece identificar a prudência (sabedoria prática) com a ciência política, porque o ser humano é o animal político (animal da *polis*).

são diferentes para seres humanos e peixes, ao passo que branco e reto são invariavelmente o mesmo, todos indicariam o mesmo
25 por *sábio*, sendo diferente, todavia, quanto à *prudente*; com efeito, cada espécie classificará como prudente e se porá na tutela daquele que for capaz de discernir o bem-estar próprio dessa espécie, razão pela qual nos referimos mesmo *aos animais inferiores*[810] como prudentes, a saber, os que revelam uma *capacidade de antevisão*[811] em suas próprias vidas.[812] Também fica patente que sabedoria e ciên-
30 cia política não podem ser idênticas. Se, com efeito, a percepção de nossos próprios interesses for qualificada de sabedoria por nós, concluiremos pela presença de muitos tipos de sabedoria. Não será possível, com efeito, que haja uma única sabedoria relativa ao bem de todos *os seres vivos*,[813] mas uma diferente relativa [ao bem] de cada [espécie], tanto quanto não será possível uma só medicina relativa a todos os seres. O argumento segundo o qual o ser humano supera os outros animais em nada altera isso. *Com efeito, existem outras coisas de natureza muito mais divina do que o ser humano, do*
1141b1 *que o mais visível exemplo é aquilo de que é composto o universo.*[814]
O que foi dito deixa claro, portanto, que a sabedoria é tanto conhecimento quanto entendimento no tocante às coisas da mais excelsa natureza. Eis por que se diz que Anaxágoras, Tales[815] e homens
5 de idêntico perfil podem ser *sábios*, mas não *prudentes* quando se

---

Na sequência veremos, entretanto, que, embora a relação entre elas seja estreitíssima e apresentem idêntica disposição, são essencialmente diferentes. Quanto à avaliação aristotélica do ser humano, sua filosofia não é, de modo algum, *humanista*, ao menos no sentido protagórico, que lhe é contemporâneo, ou mesmo naquele moderno.

810. ...τῶν θηρίων... (*tôn theríon*): todos os animais terrestres distintos do ser humano, desde os antropóides até as feras.

811. ...δύναμιν προνοητικήν. ... (*dýnamin pronoetikén.*).

812. Ver os tratados de zoologia de Aristóteles.

813. ...τῶν ζῴων, ... (*tôn zóion,*).

814. ...καὶ γὰρ ἀνθρώπου ἄλλα πολὺ θειότερα τὴν φύσιν, οἷον φανερώτατά γε ἐξ ὧν ὁ κόσμος συνέστηκεν. ... (*kaì gàr anthrópoy álla polỳ theiótera tèn phýsin, hoîon phanerótatá ge ex hôn ho kósmos synésteken.*). Ver o tratado *Do Céu*.

815. Filósofos da natureza pré-socráticos. Anaxágoras de Clazomena viveu aproximadamente entre 500 e 428 a.C., e Tales de Mileto, entre 639 e 546 a.C. Seu objeto filosófico era a natureza (φύσις [*phýsis*]), na qual buscavam o princípio/origem (ἀρχή [*arkhé*]) de tudo. Tales foi considerado pelos antigos gregos precisamente um dos *Sete Sábios*.

observa que exibem ignorância quanto aos seus próprios interesses; *e embora se diga possuírem eles um conhecimento extraordinário, admirável, difícil e divino*,⁸¹⁶ esse conhecimento é considerado inútil, porque as coisas por eles buscadas não são os bens humanos.⁸¹⁷ A prudência, ao contrário, é *relativa aos assuntos humanos*⁸¹⁸ e àquilo quanto ao que se pode deliberar. De fato, dizemos que a função mais importante que cabe ao indivíduo prudente é o deliberar bem. Mas ninguém delibera sobre coisas que são imutáveis e sobre as mutáveis que não visam a um fim, sendo este um bem realizável. E aquele que pura e simplesmente delibera bem é o indivíduo que, com base no cálculo, é capaz de visar aos bens mais excelentes que são humanamente realizáveis. Mas a prudência não se restringe ao universal, devendo também levar em conta os particulares, uma vez que tem a ver com a ação, a qual diz respeito às coisas particulares. Essa é a razão por que alguns *ignorantes*⁸¹⁹ mostram-se mais aptos na ação do que outros indivíduos, estes possuidores de conhecimento. Com efeito, se alguém sabe que carnes leves são mais digestíveis e mais saudáveis, mas desconhece quais carnes são leves, não obterá saúde, o que provavelmente obterá um indivíduo cujo conhecimento se resume em saber que *frango*⁸²⁰ é saudável [e leve].⁸²¹ E em outros aspectos, indivíduos experientes [levam a melhor]. Tendo a prudência a ver com a ação, resulta necessitarmos de ambas suas formas ou, de preferência, desta última, ainda mais do que da primeira.⁸²² Também aqui é preciso haver algum elemento superior controlador.

---

816. ...καὶ περιττὰ μὲν καὶ θαυμαστὰ καὶ χαλεπὰ καὶ δαιμόνια εἰδέναι αὐτούς φασιν, ... (*kaì perittà mèn kaì thaymastà kaì khalepà kaì daimónia eidénai aytoýs phasin,*).

817. Somente com Sócrates (469-399 a.C.) o ser humano passará a ser decididamente o centro da filosofia, dando-se destaque para a ética.

818. ...περὶ τὰ ἀνθρώπινα, ... (*perì tà anthrópina,*).

819. ...οὐκ εἰδότες... (*oyk eidótes*).

820. ...ὀρνίθεια... (*ornítheia*): o sentido menos restrito também cabe aqui, ou seja, carne de ave doméstica.

821. O primeiro desses conhecimentos é do *universal* (καθόλου [*kathóloy*]), enquanto o segundo é do *particular* (τὸ κατὰ μέρος [*tò katà méros*], τὸ καθ' ἕκαστος [*tò kath' hékastos*]).

822. A última é vinculada ao conhecimento do particular; a primeira ao conhecimento do universal.

8

A DISPOSIÇÃO DA CIÊNCIA POLÍTICA é idêntica à da prudência, porém suas essências diferem. No que se refere ao *Estado*,[823] a prudência que exerce uma função controladora e diretiva é a *legislativa*,[824] enquanto a que se ocupa de particulares recebe comumente o nome de *política*.[825] Esta tange à ação e à deliberação (com efeito, um decreto é algo a ser realizado *por último*[826]), razão pela qual são apenas as pessoas que lidam com isso as consideradas participantes da política; de fato, são somente elas que realizam coisas, à semelhança dos artesãos. Entende-se a essência da prudência também, sobretudo, naquela sua forma que toca ao próprio eu, ao individual. Isso é efetivamente conhecido pela designação comum *prudência (sabedoria prática)*; as outras modalidades são a chamada *administração doméstica*,[827] a *legislação*,[828] a política, esta última em uma subdivisão entre deliberativa e judiciária. O conhecimento do que interessa a si mesmo decerto será uma forma de *prudência*,[829] embora muito diferente das outras formas; julga-se, ademais, que aquele que conhece e se ocupa de seus próprios negócios é prudente, ao passo que *os políticos se ocupam de diversas coisas*,[830] Daí [escrever] Eurípides:

Teria sido isso prudente quando eu poderia ter avançado despreocupadamente,

---

823. ...πόλιν... (*pólin*).
824. ...νομοθετική... (*nomothetiké*).
825. ...πολιτική... (*politiké*).
826. ...τὸ ἔσχατον... (*tò éskhaton*), o último. Entretanto, alguns eminentes helenistas, como Tricot e Bywater, preferem ἕκαστον (*hékaston*) a ἔσχατον (*éskhaton*), com o que a tradução seria: ...é algo a ser realizado *particularmente*... . Ambos os conceitos são cabíveis.
827. ...οἰκονομία... (*oikonomía*).
828. ...νομοθεσία... (*nomothesía*).
829. ...φρονήσεως... (*phronéseos*). Bekker registra γνώσεως (*gnóseos*), conhecimento, com reservas, enquanto Bywater o faz explicitamente. Parece que a coerência interna do contexto exige ...φρονήσεως..., que é o sugerido por Spengel e acolhido por nós.
830. ...οἱ δὲ πολιτικοὶ πολυπράγμονες·... (*hoi dè politikoì polyprágmones·*). Mas essa última expressão pode abrigar um viés pejorativo, no sentido de que os políticos podem, nas suas múltiplas atividades, exercer ingerência inconveniente, ou seja, revelam-se intrometidos.

Na multidão do exército um número,
Partícipe de um quinhão igual? (...)
*Com efeito, os desmedidos, e repletos de ação.*⁸³¹
De fato, busca-se desse modo o próprio bem e pensa-se agir assim devidamente. É a partir dessa concepção que surgiu a opinião de que são eles os prudentes. Entretanto, *talvez o próprio bem pessoal não exista sem administração doméstica e sem uma forma de governo político.*⁸³² Ademais, mesmo a administração dos assuntos pessoais não exibe transparência, exigindo exame.

O que foi dito recebe confirmação adicional ante o fato de que, embora os jovens tenham a possibilidade de se tornarem geômetras, matemáticos e *sábios*⁸³³ em domínios similares, inconcebível admitir que um jovem possa se tornar prudente. Eis a razão: a prudência tem a ver com fatos particulares, cujo conhecimento só pode surgir *a partir da experiência,*⁸³⁴ experiência cuja posse é impossível para um jovem, pois só o acúmulo dos anos pode produzi-la. (Seria cabível, inclusive, insistir na indagação do porquê um rapaz tem a possibilidade de ser um matemático e não consegue ser *sábio ou filósofo da natureza.*⁸³⁵ Uma resposta possivelmente satisfatória esclareceria que a matemática se ocupa de abstrações, enquanto os princípios daquelas matérias⁸³⁶ são oriundos da experiência; e o jovem só pode balbuciá-los sem ter deles convicção, ao passo que a essência da matemática se lhe afigura suficientemente clara.) Por outro lado, na deliberação, pode-se cair em equívoco seja quanto ao universal, seja

---

831. ...πῶς δ᾽ ἂν φρονοίην, ᾧ παρῆν ἀπραγμόνως / ἐν τοῖσι πολλοῖς ἠριθμημένον στρατοῦ / ἴσον μετασχεῖν; / τοὺς γὰρ περισσοὺς καί τι πράσσοντας πλέον. ... (*pôs d᾽ àn phronoíen, hôi parên apragmónos/ en toîsi polloîs erithmeménon stratoŷ/ íson metaskheîn;/ toỳs gàr perissoỳs kaí ti prássontas pléon.*). Extraído do *Filoctetes* de Eurípides.

832. ...καίτοι ἴσως οὐκ ἔστι τὸ αὐτοῦ εὖ ἄνευ οἰκονομίας οὐδ᾽ ἄνευ πολιτείας. ... (*kaítoi ísos oyk ésti tò haytoŷ eŷ áney oikonomías oyd᾽ áney politeías.*).

833. ...σοφοὶ... (*sophoí*), mas a ideia aqui parece ser puramente técnica no sentido de alguém versado numa ciência, não propriamente um sábio na acepção de um *filósofo*.

834. ...ἐξ ἐμπειρίας, ... (*ex empeirías,*).

835. ...σοφὸς δ᾽ ἢ φυσικὸς... (*sophòs d᾽è physikòs*).

836. Quer dizer, da metafísica e da física (filosofia da natureza), na terminologia aristotélica *filosofia primeira* e *filosofia segunda*, respectivamente.

quanto ao particular; vale dizer, ou na asserção de que toda água pesada é insalubre, ou naquela de que esta água é pesada.

É evidente que prudência não é conhecimento, pois, como foi dito, ela se reporta à apreensão do que é *último*;[837] com efeito, a coisa a ser realizada tem esse caráter. Resulta que a prudência se opõe ao entendimento, pois este tem a ver com *definições*[838] indemonstráveis pela razão, ao passo que a prudência se ocupa do que é *o último*,[839] o que não é objeto do conhecimento, podendo ser captado somente pela *percepção*[840] – não a dos atributos peculiares de certo sentido, mas aquela pela qual percebemos que a figura *última* da matemática é um triângulo,[841] onde é preciso se deter. Isso, contudo, não é tanto prudência, porém mais propriamente percepção sensorial, ainda que uma forma diferente desta.

9

Temos também que averiguar o que é *boa deliberação*[842] e apurar se estamos diante de um gênero de conhecimento ou de opinião, ou uma *habilidade em conjecturar*,[843] ou algo distinto desses

---

837. ...ἐσχάτου... (*eskhátoy*). Tricot e outros helenistas leem ...ἑκάστου... (*hekástoy*), particular, de cada um, individual. W. D. Ross e H. Rackham (o primeiro traduzindo o texto de Bywater e o segundo baseando-se no texto de Bekker) sugerem, respectivamente, de modo associativo, *ultimate particular fact* e *ultimate particular things*. Parece um típico problema de manuscrito, que permite uma leitura ou outra. De qualquer maneira, as sugestões em caráter conjectural não são, a rigor, desautorizadas pelo contexto.

838. ...ὅρων... (*hóron*).

839. ...τοῦ ἐσχάτου... (*toŷ eskhátoy*). Ver nota 837.

840. ...αἴσθησις... (*aísthesis*).

841. *Última* porque é impossível encerrar um espaço em menos de três linhas, que são aquelas que formam uma figura de três lados, isto é, o triângulo. Mas aqui ocorre também a leitura divergente dos helenistas quanto aos morfologicamente semelhantes ἔσχατον (*éskhaton*), último, final e ἕκαστον (*hékaston*), particular, individual.

842. ...εὐβουλίας... (*eyboylías*), literalmente bom conselho. Aristóteles refere-se à capacidade de deliberar bem.

843. ...εὐστοχία... (*eystokhía*). Genericamente a habilidade de visar, de modo a atingir o alvo, mas o sentido neste contexto é o específico registrado anteriormente.

gêneros. Não é conhecimento. Com efeito, não se investiga acerca daquilo que se conhece, sendo a boa deliberação uma forma de deliberação e, de fato, quem delibera investiga e calcula. Contudo, deliberar e investigar diferem. Realmente, deliberar envolve apenas investigação parcial. Tampouco é [a boa deliberação] habilidade em conjecturar, pois esta ocorre sem raciocínio e de maneira rápida, enquanto deliberar requer *muito tempo*[844] das pessoas e se diz que a efetivação do que foi resolvido na deliberação deve ser célere e a deliberação, lenta. Por outro lado, *rapidez intelectual*[845] e boa deliberação também são coisas diferentes. A primeira é uma forma de habilidade em conjecturar. Boa deliberação não é, tampouco – devemos acrescentá-lo – qualquer forma de opinião. Na medida, porém, em que aquele que delibera mal incorre em erros, quando quem delibera bem o faz com acerto, fica claro [ao menos] que a boa deliberação constitui uma forma de acerto ou *exatidão*,[846] ainda que estranha ao conhecimento e à opinião. O acerto (e, tampouco, com efeito, o erro) não podem ser predicados do conhecimento e *acerto (exatidão) de opinião é verdade*.[847] Ademais, tudo aquilo em torno de que se opina já foi estabelecido {mas, decerto, boa deliberação não dispensa raciocínio. Resta, portanto, que seja acerto no pensar; com efeito, este não é ainda afirmação}.[848] Temos que reconhecer que a opinião já não é mais investigação, mas uma forma de afirmação, ao passo que alguém que delibera, faça-o bem ou mal, está investigando e calculando. A boa deliberação é uma forma de acerto (exatidão) na deliberação {de modo que temos, primei-

---

844. ...πολὺν χρόνον, ... (*polỳn khrónon,*).
845. ...ἀγχίνοια... (*agkhínoia*), raciocínio rápido, agilidade mental.
846. ...ὀρθότης... (*orthótes*).
847. ...δόξης δ' ὀρθότης ἀλήθεια·... (*dóxes d'orthótes alétheia·*). O conhecimento é inqualificável quanto ao erro ou ao acerto, pois é necessariamente acertado (correto, exato). Em outras palavras, dizer conhecimento *acertado* é uma impropriedade e redundância, ao passo que dizer conhecimento *errado* é um absurdo. A opinião, todavia, é predicável do acerto, podendo ser acertada (exata, correta) ou errônea, incorreta.
848. ...ἀλλὰ μὴν οὐδ' ἄνευ λόγου ἡ εὐβουλία. διανοίας ἄρα λείπεται· αὕτη γὰρ οὔπω φάσις·... (*allà mèn oyd'áney lógoy he eyboylía. dianoías ára leípetai· haýte gàr oýpo phásis·*).
{ } Longa interpolação, a nosso ver um tanto desconexa. W. D. Ross, contudo, traduzindo o texto de Bywater, a faz constar normalmente.

ramente, que investigar o que é deliberação e acerca do que é}.[849] Entretanto, o acerto (exatidão) neste contexto é múltiplo e, é óbvio que nem todo tipo de acerto na deliberação corresponde a boa deliberação. O indivíduo descontrolado ou o indivíduo perverso poderá, depois de exercer *o cálculo*,[850] atingir sua meta como algo acerta-
20 do, e com isso terá deliberado com acerto, embora haja obtido algo sumamente mau, quando é de se considerar ser a boa deliberação um bem. Eis o acerto na deliberação que é boa deliberação, a saber, ser acertado (exato, correto) visando a atingir, ao menos como tendência, alguma coisa boa. É possível, porém, atingir tanto algo bom quanto algo mau através de uma *falsa dedução*;[851] o acesso à coisa certa a ser feita é possível, mas não o seu acesso a ela por meios corretos. Esse acesso é conseguido graças a um termo médio falso. Essa disposição, portanto, que permite atingir a coisa acertada mediante
25 os meios incorretos não é, tampouco, a boa deliberação. É possível, a propósito, que alguém a atinja em um processo prolongado de deliberação, enquanto outra pessoa o possa fazer rapidamente. O primeiro caso não resulta em boa deliberação, a qual se entende ser acerto deliberativo relativamente ao que é útil, atingindo-se a conclusão certa mediante meios corretos no tempo certo. Outro aspecto é podermos dizer que alguém deliberou bem quer em geral quer quanto a um fim particular. A boa deliberação em geral é a que
30 conduz aos resultados corretos e satisfatórios relativamente ao fim geral, ao passo que aquela com vista a algum fim particular é a que alcança resultados corretos e satisfatórios no tocante a algum fim particular. Se, assim, bem deliberar é característico dos indivíduos prudentes, a boa deliberação deve ser acerto relativamente ao que é expediente como algo que atinge o fim, genuína concepção do que é a prudência.

---

849. ...διὸ ἡ βουλὴ ζητητέα πρῶτον τί καὶ περὶ τί. ... (*diò he boylè zetetéa prôton tí kaì perì tí.*). { } Interpolação nada útil que, além de interromper o argumento, anuncia algo que não ocorrerá na imediata sequência: Aristóteles não passa a se ocupar do que é a deliberação e de seu objeto. Spengel indica a interpolação. Ross, traduzindo Bywater, faz constar a sentença normalmente.

850. ...τοῦ λογισμοῦ... (*toý logismoý*).

851. ...ψευδεῖ συλλογισμῷ... (*pseydeî syllogismôi*).

10

O DISCERNIMENTO E O BOM DISCERNIMENTO,[852] em função do que
1143a1 dizemos dos indivíduos que são pessoas de discernimento ou pessoas de bom discernimento, não é o mesmo que o conhecimento em geral (não sendo também opinião, pois se o fosse todos teriam discernimento). Tampouco é ele uma ou outra das ciências particulares, tais como a medicina, que se ocupa daquilo que toca à saúde, e a geometria, a qual se ocupa das grandezas. *Com efeito, tampouco se*
5 *ocupa dos seres eternos e imutáveis*,[853] e nem da totalidade das coisas que passam a existir (vêm a ser), mas daquelas em relação às quais é possível questionar e deliberar; podemos concluir que seus objetos são os mesmos da prudência, o que não quer dizer que discernimento e prudência sejam idênticos, pois, enquanto esta última emite comandos (já que seu fim é instruir sobre o que se deve fazer ou
10 não fazer), *o discernimento se limita a julgar*.[854] (Com efeito, discernimento e bom discernimento são idênticos, como o são a pessoa de discernimento e a pessoa de bom discernimento.) Discernimento não é nem a posse nem a aquisição de prudência. Mas se utilizamos a opinião objetivando julgar o que é dito por outra pessoa sobre
15 aquilo que tem conexão com a prudência, dizem de nós que *discernimos*, isto é, que julgamos corretamente (*com efeito, bem e corretamente são idênticos*),[855] do mesmo modo que *se aperceber* de algo se

---

852. ...καὶ ἡ σύνεσις καὶ ἡ εὐσυνεσία, ... (*kaì he sýnesis kaì he eysynesía,*). Aristóteles toma a palavra σύνεσις (*sýnesis*) do vocabulário corrente e nesse linguajar ela significa *junção ou confluência entre dois rios*. Embora essa palavra no vernáculo grego seja, genericamente e por extensão, intercambiável com νοῦς (*noýs*) no sentido específico que lhe empresta Aristóteles no contexto da *Ética a Nicômaco* e da *Ética a Eudemo* (ou seja, aquele de *compreensão, entendimento*), não se deve, em hipótese alguma, confundir *entendimento* com *discernimento*, ainda que, como dirá o Estagirita, sejam qualidades intelectuais que se referem ao mesmo objeto.

853. ...οὔτε γὰρ περὶ τῶν ἀεὶ ὄντων καὶ ἀκινήτων... (*oýte gàr perì tôn aeì óntōn kaì akinétōn*).

854. ...ἡ δὲ σύνεσις κριτικὴ μόνον. ... (*he dè sýnesis kritikè mónon.*).

855. ...τὸ γὰρ εὖ τῷ καλῶς τὸ αὐτό... (*tò gàr eŷ tôi kalôs tò aytó*). A afirmação de Aristóteles tem, obviamente, cunho contextual, visto que muitas vezes o advérbio καλῶς não significa o mesmo que o advérbio εὖ.

diz que é *discerni-lo* quando se trata do emprego do conhecimento. E o uso da palavra discernimento visando a indicar o atributo que faz dos indivíduos pessoas de bom discernimento tem como origem o discernimento presente no se aperceber; *de fato, dizemos frequentemente apreender (aperceber-se de) significando discernir.*[856]

11

Aquilo que designamos como *julgamento ponderado*,[857] em função do que se diz das pessoas que têm consideração ou manifestam *consideração*,[858] corresponde a julgar corretamente o que é equitativo. É indicativo disso dizer que o indivíduo equitativo manifesta, sobretudo, consideração (indulgência, perdão) pelos outros e que é testemunho de equidade manifestá-la em certas situações. Contudo, *o julgamento ponderado como consideração*[859] é o que julga corretamente o que é equitativo, esse *corretamente*[860] significando julgar o que é verdadeiro.

É razoável declarar que todas essas disposições dizem respeito à mesma coisa. Com efeito, atribuímos julgamento ponderado, discernimento, prudência e entendimento às mesmas pessoas das quais dizemos que são detentoras de julgamento ponderado e entendimento, e que são capazes de prudência e discernimento, *pois todas essas faculdades se ocupam das coisas últimas e particulares,*[861] e alguém tem discernimento, é detentor de um bom julgamento

---

856. ...λέγομεν γὰρ τὸ μανθάνειν συνιέναι πολλάκις. ... (*légomen gàr tò manthánein syniénai pollákis.*).

857. ...γνώμη... (*gnóme*). Aristóteles utiliza nesse contexto essa palavra em uma acepção muito restrita e sutil, que dificulta bastante a tradução para o nosso vernáculo. Mas a imediata explicação esclarece o sentido independentemente da tradução, vinculando γνώμη e συγγνώμη (*syggnóme*). Ver nota a seguir.

858. ...συγγνώμην... (*syggnómen*), termo composto derivado de γνώμη que abriga uma noção claramente filantrópica e que poderíamos traduzir genericamente também por *deferência* e mesmo, restritamente, por *indulgência* ou *perdão*.

859. ...ἡ δὲ συγγνώμη γνώμη... (*he dè syggnóme gnóme*).

860. ...ὀρθὴ... (*orthè*).

861. ...πᾶσαι γὰρ αἱ δυνάμεις αὗται τῶν ἐσχάτων εἰσὶ καὶ τῶν καθ' ἕκαστον, ... (*pâsai gàr hai dynámeis haŷtai tôn eskháton eisì kaì tôn kath' hékaston,*).

ponderado ou exibe indulgência ou perdão quando é capaz de julgar aquilo com o que tem a ver a prudência. De fato, ações equitativas são comuns a todos os indivíduos bons em sua relação com os outros, ao mesmo tempo que todos os assuntos referentes às ações situam-se na esfera das coisas particulares e últimas (com efeito, o prudente tem que conhecê-las) e o discernimento e o julgamento
35 ponderado têm a ver com assuntos tocantes às ações (conduta), os quais são *finais*.[862] E o entendimento apreende os resultados finais em ambos os sentidos, pois tanto as definições primárias quanto
1143b1 esses resultados finais são apreendidos pelo entendimento, mas não alcançados pelo raciocínio. Nas demonstrações, o entendimento apreende *as definições imutáveis e primárias*,[863] ao passo que *nas inferências da ação*[864] ele apreende o resultado final e contingente *e a*
5 *outra proposição*.[865] Com efeito, são estes os princípios a partir dos quais se conclui pelo fim, *pois os universais partem dos particulares*.[866] Por conseguinte, é necessário que tenhamos a percepção dos particulares, e esta é entendimento. Por essa razão, pensa-se que essas disposições são naturais e que alguém é dotado de julgamento ponderado, de discernimento e de entendimento naturalmente, enquanto é de se pensar que ninguém é sábio naturalmente. Depreendemos que assim é ao pensarmos nessas disposições em função de certas idades e que nesta ou naquela idade alguém terá enten-
10 dimento e julgamento ponderado, isto devido a uma *causa natural*[867] {consequentemente, o entendimento é começo e fim; com efeito, as demonstrações são a partir deles e a respeito deles}.[868] Dis-

---

862. ...ἔσχατα... (*éskhata*), últimos.
863. ...τῶν ἀκινήτων ὅρων καὶ πρώτων,... (*tôn akinéton hóron kaì próton,*).
864. ...ἐν ταῖς πρακτικαῖς... (*en taîs praktikaîs*).
865. ...καὶ τῆς ἑτέρας προτάσεως... (*kaì tês hetéras protáseos·*). Aristóteles parece ter em mente aqui a segunda premissa da dedução (silogismo), ou seja, a premissa menor, a qual precede a conclusão. Entretanto, logo a seguir (em 1143b5), ele alude à indução e não à dedução. O entendimento é dos particulares e não dos universais.
866. ...ἐκ τῶν καθ' ἕκαστα γὰρ τὰ καθόλου·... (*ek tôn kath'hékasta gàr tà kathóloy·*).
867. ...φύσεως αἰτίας... (*phýseos aitías*).
868. ...διὸ καὶ ἀρχὴ καὶ τέλος νοῦς· ἐκ τούτων γὰρ αἱ ἀποδείξεις καὶ περὶ τούτων. ... (*diò kaì arkhè kaì télos noŷs· ek toýton gàr hai apodeíxeis kaì perì toýton.*). Este período entre chaves é considerado deslocado por muitos helenistas, inclusive Bekker e Bywater. Inegável.

so decorre que as asserções e opiniões não demonstradas de pessoas experientes e idosas ou prudentes devem ser objeto de nossa atenção tanto quanto aquelas por elas respaldadas por demonstrações. Com efeito, a experiência lhes transmitiu uma visão com a qual enxergam as coisas com acerto. Discutimos, assim, o que são a prudência e a sabedoria, ao que dizem respeito e mostramos que cada uma delas é virtude de uma parte distinta da alma.

12

ENTRETANTO, A QUESTÃO DA UTILIDADE DESSAS [virtudes intelectuais] suscita uma dificuldade. A sabedoria, com efeito, não especula em torno daquilo que determinará a felicidade humana (de fato, não se ocupa do vir a ser), mas embora tenha a prudência essa função, qual a necessidade dela? Se a prudência diz respeito ao justo, ao nobre e ao bom para o ser humano, isto já é o que caracteriza a ação de um *homem*[869] bom; conhecer essas virtudes não nos torna mais capazes de praticá-las, porquanto as virtudes são *estados de caráter*,[870] tal como o conhecer do que é saudável e vigoroso, entendendo estes não como aquilo que produz saúde e vigor, mas aquilo que deles resulta não nos tornará mais saudáveis e vigorosos; não nos tornaremos nem um pouco mais aptos à ação pelo fato de conhecer a medicina ou a ginástica. Se, por outro lado, afirmamos que a prudência é útil não para fomentar em nós a boa ação, mas para nos ajudar a nos tornar bons, a conclusão é a sua inutilidade no caso daqueles que já são bons. Tampouco terá qualquer utilidade para aqueles que não o são, diante da irrelevância de serem eles próprios prudentes ou acatarem outras pessoas que o sejam. Bastará agir como agimos relativamente à saúde. É do mesmo modo que querer ter saúde sem aprender medicina. Ademais, pareceria estranho que ela,[871] a qual é inferior à sabedoria, fosse mais soberana do

---

869. ...ἀνδρὸς... (*andròs*), ser humano do sexo masculino.
870. ...ἕξεις... (*héxeis*).
871. Ou seja, a prudência.

35 que esta última, uma vez que aquela que *produz*[872] algo o governa e emite comandos para ele. Passemos agora a analisar essas questões, que até aqui foram apenas enunciadas.

1144a1 Comecemos por afirmar que essas virtudes, sendo elas as virtudes [intelectuais] das duas partes [da alma] respectivamente, são necessariamente desejáveis em si mesmas, ainda que nenhuma delas seja produtora ou criadora. Em segundo lugar, afirmamos que efetivamente produzem algo, não como a medicina produz saúde, 5 mas como esta produz saúde [enquanto causa formal], tal como a sabedoria produz felicidade. *Ela*[873] *é uma parte da virtude como um todo e, portanto, mediante sua posse e se convertendo em ato, torna [o ser humano] feliz.*[874] E é somente graças à prudência e à virtude moral que a *função*[875] própria [do ser humano] é plenamente realizada. A virtude [moral] assegura a retidão da meta a que visamos, ao passo que a prudência garante a retidão daquilo que conduz a essa meta. (Por outro lado, *a quarta parte da alma,*[876] *a nutritiva,*[877] 10 não dispõe de uma virtude semelhante, visto que carece de um poder para a ação ou inação.)

A consideração a seguir instaura o exame da questão de se a prudência não torna os indivíduos mais capazes de praticar ações nobres e justas. Como algumas pessoas, segundo o que sustentamos, realizam atos justos e, no entanto, isso não faz delas pessoas 15 justas (por exemplo, aquelas que agem conforme o que é determinado pela lei, mas involuntariamente ou na ignorância, ou em função de qualquer outro motivo, e não pelos atos em si, embora estejam agindo devidamente e fazendo tudo aquilo que uma boa pessoa deve fazer), parece que quando a meta é ser bom, há

---

872. ...ποιοῦσα... (*poioýsa*). Aristóteles prossegue com a noção da analogia com a medicina e a saúde, a primeira *produzindo* a segunda. A medicina é uma arte ou ciência produtiva (*poiética*).
873. Ou seja, a sabedoria.
874. ...μέρος γὰρ οὖσα τῆς ὅλης ἀρετῆς τῷ ἔχεσθαι ποιεῖ καὶ τῷ ἐνεργεῖν εὐδαίμονα. ... (*méros gàr oŷsa tês hóles aretês tôi ékhesthai poieî kaì tôi energeîn eydaímona.*).
875. ...ἔργον... (*érgon*).
876. ...τοῦ δὲ τετάρτου μορίου τῆς ψυχῆς... (*toŷ dè tetártoy moríoy tês psykhês*).
877. ...τοῦ θρεπτικοῦ·... (*toŷ threptikoŷ·*).

certa disposição que faculta, da parte de alguém, a realização desses vários atos alcançando essa meta, quero dizer como resultado de uma prévia escolha e por eles mesmos. O acerto da prévia escolha
20 de uma meta é assegurado pela virtude, porém realizar as coisas que devem ser realizadas naturalmente em função da meta previamente escolhida *não é algo que diz respeito à virtude, mas a uma faculdade distinta.*[878] Precisamos nos ater a isso, esclarecendo-o melhor.
25 Existe uma faculdade que denominamos *engenhosidade,*[879] que é a capacidade de execução das coisas conduzindo-as à meta que estabelecemos, e atingindo-a. Se a meta for nobre, a engenhosidade revelar-se-á uma faculdade louvável; se for vil, revelar-se-á mera *astúcia,*[880] razão pela qual classificamos pessoas prudentes e biltres igualmente como engenhosos. Mas ainda que essa faculdade não
30 seja a prudência, esta não prescinde dela. E aquela visão da alma já mencionada por nós é incapaz de adquirir o estado [de caráter] da prudência sem o concurso da virtude, o que afirmamos anteriormente e é evidente; com efeito, os silogismos sobre ações realizáveis sempre apresentam um *princípio*[881] sob a forma *visto que o fim, ou o mais excelente é este ou aquele* (qualquer que o seja, pois é possível ser o quer for que nos agrade por conta do argumento); contudo,
35 esse bem somente se revela como tal para o indivíduo bom; *com efeito, o vício nos perverte e nos faz falsear acerca dos princípios da ação.*[882] A evidente conclusão disso é não ser possível sermos prudentes sem sermos bons.

---

878. ...οὐκ ἔστι τῆς ἀρετῆς ἀλλ᾽ ἑτέρας δυνάμεως. ... (*oyk ésti tês aretês all' hetéras dynámeos.*).
879. ...δεινότητα... (*deinóteta*). Aristóteles emprega a acepção específica da palavra, a saber, habilidade intelectual, engenhosidade. A nossa palavra *esperteza* é imprópria dada a sua carga pejorativa – para o Estagirita a δεινότης (*deinótes*) é em si mesma moralmente neutra, sua qualidade moral só podendo ser detectada pelo fim que possibilita ser atingido enquanto meio, ou seja, será boa se o fim efetivamente alcançado for nobre, ou má se o fim atingido for vil. O termo *astúcia* é igualmente inconveniente pelas mesmas razões.
880. ...πανουργία... (*panoyrgía*).
881. ...ἀρχὴν... (*arkhèn*), isto é, no caso do silogismo (dedução), a premissa maior.
882. ...διαστρέφει γὰρ ἡ μοχθηρία καὶ διαψεύδεσθαι ποιεῖ περὶ τὰς πρακτικὰς ἀρχάς. ... (*diastréphei gàr he mokhthería kaì diapseýdesthai poieî perì tàs praktikàs arkhás.*).

13

1144b1 É NECESSÁRIO, PORTANTO, REEXAMINARMOS a *virtude*.[883] E, de fato, a questão da virtude é análoga àquela da prudência em sua conexão com a engenhosidade. Ora, ainda que estas não sejam idênticas, são semelhantes; e a *virtude natural*[884] mantém uma conexão idêntica com a virtude no seu sentido estrito e autêntico. Todos são do parecer que *cada uma das qualidades morais*[885] é, de alguma
5 forma, conferida pela natureza; com efeito, somos justos e moderados, corajosos e detentores das demais virtudes [morais] a partir de nosso nascimento. Mas, não obstante isso, nossa expectativa é descobrir que *o bem estrito e autêntico*[886] seja diferente e que as virtudes venham a nos dizer respeito de um modo distinto. Afinal, mesmo crianças e animais selvagens são detentores de estados na-
10 turais e, entretanto, na ausência do entendimento, tais estados podem evidentemente se revelar danosos. Tudo que se pode observar é que tal como um corpo vigoroso, mas *cego*,[887] sofre graves quedas quando se põe a andar porque está incapacitado de ver, tais estados podem nos desencaminhar, ao passo que se alguém conquistar o entendimento, sua conduta será diferente, e o estado que anteriormente apenas se assemelhava à virtude será agora *virtude estrita e autêntica*.[888] Consequentemente, tal como no *departamento for-*
15 *mador de opiniões*[889] existem duas formas, a saber, a engenhosidade e a prudência, no *moral*[890] também existem duas, nomeadamente a virtude natural e a virtude estrita e autêntica, esta não podendo existir sem a prudência. Daí alguns dizerem que todas as virtudes

---

883. ...ἀρετῆς... (*aretês*), mas o Estagirita parece ter em mente *o todo da virtude* como conceito estrito e autêntico buscado, e não a mera somatória das virtudes morais e intelectuais efetivas observáveis.
884. ...καὶ ἡ φυσικὴ ἀρετὴ... (*kaì he physikè aretè*).
885. ...ἕκαστα τῶν ἠθῶν... (*hékasta tôn ethôn*).
886. ...τὸ κυρίως ἀγαθὸν... (*tò kyríos agathòn*).
887. ...ἄνευ ὄψεως... (*áney ópseos*), literalmente: destituído de visão.
888. ...κυρίως ἀρετή. ... (*kyríos areté*.).
889. ...δοξαστικοῦ... (*doxastikoý*).
890. ...ἠθικοῦ... (*ethikoý*).

são tipos de prudência, estando Sócrates certo por um lado, mas errado por outro; com efeito, equivocou-se ao pensar que todas as
20 virtudes são tipos de prudência, mas acertou ao afirmar que elas não podem existir sem a prudência.[891] É indicativo disso que todos, mesmo atualmente, ao definirem a virtude, depois de dizerem que estado ela é, e especificarem os objetos que a concernem, acrescentam que se trata de um estado conforme a reta razão, sendo esta jus-
25 ta em conformidade com a prudência. Parece, portanto, que todos em algum sentido *conjecturam*[892] que a virtude seja um estado desse feitio, a saber, em conformidade com a prudência. Essa definição, porém, deve ser ampliada mediante uma ligeira alteração. Com efeito, a virtude não é apenas um estado que se conforma à reta razão, mas o estado que opera com o concurso dela, e a prudência é a reta razão no tocante a esses assuntos. Sócrates pensava, portanto, que as virtudes são *princípios racionais*[893] (com efeito, para ele são todas formas de conhecimento).[894] Afirmamos, de nossa parte, que
30 as virtudes operam com o concurso da razão. Tudo isso, por conseguinte, deixa clara a impossibilidade de ser bom no sentido estrito e autêntico sem prudência, bem como a impossibilidade de ser prudente sem a virtude moral. (Poder-se-ia também refutar o argumento dialético suscetível de ser formulado visando a demonstrar que as virtudes podem existir isoladas entre si; estaríamos autorizados a dizer que o mesmo indivíduo não está natural e maximamente
35 capacitado para todas elas. Resultado: terá conquistado uma delas quando ainda não conquistou outra. Embora possível no que respeita às virtudes naturais, não o é no tocante àquelas virtudes

---

891. Embora claro formalmente, este trecho exibe um teor um tanto problemático porque se ressente de séria ambiguidade em função do seu eixo, que é o conceito de prudência (sabedoria prática). Ao se reportar ao que Sócrates entende pelas virtudes (na sua relação com a prudência), parece que Aristóteles (do nosso prisma não grego que se empenha em *compreender* o grego) joga com variação e flutuação semânticas da palavra-chave *phrónesis* (φρόνησις), que embora signifique específica e secundariamente *prudência*, apresenta a acepção original e genérica de *ação de pensar*, de *razão* e a de *perceber através da razão*. Ora, acreditamos que, ao se referir às virtudes, Sócrates se prende aos sentidos primordiais da palavra e não à acepção restrita de *prudência*.

892. ...μαντεύεσθαί... (*manteýesthaí*).

893. ...λόγους... (*lógoys*).

894. Daí a constante investigação de Sócrates dos conceitos das virtudes.

1145a1 que capacitam alguém a ser chamado de bom absolutamente, isso porque se alguém possuir unicamente a prudência, esta terá junto a si todas as virtudes.) Evidencia-se, portanto, que, mesmo que ela fosse destituída de valor prático [ou seja, no que toca à conduta humana], ainda assim seria necessária na medida em que é virtude da parte prática à qual a conduta [humana] é pertinente; acresça-
5 -se que nossa prévia escolha não será correta sem prudência, tanto quanto sem virtude [moral]. Com efeito, enquanto esta última nos capacita a atingir a meta, a primeira nos permite empregar aquilo que nos conduz a ela.

Disso tudo, porém, não devemos concluir nem que seja soberana sobre a sabedoria (*sofía*) nem que o seja sobre *a parte superior*,[895] não mais do que a medicina é soberana sobre a saúde. Com efeito, a saúde não é manipulada pela medicina, a qual apenas promove sua produção, de modo a emitir ordens no interesse da saúde, mas não as dirigindo a esta.[896] *Ademais, [conferir tal soberania à prudência]*
10 *seria semelhante a dizer que a ciência política governa os deuses porque emite ordens acerca de tudo no Estado.*[897]

---

895. ...τοῦ βελτίονος μορίου, ... (*toŷ beltíonos moríoy,*).
896. A analogia (sempre no binômio mandar/obedecer) é com a relação senhor/escravo, ou mais exatamente aquela que o δεσπότης (*despótes*) – chefe de família – tem com os demais membros da comunidade doméstica.
897. ...ἔτι ὅμοιον κἂν εἴ τις τὴν πολιτικὴν φαίη ἄρχειν τῶν θεῶν, ὅτι ἐπιτάττει περὶ πάντα τὰ ἐν τῇ πόλει. ... (*éti hómoion kàn eí tis tèn politikèn phaíe árkhein tôn theôn, hóti epitáttei perì pánta tà en têi pólei.*).

LIVRO VII

1

15 INSTAUREMOS NA SEQUÊNCIA UM RECOMEÇO estabelecendo que *os estados morais*[898] a serem evitados são de três formas: *vício, descontrole e bestialidade.*[899] Os opostos no tocante a dois desses três estados são evidentes, pois chamamos um deles de virtude e o outro de *autocontrole.*[900] Quanto à bestialidade, como seu oposto seria mais
20 adequado empregar a expressão *virtude sobre-humana, algo heroico ou divino*[901] – como Homero representou Príamo referindo-se a Heitor, em vista de ser ele excepcionalmente valoroso, a saber:

(...) *Nem parecia ele*
O filho de um homem mortal, mas de um deus.[902]

Por conseguinte, se é como se diz que a virtude excepcional
25 transforma seres humanos em deuses, o estado oposto à bestialidade será obviamente desse mesmo gênero, posto que não existe vício ou virtude no que se refere a uma fera e, tampouco, no que se refere a um deus; de fato, o estado deste é mais excelso do que a virtude, enquanto o estado bestial é de um gênero distinto do vício. *E uma vez que é raro ser um homem divino,*[903] como o exprimem com essa

---

898. ...τὰ ἤθη... (*tà éthe*).

899. ...κακία ἀκρασία θηριότης. ... (*kakía akrasía theriótes.*). Esta última palavra inclui também, entre outras, a ideia de ferocidade e não deve, de modo algum, ser confundida com *animalidade*.

900. ...ἐγκράτειαν... (*egkráteian*).

901. ...ὑπὲρ ἡμᾶς ἀρετήν, ἡρωϊκήν τινα καὶ θείαν, ... (*hypèr hemâs aretén, heroïkén tina kaì theían,*).

902. ...οὐδὲ ἐῴκει ἀνδρός γε θνητοῦ πάις ἔμμεναι ἀλλὰ θεοῖο. ... (*oydè eóikei andrós ge thnetoÿ páis émmenai allà theoío.*). *Ilíada*, xxiv, 258-259.

903. ...ἐπεὶ δὲ σπάνιον καὶ τὸ θεῖον ἄνδρα εἶναι, ... (*epeì dè spánion kaì tò theîon ándra eînai,*).

palavra *os lacedemônios*[904] a título de suma admiração por alguém (é um homem divino, dizem), também é raro encontrar uma qua-
30 lidade bestial entre os seres humanos, a qual é encontrada, sobretudo, entre os bárbaros; [a propósito, deve-se acrescentar] que há algumas ocorrências causadas por doença ou atrofia no processo de desenvolvimento. Também usamos a palavra bestial para designar aqueles entre os seres humanos que, em matéria de vício, sobrepujam os indivíduos comuns. Essa *disposição*[905] terá que ser abordada de algum modo mais tarde, e já tratamos anteriormente do vício.
35 Cabe-nos, nesta oportunidade, abordar o descontrole e a *indolência ou efeminamento*,[906] e o autocontrole e a *firmeza*.[907] Nenhum
1145a1 desses estados deve ser abordado como idêntico à virtude ou ao vício e, tampouco, como diferente deles quanto ao gênero. Devemos, tal como no tratamento dos demais assuntos, apresentar as diversas opiniões a respeito *do que se mostra*[908] e, em seguida, após primei-
5 ramente examinar as dificuldades, demonstrar, se possível, o verdadeiro em todas as opiniões pertinentes a essas *paixões*[909] e, diante da impossibilidade, fazê-lo em relação ao maior número delas no tocante às mais expressivas. Se, com efeito, pudermos resolver as dificuldades e manter incólume uma parte dessas opiniões, teremos demonstrado o bastante.

[Opiniões:] o autocontrole e a firmeza são considerados bons
10 e louváveis e o descontrole e a indolência maus e censuráveis; o indivíduo é autocontrolado quando se conforma ao produto de seus raciocínios ou descontrolado quando não hesita em afastar-se dos resultados desses raciocínios; o indivíduo descontrolado realiza

---

904. ...οἱ Λάκωνες... (*hoi Lákones*), ou seja, os espartanos.

905. ...διαθέσεως... (*diathéseos*).

906. ...μαλακίας καὶ τρυφῆς... (*malakías kaì tryphês*). Aristóteles e, de resto, os antigos gregos em geral associavam a preguiça e a constituição física franzina à sensualidade feminina. Na tabela (*Ética a Eudemo*), 1221a9, coluna da esquerda, lemos τρυφερότης (*trypherótes*), que traduzimos por moleza, mas a noção é a mesma.

907. ...καρτερίας... (*karterías*), tabela da *Ética a Eudemo*, 1221a9, coluna da direita.

908. ...τὰ φαινόμενα... (*tà phainómena*), ou seja, o que se revela e se observa desses estados.

909. ...πάθη, ... (*páthe,*), estados passivos; πάθος (*páthos*) genericamente é tudo aquilo que é experimentado pelo corpo ou pela alma, tudo a que estamos submetidos ou que sofremos. Evidentemente, πάθος se contrapõe diretamente a πρᾶξις (*práxis*), ação.

aquilo que sabe ser mau, *devido à paixão*,⁹¹⁰ ao passo que o autocontrolado, ciente de que seus apetites são maus, não se deixa conduzir por eles, *devido à razão*;⁹¹¹ o indivíduo moderado é constantemente autocontrolado e firme, mas alguns negam que o autocontrolado seja constantemente moderado, enquanto outros o afirmam, identificando o desregrado com o descontrolado e este com aquele indiscriminadamente; os primeiros, porém, os distinguem; ora é declarado que o indivíduo prudente é incapaz de ser descontrolado, ora que alguns indivíduos prudentes e engenhosos são descontrolados; ademais, indivíduos são tidos como descontrolados com referência à ira e à busca da honra e do ganho. Eis aí, portanto, o que é dito.

2

AS DIFICULDADES [COMEÇANDO PELA TERCEIRA OPINIÃO]: é questionável que um indivíduo seja incapaz de manter o autocontrole se acredita acertadamente que está errado. Alguns dizem que essa sua conduta é impossível estando ele ciente de que o ato é errado. Com efeito, como sustentava Sócrates, seria estranho se, estando presente em uma pessoa o conhecimento, alguma outra coisa o sobrepujasse e o arrastasse *como um escravo*.⁹¹² Sócrates, de fato, combatia absolutamente tal opinião,⁹¹³ afirmando que, a rigor, não existe descontrole. Segundo ele, ninguém *age contra o que é o melhor*,⁹¹⁴ compreendendo o que faz, a não ser impulsionado pela ignorância. Bem, é evidente estar essa teoria em desacordo com os próprios fenômenos, de modo que devemos investigar esse estado passivo. Se aquilo que o gera é a ignorância, deve-se investigar de que

---

910. ...διὰ πάθος, ... (*dià páthos,*).

911. ...διὰ τὸν λόγον. ... (*dià tòn logon.*).

912. ...ὥσπερ ἀνδράποδον. ... (*hósper andrápodon.*). Ver Platão, *Protágoras*, 352c.

913. Isto é, a de que estando alguém ciente do que é certo, faz o errado. Entretanto, convém entender precisamente o que Sócrates quer dizer com *conhecimento* (ἐπιστήμη [*epistéme*]). Ver, entre outros, os diálogos *Protágoras* e *Teeteto*, de Platão.

914. ...πράττειν παρὰ τὸ βέλτιστον, ... (*práttein parà tò béltiston,*).

30 tipo de ignorância se trata. Com efeito, é óbvio que aquele que não consegue ter autocontrole não considera que deve assim agir antes de se tornar presa da paixão. Mas há alguns que acolhem essa doutrina com algumas restrições, ao passo que outros não. Admitem o poder inigualável do conhecimento, porém não que alguém aja se opondo ao que lhe pareceu ser o melhor procedi-
35 mento; daí decorre sustentarem que o descontrolado, sob o jugo dos prazeres, não está de posse de conhecimento, mas apenas de opinião. Mas se apenas de opinião e não de conhecimento, sendo
1146a1 a crença a opor resistência débil e não vigorosa – como aquela das pessoas na incerteza – seria o caso de perdoarmos o indivíduo por não manter fidelidade às suas crenças quando assaltado por *apetites intensos*,[915] mas não perdoarmos o vício, nem os demais [estados] censuráveis. [Quinta opinião:] é então a resistência da prudência
5 que é sobrepujada? De fato, esta é a mais vigorosa. Isso, contudo, não faz sentido, pois, nesse caso, a mesma pessoa será a uma vez prudente e descontrolada, e ninguém admitirá que o indivíduo prudente dispõe-se a realizar voluntariamente *as ações mais vis*.[916] Foi demonstrado, anteriormente, inclusive, que o prudente é o agente (visto referir-se ele aos fatos *últimos*[917]), ao que se deve acrescer que
10 ele possui as demais virtudes. [Quarta opinião:] por outro lado, se o autocontrole faz experimentar apetites intensos e maus, o *moderado*[918] não será autocontrolado, nem o indivíduo autocontrolado, moderado, já que este último (o moderado) não experimenta apetites excessivos nem maus. O autocontrolado, porém, tem que experimentá-los, uma vez que se os apetites são bons, o estado que nos
15 impede de atendê-los será mau, de modo que nem todo autocontrole será bom; por outro lado, se os apetites forem *débeis e*

---

915. ...ἐπιθυμίας ἰσχυράς·... (*epithymías iskhyrás·*).
916. ...τὰ φαυλότατα. ... (*tà phaylótata.*).
917. ...ἐσχάτων... (*eskháton*): mais uma vez o problema envolvendo a semelhança morfológica de ἐσχάτων (*eskháton*) e ἑκάστων (*hekáston*). Bekker registra o primeiro termo e Bywater o segundo. Embora tenhamos traduzido segundo Bekker, muitos tradutores optam não pela tradução alternativa, mas pela inclusiva, isto é, ...*fatos últimos (finais) e particulares*..., no que não incorrem em qualquer incoerência ou impropriedade.
918. ...σώφρων·... (*sóphron·*).

não maus,⁹¹⁹ nada há de extraordinário em resistir a eles e, se forem *maus e débeis*,⁹²⁰ tampouco haverá qualquer coisa de admirável nisso. Ademais, [primeira e segunda opiniões] se o autocontrole leva um indivíduo a ser firme em todas as suas opiniões, isso é nocivo, no caso, por exemplo, de ser firme em uma opinião falsa. E se o descontrole o capacita a afastar-se de qualquer opinião, existirá um *bom descontrole*,⁹²¹ o que é exemplificado por Neoptolemo no *Fi-*
20 *loctetes* de Sófocles. Com efeito, ele não mostra firmeza quanto ao que Odisseu o persuadira a fazer devido à dor que causa dizer uma mentira – caso em que sua falta de firmeza é louvável.⁹²² Por outro lado [primeira e terceira opiniões], defrontamo-nos com a dificuldade suscitada pelo *argumento sofístico*⁹²³ (com efeito, os sofistas, no desejo de mostrar que são engenhosos, põem-se a demonstrar *a opinião incomum*,⁹²⁴ mas, quando eles obtêm êxito, é gerada uma dificuldade no raciocínio. O pensamento se vê sob grilhões, não
25 querendo se imobilizar porque não aprova a conclusão e [simultaneamente] incapaz de avançar porque não consegue contestar o argumento). Um dos argumentos deles demonstra que *a loucura*⁹²⁵ associada ao descontrole é uma virtude. De fato, se alguém é louco e também descontrolado, guiado por seu descontrole ele faz o contrário do que lhe orienta a crença da correta ação moral; mas ele crê que o que é bom é mau e que não deve fazê-lo. Daí fará o bem
30 e não o mal. Por outro lado [segunda e quarta opiniões], alguém que realiza, busca e faz a prévia escolha do que é prazeroso com base em

---

919. ...ἀσθενεῖς καὶ μὴ φαῦλαι,... (*astheneîs kaì mè phaýlai,*).
920. ...φαῦλαι καὶ ἀσθενεῖς,... (*phaýlai kaì astheneîs,*).
921. ...σπουδαία ἀκρασία,... (*spoydaía akrasía,*).
922. Tanto Filoctetes quanto Neoptolemo são heróis gregos que participaram do cerco de Troia, relatado por Homero no seu poema *Ilíada*. O segundo é filho do prestigioso e temido Aquiles. Odisseu (denominado Ulisses pelos latinos), filho de Laertes e rei de Ítaca, é um dos mais renomados heróis gregos, sendo o personagem central da *Odisseia* de Homero.
923. ...σοφιστικὸς λόγος... (*sophistikòs lógos*).
924. ...τὸ παράδοξα... (*tò parádoxa*): o paradoxo não é um raciocínio ou opinião necessariamente falsos, mas simplesmente aquele ou aquela que vai além do comum e aceito correntemente.
925. ...ἡ ἀφροσύνη... (*he aphrosýne*).

convicção poderia ser considerado um indivíduo melhor do que alguém que assim age, mas não devido ao cálculo, mas devido ao descontrole. Com efeito, a recuperação do primeiro é mais fácil, visto que sua convicção pode ser modificada por persuasão. Quanto ao descontrolado, enquadra-se [na pergunta] do provérbio: *quando é a água que sufoca, o que beber depois?*[926] Se convencido de que o que faz é certo, poderia ter desistido por força de uma alteração de convicção; agora, todavia, está convencido de que deve fazer uma coisa e, não obstante, é outra que ele faz. Ademais, se o descontrole e o autocontrole podem ocorrer em relação a qualquer coisa, o que é o descontrolado absolutamente? Ninguém, com efeito, possui todo tipo de descontrole e, ainda assim, dizemos de alguns indivíduos que são absolutamente descontrolados.

Esse é aproximadamente o caráter das dificuldades surgidas. Algumas dessas questões terão que ser refutadas e eliminadas, ao passo que outras terão que ser deixadas de lado; com efeito, a solução de uma dificuldade está na descoberta [da resposta ao problema por ela suscitado].[927]

3

TEMOS QUE COMEÇAR POR CONSIDERAR se os indivíduos [agem com descontrole] *cientes [disso] ou não*,[928] e, se cientes, em que sentido; depois, quais são os objetos aos quais o descontrole e o autocontrole concernem – quero dizer, se eles têm a ver com o prazer e a dor de todos os tipos, ou apenas com determinados prazeres e dores. E se o indivíduo autocontrolado é idêntico ao indivíduo dotado de firmeza ou dele distinto. E igualmente as outras questões que se coadunam com esta especulação deverão ser examinadas. Serviria de ponto de partida para nossa investigação indagar se *a diferença*[929] entre o indivíduo autocontrolado e o descontrolado

---

926. ...ὅταν τὸ ὕδωρ πνίγῃ, τί δεῖ ἐπιπίνειν; ... (*hótan tò hýdor pnígei, tí deî epipínein;*).
927. Bywater e Ross iniciam o capítulo 3 com este parágrafo.
928. ...εἰδότες ἢ οὔ, ... (*eidótes è oý,*).
929. ...τὴν διαφοράν, ... (*tèn diaphorán,*).

é constituída por seus objetos ou suas posturas – quero dizer, se alguém é descontrolado exclusivamente por ser incapaz de conter-se com referência a certas coisas, ou antes, porque revela certa postura, ou devido a ambos esses fatores. Um segundo ponto questionável é se descontrole e autocontrole ocorrem afetando todas as coisas ou não. De fato, ao se dizer de um indivíduo que é descontrolado pura e simplesmente, não significa que o seja em relação
20 a tudo, mas somente em relação àquilo em que alguém pode ser desregrado (licencioso); e também não indica simplesmente o seu envolvimento com essas coisas (pois, neste caso, identificar-se-ia com o *desregramento*[930]), mas que a elas está associado de um modo particular. Com efeito, o desregrado (licencioso) cede por prévia escolha, no pensamento de que deve sempre buscar o prazer disponível, enquanto o descontrolado não alimenta esse pensamento, embora igualmente busque o prazer.

A sugestão de que é contra *a opinião verdadeira*[931] e não contra o
25 conhecimento que os indivíduos descontrolados agem é indiferente para o nosso argumento. Alguns indivíduos, com efeito, sustentam suas opiniões considerando-as como se fossem conhecimento exato. Diante disso, se a convicção debilitada for o que nos conduz a decidir que os indivíduos que se insurgem, na sua ação, contra sua [própria] compreensão do que é certo opinam sobre o certo em lugar de conhecê-lo, não haverá diferença alguma entre conhecimento e opinião. É o que ocorre uma vez que certas pessoas estão tão
30 firmemente convictas daquilo que opinam quanto outras estão daquilo que conhecem. Isso se mostra claro em Heráclito.[932] Mas se dizemos *conhecer*[933] em duas acepções (com efeito, diz-se tanto

---

930. ...ἀκολασίᾳ... (*akolasíai*). Aristóteles distingue ἀκρασία (*akrasía*), descontrole, de ἀκολασία (*akolasía*), desregramento, indisciplina em geral, e a acepção mais restrita de licenciosidade, especialmente sensual. Na verdade, o conceito de descontrole (mais amplo) inclui e abrange o de desregramento (menos amplo) e o de licenciosidade (restrito). No elenco (tabela) da *Ética a Eudemo* (1221a2), coluna da esquerda, Aristóteles faz constar ἀκολασία (*akolasía*), excesso que se opõe à deficiência ἀναισθησία (*anaisthesía*), insensibilidade. Na sequência, o Estagirita voltará a comparar esses dois conceitos.

931. ...τοῦ δόξαν ἀληθῆ... (*toý dóxan alethê*).

932. Heráclito de Éfeso (entre séculos VI e V a.C.), filósofo da natureza pré-socrático.

933. ...ἐπίστασθαι... (*epístasthai*).

de alguém detentor de conhecimento que não o emprega quanto daquele conhecedor que o emprega, que conhece), fará diferença se um indivíduo procede como não deve contemplando intelectualmente o erro, mas sem cogitar conscientemente de seu co-
35 nhecimento, ou com o conhecimento conscientemente presente em seu intelecto. Este último caso pareceria surpreendente, mas
1147a1 não aquele da contemplação intelectual. Por outro lado, visto que há duas formas de *proposições*,[934] inexiste qualquer obstáculo quanto a alguém agir contra seu conhecimento estando de posse de ambas as proposições, no sentido de recorrer apenas ao seu conhecimento da proposição universal e não àquele da particular. *Com efeito, coisas praticáveis têm a ver com particulares.*[935] E há duas formas diversas de *universal.*[936] De fato, um universal é predicado do
5 *próprio*[937] [agente], enquanto o outro o é *da coisa;*[938] por exemplo: os alimentos secos são bons para todos os seres humanos; ora, ele próprio (o indivíduo) é um ser humano, ou este ou aquele alimento é seco. Entretanto, pode ocorrer ou que ele não possui ou que não está efetivando (atualizando) o conhecimento de se o alimento em particular é este ou aquele. Essas duas formas de conhecer serão sumamente diferentes. Não pareceria *estranho*[939] de modo algum que o indivíduo devesse conhecer de uma forma, mas *espantoso*[940] se a
10 conhecesse da outra forma. Por outro lado, é possível os seres humanos possuírem conhecimento de mais uma forma além das que acabamos de indicar, pois, mesmo na situação de posse do conhecimento não empregado, podemos assistir a um estado diferenciado, ou seja, é possível e facultado, em certo sentido, tanto possuir conhecimento quanto não o possuir; por exemplo, quando alguém

---

934. ...προτάσεων, ... (*protáseon,*). Aristóteles refere-se à premissa maior e à premissa menor do silogismo (dedução), a primeira sendo um juízo universal, a segunda um juízo particular. A concatenação lógica delas gera uma conclusão particular.

935. ...πρακτὰ γὰρ τὰ καθ' ἕκαστα. ... (*praktà gàr tà kath' hékasta.*).

936. ...καθόλου... (*kathóloy*).

937. ...ἑαυτοῦ... (*heaytoŷ*), de si próprio, daquele que realiza a ação, ou seja, o ser humano.

938. ...τοῦ πράγματός... (*toŷ prágmatós*).

939. ...ἄτοπον... (*átopon*).

940. ...θαυμαστόν... (*thaymastón*).

se acha *adormecido, insano ou embriagado*.[941] É a condição, a propósito, de pessoas que se encontram sob a influência de paixões.

15 *Com efeito, salta aos olhos que a ira, os apetites sexuais e certas outras [paixões] alteram efetivamente o corpóreo e, em certos casos, inclusive, causam insanidade*.[942] Portanto, é evidente ser essa a condição do descontrolado. O fato de utilizarem a linguagem [ou jargão] do conhecimento não indica que [efetivamente] o possuem. Indiví-
20 duos submetidos a esses estados passivos proferem enunciados demonstrativos silogísticos e versos de Empédocles;[943] indivíduos que simplesmente principiaram um aprendizado enfileiram palavras e conceitos, mas o sentido destes ainda lhes escapa, pois é necessária a integração [do conhecimento no intelecto desses estudantes] e isso requer tempo. Assim, somos obrigados a supor que indivíduos descontrolados falam como atores que interpretam um papel. Ade-
25 mais, é possível também sondar a causa [do descontrole] do ponto de vista dos traços de sua natureza. Com efeito, a proposição universal é uma opinião, enquanto a outra (a particular) refere-se às coisas particulares, cujo domínio é o da percepção. Quando as duas proposições são combinadas, necessariamente a alma afirma a conclusão resultante,[944] sendo que no caso do plano prático impõe-se a realização imediata dela; por exemplo, se *todas as coisas doces de-*
30 *vem ser experimentadas* e *isto é doce enquanto uma coisa particular entre essas coisas doces*, impõe-se a necessidade, se houver capacidade para tanto e não houver impedimento, de uma ação imediata que obedeça a isso. Quando, portanto, estiver presente [na parte intelectiva da alma] um juízo universal que obsta o experimentar e, por outro lado, um juízo de que *todas as coisas doces são agradáveis*, a se

---

941. ...καθεύδοντα καὶ μαινόμενον καὶ οἰνωμένον. ... (*katheýdonta kaì mainómenon kaì oinoménon.*).

942. ...θυμοὶ γὰρ καὶ ἐπιθυμίαι ἀφροδισίων καὶ ἔνια τῶν τοιούτων ἐπιδήλως καὶ τὸ σῶμα μεθιστᾶσιν, ἐνίοις δὲ καὶ μανίας ποιοῦσιν. ... (*thymoì gàr kaì epithymíai aphrodisíon kaì énia tôn toioýton epidélos kaì tò sôma methistâsin, eníois dè kaì manías poioýsin.*).

943. Poeta e filósofo da natureza pré-socrático. Viveu no século V a.C. e era natural de Agrigento.

944. Mais uma vez, Aristóteles tem em mente o silogismo (raciocínio dedutivo): a premissa maior é universal, a menor e a conclusão são particulares.

somar a uma proposição de que *isto é doce* (sendo esta proposição a conversora em ato), estando o apetite eventualmente presente, concluir-se-á que ainda que o primeiro juízo seja para evitar *aquele isto*, o apetite levará [a pessoa] a ele (ele é capaz, com efeito, de pôr em movimento cada uma das partes [do corpo]). Assim, acontece que, quando o indivíduo incorre no descontrole, age, de algum modo, sob o império de uma razão ou opinião; esta, contudo, não se opõe, em si mesma, à reta razão, a não ser acidentalmente (a rigor, é o apetite que se opõe, e não a opinião). Por conseguinte, não podemos classificar os animais inferiores de descontrolados porque eles não têm a capacidade de formar *as concepções universais, mas somente as imagens mentais e lembranças de coisas particulares*.[945] Como a ignorância do descontrolado é dissipada, retornando ele ao conhecimento, é explicada em paridade com os casos de embriaguez e adormecimento, e não caracteriza esses estados passivos. Teremos que procurar a explicação para isso com *os filósofos da natureza*.[946] Sendo a última proposição uma opinião em torno de um objeto dos sentidos e determinante das ações, é ela que o indivíduo, sob o império das paixões, não possui ou somente possui de uma maneira que não significa que realmente a conhece, mas que somente o faz proferi-la como o ébrio profere os versos de Empédocles. Por outro lado, como o último termo não é o universal, nem igualmente objeto do conhecimento como o é o universal, vemo-nos, pelo que parece, conduzidos àquilo que Sócrates procurou estabelecer. Com efeito, o conhecimento presente quando a paixão está no controle não é o que se sustenta ser conhecimento estrito e autêntico, como não o é, tampouco, aquele que é arrastado por força da paixão, mas sim o conhecimento proveniente da percepção sensorial. E é quanto basta no que respeita à questão de se o descontrolado pode agir com conhecimento ou não, e se, no primeiro caso, em que sentido ele conhece.

---

945. ...τῶν καθόλου ὑπόληψιν, ἀλλὰ τῶν καθ' ἕκαστα φαντασίαν καὶ μνήμην. ... (*tôn kathóloy hypólepsin, allà tôn kath'hékasta phantasían kaì mnémen*.).
946. ...τῶν φυσιολόγων... (*tôn physiológon*).

4

20 CABE-NOS, EM SEGUIDA, discutir se qualquer indivíduo pode ser qualificado como descontrolado *pura e simplesmente*,⁹⁴⁷ ou se tem que ser em função de coisas parciais e particulares e, se for este o caso, qual tipo de coisas. É evidente ser com respeito a dores e prazeres que os indivíduos são autocontrolados e dotados de firmeza ("duros"), ou descontrolados e indolentes ("moles"). As coisas que produ-
25 zem prazer são as necessárias e as desejáveis em si, mas que comportam excesso, sendo suas fontes necessárias as vinculadas ao corpo (quero dizer, aquelas ligadas à nutrição e ao sexo – funções estas que, em termos de definição, já situamos no âmbito do desregramento e da moderação);⁹⁴⁸ as demais fontes do prazer não são ne-
30 cessárias, porém *desejáveis em si mesmas*⁹⁴⁹ (quero dizer, por exemplo, *vitória, honra, riqueza*⁹⁵⁰ e as outras coisas boas e prazerosas da mesma espécie). Não chamamos pura e simplesmente de descontrolados aqueles que no interior de si mesmos, contrariando a reta razão, excedem-se relativamente a essa última categoria de coisas. Aplicamo-lhes uma qualificação, ou seja, designamo-los como *descontrolados com referência ao dinheiro, ao ganho, às honras ou à ira*, e não pura e simplesmente descontrolados. Assim fazemos porque os distinguimos do descontrolado propriamente dito, essa sua de-
35 signação sendo por analogia, como no caso de *Ântropos*,⁹⁵¹ o ven-
1148a1 cedor das Olimpíadas, cuja definição característica pouco difere da definição geral de *homem*,⁹⁵² não obstante fosse ela distinta. (Que é isso o que ocorre é indicado, com efeito, pelo fato de condenarmos o descontrole, quer o puro e simples, quer o particularmente qualificado, como um vício e não apenas como um erro, enquanto

---

947. ...ἁπλῶς... (*haplôs*), ou seja, em termos absolutos.
948. Ver elenco (tabela), *Ética a Eudemo*, 1221a2, respectivamente coluna da esquerda e coluna da direita.
949. ...αἱρετὰ δὲ καθ' αὑτὰ... (*hairetà dè kath'hautà*).
950. ...νίκην τιμὴν πλοῦτον... (*níken timèn ploŷton*).
951. Nome de um boxeador que se sagrou vitorioso nos Jogos Olímpicos em 456 a.C.
952. *Ánthropos* (ἄνθρωπος) significa homem, ser humano.

nenhuma das outras formas[953] é assim por nós condenada). Mas entre os que são descontrolados quanto aos prazeres do corpo, com respeito aos quais fizemos referência ao moderado e ao desregrado (licencioso), o indivíduo que busca prazer excessivo e foge dos excessos de dor tais como *fome, sede, calor, frio e tudo aquilo que diz respeito ao tato e ao paladar*[954] – assim agindo não por prévia escolha, mas contrariamente a esta e à sua inteligência – é classificado como descontrolado não qualificadamente, isto é, descontrolado no tocante a isto ou àquilo (como é alguém que cede à ira), mas como pura e simplesmente descontrolado. (É indicativa disso a classificação de indivíduos como indolentes quando se trata desses prazeres, porém não quando se trata de quaisquer outros). Isso explica por que agrupamos o descontrolado com o desregrado (licencioso) e o autocontrolado com o moderado, mas nenhuma das outras formas, porque eles[955] estão associados aos mesmos prazeres e dores. Mas o fato de sua associação ser com as mesmas coisas, não significa que é idêntica. Uns agem por prévia escolha, enquanto outros não. Consequentemente, deveríamos considerar alguém que busca [prazeres] excessivos e foge de dores moderadas ao experimentar apetites débeis ou nenhum apetite, mais desregrado (licencioso) do que alguém que o faz devido a apetites intensos. Com efeito, o que faria o primeiro se experimentasse os apetites ardentes da juventude e dor violenta na falta dos prazeres necessários?

Entre os apetites e os prazeres, alguns têm a ver com coisas nobres e boas do ponto de vista do gênero (com efeito, algumas coisas prazerosas são naturalmente desejáveis, outras se opõem a isso, enquanto outras, ainda, são *intermediárias*,[956] a ficarmos com a classificação anterior); para essa classificação serviram de exemplos o dinheiro, o ganho, a vitória, as honras, sendo que relativamente a tudo isso, bem como relativamente às coisas intermediárias, as pessoas não são censuradas por estarem à mercê delas, por as de-

---

953. Ou seja, aquelas ligadas aos prazeres desejáveis por si mesmos.
954. ...πείνης καὶ δίψης καὶ ἀλέας καὶ ψύχους καὶ πάντων τῶν περὶ ἁφὴν καὶ γεῦσιν, ... (*peínes kaì dípses kaì aléas kaì psýkhoys kaì pánton tôn perì haphèn kaì geŷsin,*).
955. Quer dizer, o descontrole e o desregramento.
956. ...μεταξύ, ... (*metaxý,*).

sejarem ou lhes serem aficionadas, mas por se apegarem a elas de certo modo, a saber, excessivamente (há, inclusive, em função disso, os que, opondo-se à razão, são dominados por coisas naturalmente nobres e boas ou que as buscam, por exemplo aqueles que
30 dão excessiva atenção a honras, ocupando-se mais do que o devido com estas, ou assim agindo *no que toca a filhos e pais*.[957] Estes, com efeito, são coisas boas e as pessoas merecem louvor por deles cuidar, mas mesmo no que se refere a eles é possível incorrer no excesso,
1148b1 a ponto de rivalizar com os deuses como o fez Níobe e, em virtude de sua devoção ao pai, como o fez Sátiro,[958] cognominado *o filial*,[959] que por uma devoção demasiada foi levado ao desvario). Não há qualquer vício no tocante a essas coisas à luz do que foi dito, isto é, cada uma delas é naturalmente desejável em si mesma. A dedicação excessiva a elas, porém, é negativa e deve ser evitada. Do mesmo modo, tampouco o descontrole é admissível, pois este
5 não é apenas para ser evitado, sendo também algo censurável, ainda que as pessoas se expressem com a palavra descontrole indicando em cada caso uma qualificação; com efeito, a paixão se assemelha ao descontrole, tal como quando se referem a alguém como, *por exemplo, mau médico ou mau ator, a quem não deveriam chamar pura e simplesmente de maus*.[960] Como, portanto, não os chamamos
10 assim, uma vez que cada uma dessas qualificações negativas[961] não

---

957. ...περὶ τέκνα καὶ γονεῖς... (*perì tékna kaì goneîs*).

958. Figura mitológica, Níobe, irmã de Pélops, neta de Atlas e de Zeus, rainha de Tebas, teve com o rei Ânfion sete filhos e sete filhas. Era tão orgulhosa de sua prole que ousou um dia menosprezar Leto por ter apenas dois filhos: Ártemis e Apolo. Mante, o profeta, advertiu as mulheres tebanas para que imediatamente aplacassem a ira de Leto prestando honras a esta. Mas Níobe interrompeu os próprios sacrifícios e voltou a insultar Leto. Apolo matou seis dos filhos de Níobe, enquanto sua irmã, Ártemis, seis de suas filhas. O casal de filhos fora poupado porque se apressara em prestar, por conta própria, honras à furiosa Leto. Quanto a Sátiro, não se sabe com exatidão a quem Aristóteles se refere. Possivelmente a certo Sátiro (objeto de menção de alguns autores gregos) que, diante da morte do pai, foi tomado de tal tristeza que se matou em seguida.

959. ...ὁ φιλοπάτωρ... (*ho philopátor*).

960. ...οἷον κακὸν ἰατρὸν καὶ κακὸν ὑποκριτήν, ὃν ἁπλῶς οὐκ ἂν εἴποιεν κακόν. ... (*hoîon kakòn iatròn kaì kakòn hypokritén, hòn haplôs oyk àn eípoien kakón.*). As adjetivações são impróprias porque um médico e um ator não são pessoas más por desempenharem mal as suas artes.

961. Ou seja, o fato de ser um mau médico ou um mau ator.

representa propriamente um vício, mas apenas se assemelha a este por analogia, do mesmo modo no outro caso fica claro que somente descontrole e autocontrole relativamente às mesmas coisas – na qualidade de objetos da moderação e do desregramento – devem ser considerados descontrole e autocontrole propriamente ditos. Acresça-se a isso que é somente por analogia que tais termos são empregados para designar a ira. Eis a razão de empregarmos uma qualificação, a saber, *descontrolado na ira*,[962] tal como dizemos que o é na honra ou no ganho.

5

HÁ ALGUMAS COISAS QUE SÃO naturalmente prazerosas, subdividindo-se estas entre as prazerosas pura e simplesmente (absolutamente) e as que o são *relativamente a certas raças de animais e de seres humanos*,[963] ao passo que outras coisas não são prazerosas por natureza, tornando-se prazerosas ou devido à *atrofia no desenvolvimento*[964] ou em função da formação de hábitos, ou devido a *naturezas perversas*,[965] sendo possível observar em relação a cada uma dessas formas um estado que lhe é correlato. Refiro-me às naturezas animalescas ou bestiais, como a da criatura humana que, segundo dizem, rasgava os ventres das mulheres grávidas e devorava seus filhos, ou a de certas tribos *nas costas do mar Negro*,[966] das quais se afirma que apreciam carne crua ou carne humana, e de outras entre as quais eram permutadas crianças para o festim comum, *ou*

---

962. ...ἀκρατῆ θυμοῦ... (*akratê thymoý*).

963. ...τὰ δὲ κατὰ γένη καὶ ζῴων καὶ ἀνθρώπων, ... (*tà dè katà géne kaì zóion kaì anthrópon,*).

964. ...πηρώσεις... (*peróseis*), literalmente: deficiências físicas ou sensoriais.

965. ...μοχθηρὰς φύσεις, ... (*mokhtheràs phýseis,*). Aristóteles refere-se à perversão dos pendores naturais (quer nas espécies animais inferiores, quer na espécie humana), resultando em aberrações.

966. ...περὶ τὸν Πόντον ... (*perì tòn Pónton*), literalmente: em torno do Ponto, ou seja, do Ponto Euxino (Εὔξεινος πόντος [*Eýxeinos póntos*]), que significa *mar hospitaleiro*, por contraposição a Ἄξεινος πόντος (*Áxeinos póntos*), *mar inospitaleiro*, o mesmo que mar Negro, mas por alusão precisamente a esses povos selvagens mencionados por Aristóteles, que habitavam o litoral do mar Negro.

25 *o que se diz de Faláris*.⁹⁶⁷ Essas são naturezas bestiais. Outras são devidas a doenças (e, às vezes, à insanidade, como no caso do indivíduo que ofereceu sua mãe em sacrifício e compartilhou deste, ou aquele do escravo que devorou *o fígado*⁹⁶⁸ de outro escravo). Outras disposições mórbidas provêm do hábito, por exemplo, arrancar os próprios cabelos, roer as unhas, comer carvões e terra e, ainda, *a perversão sexual*.⁹⁶⁹ Essas disposições, com efeito, surgem em certos casos naturalmente, enquanto em outros *a partir do hábito*,⁹⁷⁰
30 como com *aqueles que foram objeto de abuso a partir da infância*.⁹⁷¹ Sendo natural a causa, ninguém diria serem essas pessoas descontroladas, como não o diriam das mulheres pelo fato de serem elas passivas e não ativas no ato sexual; igualmente não deveríamos classificar nessa categoria um estado mórbido gerado pelo hábito. Essas
1149a1 várias formas oriundas do hábito não se enquadram nos limites do vício, inclusive a bestialidade. E dominá-las ou ser por elas dominado não constitui puro e simples [autocontrole ou] descontrole, mas apenas o estado assim chamado por analogia – tal como alguém que não consegue controlar sua ira deve ser designado como descontrolado naquele estado passivo e não pura e simplesmente des-
5 controlado. (Com efeito, toda loucura, covardia, licenciosidade e hostilidade, se excessivas, são bestiais ou mórbidas. Alguém, com

---

967. ...ἣ τὸ περὶ Φάλαριν λεγόμενον. ... (*è tò perì Phálarin legómenon*.). Não sabemos exatamente ao que Aristóteles se refere ao citar Faláris, tirano de Agrigento, que realmente era conhecido por seus atos de extrema crueldade e sadismo, mas não propriamente por bestialidade. Contudo, segundo outra tradição, Faláris efetivamente chegou a praticar o canibalismo (antropofagia).

968. ...τὸ ἧπαρ... (*tò hêpar*).

969. ...τῶν ἀφροδισίων... (*tôn aphrodisíon*) significa simplesmente prazeres sexuais. Richards propõe a substituição dessa expressão por συνουσία (*synoysía*), que é um termo conceitualmente mais rico que soma à ideia de relação sexual aquela de encontro ou reunião íntima. Como a tradução literal é descabida e Afrodite representa a completa liberdade sexual, optamos, na linha de muitos tradutores, pela expressão citada, mas com a ligeira insinuação da bacanal, sugerida por Richards. É muito difícil estar seguro a respeito. O eminente W. D. Ross, por exemplo, na sua célebre tradução (revisada por J. O. Urmson) optou por *paederasty* (pederastia), palavra que designa, ainda que mais para nós do que para os gregos antigos, uma forma restrita de perversão sexual. Impossível saber se o Estagirita estava pensando no genérico ou no específico.

970. ...ἐξ ἔθους... (*ex éthoys*).

971. ...τοῖς ὑβριζομένοις ἐκ παίδων. ... (*toîs hybrizoménois ek paídon*.).

efeito, que, por natureza, tenha medo de tudo, *até do ruído de um camundongo*⁹⁷² é covarde de uma covardia de caráter bestial; aquele que se amedrontava com uma doninha era alguém doentio. O mesmo vale para *os loucos*,⁹⁷³ pois indivíduos naturalmente destituídos de senso e que vivem exclusivamente com base em sensações, como os pertencentes a certas raças remotas de bárbaros, são bestiais; aqueles que perdem o juízo devido a alguma enfermidade, como a epilepsia, ou em função de um processo demencial, pertencem à classe dos mórbidos.) Com relação a essas coisas,⁹⁷⁴ é possível, por vezes, experimentar alguma delas, sem, contudo, ser dominado; quero dizer, é possível que Faláris tenha experimentado o desejo de devorar uma criança, ou o de um *prazer sexual extravagante*,⁹⁷⁵ e se conteve. É possível, porém, não se limitar a experimentar essas coisas, mas chegar a ser por elas dominado. Assim, como ocorre com o vício, que se pura e simplesmente humano é chamado simplesmente de vício, enquanto a outra espécie não é designada simplesmente como vício, mas como vício bestial ou mórbido, fica claro que a bestialidade e a morbidez são distintas do descontrole propriamente dito, e que a denominação destituída de qualificação diz respeito exclusivamente ao descontrole que corresponde ao desregramento humano.

Evidencia-se, então, que o descontrole e o autocontrole dizem respeito somente aos objetos que, por sua vez, dizem respeito ao des-

---

972. ...κἂν ψοφήσῃ μῦς, ... (*kàn psophései mŷs,*).
973. ...τῶν ἀφρόνων... (*tôn aphrónon*). A referência é àqueles cuja condição é a de completa incapacidade de pensar (ausência natural de racionalidade) – e, portanto, condição inata, crônica e não adquirida. Diferentemente, μανία (*manía*), que traduzimos logo adiante no fim deste período por *processo demencial*, é a causa da aquisição acidental de condição idêntica através da insanidade. Sugerimos que o leitor entenda o primeiro conceito como o estado de total estupidez natural e crônica de selvagens obtusos, que vivem semelhantemente a animais inferiores, em função dos instintos e sensações; e o segundo como o processo fortuito de degeneração mental que leva à demência, na acepção estrita e técnica que a psicopatologia empresta a esta última palavra. Ocioso lembrar que tanto a estupidez quanto a loucura são caracterizadas essencialmente pela ausência da razão, pela falta de senso.
974. Ou seja, essas aberrações.
975. ...ἀφροδισίων ἄτοπον ἡδονήν·... (*aphrodisíon átopon hedonén*·). Essa expressão de Aristóteles aqui é clara e não ambígua. Ver também notas 967 e 969.

regramento e à moderação. Ademais, que aquilo que diz respeito a objetos distintos constitui uma forma diferente do descontrole, sendo designado por esse termo apenas *metafórica e qualificadamente*.[976]

6

INVESTIGUEMOS COMO O DESCONTROLE na ira é menos infame do que o é nos apetites. Parece, com efeito, que a ira, em certa medida, dá ouvidos à razão, mas a ouve mal tal como servos apressados que saem precipitadamente antes de ouvirem a totalidade das ordens dadas, o que resulta no seu mau cumprimento; ou como cães que latem ao escutarem um mero ruído, sem observarem se quem se aproxima é um amigo. *Assim, a ira, devido ao ardor e à agilidade de sua natureza, ouve, mas não ouve a ordem e se precipita para a vingança.*[977] Com efeito, a razão ou a imaginação[978] instrui que um insulto ou menoscabo foi feito e a ira se inflama imediatamente, como a cogitar a favor de uma guerra contra o hostilizador. O apetite, por outro lado, basta uma simples insinuação da razão ou da percepção sensorial de que algo é prazeroso, e ele se precipita para o seu gozo. A conclusão é que a ira de algum modo acata os ditames da razão, mas não o apetite. Ceder, portanto, a este último é mais infamante do que fazê-lo em relação à ira, porquanto aquele que não consegue conter sua ira está de alguma maneira sob o controle da razão, enquanto o outro, sob o império do apetite, não está. Ademais, quando os desejos são naturais, as pessoas são mais escusáveis por obedecê-los, até porque, quanto aos apetites, elas são mais escusáveis ao obedecerem aos que são comuns a todas as pessoas e na medida em que são comuns. *A ira e o mau gênio são mais naturais do que os apetites excessivos e desnecessá-*

---

976. ...κατὰ μεταφορὰν καὶ οὐχ ἁπλῶς, ... (*katà metaphoràn kaì oykh haplôs,*).

977. ...οὕτως ὁ θυμὸς διὰ θερμότητα καὶ ταχυτῆτα τῆς φύσεως ἀκούσας μέν, οὐκ ἐπίταγμα δ᾽ ἀκούσας, ὁρμᾷ πρὸς τὴν τιμωρίαν. ... (*hoýtos ho thymòs dià thermóteta kaì takhytêta tês phýseos akoýsas mén, oyk epítagma d' akoýsas, hormâi pròs tèn timorían.*).

978. ...ὁ μὲν γὰρ λόγος ἢ ἡ φαντασία... (*ho mèn gàr lógos è he phantasía*).

rios,[979] do que é exemplo aquele indivíduo que se defendeu da acusação de ter agredido seu pai dizendo: "Ora, ele espancava seu pai que, por seu turno, espancava o seu, e (...)", apontando o filho, "(...) este menino me espancará (...)", disse, "(...) *quando ficar adulto*[980] – isto é natural em nossa família". E daquele que, quando seu filho o estava pondo fora de sua casa, implorava-lhe para parar ao chegar à porta porque ele mesmo arrastava seu pai somente até ali. Devemos acrescentar que *os mais ladinos e intrigantes*[981] são mais injustos.

Ora, o indivíduo irascível não é ladino e intrigante, bem como não o é a ira, a qual é *franca*,[982] ao passo que o apetite é como dizem de Afrodite,[983] a saber: *Tecedora de intrigas [é] a nascida em Chipre.*[984]

E Homero sobre *o cinto enfeitado*[985] dela:

(...) estímulo sedutor (...) que perturbava o senso mesmo dos mais prudentes. (...)[986]

---

979. ...ὁ δὲ θυμὸς φυσικώτερον καὶ ἡ χαλεπότης τῶν ἐπιθυμιῶν τῶν τῆς ὑπερβολῆς καὶ τῶν μὴ ἀναγκαίων, ... (*ho dè thymòs physikóteron kaì he khalepótes tôn epithymiôn tôn tês hyperbolês kaì tôn mè anagkaíon,*). ...ἡ χαλεπότης... (*he khalepótes*), o temperamento difícil, o mau humor, a hostilidade.

980. ...ὅταν ἀνὴρ γένηται. ... (*hótan anèr génetai.*), literalmente: quando se tornar homem.

981. ...οἱ ἐπιβουλότεροι. ... (*hoi epiboylóteroi.*), ou ainda, os mais insidiosos, os mais aptos em armar ciladas ou construir conspirações.

982. ...φανερός·... (*phanerós·*), declarada, patente.

983. Uma das seis deusas olímpicas. Afrodite personifica principalmente a beleza feminina e o amor sexual. Esposa do deus coxo e artesão Hefaístos e amante de Ares (o deus da guerra), é protagonista ou coadjuvante de vários episódios e incidentes mitológicos. Ganhou, graças ao mortal Alexandre (mais conhecido por Páris), o concurso de beleza disputado com Atena e Hera, acontecimento que contribuiu para a ida de Páris a Esparta, resultando na fuga deste e da rainha Helena para Troia, na longa e cruenta Guerra de Troia entre gregos e troianos e, finalmente, na destruição dessa próspera e exuberante cidade-Estado. Do mesmo modo que Atena apoiou os gregos, Afrodite apoiou os troianos durante todo o assédio de sua cidade, o que, de qualquer modo, não impediu sua completa ruína, sobretudo graças ao ardiloso expediente do Cavalo de Madeira, aplicado sob a liderança de Odisseu (Ulisses) e inspirado por Atena.

984. ...δολοπλόκου γὰρ Κυπρογενοῦς·... (*doloplókoy gàr Kyprogenoŷs·*).

985. ...τὸν κεστὸν ἱμάντα... (*tòn kestòn himánta*). Embora traduzamos tradicional e correntemente por "cinto", o κεστός (*kestós*) era, na verdade, uma peça íntima feminina ornamentada (um tanto semelhante ao sutiã), usada envolvendo os seios e não circundando a cintura.

986. ...πάρφασις, ἥ τ᾽ ἔκλεψε νόον πύκα περ φρονέοντος. ... (*párphasis, hé t'éklepse nóon pýka per phronéontos.*). *Ilíada*, xiv, 214-217, mas, ao menos, conforme a *Ilíada* que chegou a nós, citação incompleta.

Considerando, portanto, que esse descontrole é tanto mais injusto quanto mais desonroso do que o presente na ira, pode-se concluir que o primeiro é descontrole puro e simples, além de ser, inclusive,
20 em certo sentido, vício. Por outro lado, ninguém *comete um ultraje*,[987] algo atrevido e malicioso, experimentando dor com isso, mas sim prazer; o ato realizado em estado de ira, pelo contrário, revela-se doloroso para seu agente. Se, então, as coisas que com mais justiça despertam nossa ira são as mais injustas, o descontrole produzido pelo apetite é mais injusto do que aquele produzido pela ira. Com efeito, a ira nada encerra do ultraje. Está claro, portanto, que o descontro-
25 le nos próprios apetites é mais ignominioso do que aquele presente na ira e que é *no que diz respeito aos apetites e prazeres do corpo*[988] que ocorrem o autocontrole e o descontrole. Devemos, contudo, estabelecer distinções entre uns e outros. Realmente, como foi dito no início, alguns deles são humanos e naturais, tanto em seu gênero quanto em sua intensidade, ao passo que outros são bestiais, havendo
30 ainda aqueles que são resultantes de *atrofia no desenvolvimento*[989] ou de doenças. Ora, a moderação e o desregramento só dizem respeito aos primeiros, de modo que não dizemos dos animais inferiores que são moderados ou desregrados, salvo como metáfora na referência a certas espécies animais que se distinguem das outras pelo fato de serem excessivamente lascivas, destrutivas ou onívoras.[990] *Com*
35 *efeito, estas carecem tanto da prévia escolha quanto do raciocínio*,[991]

---

987. ...ὑβρίζει... (*hybrízei*). Ὕβρις (*hýbris*) é genericamente o excesso, a desmedida. Especificamente, no âmbito do comportamento e relacionamento humanos (ligado à ética), é a insolência e, ainda mais restritamente, o tratamento insolente, o ultraje, principalmente feito a mulheres e crianças.

988. ...περὶ ἐπιθυμίας καὶ ἡδονὰς σωματικάς, ... (*perì epithymías kaì hedonàs somatikás,*).

989. ...πηρώσεις... (*peróseis*): ver nota 964.

990. O princípio geral que subjaz aqui é que a ética, em sentido restrito (uma vez que Aristóteles deixou de tratar das virtudes intelectuais e voltou às virtudes e disposições ou estados morais), é, evidentemente, exclusivamente humana, não se aplicando nem aos animais inferiores e nem aos seres humanos animalescos (bestiais). Os gregos costumavam associar a lascívia aos asnos e a destrutividade aos javalis; os onívoros são obviamente os porcos. Ver os tratados de zoologia do Estagirita.

991. ...οὐ γὰρ ἔχει προαίρεσιν οὐδὲ λογισμόν, ... (*oy gàr ékhei proaíresin oydè logismón,*). Traduzimos λογισμός (*logismós*) por raciocínio, conceito mais amplo do que cálculo, mas que o engloba.

1150a1 constituindo desvios da natureza, como os loucos entre os seres humanos. A bestialidade é menos [má] do que o vício, porém mais terrível. De fato, não se trata da perversão da melhor parte, como no ser humano – essas espécies simplesmente não possuem tal parte. É como se comparássemos uma coisa inanimada com uma animada
5 do prisma do vício. Realmente, a qualidade de má daquilo que carece de princípio, sendo este princípio a inteligência, é sempre menos danosa. (É como comparar a injustiça com um indivíduo injusto: cada uma dessas coisas é pior ao seu modo.) Com efeito, um mau ser humano realiza dez mil vezes mais mal do que uma fera.

7

NO TOCANTE AOS PRAZERES E DORES do tato e do paladar e aos apetites e *ações do evitar*,[992] uma vez que já foram vinculados
10 ao desregramento dos sentidos mencionados e à moderação, constatamos ser possível experimentar o estado a ponto de ser dominado por ele, o que não impede que muitos indivíduos resistam e o dominem, dominando mesmo aqueles pelos quais a maioria é dominada. Tais estados, quando em conexão com o prazer, constituem descontrole e autocontrole; quando em conexão com a dor,
15 indolência (moleza) e firmeza. *O estado da grande maioria é o intermediário, embora ocorra um pendor mais para os estados piores.*[993]
E, visto que alguns prazeres são necessários, enquanto outros não, e que os primeiros são necessários apenas em certa medida, seus excessos sendo desnecessários bem como suas deficiências – e considerando que é igualmente o que ocorre no que respeita a apetites e dores, conclui-se que o indivíduo que busca prazeres excessivos,
20 ou o necessário incorrendo no excesso e assim age por prévia escolha, por essas coisas mesmas, e não por alguma coisa distinta, é um desregrado; com efeito, uma pessoa dotada desse caráter necessa-

---

992. ...φυγάς... (*phygás*), ou seja, aversões: aquilo, em contraposição aos apetites, de que nos esquivamos, que evitamos, de que fugimos; os objetos dos apetites nos atraem e seduzem, enquanto os do evitar nos repugnam.

993. ...μεταξὺ δ᾽ ἡ τῶν πλείστων ἕξις, κἂν εἰ ῥέπουσι μᾶλλον πρὸς τὰς χείρους. ... (*metaxỳ d' he tôn pleíston héxis, kàn ei répoysi mâllon pròs tàs kheíroys.*).

riamente não lamenta seus atos excessivos após praticá-los e, assim sendo, é *irrecuperável*,[994] porquanto inexiste recuperação para alguém que não se arrepende. O indivíduo que é deficiente [quanto ao gozo dos prazeres] é o oposto, enquanto aquele mediano é o *moderado*.[995] Igualmente, existe aquele que foge *das dores físicas*[996] não porque elas o dominam, mas por prévia escolha. (Aqueles, por outro lado, que não agem por prévia escolha, são induzidos ou pelo próprio prazer ou pelo impulso de escapar à dor produzida pelo apetite insatisfeito. Decorre disso haver uma diferença mútua entre ambos. Todos julgariam pior alguém que realizasse algo desonroso movido somente por um leve apetite, ou nenhum apetite, em lugar de fazê-lo em função de um apetite intenso, ou que ferisse outro indivíduo sem ira, ao invés de o fazer tomado por esta. Com efeito, como teria agido se tomado pela paixão? Por conseguinte, o desregrado é pior do que o descontrolado.) Das disposições que acabamos de indicar, a última[997] é, antes, uma forma de indolência, ao passo que a primeira[998] é desregramento. O autocontrolado é o oposto do descontrolado, tal como o firme é o oposto do destituído de firmeza (indolente, mole). Com efeito, firmeza significa apenas resistência, enquanto autocontrole envolve o domínio, resistir e dominar sendo distintos, como o é *o não ser derrotado da vitória*.[999] Assim, o autocontrole é *mais desejável*[1000] do que a firmeza. O deficiente em matéria da resistência que a maioria dos indivíduos exibe com sucesso é *indolente (lânguido) ou efeminado*[1001] (o efeminamento, de fato, é uma forma de languidez); é o caso de quem arrasta seu manto pelo chão a fim de se poupar do esforço de erguê-lo [e carregá-lo], ou de quem simula sofrimento

---

994. ...ἀνίατος... (*aníatos*), incurável.
995. ...σώφρων... (*sóphron*). Ver tabela da *Ética a Eudemo*, 1221a2.
996. ...τὰς σωματικὰς λύπας... (*tàs somatikàs lýpas*).
997. Isto é, a fuga da dor por prévia escolha.
998. Isto é, a busca do prazer por prévia escolha.
999. ...τὸ μὴ ἡττᾶσθαι τοῦ νικᾶν·... (*tò mè hettâsthai toŷ nikân·*).
1000. ...αἱρετώτερον... (*hairetóteron*), ou: mais elegível; mais digno de escolha.
1001. ...μαλακὸς καὶ τρυφῶν... (*malakòs kaì tryphôn*). Ver tabela da *Ética a Eudemo*, 1221a9, coluna da esquerda.

5 causado por enfermidade, não se julgando infeliz, mas não percebendo que aquele que finge ser infeliz não passa igualmente de um infeliz. O mesmo ocorre com respeito ao autocontrole e o descontrole. Com efeito, não é de surpreender-se que alguém fosse vencido por prazeres ou dores violentos e excessivos; de fato, seria o caso de escusá-lo se resistisse a eles, como o *Filoctetes*[1002] de Teodectes quando foi picado por uma cobra, ou o Cércion na *Alope* de
10 Carcinos,[1003] ou como indivíduos que, na tentativa de conter o riso, explodem em uma gargalhada, como sucedeu com Xenofanto. Surpreendemo-nos, porém, quando alguém é subjugado por prazeres e dores aos que a maioria das pessoas é capaz de resistir, exceto quando a incapacidade de resistir é causada por alguma tendência
15 natural genética, ou por uma doença, do que é exemplo (no primeiro caso) o efeminamento hereditário *nos reis da Cítia*,[1004] ou a diferença entre o sexo feminino e o masculino.[1005] O indivíduo aficionado ao divertimento é tido como desregrado, mas, na verdade,

---

1002. Tragédia de Teodectes (poeta trágico contemporâneo de Aristóteles). Filoctetes é o arqueiro e detentor do arco e flechas envenenadas de Héracles, que acabou participando do cerco de Troia devido à posse dessas armas. A mitografia apresenta várias versões das circunstâncias em que foi ele picado por uma serpente. O fato é que Filoctetes foi picado no pé e, a despeito dos cuidados de seus companheiros, o ferimento não sarou e se tornou horrível, causando dores tão intensas que o herói, embora tenha resistido bravamente no início, finalmente cedeu e se pôs a emitir gemidos constantes, que acabaram se tornando insuportáveis para os outros. Entretanto, posteriormente, Macaonte, o cirurgião, curaria Filoctetes, que, em um confronto de arco e flecha com Páris, feriria de morte este último.

1003. O rei Cércion, da Arcádia, por duas vezes ordenou que seu neto fosse abandonado porque sua filha Alope, seduzida e engravidada por Poseidon, dera à luz o filho sem comunicar o que acontecera ao pai. Quanto ao autor dessa tragédia, floresceu no século IV a.C.

1004. ...ἐν τοῖς Σκυθῶν βασιλεῦσιν... (*en toîs Skythôn basileýsin*). Hipócrates refere-se e descreve sintomas que classifica como efeminamento detectados em indivíduos pertencentes à nobreza cítia. Heródoto, por outro lado, declara que certo episódio foi a origem do efeminamento de toda uma dinastia de cítios: no passado, alguns cítios haviam roubado o templo da Afrodite uraniana e foram atingidos pela punição da mais feminina das deusas do Olimpo.

1005. Apesar da relevância da mulher na comunidade doméstica da sociedade grega antiga e dos papéis importantes que, por exemplo, Platão lhe confere em *A República*, a ideia da inferioridade do sexo feminino, inclusive do ponto de vista das virtudes, é uma tônica no pensamento helênico antigo.

é indolente. *Com efeito, o entretenimento é repouso*[1006] após o relaxamento das tensões; o apego ao divertimento é uma forma de relaxamento excessivo. A *impetuosidade*[1007] constitui uma forma de
20 descontrole, enquanto a *fraqueza*[1008] constitui outra. Há, com efeito, os fracos, que deliberam, mas em seguida são incapazes, devido às suas paixões, de se aterem à resolução que foi produto de sua deliberação; quanto aos outros (os impetuosos), são levados pela paixão porque não se detêm para deliberar. De fato, nota-se a presença de alguns indivíduos – tais como as pessoas que se dispõem a titilar outras e não são titiladas elas mesmas – que, caso hajam primeiramente sentido e visto aquilo que se avizinha e começado por incitar
25 a si mesmos e ao seu raciocínio, não são dobrados por sua paixão, seja esta prazerosa ou dolorosa. São *os ansiosos e os melancólicos*[1009] os mais suscetíveis da forma impetuosa do descontrole, os primeiros por sua precipitação, enquanto os segundos pela sua veemência quanto a aguardar os ditames da razão, propensos que são a acolher sua imaginação.

8

O DESREGRADO, COMO FOI DITO, não se arrepende (pois se
30 conforma à sua prévia escolha). O descontrolado, ao contrário, está inteiramente sujeito ao arrependimentos. Por conseguinte, a objeção tal como a formulamos não é aplicável; pelo contrário, é o desregrado que é *irrecuperável*,[1010] ao passo que o descontrolado é *recuperável*;[1011] com efeito, o vício se assemelha a doenças como *hidropsia e consunção*,[1012] ao passo que o descontrole assemelha-se

---

1006. ...ἡ γὰρ παιδιὰ ἄνεσίς ἐστιν, ... (*he gàr paidià ánesís estin,*).
1007. ...προπέτεια... (*propéteia*).
1008. ...ἀσθένεια... (*asthéneia*).
1009. ...οἱ ὀξεῖς καὶ μελαγχολικοί... (*hoi oxeîs kaì melagkholikoí*).
1010. ...ἀνίατος... (*aníatos*), incurável: Aristóteles retoma a analogia com o tratamento médico.
1011. ...ἰατός... (*iatós*), curável.
1012. ...ὑδέρῳ καὶ φθίσει, ... (*hydéroi kaì phthísei,*).

à epilepsia, sendo o vício contínuo e o descontrole intermitente. O descontrole e o vício são de gêneros completamente distintos; o vício é insciente, o que não podemos dizer do descontrole. Entre os próprios descontrolados, *os desnorteados*[1013] são melhores do que aqueles que estão com a razão, mas não se orientam por ela, pois estes capitulam ante as menores paixões e não cedem sem deliberação, como fazem os outros; o descontrolado é semelhante a um indivíduo que se embriaga rapidamente e com pouco vinho, ou com menos do que a maioria das pessoas. Está claro que o descontrole não é estritamente um vício (embora o seja, talvez, de certa maneira). A razão é atuar opondo-se à prévia escolha, enquanto o vício compactua com ela. Contudo, a despeito disso, nas ações por ele produzidas, o descontrole assemelha-se ao vício, tal como Demódoco[1014] disse sobre os milesianos, a saber:

Os milesianos não são insensatos,
Mas agem como insensatos agiriam (...)[1015]

E os descontrolados não são injustos, embora cometam coisas injustas. É de se juntar que o descontrolado, de acordo com sua constituição, busca prazeres físicos excessivos e que afrontam a reta razão, ainda que não esteja imbuído de qualquer convicção de que deve agir assim, ao passo que o desregrado, cuja constituição o impele a buscá-los, está convicto de que deve assim agir. Disso se conclui que o primeiro pode ser facilmente persuadido a mudar [de opinião e de conduta], enquanto o segundo não pode, pois a virtude preserva o princípio [moral], enquanto o vício o destrói, e o princípio no tocante às ações é o fim estabelecido, *como as hipóteses nas matemáticas.*[1016] Consequentemente, nem neste caso nem no nosso aqui são os princípios ensinados pela razão, mas sim pela virtude, *ou natural ou adquirida pelo costume*[1017] na opinião cor-

---

1013. ...οἱ ἐκστατικοί... (*hoi ekstatikoí*), literal e analiticamente *aqueles que saem de si; que ficam fora de si*, mas o Estagirita parece estar se referindo simplesmente aos impetuosos.
1014. Poeta proveniente de Leros.
1015. ...Μιλήσιοι ἀξύνετοι μὲν οὐκ εἰσίν, δρῶσιν δ᾽ οἷάπερ ἀξύνετοι... (*Milésioi axýnetoi mèn oyk eisín, drôsin d᾽ hoiáper axýnetoi*).
1016. ...ὥσπερ ἐν τοῖς μαθηματικοῖς αἱ ὑποθέσεις·... (*hósper en toîs mathematikoîs hai hypothéseis·*).
1017. ...ἢ φυσικὴ ἢ ἐθιστὴ... (*è physikè è ethistè*).

reta no que respeita ao princípio. O indivíduo que se pauta por
isso é o moderado; o desregrado é o seu oposto. Mas há um tipo
humano que é o *desnorteado*,[1018] o qual, sob a influência da paixão, é
subjugado o suficiente para não agir em conformidade com a justa
(reta) razão, mas não a ponto de predispô-lo a crer que sua busca
do prazer deve ser incansável. Trata-se [precisamente] de um tipo
de indivíduo descontrolado, que é melhor do que o desregrado
e não *absolutamente mau*,[1019] pois nele a melhor parte de si, o princípio original, está ainda preservada. Em oposição ao descontrolado existe o outro indivíduo que persevera e não se desnorteia movido pela paixão. A julgar por tudo isso, fica evidente que esse último estado[1020] é bom e o descontrole mau.

9

É ENTÃO AUTOCONTROLADO ALGUÉM que persevera graças a qualquer princípio racional ou prévia escolha, ou é indispensável que seja a correta prévia escolha?... e descontrolado alguém que não consegue perseverar com base em qualquer prévia escolha ou em qualquer princípio racional, ou somente se não conseguir perseverar por meio do *princípio racional verdadeiro*[1021] e a correta prévia escolha, como foi levantado o problema anteriormente? Ou pode ser acidentalmente qualquer princípio racional ou prévia escolha, porém essencialmente é *o princípio racional verdadeiro e a prévia escolha correta*[1022] em que um persevera e o outro não? Com efeito, supondo que alguém escolha ou busque uma coisa que sirva para atingir outra, essencialmente busca e escolhe a segunda, ainda que acidentalmente busque e escolha a primeira.[1023] E por essen-

---

1018. ...ἐκστατικὸς... (*ekstatikòs*). Ver nota 1013.
1019. ...φαῦλος ἁπλῶς·... (*phaŷlos haplôs·*).
1020. Ou seja, o do indivíduo autocontrolado.
1021. ...μὴ ψευδεῖ λόγῳ... (*mè pseydeî lógoi*), literalmente: princípio racional *não falso*.
1022. ...ἀληθεῖ λόγῳ καὶ τῇ ὀρθῇ προαιρέσει... (*aletheî lógoi kaì têi orthêi proairései*).
1023. Aristóteles contrapõe ...καθ᾽ αὑτὸ... (*kath'haytò*), essencialmente, a ...κατὰ συμβεβηκός... (*katà symbebekós*), acidentalmente.

cialmente entendemos *absolutamente*,[1024] de modo que, embora em certo sentido seja qualquer opinião em termos absolutos, é a opinião verdadeira na qual um persevera e que o outro desiste. Há algumas pessoas que perseveram em suas opiniões e a que chamamos de *obstinadas*,[1025] como indivíduos que são difíceis de serem convencidos e que não é fácil persuadir a alterar [o que pensam]. Ocorre aqui alguma semelhança em relação ao autocontrolado, como o pródigo assemelha-se, de alguma maneira, ao generoso e o temerário ao autoconfiante.[1026] Entretanto, diferem em muitos aspectos. O indivíduo autocontrolado mantém-se inabalável contra a paixão e o apetite, estando oportunamente aberto à persuasão; o outro,[1027] ao contrário, opõe-se à razão, não resiste ao apetite, e é muitas vezes conduzido por este aos prazeres. *Os obstinados são os teimosos, os estúpidos e os rudes*.[1028] Os teimosos são movidos pelo prazer e a dor, quer dizer, pelo sentimento agradável da vitória conquistada em não terem suas opiniões alteradas pela persuasão e por aquele desagradável de terem os decretos de suas vontades revogados. Assim, assemelham-se mais aos descontrolados do que aos autocontrolados. Alguns deles não conseguem se conformar às suas resoluções em decorrência de algo distinto do descontrole, do que constitui exemplo Neoptolemo no *Filoctetes* de Sófocles.[1029] Foi efetivamente o prazer a causa para ele não manter a determinação, ainda que um prazer nobre. Com efeito, era *prazeroso*[1030] para ele dizer a verdade, tendo apenas dito uma mentira por ter sido persuadido por Odisseu a fazê-lo. É de se observar que, nem to-

---

1024. ...ἁπλῶς... (*haplôs*), ou seja, desqualificadamente.

1025. ...ἰσχυρογνώμονας, ... (*iskhyrognómonas,*).

1026. Ver tabela (elenco) da *Ética a Eudemo*, respectivamente 1221a5 e 1220b39, colunas da esquerda e da direita. Aristóteles diz aqui na *Ética a Nicômaco* ...θαρραλέῳ, ... (*tharraléoi*), autoconfiante, mas está pensando mais precisamente em ἀνδρεῖος (*andreîos*), corajoso, a acatarmos o rigor terminológico em consonância com sua tabela.

1027. Ou seja, o obstinado.

1028. ...εἰσὶ δὲ ἰσχυρογνώμονες οἱ ἰδιογνώμονες καὶ οἱ ἀμαθεῖς καὶ οἱ ἄγροικοι, ... (*eisì dè iskhyrognómones hoi idiognómones kaì hoi amatheîs kaì hoi ágroikoi,*).

1029. Sófocles de Colona (495-405 a.C.), poeta trágico.

1030. ...ἡδύ... (*hedý*). Nossa opção, seguindo Richards, é ditada pela coerência interna do contexto. Bekker e Bywater indicam καλὸν (*kalòn*), *nobre*.

dos que agem norteados pelo prazer são desregrados, nem vis, nem descontrolados, mas somente aqueles que assim se conduzem em função de prazeres desonrosos.

Há também um tipo humano que toma menos do que a porção devida dos prazeres do corpo, e não acata a razão no que toca a isso. O indivíduo autocontrolado constitui o intermediário entre o descontrolado e esse tipo. O descontrolado, com efeito, não acata a razão porque frui excessivamente dos prazeres físicos, ao passo que o indivíduo do tipo mencionado não a acata por fruí-los demasiadamente pouco. O autocontrolado, de sua parte, se mantém fiel à razão e não muda em função de coisa alguma. Ora, se o autocontrole é bom, conclui-se que ambos os estados que lhe são contrários são maus, que é o que parece. Mas porque um deles é exibido em *poucos e esporadicamente*,[1031] considera-se o descontrole o único oposto do autocontrole, tal como se considera o desregramento o exclusivo oposto da moderação. Como muitas expressões são empregadas por analogia, é o caso de falarmos por analogia do autocontrole do moderado. Com efeito, este – tal como o autocontrolado – é constituído de tal modo a jamais contrariar a razão em virtude dos prazeres do corpo. Mas enquanto o autocontrolado experimenta apetites maus, o moderado não experimenta nenhum; de fato, sua constituição não lhe permite experimentar prazer algum cuja origem contraria a razão, ao passo que o autocontrolado realmente extrai prazer dessas coisas, embora não ceda a elas. Constata-se também uma semelhança entre o descontrolado e o desregrado a despeito de sua diferença, a saber, ambos buscam *os prazeres do corpo*,[1032] a diferença estando em que para o segundo trata-se de uma busca correta, enquanto para o primeiro não.

10

QUE SE ACRESÇA QUE TAMPOUCO é possível um mesmo indivíduo ser prudente e descontrolado. Com efeito, foi demonstrado

---

1031. ...ὀλίγοις καὶ ὀλιγάκις... (*olígois kaì oligákis*).
1032. ...τὰ σωματικὰ ἡδέα... (*tà somatikà hedéa*), as coisas agradáveis ao corpo.

ser a prudência inseparável *do caráter e dos costumes*.[1033] *Além disso, o prudente não é apenas aquele que sabe, mas também aquele que*
10 *age*.[1034] O descontrolado não age. (O engenhoso, por outro lado, nada tem que o impeça de ser descontrolado – razão pela qual se pensa às vezes que, embora algumas pessoas sejam prudentes, isto não exclui o fato de serem descontroladas – porque a engenhosidade difere da prudência da maneira que explicamos anteriormente *em nossos primeiros discursos*;[1035] estando ambas vinculadas à razão, são aparentadas, porém diferem pelo fato de a prudência exigir a prévia escolha.) Tampouco o descontrolado assemelha-se a alguém
15 que tem conhecimento e é capaz de especulação, mas somente ao indivíduo adormecido ou embriagado. Acrescente-se que, embora ele aja voluntariamente (pois em certo sentido está ciente tanto do que faz quanto em função do que o faz), não é *mau*.[1036] Com efeito, a sua prévia escolha é íntegra, de sorte que ele é apenas *meio mau*.[1037] E não é injusto porque não premedita a execução do mal, visto que, dos tipos de descontrolados, um[1038] não se conserva fiel ao que deliberou, ao passo que o outro, o melancólico, absoluta-
20 mente não delibera. E, assim, o descontrolado parece um Estado que sanciona todos os decretos corretos e conta com boas leis, porém nunca as aplica, como satirizado por Anaxandrides,[1039] a saber:

O Estado o quis, aquele que não se importa com as leis.[1040]

(...) ao passo que o indivíduo mau se parece com o Estado que
25 aplica as leis, mas estas são más. O descontrole e o autocontrole

---

1033. ...τὸ ἦθος ... (*tò éthos*), isto é, do moral.

1034. ...ἔτι οὐ τῷ εἰδέναι μόνον φρόνιμος ἀλλὰ καὶ τῷ πρακτικός·... (*éti oy tôi eidénai mónon phrónimos allà kaì tôi praktikós*·).

1035. ...ἐν τοῖς πρώτοις λόγοις, ... (*en toîs prótois lógois*,). Ver Livro VI, 12, 1144a25 e ss.

1036. ...πονηρὸς... (*punerós*).

1037. ...ἡμιπόνηρος. ... (*hemipóneros.*).

1038. Isto é, o ansioso.

1039. Poeta contemporâneo de Aristóteles.

1040. ...ἡ πόλις ἐβούλεθ᾽, ᾗ νόμων οὐδὲν μέλει·... (*he pólis eboýleth', hêi nómon oydèn mélei*·). O verbo μέλω (*mélo*) significa, também, *ocupar-se*, com o que a tradução (ajustando-se mais explicitamente ao pensamento de Aristóteles) seria: ...o Estado o quis, aquele que se ocupa das leis... .

têm a ver com os excessos dos *estados*¹⁰⁴¹ da maioria [dos seres humanos]. O indivíduo autocontrolado persevera mais e o descontrolado menos do que está capacitada a maioria das pessoas. Os descontrolados do tipo melancólico são de recuperação (cura) mais fácil do que os descontrolados que deliberam o que devem fazer, mas não perseveram na resolução tomada. E aqueles descontrolados por força do hábito [são mais facilmente recuperados do que] os descontrolados por natureza, *uma vez que é mais fácil mudar o hábito do que a natureza,*¹⁰⁴² ainda que o próprio hábito seja de difícil mudança precisamente porque se assemelha à natureza, como diz Eveno:¹⁰⁴³

*Digo, amigo, que [o hábito] é uma prática longa e assídua, e que esta Passa a ser, afinal, natureza humana.*¹⁰⁴⁴

Com isso discutimos o que são o autocontrole, o descontrole, a firmeza e a indolência, e indicamos como esses estados estão relacionados entre si.

11

1152b1 CABE AO FILÓSOFO POLÍTICO *investigar o prazer e a dor*.¹⁰⁴⁵ De fato, é ele o *construtor*¹⁰⁴⁶ do fim que nos serve de padrão para declararmos serem cada uma das coisas má ou boa absolutamente. Ademais, essa investigação está entre as necessárias para nós, visto que estabelecemos que a virtude moral e o vício dizem respeito às dores e aos prazeres. Além disso, a maioria das pessoas sustenta que o prazer faz parte da felicidade, razão pela qual a palavra que significa

---

1041. ...ἕξεως... (*héxeos*).
1042. ...ῥᾷον γὰρ ἔθος μετακινῆσαι φύσεως·... (*ráion gàr éthos metakinêsai phýseos·*).
1043. Eveno de Paros, sofista do século V a.C.
1044. ...φημὶ πολυχρόνιον μελέτην ἔμεναι, φίλε, καὶ δή ταύτην ἀνθρώποισι τελευτῶσαν φύσιν εἶναι. ... (*phemì polykhrónion meléten émenai, phíle, kaì dé taýten anthrópoisi teleytôsan phýsin eînai.*).
1045. ...Περὶ δὲ ἡδονῆς καὶ λύπης θεωρῆσαι τοῦ τὴν πολιτικὴν φιλοσοφοῦντος·... (*Perì dè hedonês kaì lýpes theorêsai toŷ tèn politikèn philosophoýntos·*).
1046. ...ἀρχιτέκτων... (*arkhitékton*).

bem-aventurado é derivada de regozijar-se.[1047] Algumas pessoas são da opinião de que prazer algum é um bem, quer em si mesmo (essencialmente), quer acidentalmente. Para elas, bem e prazer não são idênticos. Outras sustentam que alguns prazeres são bens, porém a maioria deles são males. Uma terceira posição é a de que, mesmo que todos os prazeres fossem bens, não é possível ser o prazer *o [bem] mais excelente*.[1048] Com o objetivo de fundamentar que o prazer não é bem algum, argumenta-se [em primeiro lugar] que todo prazer é um *processo*[1049] perceptível a um estado natural, quando um processo e seu fim não podem pertencer a um gênero idêntico, do que é exemplo o processo de construção, que não é do mesmo gênero da casa que foi construída; [em segundo lugar] o indivíduo moderado esquiva-se aos prazeres; [em terceiro lugar] o indivíduo prudente visa o que é isento de dor, não o prazeroso; [em quarto lugar] os prazeres constituem um obstáculo ao pensamento prudente e, quanto mais o barram, mais gozo proporcionam, do que são exemplo os prazeres sexuais: com efeito, ninguém seria capaz de pensar em outra coisa enquanto os está gozando; [em quinto lugar] não há *nenhuma arte do prazer*,[1050] quando todo bem é produzido por uma arte; [em sexto lugar] crianças e animais inferiores buscam os prazeres. Visando a fundamentar que nem todos os prazeres são bens, argumenta-se [em primeiro lugar] que alguns prazeres são efetivamente ignominiosos e reprováveis; [em segundo lugar] que alguns deles são nocivos, a considerar que certas coisas prazerosas provocam enfermidades. Com o propósito de fundamentar que o prazer não é o [bem] mais excelente, argumenta-se *não ser fim, mas processo*.[1051] Eis aí aproximadamente o que se diz correntemente.[1052]

1047. O substantivo é μακαρία (*makaría*), nominativo singular – felicidade, bem-aventurança; o adjetivo é μακάριος (*makários*), feliz, bem-aventurado e o verbo é χαίρω (*khaíro*), regozijar-se, desfrutar, estar feliz. Do verbo derivam o substantivo e o adjetivo.

1048. ...τὸ ἄριστον... (*tò áriston*).

1049. ...γένεσίς... (*génesís*), vir a ser.

1050. ...τέχνη οὐδεμία ἡδονῆς·... (*tékhne oydemía hedonês·*).

1051. ...οὐ τέλος ἀλλὰ γένεσις. ... (*oy télos allà génesis.*).

1052. Bywater e Ross iniciam aqui o capítulo 12. Não vimos razão alguma para não seguir Bekker.

12

O QUE SERÁ DITO NA SEQUÊNCIA deixará claro que esses argumentos não são conclusivos quanto a mostrar que o prazer não é bem algum, nem que não é o [bem] mais excelente.[1053] Em primeiro lugar, como o bem se diz em dois sentidos (*com efeito, absolutamente e relativamente a alguém*),[1054] resulta que, no que diz respeito *às naturezas e aos estados*[1055] e, inclusive, *aos movimentos e aos processos,*[1056] [esse sentido duplo] é acompanhado. Dos movimentos e processos tidos como maus, alguns não o serão relativamente a alguém, mas absolutamente, ainda que de fato desejáveis para um indivíduo em particular; ou, em outros casos, embora nem sequer possuindo essa qualificação geralmente para o indivíduo em particular, ainda assim a possuem para ele em situações particulares e por pouco tempo, mas não [absolutamente]; e outros[1057] não são nem prazeres, apenas o aparentando, como os processos dolorosos que visam à cura, do que constitui exemplo o tratamento das pessoas enfermas. Por outro lado, sendo o bem ou uma *atividade*[1058] ou um estado, os processos que nos fazem retornar ao nosso estado natural encerram apenas prazer acidental, enquanto a atividade nos apetites é a que em nós permaneceu incólume quanto à natureza e ao estado, existindo efetivamente alguns prazeres destituídos de dor ou apetite (*por exemplo, o da especulação*),[1059] sendo experimentados sem qualquer deficiência que os afaste do natural. É indicativo

---

1053. O leitor não deve inferir que Aristóteles está admitindo *a priori* as recíprocas desses argumentos. Sua referência é explicitamente a primeira e a terceira opiniões.

1054. ...τὸ μὲν γὰρ ἁπλῶς τὸ δὲ τινί... (*tò mèn gàr haplôs tò dè tiní*). O grego é linguisticamente compacto e o sentido técnico do tão empregado ἁπλῶς (*haplôs*) obviamente não é unívoco. Nesse contexto, o "bem absoluto" é o bem universal, o bem para todas as pessoas, enquanto o "bem relativo" é o bem de cada um, o bem particular, o bem referente a certa pessoa.

1055. ...αἱ φύσεις καὶ αἱ ἕξεις... (*hai phýseis kaì hai héxeis*).

1056. ...αἱ κινήσεις καὶ αἱ γενέσεις·... (*hai kinéseis kaì hai genéseis·*).

1057. Isto é, outros movimentos e processos.

1058. ...ἐνέργεια... (*enérgeia*).

1059. ...οἷον ἡ τοῦ θεωρεῖν... (*hoîon he toŷ theoreîn*).

de serem os demais prazeres somente acidentais o fato de que não gozamos o mesmo enquanto ocorre o reabastecimento do estado natural, como gozamos uma vez completada a restauração; nesta última situação desfrutamos do absolutamente prazeroso, ao passo que, enquanto ocorre o reabastecimento, desfrutamos inclusive dos opostos das coisas prazerosas. Com efeito, nesse caso se experimentam coisas azedas e amargas, nenhuma delas sendo natural ou absolutamente prazerosa e, tampouco, os prazeres que delas extraímos, uma vez que a mesma distinção existente entre vários prazeres está presente entre as coisas prazerosas que constituem a origem deles. Por outro lado, não se conclui necessariamente, conforme argumentam alguns, que, como o fim é melhor do que o processo que a ele conduz, impõe-se a existência de algo melhor do que o prazer. Com efeito, [prazeres] não são processos, nem todos eles acarretam processos; são atividades e fins. Tampouco resultam de nosso vir a ser, mas do exercício de nossas faculdades. Acresça-se que nem todos eles possuem um fim distinto deles mesmos, *mas somente os que conduzem ao completamento de nossa natureza.*[1060] Daí não ser correto dizer que o prazer é um *processo perceptivo,*[1061] mas ser classificado, de preferência, de *atividade segundo o estado natural,*[1062] além de substituirmos perceptivo por *desimpedido.*[1063] Alguns asseveram que é um processo pela razão de ser um bem genuíno e estrito. São do parecer, com efeito, de que uma atividade é um processo. Mas são diferentes. Sustentar que os prazeres são maus com base no fato de que algumas coisas prazerosas são prejudiciais à saúde equivale a sustentar que coisas saudáveis são más porque algumas destas são más para negociar visando a ganhar dinheiro. É possível que ambas essas coisas sejam más em certo sentido, mas isso não as torna realmente más; pode ser que até mesmo a especulação seja por vezes prejudicial à saúde. Nem a prudência nem qualquer outro estado sofrem obstrução por parte de seu próprio prazer, mas

---

1060. ...ἀλλὰ τῶν εἰς τὴν τελέωσιν ἀγομένων τῆς φύσεως. ... (*allà tôn eis tèn teléosin agoménon tês phýseos.*).
1061. ...αἰσθητὴν γένεσιν... (*aisthetèn génesin*).
1062. ...ἐνέργειαν τῆς κατὰ φύσιν ἕξεως, ... (*enérgeian tês katà phýsin héxeos,*).
1063. ...ἀνεμπόδιστον ... (*anempódiston*), livre, desembaraçado.

somente a obstrução de prazeres que lhes são estranhos; aqueles provenientes da especulação e do estudo nos farão avançar ainda mais neles. O fato da inexistência de uma arte na qual produzimos qualquer forma de prazer ocorre tão-só *naturalmente*;[1064] não exis-
25 te, tampouco, arte que produz atividade, mas a capacidade para a atividade,[1065] ainda que se considere as artes da perfumaria e da culinária artes relativas ao prazer. Quanto aos argumentos de que o indivíduo moderado esquiva-se ao prazer, de que o prudente visa *à vida isenta de dor*[1066] e de que existe busca de prazer por parte das crianças e dos animais inferiores, são todos contestados mediante essas mesmas considerações e contam com a mesma solução. Foi
30 explicado, com efeito, como alguns prazeres são absolutamente bons, e em que sentido nem todos os prazeres são bons. Ora, os prazeres que constituem objeto de busca de animais inferiores e crianças pertencem a esse último tipo, enquanto o objeto de busca do indivíduo prudente é a isenção de dor oriunda desse tipo de prazeres, isto é, [mais exatamente] aqueles que acarretam apetite e dor, nomeadamente *os corpóreos*[1067] (pois essa [é a natureza] destes) ou seus próprios excessos, *em relação aos quais se manifesta o desregra-*
35 *mento*.[1068] Eis a razão por que o moderado esquiva-se a tais prazeres. Afinal, mesmo ele experimenta prazeres.

13

1153b1 HÁ UNANIMIDADE, ADEMAIS, quanto a admitir que a dor, por sua vez, é um mal, e que devemos evitá-la. Com efeito, ela é ou pura e simplesmente má ou é má por constituir, de algum modo, um obstáculo para nós. Ora, aquilo que é o oposto de alguma coisa a ser evitada, enquanto tal e enquanto má, é bom. *O prazer é, portanto,*

1064. ...εὐλόγως... (*eylógos*), ou, em outros termos: está simplesmente dentro do razoável.
1065. Aristóteles contrapõe δύναμις (*dýnamis*), capacidade, potência, a ἐνέργεια (*enérgeia*), atividade, ato.
1066. ...τὸν ἄλυπον βίον, ... (*tòn álypon bíon,*).
1067. ...τὰς σωματικάς... (*tàs somatikás*).
1068. ...καθ' ἃς ὁ ἀκόλαστος ἀκόλαστος. ... (*kath' hàs ho akólastos akólastos.*), ou, mais próximo à literalidade: ...em função dos quais o desregrado é desregrado... .

necessariamente um bem.[1069] A solução de Espeusipo,[1070] afirmando que como o maior se opõe tanto ao menor quanto ao igual, [do mesmo modo o prazer tem dois opostos: um a um estado passivo neutro e outro à dor] não se mostra eficiente aqui, pois para ele seria inadmissível ser o prazer essencialmente mau. Entretanto, a admissão de que alguns prazeres são males não determina, por via de consequência, a impossibilidade de certo prazer ser *o [bem] mais excelente,*[1071] como sucede no caso do conhecimento a despeito de algumas formas dele serem más. Pelo contrário, visto que cada um dos estados tem sua atividade livre, a atividade de todos eles, ou de algum deles – a que é felicidade – quando livre talvez tenha mesmo que ser a mais desejável das coisas existentes. E essa atividade livre é prazer. Assim, o [bem] mais excelente será algum prazer, ainda que muitos prazeres sejam maus e, talvez, de modo absoluto.

Daí todos julgarem ser a vida feliz a prazerosa, entrelaçando prazer e felicidade, e o fazem razoavelmente, uma vez que nenhuma atividade que sofre obstrução é *perfeita,*[1072] quando a felicidade o é. *Eis por que o indivíduo feliz requer também os bens do corpo, os externos e aqueles da sorte,*[1073] de modo que sua atividade não sofra obstrução devido à falta deles. (Os que dizem que uma pessoa, se for boa, será feliz mesmo sendo *torturada na roda*[1074] ou atingida por grandes infortúnios, estão propositalmente ou não dizendo um absurdo.) Mas porque a felicidade requer adicionalmente os dons da sorte, alguns pensam que *a boa sorte e a felicidade são a mesma coisa,*[1075] o que não são, posto que até a própria boa sorte, quando excessiva, obstrui e, talvez, com efeito, nesse caso nem fizesse jus mais a ser denominada boa sorte, porquanto seu próprio

---

1069. ...ἀνάγκη οὖν τὴν ἡδονὴν ἀγαθόν τι εἶναι. ... (*anágke oŷn tèn hedonèn agathón ti eînai.*).

1070. Espeusipo de Atenas, filósofo contemporâneo de Aristóteles, seu colega na Academia e sobrinho de Platão. Após a morte do mestre, Espeusipo assumiu a direção da Academia.

1071. ...τἄριστόν... (*t'áristón*).

1072. ...τέλειος... (*téleios*), completa, consumada.

1073. ...διὸ προσδεῖται ὁ εὐδαίμων τῶν ἐν σώματι ἀγαθῶν καὶ τῶν ἐκτὸς καὶ τῆς τύχης, ... (*diò prosdeîtai ho eydaímon tôn en sómati agathôn kaì tôn ektòs kaì tês týkhes,*).

1074. ...τροχιζόμενον... (*trokhizómenon*).

1075. ...ταὐτὸν εἶναι ἡ εὐτυχία τῇ εὐδαιμονίᾳ, ... (*t'aytòn eînai he eytykhía têi eydaimoníai,*).

limite[1076] tem a felicidade como referencial. E o fato de todos os
25 animais inferiores e seres humanos terem o prazer como seu objeto de busca mostra ser ele, de alguma maneira, o [bem] mais excelente.

*Nenhuma revelação feita por muitos povos
Perde-se inteiramente (...)*[1077]

Considerando-se, contudo, que o estado natural ou o melhor estado não é nem parece ser o mesmo para todos, nem todos têm
30 como objeto de busca o mesmo prazer, ainda que todos busquem prazer. Com efeito, talvez, na realidade, não busquem o prazer segundo pensam que buscam e alegam buscar, mas todos realmente o mesmo, *pois todas as coisas encerram naturalmente algo divino*.[1078] E, todavia, visto que os prazeres do corpo são os mais
35 frequentemente perseguidos, e visto que todos os seres humanos deles participam, tais prazeres se apropriaram do nome, de sorte a
1154a1 se pensar que não existem outros, pois esses são os únicos conhecidos. Ademais, é evidente que, na hipótese de o prazer e a atividade não serem um bem, a vida do indivíduo feliz não será prazerosa. Afinal, em função de que deveria precisar de prazer se este não é um bem? Pelo contrário, é possível que sua vida seja até dolorosa; com efeito, se o prazer não é nem um mal nem um bem, tampouco
5 o será a dor e, nesse caso, por que evitá-la? E se as atividades do indivíduo bom não encerrarem mais prazer do que as dos outros, tampouco o encerrará sua vida.

14

QUANTO AOS PRAZERES DO CORPO, temos que examinar o que dizem aqueles que afirmam que, embora alguns prazeres nobres

---

1076. ...ὅρος... (*hóros*), mas o sentido desta palavra aqui é abstrato e não concreto, pelo que também poderíamos traduzir da seguinte maneira: ...porquanto sua própria *definição* tem a felicidade como referencial.

1077. ...φήμη δ᾽ οὔτις πάμπαν ἀπόλλυται, ἥν τινα λαοί πολλοί... (*phéme d' oýtis pámpan apóllytai, hén tina laoí polloí*). Ou, em uma tradução alternativa: ...Nenhuma revelação anunciada por muitos povos está inteiramente condenada ao desaparecimento... . Hesíodo, *Os Trabalhos e os Dias*, 763.

1078. ...πάντα γὰρ φύσει ἔχει τι θεῖον. ... (*pánta gàr phýsei ékhei ti theîon.*).

sejam *sumamente desejáveis*,[1079] os corpóreos e aqueles que consti-
10 tuem o objeto do desregrado são indesejáveis. Nesse caso, por que
são as dores que lhes são opostas más? Afinal, o oposto do mal é o
bem. Serão bens os prazeres necessários entendendo-se que mesmo o que não é mau é bom ou são bens até certa medida? Com
efeito, embora não se possa fruir prazer excessivo a partir de *estados
e movimentos*[1080] que por si mesmos não excedem o melhor, é possível fruí-lo a partir daqueles que por si mesmos admitem excesso.
15 Ora, é possível que haja um excesso de *bens do corpo*,[1081] e é a busca
desse excesso que determina a maldade de um indivíduo, *não a dos
necessários*.[1082] De fato, todos apreciam, de certo modo, alimentos
saborosos, vinho e prazer sexual, mas nem todos na medida devida.
No que toca à dor, ocorre o oposto: não se evita apenas o excesso
20 de dor, mas toda a dor, pois o oposto do [prazer] excessivo não é a
dor, salvo para o indivíduo que o tem como meta.

Como devemos, porém, não nos limitar a indicar a verdade, *mas
também a causa do erro*,[1083] uma vez que isso promove convicção,
pois, ao se contar com uma explicação razoável do porquê o falso
25 parece verdadeiro, isso produz maior convicção no verdadeiro, somos obrigados a explicar por que os prazeres do corpo revelam-se
mais desejáveis. Em primeiro lugar, é porque afastam a dor e porque
a dor excessiva faz os indivíduos buscarem o prazer excessivo, e geralmente prazer corpóreo, *a título de um elemento restaurador*.[1084] E
30 esses elementos restauradores produzem uma intensidade que mo-

---

1079. ...αἱρεταὶ σφόδρα, ... (*hairetaì sphódra,*).
1080. ...ἕξεων καὶ κινήσεων... (*héxeon kaì kinéseon*).
1081. ...σωματικῶν ἀγαθῶν... (*somatikón agathón*).
1082. ...ἀλλ' οὐ τὰς ἀναγκαίας·... (*all' oy tàs anagkaías·*). Entenda-se rigorosamente dos *bens corpóreos necessários*, mas o contexto parece intercambiar, alternar ou mesmo identificar as noções de prazer e bem, de modo que sugerimos uma tradução alternativa: ...*não a dos [prazeres] necessários*... . A ideia inclusiva e completa de *bens corpóreos prazerosos necessários* é tentadora, mas, embora se coadune com a ideia contrária de prazeres desnecessários (ou seja, os simplesmente desejáveis por si mesmos), esbarra naquela de bens dolorosos.
1083. ...ἀλλὰ καὶ τὸ αἴτιον τοῦ ψεύδους... (*allà kaì tò aítion toŷ pseýdous*).
1084. ...ὡς οὔσης ἰατρείας, ... (*hos oýses iatreías,*), literalmente: ...como uma terapia; como um instrumento de cura...: o processo constituído pela supressão total da dor excessiva e a reabertura do espaço para o retorno do prazer pleno é uma restauração.

tiva a sua busca porque se revelam em contraste com seu oposto. (E pensa-se que o prazer não é um bem determinado por essas duas causas, tal como foi dito, porque alguns prazeres são ações de uma natureza má, quer degenerada congenitamente, como a bestial, quer corrompida pelo hábito, como no caso das *pessoas perversas*,[1085] e porque outros prazeres são elementos restauradores; pois bem: estar no estado pós-restauração é melhor do que estar no caminho de volta para ele.[1086] Isso, entretanto, ocorre durante um processo de completamento, de sorte que é apenas acidentalmente que esses prazeres constituem um bem.) Outra razão é serem eles[1087] buscados unicamente em função de sua intensidade por aqueles que são incapazes de fruir outros prazeres (entre estes alguns tomam medidas, eles próprios, para ficarem com sede). Nenhuma censura é dirigida a essa prática se os prazeres forem inócuos, mas ela é censurável se produzirem resultados danosos. Há quem não dispõe de outras fontes de gozo e também há muitos cuja natureza é incompatível com um estado neutro, o qual lhes causa dor (*com efeito, os seres vivos estão sempre suportando fadigas ou tensões, como atestam os filósofos da natureza,*[1088] a declararem que a visão e a audição são penosas, mas que nos acostumamos a elas com o decorrer do tempo.)

De modo análogo, os jovens experimentam uma condição *como a dos embriagados*,[1089] em um período de crescimento em que a própria juventude é prazerosa. Os naturalmente melancólicos, porém, necessitam sempre de um elemento restaurador. De fato, o temperamento deles mantém seus corpos continuamente irritáveis e seus *desejos*[1090] constantemente ativos, condição em que qualquer prazer intenso afasta a dor, isto não sendo exclusividade do prazer oposto. Eis como se explica o fato de melancólicos tornarem-se desregrados e viciosos. Prazeres que não acarretam dor não admitem excesso.

1085. ...φαύλων ἀνθρώπων, ... (*phaýlon anthrópon,*).
1086. Aristóteles retoma a analogia com o tratamento médico. Ver nota 1084.
1087. Isto é, os prazeres do corpo, os prazeres físicos.
1088. ...ἀεὶ γὰρ πονεῖ τὸ ζῷον, ὥσπερ καὶ οἱ φυσιολόγοι μαρτυροῦσι, ... (*aeì gàr poneî tò zôion, hósper kaì hoi physiológoi martyroŷsi,*).
1089. ...ὥσπερ οἱ οἰνωμένοι... (*hósper hoi oinoménoi*).
1090. ...ὀρέξει... (*oréxei*). Neste contexto, o mesmo que apetites.

Estes são aqueles naturalmente provenientes de coisas prazerosas, e não acidentalmente. *Por coisas acidentalmente prazerosas entendo os elementos restauradores.*[1091] Realmente, o efeito restaurador é produzido pela parte do sistema que preservou a saúde, razão pela qual se considera que o próprio processo seja prazeroso. As coisas naturalmente prazerosas são aquelas que promovem a ação de uma determinada natureza.

É, entretanto, impossível contarmos com uma fonte perene de prazer porque nossa natureza não é simples, contendo ela outro elemento (o que nos torna perecíveis). Assim, sempre que um desses dois elementos está ativo, sua atividade revela-se não natural contrariando a natureza do outro, enquanto quando os dois elementos estão equilibrados, sua ação não parece ser nem dolorosa nem prazerosa. Se algum ser tivesse uma natureza simples, uma mesma atividade lhe proporcionaria sempre máximo prazer. *É por isso que Deus frui sempre um prazer único e simples.*[1092] *Com efeito, não existe apenas uma atividade cinética, mas também uma não cinética e o prazer está mais no repouso do que no movimento.*[1093] Mas, segundo o poeta,[1094] *é encantadora a mudança em todas as coisas,*[1095] devido a algum vício dentro de nós; e tal como o ser humano é mutável, inclusive o vicioso, assim também é viciosa a natureza que necessita mudança, pois não é simples nem boa.

Com isso encerramos a discussão a respeito do autocontrole, do descontrole, e do prazer e da dor e mostramos, em relação a cada um, em que sentido uns são bens e outros, males. Resta-nos abordar a amizade.

1091. ...λέγω δὲ κατὰ συμβεβηκὸς ἡδέα τὰ ἰατρεύοντα·... (*légo dè katà symbebekòs hedéa tà iatreýonta·*). Ver nota 1084.

1092. ...διὸ ὁ θεὸς ἀεὶ μίαν καὶ ἁπλῆν χαίρει ἡδονήν·... (*diò ho theòs aeì mían kaì haplên khaírei hedonén·*).

1093. ...οὐ γὰρ μόνον κινήσεώς ἐστιν ἐνέργεια ἀλλὰ καὶ ἀκινησίας, καὶ ἡδονὴ μᾶλλον ἐν ἠρεμίᾳ ἐστὶν ἢ ἐν κινήσει. ... (*oy gàr mónon kinéseós estin enérgeia allà kaì akinesías, kaì hedonè mâllon en eremíai estin è en kinései*). Ver a *Metafísica*, Livro XII.

1094. Ou seja, o poeta trágico Eurípides de Salamina (480-406 a.C.) no *Orestes*, 234.

1095. ...μεταβολὴ δὲ πάντων γλυκύ... (*metabolè dè pánton glyký*). Ou literalmente: ...*é doce* a mudança em todas as coisas... .

LIVRO VIII

1

1155a1 A SEGUIR TRATAREMOS DA *AMIZADE*,[1096] pois esta é uma virtude[1097] ou envolve a virtude, além do que constitui uma das exigências mais imprescindíveis da vida – ninguém, com efeito, preferiria viver sem amigos, mesmo que possuísse todos os outros bens. Pensa-se, inclusive, que *homens abastados, governantes e potentados*,[1098] muito mais que os outros, necessitam de amigos, uma vez que de que lhes valeria sua *prosperidade*[1099] se não pudesse ensejar a *beneficência*,[1100] a qual é realizada, acima de tudo o mais e mais louvavelmente em prol dos amigos? E como guardar e proteger tal prosperidade sem amigos? (...) de fato, quanto maior [a prosperidade], maior
10 será a insegurança que a rodeia. E mergulhados na pobreza ou em outros infortúnios, [decerto] as pessoas consideram os amigos seu único refúgio. Constituem um auxílio para o jovem a fim de protegê-lo do erro; aos velhos, quanto amparam-nos em suas necessidades e os suplementam nas atividades das quais a fraqueza os privou; para os que se acham no acme da vida, são fomentadores das *ações*
15 *nobres*[1101] – "quando dois caminham juntos (...)",[1102] estão mais capacitados para pensar e agir. E a amizade dos pais pelos filhos e

---

1096. ...φιλίας... (*philías*), traduzível também por *amor*, mas este último *substantivo* possui uma gama tão vasta de variações semânticas que se revela conceitualmente impróprio. Entretanto, quando o contexto o permitir, alternaremos (nos Livros VIII e IX) os termos *amizade* e *amor*, se intercambiáveis.
1097. Alusão à *amistosidade*, à qual Aristóteles já se referiu anteriormente.
1098. ...πλουτοῦσι καὶ ἀρχὰς καὶ δυναστείας... (*ploytoýsi kaì arkhàs kaì dynasteías*).
1099. ...εὐετηρίας... (*eyeterías*).
1100. ...εὐεργεσίας... (*eyergesías*).
1101. ...καλὰς πράξεις... (*kalàs práxeis*).
1102. Homero, *Ilíada*, x, 224. Citação parcial.

destes pelos pais parece ser natural, não apenas na espécie humana, *mas também entre as aves e a maioria dos animais*,[1103] ao que devemos acrescer também a amizade entre membros da mesma espécie,
20 e, sobretudo, entre os seres humanos. Por isso, louvamos *os seres humanos que amam seus semelhantes*.[1104] Mesmo quando se viaja ao estrangeiro,[1105] pode-se observar uma afinidade e uma amizade entre os seres humanos. Ademais, a amizade parece ser o vínculo que une *os Estados;*[1106] e a impressão que temos é que os legisladores
25 zelam mais por ela do que pela justiça. Com efeito, a *concórdia*[1107] se afigura semelhante à amizade, constituindo o principal objetivo deles, enquanto banir *a discórdia*[1108] é sua maior preocupação, sendo ela o pior inimigo. E se as pessoas são amigas, a justiça entre elas é dispensável, ao passo que ser justo não basta, não dispensando a amizade. E considera-se que a forma mais importante de justiça consiste nas demonstrações de amizade.
30 E a amizade não é apenas indispensável como também nobre em si mesma. *De fato, louvamos os que amam seus amigos e é considerado nobre ter muitos amigos;*[1109] ademais, e alguns julgam ser o amigo e o *homem bom*[1110] a mesma pessoa.

Mas o que se diverge sobre ela não é pouco. Alguns a definem como certa similaridade e dizem que amamos aqueles que são semelhantes a nós mesmos, e daí os provérbios *o semelhante busca o*

1103. ...ἀλλὰ καὶ ἐν ὄρνισι καὶ τοῖς πλείστοις τῶν ζῴων, ... (*allà kaì en órnisi kaì toîs pleístois tôn zóion,*).

1104. ...τοὺς φιλανθρώπους... (*toỳs philanthrópoys*), ou: os seres humanos amigos dos seres humanos. Literalmente: aqueles que amam os seres humanos.

1105. ...ταῖς πλάναις... (*taîs plánais*): mais exatamente: quando se viaja como errante pelo estrangeiro; quando se perambula pelo estrangeiro.

1106. ...τὰς πόλεις... (*tàs póleis*).

1107. ...ὁμόνοια... (*homónoia*).

1108. ...τὴν στάσιν... (*tèn stásin*), palavra de grande multiplicidade de acepções, mas aqui o sentido é claro e específico: desacordo entre os integrantes do Estado que conduz necessariamente à cisão política, facção.

1109. ...τοὺς γὰρ φιλοφίλους ἐπαινοῦμεν, ἥ τε πολυφιλία δοκεῖ τῶν καλῶν ἕν τι εἶναι· ... (*toỳs gàr philophíloys epainoŷmen, hé te polyphilía dokeî tôn kalôn hén ti eînai·*).

1110. ...ἄνδρας ἀγαθοὺς... (*ándras agathoỳs*): Aristóteles especifica o sexo masculino. Embora, como ocorre muitas vezes, Aristóteles não indique nominalmente os filósofos, especialmente Platão, sua alusão aqui parece ser, sobretudo, ao seu mestre. Ver *Lísis*, 214e.

seu semelhante e gralha voa com gralha¹¹¹¹ e assim por diante. Outros, ao contrário, dizem em relação a indivíduos semelhantes que todos, como oleiros, se opõem entre si.¹¹¹² Outros procuram descobrir uma explicação superior e *científica*.¹¹¹³ Eurípides diz que *"a terra, quando seca, ama a chuva e o céu majestoso, quando carregado de nuvens, ama precipitar a chuva sobre a terra".*¹¹¹⁴ Heráclito¹¹¹⁵ afirma que *"é o que opõe que promove a união"* e que *"o mais belo acorde é oriundo da diferença"*, e que *"é a luta que tudo gera".* Outros, incluindo Empédocles, sustentam a opinião oposta, declarando que *"o semelhante visa ao semelhante".*

Pondo de lado essas dificuldades da filosofia da natureza (já que não apresentam pertinência com a nossa presente investigação), examinemos as questões humanas e inspecionemos aquelas relacionadas ao *caráter e aos sentimentos*,¹¹¹⁶ por exemplo: se todos são capazes de amizade ou se os maus são incapazes dela; e se existe apenas um tipo de amizade ou mais de um. Aqueles que afirmam que existe um único tipo porque a amizade é quantitativa se apoiam em indícios insuficientes, pois coisas de diferentes tipos também podem diferir *quantitativamente*.¹¹¹⁷ Mas isso foi abordado antes.

2

TALVEZ OBTENHAMOS ESCLARECIMENTO acerca disso se passarmos a conhecer *o objeto do amor*.¹¹¹⁸ Parece, com efeito, que nem tudo é amado, exceto o que é *amável* [suscetível ou capaz de ser amado] e isto é *ou* o que é bom, *ou* o que é prazeroso e agradável,

---

1111. ...κολοιὸν ποτὶ κολοιόν, ... (*koloiòn potì koloión,*).
1112. A referência de Aristóteles é a Hesíodo em *Os Trabalhos e os Dias*, 25-26.
1113. ...φυσικώτερον... (*physikóteron*), *mais* científica, literalmente: mais de acordo com a filosofia da natureza.
1114. Citação extraída de uma peça desconhecida por nós.
1115. Heráclito de Éfeso, filósofo da natureza pré-socrático (*circa* 500 a.C.).
1116. ...ἤθη καὶ τὰ πάθη, ... (*éthe kaì tà páthe,*), ou seja, as questões morais e as emocionais.
1117. ...τὸ μᾶλλον καὶ τὸ ἧττον... (*tò mállon kaì tò hêtton*): para o maior ou o menor. Aristóteles alude aos graus de amizade.
1118. ...τοῦ φιλητοῦ·... (*toŷ philetoý·*), o *amado* na medida em que é *amável*.

ou o que é útil. Uma vez que o *útil* pode ser entendido como aquilo que gera algum bem ou prazer, as coisas *amáveis* como fins ficam reduzidas ao bom e ao prazeroso ou agradável. Mas então perguntamos: os seres humanos amam o que é bom ou o que é bom para si? – [indagação que julgamos justificável] porque às vezes é possível que essas duas coisas apresentem divergência. E a mesma pergunta fazemos quanto ao que é prazeroso. Ora, considera-se que cada um ama o que é bom para si e enquanto o que é bom é absolutamente [e universalmente] amável, o que é bom para cada um é o que é amável para essa pessoa em particular. Além disso, cada pessoa *não* ama o que é bom para si mesma, mas *o que parece*[1119] ser assim. Entretanto, isso não importa. De fato, para nós bastará dizer que *amável* é *o que parece amável*.

Existem, portanto, três motivos ou fundamentos para o amor, o termo *amizade* não se referindo ao amor por objetos inanimados; com efeito, nesse caso não há reciprocidade e também nenhum querer o bem do objeto (seria, com efeito, ridículo *querer o bem* do vinho: o máximo que se deseja quanto a ele é que possa ser bem conservado para dele nos servirmos); em contrapartida, dizem-nos que devemos querer o bem do nosso amigo naquilo que constitui o seu próprio bem. Mas daqueles que assim querem o bem, se o sentimento não for recíproco, diz-se apenas que são benevolentes. Essa *benevolência*[1120] só é chamada de *amizade* quando é mútua. E, talvez, também devêssemos acrescentar que a benevolência precisa ser reconhecida, pois muitos indivíduos são benevolentes com pessoas que jamais viram, mas que acreditam serem boas ou úteis; ora, uma dessas pessoas pode experimentar igualmente o mesmo sentimento por um desses indivíduos. Parece se tratar de mútua benevolência, porém como classificar essas duas pessoas de amigas se desconhecem suas predisposições mútuas? [A amizade], portanto, requer que essas pessoas sejam mutuamente benevolentes, ou seja, queiram o bem uma da outra, reconheçam essa mútua benevolência e isso em função de uma entre as qualidades mencionadas anteriormente.[1121]

1119. ...τὸ φαινόμενον·... (*tò phainómenon·*).

1120. ...εὔνοιαν... (*eýnoian*).

1121. Ou seja, o bom, o prazeroso (ou agradável) e o útil.

3

Essas qualidades diferem entre si como tipos. Consequentemente, *as afeições*[1122] ou *as amizades*[1123] que ensejam podem, igualmente, ser de tipos distintos. Assim, há três tipos de amizade, correspondendo numericamente às qualidades amáveis. Com efeito, um amor recíproco e reconhecido é capaz de se basear em cada uma das três qualidades; e entenda-se que os que se amam se querem o bem com referência à qualidade que é o fundamento de seu amor. Assim, os que se amam com fundamento na utilidade não se amam por si mesmos, mas por algum benefício que lhes possa advir um do outro. E algo análogo ocorre com aqueles que têm uma amizade baseada no prazer; com efeito, pessoas espirituosas são apreciadas não pelo seu caráter, mas porque são agradáveis. É de se concluir que em uma amizade cujo fundamento é a utilidade ou o prazer, o amor presente visa ao bem e ao prazer pessoais, não se cogitando aqui das pessoas *amadas*, mas da utilidade ou prazer que elas propiciam. Não passa, portanto, de uma amizade incidental, uma vez que o amigo não é amado por ser o que é, mas pelo fato de proporcionar algum benefício ou prazer. Consequentemente, tais amizades são facilmente rompidas, devido à inconstância das próprias partes. De fato, se estas não produzem mais prazer ou vantagem uma para a outra, o amor deixa de existir – na medida em que temos que admitir que o útil não é uma qualidade permanente e inalterável, se diversificando a cada ocasião distinta. Resulta que, desaparecido o motivo da amizade, ela mesma é dissolvida, sua existência tendo apenas servido de meio para um fim em particular.

Amizades desse tipo parecem ocorrer principalmente *entre os velhos*[1124] (pois, nessa idade, as pessoas não buscam prazer, mas vantagens) e entre aqueles indivíduos no auge da vida e jovens que vivem em função de interesses pessoais. Esse tipo de amigos, decerto, pouco ficam juntos, pois por vezes sequer agradam um ao outro e,

---

1122. ...αἱ φιλήσεις... (*hai philéseis*).
1123. ...αἱ φιλίαι. ... (*hai philíai.*).
1124. ...ἐν τοῖς πρεσβύταις... (*en toîs presbýtais*).

30 portanto, dispensam a presença um do outro, a não ser que dela extraiam algum lucro; *com efeito, o prazer que encontram um no outro não vai além de suas mútuas expectativas de benefícios.*[1125]

Entre tais amizades se enquadram os relacionamentos ditados pelos deveres de hospitalidade, inclusive com os estrangeiros.

Por outro lado, com referência aos jovens, o fundamento de sua amizade parece ser o prazer, pois são as emoções que dirigem suas vidas e, sobretudo, eles buscam o que é prazeroso para si mesmos e o imediato. Mas à medida que vão se tornando menos jovens, seus prazeres mudam, de modo que, com a mesma rapidez que formam
35 amizades, eles as dissolvem – isso porque suas afeições se alteram em
1156b1 função do que lhes proporciona prazer, e os prazeres juvenis são fugazes. *E os jovens são eróticos; com efeito, o amor sexual se conforma largamente com a paixão e o prazer.*[1126] Consequentemente, constroem vínculos com rapidez e também os desfazem com rapidez, mudando-os com frequência entre o nascer e o pôr do sol do mesmo dia.

Apesar disso, efetivamente desejam a companhia dos amigos,
5 pois é assim que obtêm o que pretendem de sua amizade.

A amizade perfeita é aquela entre os indivíduos bons e mutuamente semelhantes em matéria de virtude, isso porque desejam igualmente o bem mútuo *na qualidade* de bem e são bons em si
10 mesmos. Ora, aqueles que querem o bem de seus amigos em favor destes, são amigos na acepção mais plena, visto que se amam por eles mesmos *e não acidentalmente*.[1127] Por conseguinte, a amizade destes dura enquanto continuam sendo bons – e a virtude é duradoura. E cada um é bom *absolutamente* e *relativamente* ao seu amigo, visto
15 que os bons são tanto bons absolutamente quanto úteis entre si. E constituem igualmente fontes de prazer, posto que indivíduos bons são agradáveis tanto absolutamente quanto uns para os outros. Com

---

1125. ...ἐπὶ τοσοῦτον γάρ εἰσιν ἡδεῖς ἐφ᾽ ὅσον ἐλπίδας ἔχουσιν ἀγαθοῦ. ... (*epì tosoýton gár eisin hedeîs eph' hóson elpídas ékhoysin agathoý.*).

1126. ...καὶ ἐρωτικοὶ δ᾽ οἱ νέοι· κατὰ πάθος γὰρ καὶ δι᾽ ἡδονὴν τὸ πολὺ τῆς ἐρωτικῆς·... (*kaì erotikoì d' hoi néoi· katà páthos gàr kaì di' hedonèn tò polỳ tês erotikês·*). Aristóteles amplia seu conceito de *filía*, que agora abarca e absorve aquele de ἔρως (*éros* – amor sexual).

1127. ...καὶ οὐ κατὰ συμβεβηκός. ... (*kaì oy katà symbebekós.*), ou seja, como meio para atingir um fim que transcende a eles mesmos (utilidade ou prazer).

efeito, todos se agradam com *as próprias ações*[1128] e, portanto, por aquelas semelhantes às suas, e as ações dos bons são *idênticas ou similares*.[1129] Tal amizade é *naturalmente*[1130] duradoura, pois reúne em si todos os atributos que cabe a amigos possuir. Toda amizade é em função do bem ou do prazer, seja absoluto seja relativo à pessoa que a experimenta, e é estimulada por alguma similaridade; os próprios amigos, nessa amizade, possuem todos esses atributos em si mesmos, pois eles são semelhantes, absoluta e relativamente bons e agradáveis daquela forma. E o absolutamente bom é também absolutamente agradável. Ora, estes são os principais objetos de amor; portanto, é entre esses indivíduos [bons] que encontramos o afeto e a amizade sob a sua forma *mais importante e de maior excelência*.[1131]

Decerto topamos raramente com essas amizades, dada a escassez desses indivíduos. Que se acresça que demandam tempo e familiaridade; como diz o adágio, não se pode obter um conhecimento mútuo enquanto não se tiver *comido o sal juntos*; e assim não se pode admitir ter sido a amizade constituída e realmente alguém tornar-se amigo sem antes cada um fazer-se amável e digno da confiança do outro. As pessoas que entre si oferecem *os testemunhos de amizade*[1132] não tardam a desejar a amizade, mas não podem ser amigas sem se tornarem *amáveis* mutuamente e terem consciência desse fato; o desejo da amizade surge [e cresce] com rapidez, mas a amizade não se desenvolve assim.

4

ESSA FORMA DE AMIZADE é perfeita seja do prisma da duração, seja daquele dos demais aspectos, e em todos eles cada uma das partes recebe da outra benefícios idênticos ou similares aos que proporcionou; é precisamente aquilo que deve ocorrer entre amigos.

1128. ...αἱ οἰκεῖαι πράξεις, ... (*hai oikeîai práxeis,*).
1129. ...αὐταὶ ἢ ὅμοιαι... (*aytaì è hómoiai*).
1130. ...εὐλόγως... (*eylógos*): compreensivelmente.
1131. ...μάλιστα καὶ ἀρίστη. ... (*málista kaì aríste.*).
1132. ...τὰ φιλικὰ... (*tà philikà*).

1157a1   Essa amizade assemelha-se, de uma certa maneira à baseada no prazer, pois indivíduos bons proporcionam-se prazer entre si; e o mesmo pode ser dito com relação à amizade baseada na utilidade; com efeito, indivíduos bons são mutuamente úteis. Nessa situação, inclusive, a amizade é maximamente duradoura quando o benefício obtido por ambos é idêntico – digamos prazer – e não
5 apenas isso, mas também tem idêntica procedência, como ocorre entre duas pessoas espirituosas e não como ocorre entre *alguém que ama e aquele que é por ele amado*.[1133] Estes últimos não extraem seu prazer das mesmas coisas: o prazer do amante consiste em contemplar o amado [e cercá-lo de atenções], enquanto o prazer do amado consiste em receber os cuidados e atenções daquele que o ama; e quando o viço da juventude do amado finda, por vezes também finda a amizade (pois quem ama não encontra mais prazer
10 na visão do amado e este não recebe mais os cuidados e atenções do amante); ainda que muitos realmente permaneçam amigos, como se sua *intimidade*[1134] os tivesse motivado a amar o caráter um do outro, este sendo semelhante em ambos. Mas aqueles que em sua relação amorosa não permutam prazer por prazer, mas objetivam o ganho, constroem uma amizade nem muito intensa nem muito duradoura.

    A amizade cujo fundamento é a utilidade se dissolve tão logo a
15 vantagem que a determina deixa de existir. Nesse caso, com efeito, os amigos não se amavam, mas sim ao que obtinham um do outro.

    Quando, portanto, o prazer ou a utilidade é a base das amizades, estas podem existir entre indivíduos maus, entre um indivíduo bom e um mau, e entre um indivíduo nem bom nem mau e outro indivíduo de qualquer tipo. Mas é evidente que somente indivíduos bons são capazes de ser amigos pelo que são em si mesmos. Com efeito, indivíduos maus não encontram prazer no convívio mútuo, a não ser que alguma vantagem resulte desse convívio.

1133. ...ἐραστῇ καὶ ἐρωμένῳ. ... (*erastêi kai eroménoi*.): amante e amado. Está claro que Aristóteles está se referindo ao amor sexual (ἔρως [*éros*]), como coadjuvante da amizade, amor este que, isoladamente, é muito mais transitório do que a amizade.

1134. ...συνηθείας... (*synetheías*); genericamente vida em comum, relações de familiaridade. Mas aqui o sentido é restrito e específico: intimidade sexual.

20   E somente a amizade entre os bons é à prova de calúnia,[1135] porque é difícil crer na palavra desta ou daquela pessoa relativamente a um amigo que se tem pessoalmente submetido ao teste há muito tempo, isto sem contar a mútua confiança, o sentimento da incapacidade de causar-se dano recíproco e todas as demais coisas exigidas e presentes na verdadeira amizade. Nas outras formas
25 de amizade, ao contrário, não há como conter o aparecimento de coisas [como a calúnia].

A julgar que as pessoas efetivamente utilizam o termo *amigos* referindo-se a indivíduos cuja relação é baseada na utilidade, tal como se diz de Estados que são amigos (posto que a utilidade parece constituir o propósito das alianças), ou baseada no prazer, como a *amizade* das crianças, talvez nós também devêssemos classificar
30 essas pessoas de amigos e dizer que há diversos tipos de amizade, em primeiro lugar e no sentido genuíno estrito, a dos indivíduos bons *na qualidade* de bons e, por analogia, os outros tipos; tais amigos, com efeito, são amigos em função de uma espécie de excelência e de similaridade neles presente. O prazer é bom para os amantes do prazer. Mas a associação dessas duas formas de amizade não é muito comum, e tampouco os seres humanos se tornam amigos ao
35 mesmo tempo visando à utilidade e ao prazer, pois coisas fortuitas são raramente encontradas em associação.

1157b1   Sendo a amizade, portanto, dessas espécies, as amizades das pessoas más serão construídas em função do prazer ou da utilidade, esta semelhança os atraindo entre si, enquanto indivíduos bons serão amigos por eles mesmos, porquanto são bons. Estes, portanto, são amigos em um sentido absoluto, ao passo que os primeiros o são *fortuitamente*[1136] e devido a certa similaridade com os bons.

1135. ...καὶ μόνη δὲ ἡ τῶν ἀγαθῶν φιλία ἀδιάβλητός ἐστιν·... (*kaì móne dè he tôn agathôn philía adiábletós estin·*).

1136. ...κατὰ συμβεβηκός... (*katà symbebekós*), acidentalmente.

5

5 COMO ACONTECE COM AS VIRTUDES, os seres humanos sendo chamados de bons em dois sentidos: ou devido a uma disposição virtuosa, ou por praticarem a virtude, acontece com a amizade; com efeito, aqueles que estão juntos extraem prazer disso e trocam benefícios, enquanto aqueles que se acham adormecidos *ou distanciados*[1137] não estão praticando amizade, ainda que tenham
10 a disposição para praticá-la. De fato, o distanciamento não destrói a amizade totalmente. Mas interrompe a sua prática. E o tempo de separação, porém, torna-se longo, parece que produz o esquecimento da amizade e, daí, se dizer:

Muitos veem a amizade dissolvida por falta de diálogo.

Nem pessoas velhas nem as ásperas ou taciturnas parecem constituir facilmente amizades, pois sua capacidade de serem agradáveis ou afáveis é pequena e ninguém consegue despender seu tempo na
15 companhia de alguém cuja presença lhe é penosa ou desagradável. De fato, a impressão é que a natureza, acima de tudo, esquiva-se do penoso e busca o prazeroso. Quanto àqueles que demonstram mútua aceitação, mas não se empenham em fruir da companhia mútua, diríamos que se trata mais de benevolência do que de amizade. O que é mais característico entre amigos é buscarem regularmente a
20 companhia uns dos outros; os que estão necessitados querem ajuda, e mesmo *os maximamente felizes*[1138] desejam a companhia de amigos (realmente, estes são os que menos se interessam na solidão). Mas é impossível aos indivíduos passarem seu tempo juntos sem se proporcionarem mútuo prazer e ter gostos comuns. É o que parece caracterizar indivíduos que são *camaradas*.[1139]

1137. ...ἢ κεχωρισμένοι τοῖς τόποις... (*è kekhorisménoi toîs tópois*), literalmente: ou separados no espaço.

1138. ...οἱ μακάριοι... (*hoi makárioi*), os bem-aventurados.

1139. ...ἑταιρικὴ... (*hetairikè*), ou seja, amigos autênticos. Entretanto, é possível que Aristóteles tenha aqui em mente grupos específicos, historicamente reais, de camaradas ou companheiros, aludindo a ἡ ἑταιρική (*he hetairikè*), homens que se reuniam em Atenas, geralmente de faixa etária e condição social semelhantes, e que cultivavam vínculos de amizade regular, prestando cuidados e auxílios entre si. Antes dos tempos do Estagirita, por volta do século V a.C., as ἑταιρεῖαι (*hetaireîai*), em Atenas, eram associações organizadas de cunho político.

25 A amizade entre indivíduos bons, portanto, é a amizade por excelência, como foi reiterado antes. De fato, é de consenso que o que é bom e prazeroso absolutamente é *amável e desejável*[1140] absolutamente, enquanto o que o é para cada um é amável e desejável relativamente a esse indivíduo. A amizade dos indivíduos bons se apoia tanto em um fundamento quanto no outro.

A *afeição*[1141] parece ser uma emoção, ao passo que a amizade é uma disposição (estado); assim se entende porque a afeição pode ser experimentada inclusive por *coisas inanimadas*[1142], enquanto a 30 reciprocidade do amor envolve prévia escolha e esta nasce de uma disposição. Ademais, quando as pessoas desejam o bem de quem amam no interesse de quem amam, seu amor não está subordinado a uma emoção ou paixão, mas a uma disposição. E, ao amar o amigo, amam seu próprio bem, pois o indivíduo bom, ao se tornar ami-35 go de outro, converte-se no bem desse outro. Cada um, portanto, tanto ama seu próprio bem quanto realiza um retorno equivalente em benevolência em prol do outro, e por lhe propiciar prazer; com 1158a1 efeito, diz-se que amizade é igualdade, o que, sobretudo, constata-se nas amizades dos bons.

6

INDIVÍDUOS ÁSPEROS E TACITURNOS, bem como os idosos, dificilmente constituem amizades, visto que tendem a ser mal humorados ou rabugentos e não obtêm muito prazer na companhia alheia. De fato, o bom humor e a sociabilidade parecem ser o que, 5 sobretudo, produz amizade. Daí os jovens fazerem amizades com rapidez e os idosos não; não há como construir amizade com pessoas cuja companhia não agrada; o mesmo se aplica a pessoas de temperamento áspero ou taciturno. Entretanto, os idosos ou ta-

---

1140. ...φιλητὸν μὲν καὶ αἱρετὸν... (*philetòn mèn kaì hairetòn*).
1141. φίλησις (*phílesis*). Difícil traduzir e mesmo interpretar esse conceito, pois ele indica e denota tanto a ação de amar quanto a experiência e o sentimento de amar, o que faz com que aparentemente não oponha a ação à paixão, mas as conjugue. Entretanto, o objetivo de Aristóteles aqui é apenas distingui-lo de *filia*.
1142. ...τὰ ἄψυχά... (*tà ápsykhá*).

citurnos podem ser benevolentes entre si, uma vez que é possível que se queiram bem e se amparem na necessidade; contudo, não se pode qualificá-los propriamente de amigos, pois não convivem e nem desfrutam desse convívio, o que se considera serem as princi-
10 pais características da amizade.

Ser amigo de muitos de acordo com essa amizade plena não é possível[1143] da mesma forma que não é possível estar apaixonado por muitos indivíduos simultaneamente (o amor sexual, com efeito, parece ser um estado passional excessivo, sua natureza determinando que seja experimentado por uma única pessoa). É difícil, ademais, para muitos indivíduos agradarem simultânea e intensamente a mesma pessoa, e inclusive serem bons para essa pessoa. Além
15 disso, é necessário acumular experiência e intimidade no trato da pessoa, o que se revela uma tarefa *muito difícil.*[1144] Mas é possível agradar muitas pessoas em função apenas de utilidade e prazer, pois pessoas úteis e prazenteiras existem em abundância e os serviços, nesse caso, requerem mínima disponibilidade de tempo.

Desses dois tipos [inferiores], o que se assemelha mais à amizade [superior] é aquele que tem o prazer como seu fundamento, no qual o mesmo benefício é permutado por ambas as partes e elas
20 apreciam estar juntas ou compartilham dos mesmos gostos – como pode ser exemplificado pelas amizades dos jovens; nestas, com efeito, há maior presença de generosidade, ao passo que a amizade baseada na utilidade tem a ver com gente *grosseira, sórdida.*[1145] Por outro lado, os *maximamente felizes* prescindem de amigos úteis, necessitando sim de amigos agradáveis. De fato, desejam boa companhia; e, embora possam tolerar o desagradável ou penoso durante um período efêmero, ninguém o suportaria continuamente – [na
25 verdade] nem o próprio *bem absoluto*[1146] seria suportável se fosse

---

1143. ...πολλοῖς δ' εἶναι φίλον κατὰ τὴν τελείαν φιλίαν οὐκ ἐνδέχεται, ... (*polloîs d'eînai phílon katà tèn teleían philían oyk endékhetai,*).

1144. ...παγχάλεπον... (*pagkhálepon*).

1145. ...ἀγοραίων... (*agoraíon*) – literalmente *de mercado*, ou seja, gente que tem mentalidade de mercador ou comerciante. Para Aristóteles, a atividade comercial se identifica com os indivíduos muito pouco virtuosos, servis e até torpes.

1146. ...αὐτὸ τὸ ἀγαθόν, ... (*aytò tò agathón,*).

desagradável ou penoso. Portanto, eles[1147] buscam amigos que lhes proporcionem prazer. Talvez devessem buscar amigos que, além de fontes de prazer, fossem também bons, e bons para eles inclusive, com o que, afinal, juntariam todas as características condizentes com amigos. Parece que pessoas que ocupam posições de poder e autoridade têm amigos que se enquadram em classes diferentes, ou seja, têm alguns que lhes são úteis e outros que lhes proporcionam prazer, raramente indivíduos que reúnam tanto uma qualificação quanto a outra simultaneamente – isso porque não buscam pessoas que são agradáveis e virtuosas ou que sejam úteis para *os objetivos nobres*,[1148] limitando-se a buscar pessoas espirituosas quando desejam prazer e, quanto aos outros, vão à cata de homens hábeis para a execução das incumbências que lhes confiam. Mas essas qualidades raramente estão combinadas em uma mesma pessoa. O indivíduo bom, como afirmamos, é proporcionador de prazer e útil – mas não se torna amigo de alguém que lhe é superior, a menos que este o supere também em virtude; caso contrário, o indivíduo bom – como parte inferior – não seria capaz de contrabalançar as coisas ao ser proporcionalmente superado. Mas homens poderosos que se convertem em amigos nessas condições são raros.

Seja como for, as formas de amizade que mencionamos exigem igualdade. Com efeito, ambas as partes obtêm o mesmo benefício e desejam mutuamente o mesmo bem – ou permutam dois benefícios distintos, por exemplo, trocam *prazer por utilidade*.[1149] (Estas são, com o dissemos, amizades menos genuínas e menos duradouras. Há divergência de opiniões quanto a serem ou não serem amizades, devido a sua semelhança e dessemelhança em relação à mesma coisa. Em função de sua semelhança com a amizade baseada na virtude, parecem amizades, pois uma contém prazer e a outra, utilidade, que também estão presentes na amizade baseada na virtude; mas diante do fato de a amizade baseada na virtude ser à pro-

---

1147. Ou seja, os maximamente felizes (μακάριοι [*makárioi*]), entendendo-se por estes os que possuem todos os bens humanos possíveis, tanto os da alma quanto os do corpo, quais sejam: beleza, saúde, honras, riquezas.
1148. ...τὰ καλά, ... (*tà kalá,*), ou melhor, para realizarem atos nobres.
1149. ...ἡδονὴν ἀντ᾽ ὠφελείας. ... (*hedonèn ant'opheleías.*).

va de calúnia e duradoura, enquanto aquelas alteram-se rapidamen-
te, isso a se somar às outras diferenças, não parecem ser amizades devido à dessemelhança com ela.)

7

MAS EXISTE UM TIPO DISTINTO de amizade que acarreta superioridade, do que é exemplo aquela *entre pai e filho e, geralmente, entre uma pessoa mais velha e uma mais jovem, entre marido e mulher e entre qualquer pessoa que manda e a que obedece*.[1150] Essas amizades, por sua vez, diferem entre si. Com efeito, a entre *pais e filhos*[1151] não é idêntica à entre o mandante e o mandado, nem é a amizade de um pai em relação ao filho idêntica à de um filho em relação a um pai, e tampouco a de um marido com a esposa é idêntica à da esposa com o marido, isso porque são diferentes as virtudes e as funções de cada uma dessas pessoas, e também são diferentes os motivos para seu amor, de sorte que a afeição e a amizade que experimentam são distintas. Nessas amizades cada pessoa não só não extrai o mesmo da outra, como não está autorizada a fazê-lo; a despeito disso, a amizade entre pais e filhos terá longa duração e será equitativa se os filhos prestarem aos pais o que cabe aos autores de suas próprias vidas, e os pais aos filhos o que cabe à sua própria prole. A afeição conferida e restituída nessas amizades desiguais deve também ser proporcional: a melhor das duas partes, por exemplo, ou a mais útil ou analogamente em cada um dos demais casos, deve receber mais afeição do que a que proporciona, visto que, quando a afeição é proporcional ao merecimento [das partes], é produzida certa forma de igualdade entre as partes, algo que é essencial na amizade.

A igualdade na amizade, entretanto, não parece ser idêntica à de questões de justiça. Com efeito, no âmbito desta, o *igual*, ou

---

1150. ...πατρὶ πρὸς υἱὸν καὶ ὅλως πρεσβυτέρῳ πρὸς νεώτερον, ἀνδρί τε πρὸς γυναῖκα καὶ παντὶ ἄρχοντι πρὸς ἀρχόμενον. ... (*patri pròs hyiòn kaì hólos presbytéroi pròs neóteron, andrí te pròs gynaîka kaì pantì árkhonti pròs arkhómenon.*).

1151. ...γονεῦσι πρὸς τέκνα... (*goneŷsi pròs tékna*): pais (pai e mãe); filhos (filhos e filhas).

melhor, o *equitativo*, é primordialmente o *conforme o mérito*[1152] – o *quantitativamente igual* sendo apenas secundário, enquanto na amizade o *quantitativamente igual* é primordial e o *conforme o mérito* apenas secundário. Isso se evidencia quando uma enorme disparidade é produzida entre os parceiros da amizade com referência à virtude ou ao vício, *ou riqueza ou qualquer outra coisa*[1153] – eles não mantêm a amizade por muito tempo, e nem sequer esperam mantê-la. *Isso é maximamente visível no caso dos deuses,*[1154] os quais nos superam incisivamente em todas as coisas boas, mas também pode ser observado relativamente aos reis, quando também indivíduos de posição muito inferior à deles não esperam ser seus amigos, como, tampouco, pessoas de nenhum mérito particular esperam obter a amizade *dos homens de maior excelência ou dos mais sábios*.[1155] Não podemos fixar uma medida precisa em tais casos, dentro da qual dois indivíduos podem fazer a amizade perdurar: muito pode ser suprimido e a amizade permanecer. Contudo, quando um se torna muito distanciado do outro, como está Deus [dos seres humanos], não há mais possibilidade de amizade. Isso enseja a questão: amigos desejam para seus amigos *os maiores bens?*[1156] (...) *por exemplo, serem deuses*[1157] – com efeito, nesse caso, perderiam seus amigos e, portanto, perderiam certos bens, uma vez que amigos são *bens*. Se, então, foi dito com acerto anteriormente que o amigo deseja o bem de seu amigo pelo próprio amigo [e em favor dele], o amigo deveria manter sua própria identidade, fosse o que fosse; de sorte que lhe desejará *somente* os maiores bens condizentes com sua permanência na condição de ser humano. E talvez... nem todos, pois é, sobretudo, para si mesmo que cada um deseja destinar bens.

1152. ...κατ' ἀξίαν, ... (*kat'axían,*).
1153. ...ἢ εὐπορίας ἤ τινος ἄλλου·... (*è eyporías é tinos álloy·*).
1154. ...ἐμφανέστατον δὲ τοῦτ' ἐπὶ τῶν θεῶν, ... (*emphanéstaton dè toýt' epi tôn theôn,*).
1155. ...τοῖς ἀρίστοις ἢ σοφωτάτοις... (*toîs arístois è sophotátois*).
1156. ...τὰ μέγιστα τῶν ἀγαθῶν, ... (*tà mégista tôn agathôn,*).
1157. ...οἷον θεοὺς εἶναι·... (*hoîon theoỳs eînai·*).

8

A MAIORIA DAS PESSOAS, todavia, por serem aficionadas ao próprio apreço pessoal, parecem desejar mais ser amadas do que amar. Consequentemente, a maioria gosta da bajulação, pois o bajulador é o amigo que ocupa uma posição inferior, ou finge sê-lo, como finge dar mais amor do que o receber; mas ser objeto de amor parece quase equivaler a ser objeto de apreço, que é o que a maioria ambiciona. Contudo, as pessoas não parecem valorar o apreço por si próprio, mas o fazem apenas incidentalmente. A maior parte das pessoas gosta de ser objeto do apreço de indivíduos de elevada posição porque nutrem expectativas em relação a eles; pensa que seus eventuais desejos serão por eles realizados; e, assim, a pessoa regozija-se em ser seu objeto de apreço contemplando um indício de benefícios vindouros. Aqueles, por outro lado, que ambicionam o apreço de indivíduos bons e de pessoas que os conhecem, o fazem com base num desejo de consolidar a opinião sobre si mesmos; deste modo, apreciam o apreço que recebem porque este lhes permite terem certeza de seu próprio valor aquilatado pelo crédito que depositam no julgamento daqueles que lhes conferem o apreço. Por outro lado, as pessoas prezam *o ser objeto de amor*[1158] por ele mesmo, do que concluímos ser ele mais valioso do que *o ser objeto de apreço*,[1159] e a amizade ser desejável em si mesma.

Mas a amizade parece consistir mais em amar do que em ser amado, do que é testemunho o prazer que as mães retiram do amar. Algumas mães entregam seus filhos para serem nutridos e educados e, ainda que os amando e conhecendo, não exigem o retorno do amor, se este não puder ser disponibilizado, mas se satisfazem em assistir à prosperidade dos filhos; cultivam e preservam seu amor por eles mesmo que os filhos, por ignorância, estejam incapa-

---

1158. ...τῷ φιλεῖσθαι... (*tôi phileîsthai*).
1159. ...τοῦ τιμᾶσθαι, ... (*toŷ timâsthai,*). Τιμή (*Timé*) é uma palavra de grande largueza semântica e conceitualmente muito rica. Nesse exato contexto aristotélico, o leitor deve entendê-la mais propriamente como *estima ou apreço de que se é objeto por parte de outra(s) pessoa(s)* e não como honra, dignidade ou reputação pessoais, na acepção próxima do que entendemos por *integridade moral*.

citados de lhes conceder o que lhes é devido na qualidade de mães. Como a amizade consiste mais em amar, e as pessoas recebem louvor por amarem seus amigos, o amor parece ser a virtude distintiva
35 do amigo. A conclusão é que somente os amigos que alimentam reciprocamente sua amizade com amor, segundo o merecimento
1159b1 de cada um, solidificam-na e a tornam duradoura.

É também, sobretudo, desse modo que até os indivíduos que não são iguais podem se tornar amigos, uma vez que o amor mútuo os iguala. A amizade consiste em *igualdade e similaridade*,[1160] especialmente a similaridade daqueles que se assemelham do prisma da virtude, pois, sendo constantes consigo mesmos, eles se mantêm
5 também constantes entre si e nem solicitam nem conferem entre si préstimos que sejam degradantes. É de se dizer, efetivamente, que se refreiam quanto a esses préstimos. *Com efeito, os bons nem erram eles mesmos, nem permitem que seus amigos o façam.*[1161] Os maus, entretanto, não exibem constância alguma, pois nem sequer são capazes de se conservarem semelhantes a si mesmos; [o máximo
10 que conseguem] é manter uma amizade efêmera, durante a qual auferem prazer um da maldade do outro. Aqueles que baseiam a amizade na utilidade ou no prazer a têm mais duradoura, ou seja, enquanto se proporcionam prazer ou vantagem. A amizade cujo fundamento é a utilidade, é a que parece, acima de todas as demais, nascer dos opostos. É o caso daquela entre *pobre e rico*,[1162] ou a entre *ignorante e instruído*.[1163] De fato, uma pessoa que almeja alguma coisa de que precisa estará disposta a dar outra coisa em
15 troca. Pode-se inserir nessa classe a amizade entre um *amante e o amado, ou uma pessoa bela e uma pessoa feia*.[1164] Eis a razão por que os amantes por vezes parecem ridículos ao afirmarem em tom reivindicatório que seu amor deveria ser igualmente correspondido – provavelmente essa seria uma exigência razoável se eles fossem

---

1160. ...ἰσότης καὶ ὁμοιότης... (*isótes kaì homoiótes*).

1161. ...τῶν ἀγαθῶν γὰρ μήτ᾽ αὐτοὺς ἁμαρτάνειν μήτε τοῖς φίλοις ἐπιτρέπειν. ... (*tôn agathôn gàr mét᾽ aytoỳs hamartánein méte toîs phílois epitrépein.*).

1162. ...πένης πλουσίῳ, ... (*pénes ploysíoi,*).

1163. ...ἀμαθὴς εἰδότι·... (*amathès eidóti·*).

1164. ...ἐραστὴν καὶ ἐρώμενον, καὶ καλὸν καὶ αἰσχρόν. ... (*erastèn kaì erómenon, kaì kalòn kaì aiskhrón.*).

igualmente *amáveis*, mas quando nada apresentam nesse sentido, é realmente ridículo.

Mas talvez não haja atração essencialmente entre tais opostos, mas apenas acidentalmente, e tudo que desejam seja a mediania entre eles (uma vez que é este o *bem*); o *seco*, por exemplo, não busca se tornar *molhado*, mas alcançar um estado intermediário, o mesmo acontecendo com o *quente* e todos os outros. Mas podemos dispensar essa questão. Com efeito, é um tanto estranha ao nosso assunto.

9

PARECE QUE, COMO DISSEMOS NO INÍCIO, amizade e justiça têm a ver com os mesmos objetos e manifestam-se nas mesmas relações pessoais. *Com efeito, em toda comunidade*[1165] parece existir alguma forma de justiça e de amizade. Aqueles que navegam juntos [que são membros comuns da tripulação de um navio] e guerreiros que lutam juntos se dirigem um ao outro como *amigos* e, de fato, assim o fazem aqueles que constituem quaisquer outras comunidades. Mas sua amizade está circunscrita à extensão de sua associação, e, com efeito, também é essa a extensão da justiça entre eles. Por outro lado, o adágio *o que pertence a amigos lhes pertence em comum* está correto, já que o senso de comunidade é a base da amizade. *Irmãos*[1166] têm tudo em comum e também os *camaradas*.[1167] Outros mantêm coisas especiais em comum, em grande ou pequena quantidade conforme o caso, porquanto as amizades variam também quantitativamente. As reivindicações referentes à justiça também diferem. Os direitos ou deveres mútuos de pais para com filhos não são idênticos àqueles existentes entre irmãos; as obrigações de *camaradas*[1168] não são as mesmas que aquelas entre *cidadãos*;[1169] e,

---

1165. ...ἐν ἁπάσῃ γὰρ κοινωνίᾳ... (*en hapásei gàr koinoníai*). Κοινωνία (*Koinonía*) é *comunidade*, tudo aquilo que implica necessariamente participação comum visando a uma meta comum; daí sociedade, parceria (não só, obviamente, de apenas um par de pessoas).

1166. ...ἀδελφοῖς... (*adelphoîs*).

1167. Ver nota 1139.

1168. ...ἑταίροις... (*hetaírois*). Ver nota 1139.

1169. ...πολίταις... (*polítais*).

analogamente, quanto às outras formas de amizade. A injustiça, portanto, também se constitui diferentemente no que toca a cada uma dessas associações e o ato injusto se torna crescentemente mais grave quanto maior for a amizade. Por exemplo, é mais deplorá-
5 vel defraudar um camarada do que um concidadão, ou deixar de auxiliar um irmão do que um estranho; ou agredir o próprio pai do que agredir qualquer outra pessoa. De modo análogo, é natural que as reivindicações no tocante à justiça devam também ser maiores quanto maior for a amizade, uma vez que a amizade e a justiça existem entre as mesmas pessoas e apresentam igual extensão.

Todas as associações afiguram-se como partes da associação
10 *do Estado.*[1170] Viajantes, por exemplo, se associam visando a alguma vantagem e a fim de prover alguma coisa de que necessitam para a existência. A associação política, parece, foi originalmente formada e é preservada visando à vantagem de seus integrantes. Esta é, com efeito, a meta dos legisladores, e o justo é, às vezes, definido como aquilo que concorre para a vantagem comum. Assim, as demais associações (comunidades) visam a vantagens *particu-*
15 *lares;*[1171] por exemplo, os *indivíduos que navegam juntos*[1172] concordam em ir à busca dos lucros da viagem marítima ou coisa semelhante; *combatentes que lutam juntos*[1173] buscam os ganhos da guerra, objetivando ou o saque, ou a vitória, ou a tomada de uma cidade; e, de maneira similar, *membros de tribos ou demos (...)*[1174] {E algumas associações parecem ser formadas tendo o prazer em vis-
20 ta, por exemplo, as dos *membros de grupos de celebração de rituais e dos participantes de repastos com contribuição pessoal,*[1175] as quais são associações para celebrações de rituais e sacrifícios religiosos e associações para o relacionamento social. Mas todas essas associa-

---

1170. ...αἱ δὲ κοινωνίαι πᾶσαι μορίοις ἐοίκασι τῆς πολιτικῆς·... (*hai dè koinoníai pâsai moríois eoíkasi tês politikês*·), ou: todas as comunidades afiguram-se como partes da comunidade política.
1171. ...κατὰ μέρη... (*katà mére*).
1172. ...πλωτῆρες... (*plotêres*), navegantes, tripulantes de navios.
1173. ...συστρατιῶται... (*systratiôtai*).
1174. ...φυλέται καὶ δημόται, ... (*phylétai kai demótai,*).
1175. ...θιασωτῶν καὶ ἐρανιστῶν·... (*thiasotôn kai eraniston*·).

ções ou comunidades parecem estar subordinadas à comunidade política, a qual, com efeito, não visa a uma vantagem presente, mas ao interesse da totalidade da vida} (...)[1176] combinam a realização de sacrifícios e festivais do seu interesse, com o que tanto prestam honras aos deuses como proporcionam agradáveis folgas para si mesmos. Com efeito, é de se observar que os sacrifícios e festivais antigos parecem ocorrer *após a colheita dos frutos*,[1177] sendo essa a ocasião propícia, pois era nessas estações que as pessoas dispunham de máximo lazer. Todas essas associações parecem, portanto, integrar a comunidade política. E os tipos restritos e particulares de amizades corresponderão aos tipos restritos e particulares de associações.

10

EXISTEM TRÊS FORMAS DE GOVERNO [do Estado][1178] e também um número equivalente de desvios, que são como corrupções dessas formas. As formas de governo são a *realeza*,[1179] a *aristocracia*[1180] e, em terceiro lugar, uma forma baseada em uma qualificação segundo as *posses*,[1181] que parece conveniente chamar de *timocrática*, embora a maioria das pessoas geralmente se refira a ela simplesmente como *república*.[1182] *Destas a realeza é a melhor e a timocracia*

1176. { } Provável interpolação.
1177. ...μετὰ τὰς τῶν καρπῶν συγκομιδὰς, ... (*metà tàs tôn karpôn sygkomidàs,*).
1178. ...Πολιτείας δ' ἐστὶν εἴδη τρία, ... (*Politeías d'estin eíde tría,*).
1179. ...βασιλεία... (*basileía*), forma de governo em que o poder político é detido por uma única pessoa como governante. Tecnicamente, o mesmo que monarquia (μοναρχία [*monarkhía*]).
1180. ...ἀριστοκρατία... (*aristokratía*), forma de governo em que o poder político é detido pelos indivíduos mais excelentes do ponto de vista da virtude. Note-se que o critério de definição neste caso é qualitativo e não quantitativo como na monarquia e na oligarquia.
1181. ...οἰκεῖον... (*oikeíon*), ou seja, explicitamente: no critério do nível ou grau de renda doméstica, que na Grécia antiga era determinado fundamentalmente pela quantidade de propriedades e bens do chefe de família (δεσπότης – *despótes*).
1182. ...πολιτείαν... (*politeían*), o mesmo termo para *forma de governo*, mas aqui empregado em um dos seus sentidos específicos.

1160b1 *a pior*.¹¹⁸³ O desvio da realeza é a *tirania*.¹¹⁸⁴ Ambas são os *governos de um só*,¹¹⁸⁵ mas há uma enorme diferença entre elas; o tirano, de fato, cuida de sua própria vantagem, enquanto o rei cuida daquela de seus súditos. De fato, um homem não é rei se não for indepen-
5 dente e não superar a todos em todos os bens de todas as espécies; percebe-se que um governante nessa condição nada falta e, portanto, não terá em vista seus próprios interesses, mas aqueles dos seus súditos. (Um rei que não corresponda a esse será apenas *um rei no título*.)¹¹⁸⁶ A tirania é precisamente o oposto disso, pois o tirano busca o seu bem pessoal. A tirania entre os desvios é evidentemente
10 o pior, porque o oposto do melhor tem que ser o pior.¹¹⁸⁷

A realeza se converte em tirania, pois a tirania é a forma corrompida da monarquia (governo de um só), de modo que um mau rei transforma-se em um tirano. A aristocracia (governo dos melhores, dos mais excelentes) se converte em oligarquia¹¹⁸⁸ (governo de uns poucos) devido à *maldade dos governantes*¹¹⁸⁹ que distribuem o que o Estado tem a oferecer *contrariamente ao mérito*,¹¹⁹⁰ proporcionando todos ou a maioria de seus benefícios a si mesmos e con-
15 fiando sempre os cargos às mesmas pessoas, além do que atribuem um valor preponderante às riquezas; resulta que o governo é de *uns poucos homens maus*, em lugar de ser *dos homens mais excelentes*.¹¹⁹¹

1183. ...τούτων δὲ βελτίστη μὲν ἡ βασιλεία, χειρίστη δ᾽ ἡ τιμοκρατία. ... (*toýton dè beltíste mèn he basileía, kheiríste d' he timokratía.*). Τιμοκρατία (*Timokratía*), forma de governo político na qual o poder é detido pelos cidadãos possuidores de certa renda (ver nota 1181).

1184. ...τυραννίς... (*tyrannís*).

1185. ...μοναρχίαι... (*monarkhíai*).

1186. ...κληρωτὸς ἄν τις εἴη βασιλεύς... (*klerotòs án tis eíe basileýs*), literalmente: *um rei [eleito] por sorteio*.

1187. Aristóteles começa a "aquecer os motores" para o tratado que se seguirá a este, ou seja, a *Política*, no qual analisará de maneira minuciosa e exaustiva esse tema importantíssimo.

1188. ...ὀλιγαρχίαν... (*oligarkhían*).

1189. ...κακίᾳ τῶν ἀρχόντων, ... (*kakíai tôn arkhónton,*).

1190. ...παρὰ τὴν ἀξίαν, ... (*parà tèn axían,*).

1191. ...τῶν ἐπιεικεστάτων. ... (*tôn epieikestáton.*), mais precisamente: dos homens de maior dignidade ou equidade.

A timocracia se converte em democracia[1192] (governo dos muitos, do povo). Com efeito, existe uma afinidade entre elas, na medida em que a timocracia também almeja o governo da massa dos indivíduos, o critério sendo a qualificação por posses, ou seja, todos [que
20 possuem certa renda] são iguais. A democracia é a menos ruim das formas corrompidas, pois constitui apenas um ligeiro desvio da *república*.[1193] Essas são as transformações a que estão mais sujeitas as formas de governo; de fato, são as menores alterações e as que ocorrem com maior facilidade.[1194]

Pode-se descobrir semelhanças e, por assim dizer, padrões dessas formas de governo na administração doméstica. A relação do
25 pai com os filhos homens tem um perfil *real*, uma vez que um pai se ocupa de seus filhos. Essa é a razão por que Homero chama *Zeus de pai*,[1195] pois a realeza mais almejada é o governo paternal. Entre os persas, a autoridade paternal é tirânica. Com efeito, os persas usam seus filhos homens como escravos. A *relação do senhor com os*
30 *escravos também é tirânica*,[1196] uma vez que nessa relação é o interesse exclusivo do senhor que é visado e realizado. No que respeita ao senhor parece ser certo, mas não no que se refere ao pai persa, pois diferentes indivíduos submetidos ao mando devem estar sob diferentes formas de mando. A relação entre marido e mulher aparenta o cunho de uma aristocracia. *O esposo manda por força de mérito, e naquilo que diz respeito ao homem*;[1197] assuntos que dizem respeito

---

1192. ...δημοκρατίαν... (*demokratían*).
1193. ...πολιτείας... (*politeías*). O termo de origem latina não traduz perfeitamente *politeia*, mas se tivermos em mente que nesse contexto (do ponto de vista do processo degenerativo) ele corresponde conceitualmente à *timocracia* (ver notas 1181 e 1183), teremos uma compreensão satisfatória (o fato é que o vocábulo grego é, a rigor, intraduzível). Ademais, essa tradução (sobretudo graças ao mais famoso dos diálogos de Platão, a *República*) está consagrada.
1194. Quando da leitura da *Política* (que, sugerimos, deve ser imediatamente posterior à deste tratado [*E.N.*]), conferir com Livro III, capítulo 7.
1195. ...Δία πατέρα... (*Día patéra*). Homero assim faz em mais de uma passagem da *Ilíada* e da *Odisseia*; por exemplo, *Odisseia*, xx, 201.
1196. ...τυραννικὴ δὲ καὶ ἡ δεσπότου πρὸς δούλους·... (*tyrannikè dè kaì he despótoy pròs doýloys·*).
1197. ...κατ' ἀξίαν γὰρ ὁ ἀνὴρ ἄρχει, καὶ περὶ ταῦτα ἃ δεῖ τὸν ἄνδρα·... (*kat' axían gàr ho anèr árkhei, kaì perì taýta hà deî tòn ándra·*).

35 a uma mulher, ele os passa à sua esposa. Se o marido assume o controle de tudo, transforma o relacionamento [com a esposa] em uma oligarquia, pois sua ação agora contraria o mérito e não se ajusta à
1161a1 superioridade. E, às vezes, quem exerce o mando é a esposa por ser uma herdeira, e nesse caso a autoridade não é por mérito (virtude), mas determinada por *riqueza e poder*,[1198] como em uma oligarquia. A relação entre irmãos afigura-se como uma timocracia; são
5 iguais exceto pelo que diz respeito à idade; consequentemente, se a diferença de idade for grande, a amizade entre eles não será do tipo *fraternal*.[1199] A democracia é encontrada principalmente em casas onde falta um senhor (nestas, com efeito, todos estão em pé de igualdade); mas também existe onde o chefe da família é fraco e, assim, todos podem fazer o que querem.

11

10 CADA UMA DESSAS FORMAS de governo parece conter amizade, na mesma medida em que contém justiça. Um rei mostra uma amizade por seus súditos caracterizada por um excesso de benefícios. Um rei, de fato, faz o bem aos seus súditos, porquanto sendo bom, ele zela pelo bem-estar deles, como o pastor se dedica ao bem-estar de seus
15 *carneiros*[1200] – daí Homero ter chamado Agamenon de "pastor dos povos".[1201] Idêntica característica está presente na amizade de um pai (com a diferença de que aqui os benefícios concedidos são maiores. Com efeito, o pai é a causa da existência do filho, o que é tido como o maior dos bens, e provedor de sua alimentação e educação, coisas que também atribuímos aos nossos antepassados). É, pois, natural para um pai governar seus filhos, para os antepassados os que deles descendem, e para um rei os seus súditos. Essas amizades, portanto,

---

1198. ...πλοῦτον καὶ δύναμιν, ... (*ploýton kaì dýnamin,*).
1199. ...ἀδελφικὴ... (*adelphikḗ*).
1200. ...προβάτων·... (*probáton·*): traduzimos com especificidade, mas, na verdade, essa palavra designa genericamente quaisquer animais quadrúpedes e, menos genericamente, animais quadrúpedes de rebanho e não só ovinos, que é a acepção contemplada aqui. A melhor tradução seria, assim, que o pastor se dedica ao bem-estar de seu *rebanho*).
1201. ...ποιμένα λαῶν... (*poiména laôn*).

20 envolvem uma superioridade em benefícios de um lado, razão pela qual os pais são objeto de estima. A justiça nessas relações, igualmente e por decorrência, não é bilateralmente idêntica, mas se conforma com o mérito, que é, com efeito, o que condiz com a amizade.

A amizade entre esposo e esposa é a mesma existente em uma aristocracia,[1202] pois é em conformidade com a virtude e a parte mais virtuosa[1203] recebe a porção maior de bens, cada parte recebendo
25 o que lhe é apropriado; e o mesmo sucede com referência à justiça nessa associação.

A amizade entre irmãos assemelha-se à de camaradas,[1204] quer dizer, as duas partes são efetivamente iguais [em posição] e faixa etária, o que geralmente acarreta *identidade de sentimentos e de caráter*.[1205] Análoga a esta é a existente na forma timocrática de governo, uma vez que a timocracia almeja a igualdade e a equidade entre todos os cidadãos, de maneira a capacitá-los a governar alternadamente, e em pé de igualdade. E a amizade entre eles é também nos mesmos termos.

30 Nas formas de governo que são desvios, tal como a justiça, a amizade goza de pouco espaço, e menos ainda na pior dessas formas. Encontramos pouca ou nenhuma amizade sob uma tirania, pois onde não há nada em comum entre o governante e os governados, tampouco haverá amizade, bem como justiça. É como, por
35 exemplo, a relação do artífice com a ferramenta, ou aquela da alma
1161b1 com o corpo, ou do senhor com o escravo; todas estas coisas[1206] representam benefícios para as pessoas que as usam, mas não existe amizade ou justiça na relação com *as coisas inanimadas*,[1207] bem

---

1202. ...καὶ ἀνδρὸς δὲ πρὸς γυναῖκα ἡ αὐτὴ φιλία καὶ ἐν ἀριστοκρατίᾳ·... (*kaì andròs dè pròs gynaîka he aytè philía kaì en aristokratíai*·).

1203. Ou seja, o homem.

1204. ...ἑταιρικῇ... (*hetairikêi*): ver nota 1139.

1205. ...ὁμοπαθεῖς καὶ ὁμοήθεις... (*homopatheîs kaì homoétheis*).

1206. Ou seja, a ferramenta (ὄργανον [*órganon*]), o corpo (σῶμα [*sôma*]) e o escravo (δοῦλος [*doýlos*]).

1207. ...τὰ ἄψυχα... (*tà ápsykha*). É estranho o Estagirita incluir o escravo entre os *inanimados* (alguns helenistas, como H. Rackham, sugerem, inclusive, a supressão do καὶ δεσπότη πρὸς δοῦλον [*kaì despótei pròs doýlon*] [ou do senhor com o escravo] citado anteriormente). Obviamente, o escravo é um ser animado (ἔμψυχος [*émpsykhos*]). Entretanto,

como não existe com um cavalo, um boi, ou mesmo um escravo na qualidade de escravo. Com efeito, nada possuem em comum. *O escravo é uma ferramenta animada e a ferramenta é um escravo inanimado.*[1208] Portanto, não pode haver amizade com um escravo en-
5 quanto escravo, embora possa haver com ele enquanto ser humano. De fato, parece existir alguma justiça *entre quaisquer seres humanos que sejam capazes de compartilhar da lei e de relações contratuais,*[1209] sendo, assim, também a amizade possível com ele na medida de sua humanidade. Resulta que, enquanto nas tiranias a presença da amizade e da justiça é mínima, nas *democracias*[1210] essa presença é muito expressiva. Com efeito, onde há igualdade para a maioria, os
10 indivíduos dispõem de muito em comum.

12

TODA AMIZADE, COMO DISSEMOS, requer associação. A amizade entre parentes e entre *camaradas*[1211] pode, porém, ser afastada. As amizades presentes entre concidadãos, membros de tribos, mari-

---

Aristóteles o esclarece na imediata sequência. Considerar em especial 1161b4. Ademais, do prisma legal, social e político, o escravo não é nem pessoa nem cidadão, apenas uma coisa ou propriedade que pode ser comprada ou vendida. Mas Aristóteles enfoca aqui o escravo mais propriamente como instrumento utilizado por seu senhor e proprietário: impossível realmente a amizade entre eles nessa condição.

1208. ...ὁ γὰρ δοῦλος ἔμψυχον ὄργανον, τὸ δ' ὄργανον ἄψυχος δοῦλος. ... (*ho gàr doýlos émpsykhon órganon, tò d' órganon ápsykhos doýlos.*).

1209. ...παντὶ ἀνθρώπῳ πρὸς πάντα τὸν δυνάμενον κοινωνῆσαι νόμου καὶ συνθήκης·... (*pantì anthrópoi pròs pánta tòn dynámenon koinonêsai nómoy kaì synthékes·*). Aristóteles distingue nesse contexto escravo enquanto escravo do ser humano escravo. Na Atenas democrática em que ele próprio viveu, o escravo que permanecia escravo não possuía cidadania e não gozava de direitos políticos, o que o impedia de votar, de participar de ações judiciais, de celebrar contratos e de muitas outras manifestações na democracia ateniense. Isso, evidentemente, nada tem a ver com o padrão de relacionamento humano que os senhores tinham com seus escravos. E aqui citamos o próprio Estagirita que, principalmente, pelo que concluímos de seu testamento, tratava com muita bondade e mesmo marcante reconhecimento os seus escravos.

1210. ...δημοκρατίαις... (*demokratíais*). Não esqueçamos que, para Aristóteles, a democracia é um desvio da timocracia (república), ou seja, uma forma de governo corrompida.

1211. ...ἑταιρικήν... (*hetairikén*): ver nota 1139.

nheiros e outros de perfil similar são de cunho simplesmente associativo, visto que parecem estar fundadas, por assim dizer, em certo acordo. Nessa mesma classe podemos incluir os laços com o estrangeiro gerados pela hospitalidade.

A própria amizade entre parentes parece comportar vários tipos, embora todos pareçam ter como modelo a amizade *paternal*.[1212] Os pais, com efeito, amam seus filhos como partes de si mesmos, ao passo que os filhos amam seus pais como aquilo que lhes concedeu sua existência. Acrescente-se que os pais conhecem melhor seus filhos do que estes os conhecem, além do que o progenitor é mais apegado à sua prole do que esta ao progenitor. De fato, aquilo que é produzido pertence ao que o produz, do que é exemplo um dente ou cabelo ou qualquer outra coisa em relação ao seu possuidor; o produtor, todavia, não pertence ao produto, ou pertence em menor grau. Do ponto de vista da duração, o amor dos pais também supera o do filho. Os pais amam seus filhos a partir do nascimento destes; os filhos amam seus pais somente com o decorrer do tempo e depois de terem adquirido discernimento ou sensibilidade. Isto que afirmamos evidencia, inclusive, por que a mãe se sobressai na manifestação de amor pelos filhos. *Pais, assim, amam seus filhos como eles mesmos*[1213] (com efeito, o filho é, por assim dizer, outro eu e *outro* porque foi produzido a partir da separação deles mesmos); os filhos amam seus pais como os responsáveis por sua origem natural. Os irmãos se amam por pertencerem à mesma origem, uma vez que sua identidade com ela os torna idênticos entre si; daí se dizer que eles têm *o mesmo sangue ou a mesma linhagem*,[1214] e coisas semelhantes; irmãos são, portanto, de certa maneira, o mesmo ser, embora em indivíduos distintos. A amizade entre eles é também largamente estimulada por sua educação comum e idade semelhante; "dois da mesma idade" combinam e "familiaridade gera camaradas" – *o que explica por que a amizade entre irmãos se assemelha àquela entre camaradas.*[1215] Primos e os outros paren-

---

1212. ...πατρικῆς... (*patrikês*), ou seja, a amizade entre pais e filhos.
1213. ...γονεῖς μὲν οὖν τέκνα φιλοῦσιν ὡς ἑαυτούς... (*goneîs mèn oŷn tékna philoŷsin hos heaytoýs*).
1214. ...ταὐτὸν αἷμα καὶ ῥίζαν... (*t'aytòn haîma kaì rízan*).
1215. ...διὸ καὶ ἡ ἀδελφικὴ τῇ ἑταιρικῇ ὁμοιοῦται. ... (*diò kaì he adelphikè têi hetairikêi homoioŷtai*.). Quanto aos camaradas (τῇ ἑταιρικῇ), ver nota 1139.

tes[1216] têm um relacionamento como membros da família devido à ascendência comum, e sua ligação é maior ou menor de acordo com a maior proximidade ou distância do antepassado comum.

5 A amizade dos filhos por seus pais e a dos seres humanos pelos deuses, são amizades por aquilo que é *bom e superior*[1217], *visto terem eles lhes concedido os maiores benefícios, pois são as causas de suas existências e aqueles que os criam e os educam.*[1218] Ademais, a amizade entre pais e filhos proporciona mais prazer e utilidade do que a amizade entre pessoas que não têm vínculos de sangue, na medida 10 em que compartilham mais em suas vidas.

A amizade entre irmãos apresenta as mesmas características da presente entre *camaradas,*[1219] além de apresentá-las em uma intensidade maior, contanto que sejam dignos e equitativos ou indivíduos semelhantes em termos gerais – posto que, inclusive, dizem respeito um ao outro mais estreitamente e *se amam*[1220] desde o nascimento e, [que se acresça] como filhos dos mesmos pais. Ademais, tendo sido educados juntos da mesma forma, são mais semelhantes do ponto de vista do caráter. Some-se a isso que o teste do tempo de relacionamento foi o mais longo e o mais confiável. As relações de amizade 15 entre os outros parentes sofrem variações segundo a devida proporção [a saber, proporcionalmente à maior ou menor proximidade da relação de parentesco].

A amizade conjugal parece existir por força da natureza, uma vez que o ser humano é, por natureza, um animal que acasala; isto é nele mais incisivo do que ser um animal político, na medida em que a família é mais antiga e mais necessária do que o Estado e a

---

1216. ...ἀνεψιοὶ δὲ καὶ οἱ λοιποὶ συγγενεῖς... (*anepsioì dè kaì hoi loipoì syggeneís*).
1217. ...ἀγαθὸν καὶ ὑπερέχον·... (*agathòn kaì hyperékhon·*).
1218. ...εὖ γὰρ πεποιήκασι τὰ μέγιστα· τοῦ γὰρ εἶναι καὶ τραφῆναι αἴτιοι, καὶ γενομένοις τοῦ παιδευθῆναι. ... (*eý gàr pepoiékasi tà mégista· toý gàr eînai kaì traphênai aítioi, kaì genoménois toý paideythênai.*).
1219. Ver nota 1139.
1220. ...στέργοντες ἀλλήλους, ... (*stérgontes alléloys,*). O verbo στέργω (*stérgo*) também significa amar, mas seu sentido é mais restrito e específico, ou seja, o amar particularmente intenso e terno entre irmãos e, sobretudo, mais especificamente o amar terno e devotado dos pais pelos filhos.

reprodução algo mais comum na vida animal.[1221] No que tange às outras espécies animais, a união dos sexos visa apenas a isso,[1222] mas os seres humanos vivem juntos não apenas para a geração de uma prole, como também para prover tudo o mais que é necessário à vida. Com efeito, entre eles a divisão do trabalho começa nos primórdios, homem e mulher assumindo diferentes funções. Assim, auxiliam-se mutuamente concorrendo com suas capacidades específicas para o fundo comum. E, assim, tanto a utilidade quanto o prazer mostram-se presentes nessa amizade. Esta, contudo, pode também estar baseada na virtude se o casal for constituído por parceiros de elevado nível moral. Com efeito, cada um deles possui sua virtude particular, produtora de regozijo para ambos. Filhos parecem constituir um vínculo na união conjugal, o que explica por que casamentos sem filhos se dissolvem com maior facilidade; filhos são um bem comum de ambos os pais, e o que é comum os mantém juntos.

A questão de como devem se conduzir marido e mulher em suas relações e, geralmente, amigos nas suas parece ser, em última instância, uma questão de justiça. Entre amigos, entre estranhos, entre camaradas e entre colegas de escola [direitos e deveres], com efeito, não são os mesmos.

13

HÁ, ASSIM, SEGUNDO AFIRMAMOS no princípio, três tipos de amizade e, no tocante a cada um, há tanto amigos em pé de igualdade quanto amigos entre os quais um deles é superior, (pois dois indivíduos igualmente bons podem ser amigos tanto quanto um melhor e um pior; e, analogamente, no que respeita à amizade com base no prazer e àquela cuja base é a utilidade, nas quais os amigos podem ser iguais ou desiguais no que toca à quantidade de benefícios que proporcionam). Os iguais precisam concretizar a necessária equalização por meio do amor que dedicam um ao outro e todos os demais

---

1221. Ver a *Política* na imediata sequência de estudo do pensamento peripatético.
1222. Ou seja, à reprodução e à perpetuação da espécie.

aspectos, ao passo que os desiguais têm que conferir ou restituir proporcionalmente à superioridade ou à inferioridade de cada lado.

5 As queixas e as recriminações[1223] ocorrem unicamente ou principalmente na amizade baseada na utilidade, *como é de se esperar*.[1224] Em uma amizade baseada na virtude, os amigos anseiam por se beneficiar mutuamente (é isso que caracteriza, com efeito, a virtude e a amizade); e na medida em que rivalizam entre si nessa atitude, não é possível que surjam queixas ou desentendimentos. De fato, ninguém se zanga com aquele que o ama e o beneficia, mas, ao contrá-
10 rio, se é uma pessoa de bons sentimentos, retribuirá os benefícios. E aquele que supera o outro na prestação de benefícios não terá queixa alguma contra o amigo, posto que obtém o que deseja, e o que cada um deseja é o bem. Por outro lado, tampouco surgem queixas mesmo entre aqueles cujo fundamento da amizade é o prazer. O fato de gostarem de estar juntos permite atingirem o objeto de seu desejo, e, de fato, descambaria no ridículo alguém queixar-
15 -se de alguém por não lhe ser agradável quando não precisa estar na companhia dessa pessoa se não o quiser. Mas a amizade baseada na utilidade oferece inúmeros ensejos para queixas, pois, nesse caso, os amigos se manipulam visando ao interesse pessoal e, assim, cada um sempre deseja mais vantagem e pensa estar obtendo menos do que aquilo que lhe é devido, e acusa o outro por não obter tudo que deseja e [pensa] merecer. O resultado é o benfeitor nunca conse-
20 guir satisfazer totalmente o desejo daquele que se acha na posição de beneficiado.

Parece que, como a justiça apresenta duas formas, a saber, *a não escrita e a promulgada por lei*,[1225] a amizade baseada na utilidade pode ter cunho *moral ou legal*.[1226] A consequência é que os ensejos para queixas ocorrem, sobretudo, quando o tipo de amizade que se contempla no desfecho da transação não é mais o mesmo que existia quando da formação da amizade. A forma legal [de amizade baseada em utilidade] é a constituída segundo termos preestabelecidos,

---

1223. ...τὰ ἐγκλήματα καὶ αἱ μέμψεις... (*tà egklḗmata kaì hai mémpseis*).
1224. ...εὐλόγως... (*eylógos*), ou: o que é razoável, o que é compreensível.
1225. ...τὸ μὲν ἄγραφον τὸ δὲ κατὰ νόμον, ... (*tò mèn ágraphon tò dè katà nómon,*).
1226. ...ἠθικὴ ἢ δὲ νομική... (*ethikè hè dè nomikḗ*), tradução não literal.

considerando-se que sua modalidade *inteiramente comercial*[1227] é com base em *permuta imediata*;[1228] já a modalidade *mais liberal*[1229] admite tempo para o pagamento, ainda que exija certo *quid pro quo*.[1230] Nesta última modalidade, *o débito*[1231] é claro e não dúbio, mas a amistosidade está presente graças a uma possível prorrogação. O resultado disso é que entre certos povos não há processos judiciais que tenham esses acordos como origem, entendendo o Estado que indivíduos que negociaram contratualmente com base na confiança têm que estar previamente ligados por algum sentimento de amizade. A forma moral não é baseada em termos preestabelecidos, a *dádiva*[1232] ou outro serviço qualquer sendo prestada como se a um amigo, ainda que se espere receber um equivalente ou retorno maior, como se não fosse algo dado, mas sim um empréstimo; e, neste caso, se alguém findar a relação em uma disposição diferente daquela na qual a iniciou, queixar-se-á. *Isso ocorre porque todos, ou a maioria, deseja o que é nobre, mas opta pelo que é vantajoso*[1233] e, se é nobre prestar um benefício sem visar à retribuição, é vantajoso ser o beneficiado. Deve-se, portanto, na medida do possível, restituir o equivalente dos benefícios recebidos, e fazê-lo de boa vontade, pois não convém fazer de um indivíduo um amigo contra sua vontade. Reconhecendo, portanto, que se cometeu um erro no início ao aceitar o benefício de alguém errado – isto é, uma pessoa

---

1227. ...πάμπαν ἀγοραία... (*pámpan agoraía*).
1228. ...ἐκ χειρὸς εἰς χεῖρα, ... (*ek kheiròs eis kheîra,*), literalmente: de mão para mão.
1229. ...ἐλευθεριωτέρα... (*eleytheriotéra*).
1230. ...καθ' ὁμολογίαν δὲ τί ἀντὶ τίνος·... (*kath' homologían dè tí antì tínos·*), ou seja, é segundo um acordo de uma permuta posterior de uma coisa por outra coisa.
1231. ...τὸ ὀφείλημα... (*tò opheílema*), mais precisamente nesse caso: a *obrigação* assumida.
1232. ...δωρεῖται... (*doreîtai*). Δώρημα (*dórema*) significa realmente *dádiva, presente*, mas o rigor por força da própria coerência da concepção aristotélica da *amizade com fundamento na utilidade* nos leva ao conceito de *favor* e não *dádiva*: quem é amigo não pela amizade em si (pela excelência do coração em o ser ou *mesmo* pelo *prazer* de o ser), mas o é visando a um ganho ou por interesse não é *doador*, quando muito é um *prestador de um favor*, no sentido de que o *favor* pode implicar a restituição ou retribuição, a *dádiva* ou *doação* não. Atentar para a imediata sequência.
1233. ...τοῦτο δὲ συμβαίνει διὰ τὸ βούλεσθαι μὲν πάντας ἢ τοὺς πλείστους τὰ καλά, προαιρεῖσθαι δὲ τὰ ὠφέλιμα·... (*toýto dè symbaínei dià tò boýlesthai mèn pántas è toỳs pleístoys tà kalá, proaireîsthai dè tà ophélima·*).

que não era amiga e não estava prestando o benefício pelo prazer de servir – deve-se dar por encerrada a relação como se o benefício tivesse sido aceito mediante termos preestabelecidos. Ademais, dever-se-ia concordar em restituir um benefício na medida de nossa capacidade (e se, incapazes, o doador, de sua parte, também, não deveria ter esperado restituição); conclui-se que, se possível, deve-se restituir. Contudo, deve-se [também] considerar no início por quem estamos sendo beneficiados e em que condições, o que nos permitirá aceitar ou rejeitar o benefício.

Pode-se polemizar, entretanto, quanto ao valor do benefício prestado, se deve ser aquilatado pelo quão útil é ao recebedor e pela restituição condizente, ou com base na beneficência do prestador. O beneficiado dirá que o valor que recebeu é irrisório para quem o beneficiou ou que ele poderia tê-lo recebido de outra fonte, com o que o subestimando o substima. O prestador do benefício, pelo contrário, dirá que era o mais valioso de que dispunha para oferecer, sendo ele sua fonte exclusiva; dirá, inclusive, que o concedeu em uma ocasião de perigo ou em meio a dificuldades. Diante disso, diríamos que, quando se trata de uma amizade baseada na utilidade, estima-se o benefício com base no valor que tem para o beneficiado, uma vez que é ele o interessado, enquanto o outro vem em seu auxílio supondo que receberá uma retribuição equivalente. Portanto, tendo correspondido em grandeza precisamente à vantagem do favorecido, este deverá retribuir com tanto quanto recebeu, ou mesmo mais, o que, com efeito, seria mais nobre.

Nas amizades cujo fundamento é a virtude jamais ocorrem queixas, e a *prévia escolha*[1234] do doador parece ser o padrão para aquilatar o benefício, visto ser esta o elemento soberano na virtude e no caráter.

14

SURGEM TAMBÉM DESENTENDIMENTOS nas amizades nas quais há superioridade de um em relação ao outro. Cada um se julga digno de mais do que o outro, o que leva a uma dissolução da amizade. Se

---

1234. ...προαίρεσις... (*proaíresis*).

um indivíduo é melhor do que o outro, ele julga que mais lhe é devido, sob o fundamento de que ao indivíduo bom cabe a porção maior. E, de maneira similar, quando um é mais útil do que o outro; se alguém é *inútil*[1235] – dizem – não deve ter uma porção igual, pois se tornará um ato de *caridade*[1236] e não de amizade se o produto da amizade não atender ao valor dos benefícios conferidos. Com efeito, os indivíduos pensam que uma amizade deve funcionar como os negócios de uma *sociedade financeira*,[1237] nos quais os que investem mais obtêm mais ganhos. Mas o pensamento da pessoa carente ou inferior é o oposto: entende que compete a um bom amigo assistir aos que se encontram necessitados. Para que, afirma ela, ser amigo de pessoas boas e poderosas se disso não nos advém proveito algum?

O que parece é que ambas essas reivindicações estão certas e que cada uma das partes deveria auferir mais da amizade, mas não da mesma coisa. Concebe-se que o superior deveria receber a porção maior da honra e o necessitado a do ganho. Com efeito, a honra é a recompensa da virtude e da beneficência, enquanto o ganho constitui a assistência provida aos necessitados.

O mesmo parece estar presente na vida pública. Aquele que não contribui com algo de bom para o fundo comum não é estimado, pois os bens comuns são distribuídos entre os que beneficiam a comunidade e a honra ou estima constitui um bem comum. *Afinal, não se pode enriquecer graças ao fundo comum e também ser objeto de estima.*[1238] Pois ninguém estará satisfeito com a menor porção em todas as coisas, de modo que tornamos objeto de estima (honra) o homem que tem perda pecuniária no desempenho de cargos

---

1235. ...ἀχρεῖον... (*akhreîon*).
1236. ...λειτουργίαν... (*leitoyrgían*). O significado genérico da palavra é serviço ou cargo público. O sentido neste contexto parece, entretanto, referir-se especificamente a alguém que em uma relação assume todo o ônus e dela nada extrai para si, atuando como um beneficiador absoluto da outra parte que se limita a tudo receber. Daí recorrermos, embora com reservas, ao termo *caridade*. Ver 1163a32-35. A ideia aqui ventilada é que essa postura totalmente unilateral descaracteriza a amizade, que requer necessariamente um mínimo de interação e proveito mútuos.
1237. ...χρημάτων κοινωνία... (*khremáton koinoníai*).
1238. ...οὐ γὰρ ἔστιν ἅμα χρηματίζεσθαι ἀπὸ τῶν κοινῶν καὶ τιμᾶσθαι·... (*oy gàr éstin háma khrematízesthai apò tôn koinôn kaì timâsthai·*).

[públicos] e enriquecemos o homem que recebe dinheiro,[1239] visto que o proporcionamento em função do mérito equaliza as partes e preserva a amizade, tal como dissemos.[1240]

Assim também deveria ser com respeito ao relacionamento de indivíduos desiguais, ou seja, aquele que é beneficiado, sendo favorecido pecuniariamente ou mediante virtude, deve retribuir quan-
15 to possa através de apreço ou honra; a amizade, com efeito, exige que se faça o que é possível, não o que é, em cada caso, determinado pelo mérito; de fato, a retribuição em conformidade com o mérito nem sempre é possível, do que é exemplo prestar honras aos deuses, ou aos pais. Ninguém, de fato, poderia jamais render-lhes tudo o que merecem, sendo um indivíduo considerado virtuoso quando lhes presta toda a deferência no limite de sua capacidade. Pareceria assim que um *filho homem*[1241] jamais deveria repudiar seu pai, ain-
20 da que um pai pudesse assim agir com um filho, pois um devedor deve saldar seu débito, mas nada que um filho faça se equipara aos benefícios que recebeu; a conclusão é estar sempre em débito com seu pai. Mas faculta-se a um credor *liberar* alguém de uma dívida e, assim, pode um pai [também] fazê-lo.[1242] Ao mesmo tempo, é

1239. ...δωροδόκῳ... (*dorodókoi*), ou seja, aquele que recebe presentes como suborno.

1240. Se lançarmos um olhar à vida pública de cidades-Estado antigas, como Atenas, Esparta e Roma, e aos valores morais vigentes que norteavam a conduta das figuras públicas de então, talvez possamos compreender o pensamento expresso aqui por Aristóteles. Em Atenas, por exemplo, os magistrados, senadores, arcontes, generais e demais altos funcionários do Estado, com exceção dos membros da Assembleia popular (ἐκκλησία [*ekklesía*]), eram geralmente homens ricos cuja cobiça pura e simples pelo ouro era, via de regra, superada pelo desejo de honras públicas para suas pessoas, suas famílias e suas estirpes – *por certo, o capitalismo não fora inventado ainda*! Diferentemente dos dias de hoje, naquela época e naquelas sociedades, lisura, honra, reputação constituíam elementos preciosíssimos e indispensáveis à sobrevivência de um homem público (Aristóteles afirma categoricamente que a honra é *um bem*). Por outro lado, também muito diferentemente do que observamos muitos séculos depois, esses homens não costumavam fazer fortuna através da vida pública e, ao contrário, muitas vezes, até despendiam dinheiro próprio no desincumbir de suas funções públicas. Era comum generais arcarem com os custos de expedições militares. Acontecia, presume-se, precisamente o oposto com os pequenos funcionários de baixo escalão que, pobres, anelavam ser bem pagos e, inclusive, recebiam presentes.

1241. ...υἱῷ... (*hyiôi*).

1242. O verbo ἀφίημι (*aphíemi*), entre outros sentidos, significa tanto liberar de dívida, desonerar, desobrigar quanto repudiar, rejeitar.

presumível que alguém jamais rejeitasse um filho a não ser que este atingisse o extremo da maldade, pois, independentemente da *amizade natural*,[1243] não está na natureza humana rejeitar a assistência disponibilizada. Pelo contrário, um filho, sendo mau, esquivar-se-á quanto a ajudar, ou não o fará zelosamente. Com efeito, a maioria deseja *ser favorecida com benefícios*,[1244] mas se esquiva a concedê-los, tendo-o como algo desvantajoso.

E basta quanto ao que tínhamos a dizer sobre esses assuntos.

1243. ...φυσικῆς φιλίας... (*physikês philías*).

1244. ...εὖ πάσχειν... (*eŷ páskhein*), literalmente *ser afetada bem*, ou seja, ser objeto (passiva) do bem.

LIVRO IX

1

*EM TODAS AS AMIZADES DE ESPÉCIE DISTINTA*¹²⁴⁵, é a proporção, como foi dito, que iguala e preserva a amizade, tal como *na comunidade civil*,¹²⁴⁶ o sapateiro recebe algo em retorno por seus calçados, o tecelão e os outros por seus produtos, de acordo com o valor apresentado. Nesse caso, concebeu-se uma medida comum, *o dinheiro*,¹²⁴⁷ e este constitui um padrão que serve de referencial para todas as coisas e segundo o qual todas elas são avaliadas. Mas, nas relações de amizade que envolvem *o amor sexual*,¹²⁴⁸ o amante por vezes se queixa que seu *amor mais ardente*¹²⁴⁹ não encontra qualquer correspondência (ainda que nada haja nele amável), ao passo que o amado frequentemente se queixa que o amante – que no início da relação tudo prometeu – agora nada cumpre. Tais divergências ocorrem quando o que move o amante para a amizade é o prazer, enquanto o motivo da pessoa amada é a vantagem, e cada um deles não possui as qualidades [que animavam a expectativa de cada

---

1245. ...Ἐν πάσαις δὲ ταῖς ἀνομοειδέσι φιλίαις... (*en pásais dè taîs anomoeidési philíais*).

1246. ...ἐν τῇ πολιτικῇ... (*en têi politikêi*), ou seja, na vida em sociedade no seio da cidade-Estado.

1247. ...τὸ νόμισμα, ... (*tò nómisma,*), ou, mais exatamente: a moeda corrente.

1248. ...τῇ ἐρωτικῇ... (*têi erotikêi*). O leitor deve ter sempre em mente o lato conceito de *philía*, que vai desde o relacionamento, para nós, desapaixonado e quase impessoal de concidadãos até o relacionamento apaixonado e íntimo de amantes. *Para nós,* porque se deve presumir que o relacionamento de concidadãos em uma cidade com uma população de cerca de vinte mil almas intensamente politizadas (que é o que seria a antiga Atenas do período democrático de Péricles) era, decerto, muito distinto do relacionamento de "concidadãos" em uma cidade ocidental contemporânea de dois a dez *milhões* de criaturas e em um país com uma população de vinte a cem milhões de habitantes, de governo democrático *representativo*.

1249. ...ὑπερφιλῶν... (*hyperphilôn*), literalmente: seu excesso de amor.

um]. Quando a amizade é baseada nesses motivos, ela é dissolvida no momento em que as partes deixam de obter o que justificava o fato de serem amigas; tem-se que admitir que nem uma nem outra amava uma pessoa em si mesma, mas alguma qualidade efêmera possuída pela pessoa. O resultado é essas amizades não serem, elas mesmas, duradouras. Mas a amizade baseada nos *caracteres*[1250] é autossuficiente e, portanto, como foi dito, duradoura.

Surgem desentendimentos quando os parceiros da amizade não obtêm o que desejam, mas algo diverso. Com efeito, não obter o objeto de nosso desejo é quase idêntico a não obter coisa alguma, o que nos lembra do que se narra do homem que contratou um *cantor*[1251] e lhe prometeu que quanto melhor cantasse melhor o pagaria. Ora, na manhã seguinte, quando o outro lhe solicitou que cumprisse a promessa, este lhe disse que já pagara pelo prazer que recebera através do prazer que proporcionara. Se fosse isso o correspondente ao desejo de cada um, estaria correto, mas quando um quer diversão e o outro, ganho, e um obtém o que deseja e o outro não, a associação não se deu corretamente, porque uma pessoa deposita sua expectativa naquilo que é o objeto de seu desejo ou carência, e somente se o obtiver estará disposto a dar o que necessita dar.

Mas a quem cabe fixar o *quanto* do serviço prestado? Quem fez a oferta do serviço, ou, antes, o aceitante e favorecido, uma vez que o outro, ao oferecê-lo, parece ter deixado o assunto a critério do favorecido? Assim – dizem[1252] – fazia Protágoras;[1253] quando ele ministrava aulas sobre qualquer matéria, dizia ao aluno que aquilatasse ele mesmo o valor de seu conhecimento, dispondo-se a aceitar uma remuneração correspondente ao fixado pelo aluno. Nesses assuntos, contudo, algumas pessoas adotam outra postura, segundo a qual

---

1250. ...ἠθῶν... (*ethôn*). Entende-se dentro da classificação tripla básica da amizade aquela cujo fundamento é a disposição moral, ou seja, a virtude.
1251. ...κιθαρῳδῷ... (*kitharoidôi*): cantor que interpretava canções acompanhando-se pelo dedilhar das cordas de uma lira, harpa ou cítara.
1252. Quem o diz é Platão no *Protágoras*, 328b-c, em discurso no qual o próprio Protágoras figura como interlocutor de Sócrates.
1253. Protágoras de Abdera (*circa* 480-410 a.C.), o mais expressivo e famoso dos sofistas.

"cada homem receba sua remuneração [pre]estabelecida".[1254] O problema é haver pessoas que recebem *o dinheiro*[1255] adiantado e deixam de executar o combinado, dado os exageros de suas promessas, com o que, compreensivelmente, recebem reclamações por não terem cumprido sua parte do acordo. Talvez os sofistas sejam obrigados a recorrer a isso, uma vez que ninguém os recompensaria em dinheiro pelo que conhecem.[1256] Tais pessoas, portanto, com razão, se veem diante de queixas se não executam aquilo pelo que foram pagas.

Quando, porém, nada se convencionou quanto ao serviço, se este é oferecido para o próprio bem daquele que o recebe, como dissemos, não ocorre queixa alguma da parte que o prestou (isto é próprio da amizade baseada na virtude) e o retorno realizado deve ser proporcional à prévia escolha do benfeitor (com efeito, é esta que caracteriza o amigo e a virtude). Eis o retorno que deveria ser dirigido àqueles que compartilham a filosofia,[1257] pois o dinheiro não pode ser o padrão para valorar seu serviço e nenhuma honra que lhes fosse prestada seria equivalente aos seus serviços; de qualquer modo, talvez lhes bastasse, como no caso dos deuses e dos pais, retribuir-lhes na medida de nossa capacidade.

No caso de não se tratar de uma dádiva desinteressada, mas de um serviço prestado visando a uma retribuição, é indiscutivelmen-

---

1254. ...μισθὸς δ' ἀνδρί. ... (*misthòs d'andrí.*), Hesíodo, *Os Trabalhos e os Dias*, 370. Aristóteles cita parcialmente uma sentença de Hesíodo, mas a ideia é a mesma.

1255. ...τὸ ἀργύριον, ... (*tò argýrion,*).

1256. Embora, muito prudentemente, "não assine embaixo" a opinião veiculada por Sócrates a respeito de Protágoras e outros sofistas no diálogo *Protágoras*, o Estagirita rivalizava com os sofistas e, como seu mestre Platão, tanto desabonava a prática dos sofistas de cobrarem suas aulas quanto considerava o conhecimento disponibilizado por eles como indigno do nome de *sofia* (sabedoria). Nessa oportunidade, permitimo-nos dizer, em defesa dos sofistas, que tudo indica que geralmente ensinavam a cidadãos ricos (que podiam perfeitamente pagar pelas aulas) e que, segundo a indicação do próprio Platão, costumavam deixar a critério do aluno pagar o que este julgava valer a aula. Cumpre observar também que Protágoras não foi apenas *professor remunerado de filosofia e retórica* e discursador eloquente, mas também escreveu; entretanto, a razão de sua principal obra não ter chegado à posteridade é bem distinta daquelas que impediram o nosso acesso à maior parte da obra do mestre do Liceu, de Epicuro e de outros pensadores helenos: *foi incinerada em praça pública em 411 a.C.*

1257. Alusão aos sofistas.

te preferível que a retribuição seja tal que possa ser considerada justa para ambas as partes; contudo, se isso não é exequível, revela-se não só necessário como justo que o favorecido pelo primeiro serviço fixe o valor da retribuição, pois se o prestador do serviço tiver como retribuição o equivalente à vantagem auferida pelo beneficiário, ou o que ele teria pago pelo prazer, terá o que é justo que tenha. Com efeito, nas transações comerciais também parece ser essa a prática;[1258] e em alguns lugares a lei não admite a instauração de demandas oriundas de *pactos voluntários*,[1259] sob o fundamento de que, uma vez que alguém confiou em alguém, é necessário findar uma transação da forma que se deu início a ela; com efeito, julga-se mais justo o receptor do crédito estabelecer o preço do que aquele que forneceu o crédito. De fato, a maioria das coisas é valorada diferentemente pelo seu possuidor e aqueles que desejam sua obtenção. Ao possuidor, suas posses e o que tem a oferecer lhe parecem muito valiosos. Mas o fato é que o [valor da] restituição é determinado pela estimativa do recebedor. Mas, cabe a este, indubitavelmente, avaliar uma coisa não em termos do que ela parece a ele valer no momento em que já está em suas mãos, mas em termos do valor que estipulou para ela antes de tê-la.

2

OUTRAS QUESTÕES PASSÍVEIS DE serem feitas são, por exemplo, se deve um indivíduo acatar em tudo ao próprio pai ou deve, quando doente, confiar-se a um *médico*[1260] e, no caso da eleição de um *general*[1261], votar no mais apto para a guerra. (...) E, analogamente, se deve ele prestar um serviço a um amigo de preferência a fazê-lo em favor de um indivíduo virtuoso (...) e se deve saldar uma dívida com um benfeitor de preferência a presentear um camarada, quando do impossibilitado de fazer as duas coisas.

1258. Ou seja, o preço de mercado é definido pela procura do produto e não pela oferta ou, mais exatamente, o preço é estabelecido, em última instância, pelo bolso do comprador.

1259. ...ἑκουσίων συμβολαίων... (*hekoysíon symbolaíon*).

1260. ...ἰατρῷ... (*iatrôi*).

1261. ...στρατηγὸν... (*strategòn*).

Não será fácil estabelecer uma regra precisa para lidar com todas essas questões, pois, no que diz respeito à *importância ou à falta de importância e sua relevância moral ou necessidade*,[1262] estas variam indefinidamente. Contudo, é evidente que a nenhuma pessoa cabe preferência exclusiva. Como regra geral, deve-se preferir saldar dívidas contraídas com benfeitores a presentear os próprios camaradas, do mesmo modo que se deve preferir pagar um empréstimo a um credor a fazê-lo a um amigo. E talvez, inclusive, essa regra não deva ser sempre acatada. Por exemplo, sendo alguém resgatado do poder de bandidos, caber-lhe-ia resgatar quem o resgatou como retribuição, não importa quem fosse a pessoa, ou restituir-lhe o valor do resgate se ele não tivesse sido capturado, mas solicitasse pagamento, ou lhe caberia resgatar o próprio pai?... com efeito, pareceria o dever de um homem resgatar seu pai de preferência até a si mesmo. Geralmente, portanto, como dissemos, deve-se saldar um débito; entretanto, se o presente ou a dádiva tiver excepcional relevância moral ou for excepcionalmente necessário, deveremos optar pelo presente. A razão é às vezes ser, inclusive, injusto restituir o equivalente do que se recebeu, quando alguém prestou um serviço a alguém que sabe ser honesto, enquanto outro efetua uma restituição a alguém que acredita ser desonesto. Em função disso, não deveríamos às vezes retribuir um empréstimo a alguém que o tenha feito a nós; com efeito, alguém emprestou a alguém honesto, esperando recuperar o empréstimo, enquanto outra pessoa não nutre esperanças de recuperação de um indivíduo que acredita ser desonesto. Na hipótese de serem esses realmente os fatos, a exigência da restituição não é justa; mas mesmo que não sejam (incluindo a presença de alguém desonesto), porém as pessoas pensarem que são, não se julgará *estranho*[1263] agir no sentido de uma recusa.

Assim, como já o salientamos muitas vezes, discussões acerca *das paixões e ações*[1264] contêm apenas um determinado grau de precisão compatível com a matéria discutida.

1262. ...μεγέθει καὶ μικρότητι καὶ τῷ καλῷ καὶ ἀναγκαίῳ.... (*megéthei kaì mikróteti kaì tôi kalôi kaì anagkaíoi.*).
1263. ...ἄτοπα... (*átopa*).
1264. ...τὰ πάθη καὶ τὰς πράξεις... (*tà páthe kaì tàs práxeis*).

15   Fica, portanto, plenamente evidente que as pessoas têm direitos diferentes no que toca à nossa pessoa, e que, mesmo a um pai, não se deve dar preferência exclusiva, *tal como Zeus não monopoliza os sacrifícios*.[1265] Visto que nossos deveres com pais, irmãos, camaradas e *beneficiadores*[1266] são distintos, devemos fazer préstimos ou retribuir a cada um o que lhe é apropriado e cabível – o que realmente parece ser como agem as pessoas. Convidam seus parentes para um
20   casamento porque estes são membros da *família*[1267] e, portanto, interessados nos eventos que têm a ver com ela; e, no que diz respeito aos funerais, também pensam que os parentes devem estar presentes por idêntica razão. É de se pensar que o sustento de nossos pais ocupe o primeiro lugar em nossas preocupações, uma vez que devemos a nossa própria existência a eles, e sustentar os autores de nossa existência se coloca antes da própria autopreservação sob o ângulo de maior nobreza moral. E apreço ou honra, também, é devido
25   aos pais, como o é aos deuses, mas não apreço indiscriminado; *com efeito, não se deve ao pai o mesmo que se deve à mãe, como não devemos prestar a eles aquele devido a um sábio ou general,*[1268] devendo nós ao nosso pai o apreço que é apropriado a um pai e à nossa mãe o apropriado a uma mãe. A todas as pessoas mais velhas devemos também dirigir o apreço que lhes é devido em função de sua idade, levantando-nos quando entram no recinto em que estamos, oferecendo-lhes o assento etc. Tratando-se de *camaradas*[1269] e de
30   irmãos, cabe-nos usar franqueza no falar e compartilhar com eles em tudo. No que concerne a parentes, *membros da mesma tribo*,[1270] concidadãos e os demais – relativamente a todos constitui nosso dever nos empenhar no sentido de lhes dar o que lhes é devido e

---

1265. ...καθάπερ οὐδὲ τῷ Διὶ θύεται, ... (*katháper oydè tôi Diì thýetai,*).

1266. ...εὐεργέταις... (*eyergétais*), benfeitores.

1267. ...γένος... (*génos*), família em sentido amplo, não apenas o núcleo familiar, e implicando necessariamente a ascendência.

1268. ...οὐδὲ γὰρ τὴν αὐτὴν πατρὶ καὶ μητρί, οὐδ᾽ αὖ τὴν τοῦ σοφοῦ ἢ τοῦ στρατηγοῦ, ... (*oydè gàr tèn aytèn patrì kaì metrí, oyd' aŷ tèn toŷ sophoŷ è toŷ strategoŷ,*).

1269. ...ἑταίρους... (*hetaíroys*). Ver nota 1139.

1270. ...φυλέταις... (*phylétais*). Φυλή (*phylé*) é o grupo de famílias da mesma raça. A palavra *tribo* (devido aos seus inúmeros sentidos) soa estranha, mas é tecnicamente correta uma vez considerada a definição de φυλή dada anteriormente.

distinguir as reivindicações de cada classe sob o referencial da proximidade da relação e aquele da virtude ou da utilidade. A diferenciação é mais fácil quando os indivíduos pertencem à mesma classe. Converte-
35 -se em algo *mais espinhoso*[1271] quando as classes são diferentes. Entretanto, isso não deve, de modo algum, nos isentar da tarefa da diferenciação, e devemos decidir a questão o melhor que pudermos.

3

UMA OUTRA QUESTÃO É AQUELA de saber se uma amizade deveria
1165b1 ou não ser rompida quando as pessoas mudam [sua maneira de ser].
 É-nos facultado dizer que, sendo a base da amizade a utilidade ou o prazer, o que há de estranho no fato de a amizade ser rompida quando os amigos deixam de ser úteis ou agradáveis? Considerando-se que eram essas qualidades os objetos da amizade, é perfeitamente razoável que, uma vez desaparecidas, desaparecesse também a amizade. Mas um indivíduo poderia se lamentar se, embora alguém
5 gostasse dele pelas vantagens e prazer que lhe proporcionava, tivesse fingido que o amava *por seu caráter*[1272] (seus atributos morais). Como dissemos no início, a maioria dos desentendimentos entre amigos nascem quando se enganam com respeito à natureza de sua amizade. Assim, se alguém cometeu um erro e imaginou que era amado por seu caráter, sem que o outro indivíduo nada houvesse
10 feito que justificasse essa sua suposição, só pode culpar a si mesmo. Mas se foi enganado devido à simulação do outro indivíduo, há justiça na sua queixa contra quem o ludibriou; e, na verdade, quem o ludibriou é pior do que *aqueles que falsificam moeda*,[1273] uma vez que o crime por ele praticado diz respeito a algo mais valioso.
 Por outro lado, se contraímos a amizade de uma boa pessoa e esta se torna, ou nos parece que se torna uma má pessoa, será ainda o caso de continuarmos a dedicar-lhe amor? Ou isso é *impossível*,[1274]

1271. ...ἐργωδεστέρα... (*ergodestéra*), literalmente: que requer mais labor, mais esforço.
1272. ...διὰ τὸ ἦθος. ... (*dià tò êthos.*).
1273. ...τὸ νόμισμα κιβδηλεύουσιν, ... (*tò nómisma kibdeleýoysin,*). A falsificação de dinheiro era considerada crime gravíssimo em Atenas, punível com a morte.
1274. ...οὐ δυνατόν, ... (*oy dynatón,*).

uma vez que somente o bom é *amável* – o que é mau não podendo nem devendo ser amado? Com efeito, é inconcebível que fôssemos *amantes do mal*,[1275] ou que permitíssemos nos tornar semelhantes aos maus e, como foi dito antes, o semelhante é aficionado do semelhante. Seria o caso, então, de romper a amizade imediatamente? Ou não em todas as situações, mas apenas naquelas em que os amigos se tornaram irrecuperavelmente maus? De fato, enquanto se mostrarem capazes de se corrigirem, caberá a nós mais ajudá-los moralmente do que financeiramente, visto que o caráter é algo mais valioso do que a riqueza e é mais próprio da amizade. Entretanto, nada haveria de absurdo em romper tal amizade, pois não era uma pessoa dessa espécie que tínhamos como amigo; o fato é que ela mudou e, impossibilitados de recuperá-la, só nos resta abandoná-la.

Eis outra situação: um amigo permaneceu a mesma pessoa enquanto o outro melhorou e o superou largamente em virtude. Deverá o segundo manter a amizade? Ou é impossível? Essa impossibilidade se revela, sobretudo, quando o hiato entre eles é extenso, como nas amizades que vêm da infância. É possível, realmente, que um deles tenha se conservado *intelectualmente pueril*,[1276] ao passo que o outro se tornou *homem, ele só, plenamente desenvolvido*.[1277] Como podem eles ser amigos se as coisas que apreciam são diferentes, aquelas que lhes são agradáveis também e ainda aquelas que os desgostam? Sequer se regozijam com a companhia mútua. E sem isso, como vimos, o relacionamento e a amizade são impossíveis. Este ponto já foi abordado.

Seria o caso, então, de se conduzir em relação a um antigo amigo como se ele não tivesse sido jamais amigo? Ou se deveria lembrar a intimidade de outrora e tal como se julgara certo demonstrar mais bondade com os amigos do que com os estranhos, do mesmo modo a dispensar-lhe alguma atenção, em virtude da antiga amizade? (...) isso caso a ruptura não tenha sido causada por extrema maldade deles.

1275. ...φιλοπόνηρον... (*philopóneron*).

1276. ...τὴν διάνοιαν παῖς... (*tèn diánoian país*), ou: permaneceu *com o intelecto de um menino*.

1277. ...ἀνὴρ εἴη οἷος κράτιστος, ... (*anèr eíe hoîos krátistos,*).

4

1166a1 OS SENTIMENTOS DE AMIZADE que testemunhamos por nossos semelhantes e as características que nos servem para definir as amizades parecem ter sua origem nos sentimentos que temos por nós mesmos. Considera-se que um amigo é alguém que deseja e realiza *o bem ou o que aparenta sê-lo*[1278] de um indivíduo em favor desse 5 outro indivíduo; ou alguém que deseja o existir e a preservação da vida do amigo por este amigo, que é como agem as mães com seus filhos e ex-amigos que se desentenderam. Outros consideram que um amigo é alguém que faz companhia, e alguém que tem os mesmos desejos, ou alguém que compartilha tristezas e alegrias, o que também tem a ver, sobretudo, com as mães. A amizade é definida por uma ou outra dessas características. Cada uma delas também está 10 presente nos sentimentos que uma pessoa boa nutre por si mesma (e naqueles também de todas as outras pessoas na medida em que elas mesmas se creem boas; como foi dito, a virtude e o indivíduo virtuoso parecem ser o padrão de tudo). Pois o indivíduo bom é harmonioso consigo mesmo *e ele deseja as mesmas coisas com toda sua alma.*[1279] E também deseja seu próprio bem ou o que aparenta sê-lo e o põe em prática (com efeito, constitui uma característica 15 da pessoa boa se empenhar ativamente pelo bem); e ele o faz por si mesmo (pois assim age em função da parte *intelectual*[1280] presente em si mesmo, o que se pensa ser a essência de cada um). Ademais, ele deseja sua própria vida e preservação e, sobretudo, as de sua parte racional. De fato, a existência é boa para o indivíduo virtuoso e cada um deseja o seu próprio bem, ou seja, ninguém optaria por 20 possuir tudo sob a condição de se tornar outra pessoa (pois Deus, mesmo agora, possui o bem),[1281] mas somente sob a condição de continuar a ser ele próprio, não importa o que fosse; e é de se

---

1278. ...τἀγαθὰ ἢ τὰ φαινόμενα... (*t'agathà è tà phainómena*).

1279. ...καὶ τῶν αὐτῶν ὀρέγεται κατὰ πᾶσαν τὴν ψυχήν. ... (*kaì tôn aytôn orégetai katà pâsan tèn psykhén.*).

1280. ...διανοητικοῦ... (*dianoetikoý*).

1281. ...ἔχει γὰρ καὶ νῦν ὁ θεὸς τἀγαθόν... (*ékhei gàr kaì nŷn ho theòs t'agathón*). Ver *Metafísica*, Livro XII, capítulo 7, especialmente 1072b25-30.

imaginar que *o elemento pensante é o indivíduo*,[1282] ou sobretudo ele. E esse indivíduo deseja estar consigo, pois frui estar sozinho visto que dispõe de memórias agradáveis do pretérito e *boas esperanças*[1283] para o futuro, igualmente agradáveis. Que se adicione que seu intelecto está repleto de matérias para especulação. E ele experimenta privilegiadamente suas próprias alegrias e tristezas consigo mesmo, pois as mesmas coisas lhe proporcionam dor ou prazer em todas as oportunidades e não coisas diferentes em ocasiões diferentes. A razão é não ter, por assim dizer, nada do que se arrepender.

Portanto, como o indivíduo bom nutre cada um desses sentimentos relativamente a si mesmo e como sua relação com seu amigo é idêntica à relação consigo mesmo (*pois o amigo é outro eu*),[1284] pensa-se consistir também a amizade em um desses sentimentos e experimentá-los é considerado como a prova da amizade.

A questão de existir ou não a amizade dirigida a si mesmo é uma questão que pode ser deixada de lado no momento, embora essa possibilidade seja sustentável na medida em que estejam presentes duas ou mais das condições indicadas e porque *a amizade extrema*[1285] assemelha-se ao amor por si mesmo.

Aliás, as condições indicadas parecem estar presentes na maioria das pessoas, ainda que sejam estas de precário valor moral. Será que essas pessoas preenchem tais condições na medida em que aprovam a si mesmas e acreditam em sua própria virtude? Decerto, aqueles que são completamente maus e criminosos nunca as possuem, ou sequer o aparentam. Com efeito, pode-se quase afirmar que nenhuma pessoa moralmente inferior preenche essas condições, pois tais pessoas estão em desarmonia consigo mesmas, atropelando no que toca às coisas desejo e vontade, o que ocorre, por exemplo, com os descontrolados, que escolhem o que é prazeroso, mas danoso, em lugar daquilo que eles próprios julgam ser bom. Outros, por outro lado, devido *à covardia e à preguiça*,[1286] deixam de fazer o que julgam

---

1282. ...τὸ νοοῦν ἕκαστος εἶναι, ... (*tò nooŷn hékastos eînai,*).
1283. ...ἐλπίδες ἀγαθαί, ... (*elpídes agathaí,*).
1284. ...ἔστι γὰρ ὁ φίλος ἄλλος αὐτός... (*ésti gàr ho phílos állos aytós*).
1285. ...ἡ ὑπερβολὴ τῆς φιλίας... (*he hyperbolè tês philías*).
1286. ...δειλίαν καὶ ἀργίαν... (*deilían kaì argían*).

o melhor para si mesmos. E indivíduos que cometeram muitos *atos hediondos*[1287] e são odiados por sua perversidade *esquivam-se à vida e se matam*.[1288] É de se acrescer que indivíduos maus buscam a companhia de outros e evitam estar sós, pois, quando estão, relembram muitas contrariedades do passado e antecipam outras para o futuro, ao passo que, se acompanhados, podem recorrer ao esquecimento. Que se junte a isso que, como em nada são amáveis, não sentem amor por si mesmos. O resultado é que tais indivíduos não experimentam nem alegrias nem tristezas pessoais, pois há uma revolução dentro de suas almas; uma parte da alma, em função da maldade, sofre pela abstinência de certos atos, enquanto outra se compraz com essa abstinência. Uma parte os impele em um rumo, ao passo que a outra os impulsiona em outro, como que os dilacerando. Se é impossível experimentar dor e prazer simultaneamente, de qualquer modo, após cederem ao prazer, eles experimentam dor algum tempo depois e desejam jamais ter adquirido o gosto por tais prazeres, isso porque os maus são sempre volúveis em suas opiniões.

Assim, um indivíduo mau, como não tem em si nada amável, revela-se privado, inclusive, do sentimento de amizade por si mesmo. E, assim, a considerarmos tal disposição inteiramente miserável, devemos nos empenhar o máximo para nos esquivarmos da maldade e procurarmos ser virtuosos. Com efeito, isso nos possibilitará tanto ser amigos de nós mesmos quanto nos tornarmos amigos dos outros.

5

A *BENEVOLÊNCIA*[1289] PARECE SER UMA EXPRESSÃO de amizade, porém não é amizade, pois pode ser sentida em relação a *desconhecidos*[1290] e sem que estes tenham ciência dela, o que não ocorre com a amizade. Isso já foi discutido antes.

1287. ...δεινά... (*deinà*).
1288. ...φεύγουσι τὸ ζῆν καὶ ἀναιροῦσιν ἑαυτούς. ... (*pheýgoysi tò zên kaì anairoŷsin heaytoýs.*).
1289. ...εὔνοια... (*eýnoia*).
1290. ...ἀγνῶτας... (*agnôtas*).

Tampouco é afeição porque não apresenta nem intensidade nem desejo, elementos presentes na afeição. Ademais, a afeição requer familiaridade, ao passo que a benevolência pode irromper de súbito, como acontece, por exemplo, em relação a *atletas*[1291] em uma competição; os espectadores experimentam benevolência e simpatia por eles, mas não concretizam efetivamente coisa alguma *com* eles – pois, como dissemos, a benevolência é súbita e o sentimento de afabilidade é apenas superficial.

A benevolência parece ser o início da amizade, *tal como o prazer da visão é o do amor sexual*.[1292] Ninguém, com efeito, se apaixona antes de se sentir seduzido pela *aparência*,[1293] mas é possível experimentar prazer com a aparência alheia sem estar apaixonado; alguém está apaixonado somente se experimentar *saudade*[1294] da pessoa amada na ausência desta, e desejar ardentemente a presença dela. Do mesmo modo, não é possível que pessoas sejam amigas sem expressarem mútua benevolência, embora aquelas que são benevolentes não sejam por isso amigas, uma vez que se limitam a desejar o bem daqueles que são objeto de sua benevolência e nada realizarão com eles, nem terão cuidados por eles. Assim, se ampliarmos a acepção da palavra amizade, ser-nos-á possível declarar que a benevolência é *amizade* que não atua até que com o decorrer do tempo atinge a familiaridade, podendo se tornar amizade propriamente dita, mas não aquela cujo fundamento é a utilidade ou o prazer, visto que estes não geram benevolência. Esta é, com efeito, exibida em retribuição de benefícios recebidos, o que é uma ação justa, mas esse desejo do bem-estar do outro que é engendrado pela expectativa da *abundância*[1295] para si mesmo não parece expressar benevolência para com o outro, mas antes para consigo mesmo, tal como não é amigo aquele que agrada outra pessoa para, por meio desta, obter vantagens. *Em termos gerais, a benevolência é gerada por alguma virtude ou equida-*

1291. ...ἀγωνιστὰς... (*agonistàs*), ou, mais especificamente, lutadores.
1292. ...ὥσπερ τοῦ ἐρᾶν ἡ διὰ τῆς ὄψεως ἡδονή·... (*hósper toý erân he dià tês ópseos hedoné·*).
1293. ...ἰδέα... (*idéai*).
1294. ...ποθῇ... (*pothêi*).
1295. ...εὐπορίας... (*eyporías*).

de,[1296] ocasião em que alguém parece a alguém belo ou corajoso, ou
20 coisa semelhante, como mencionamos dos atletas em uma competição.

6

A CONCÓRDIA[1297] TAMBÉM SE AFIGURA uma expressão de amizade. Disso resulta que não é *consenso de opinião*,[1298] o que, com efeito, pode existir mesmo entre desconhecidos. Tampouco se qualifica como *concórdia* o acordo a respeito de qualquer assunto, digamos
25 *sobre os corpos celestes*[1299] (concordar acerca disso, com efeito, não constitui expressão alguma de amizade). Diz-se que há concórdia em um Estado quando os indivíduos concordam quanto aos seus interesses comuns, adotam as mesmas medidas e implantam suas resoluções comuns. A concórdia, portanto, se refere a *coisas praticáveis*[1300]
30 de importância cuja realização é possível por ambos ou todos os partidos; por exemplo, há *concórdia* no *Estado*[1301] quando todos os cidadãos acham que os cargos públicos serão eletivos ou que uma aliança será efetivada com a Lacedemônia ou que Pítaco governará (quando ele próprio quisesse governar).[1302] Quando cada uma de duas pessoas deseja pessoalmente [governar], como ocorre com aquelas nas *Fenícias*,[1303] *estão em discórdia*;[1304] com efeito, não signi-

---

1296. ...ὅλως δ᾽ εὔνοια δι᾽ ἀρετὴν καὶ ἐπιείκειάν τινα γίνεται, ... (*hólos d'eýnoia di'aretèn kai epieíkeián tina gínetai,*).

1297. ...ὁμόνοια... (*homónoia*).

1298. ...ὁμοδοξία... (*homodoxía*).

1299. ...περὶ τῶν οὐρανίων... (*perì tôn oyraníon*).

1300. ...τὰ πρακτά... (*tà praktá*).

1301. ...πόλεις... (*póleis*).

1302. No século VI a.C., Pítaco foi eleito ditador de Mitilene, na ilha de Lesbos, e governou a cidade por mais de uma década, depois do que renunciou ao seu cargo. Presumivelmente satisfeitíssimos com seu governo, os mitilenenses manifestaram o seu desejo unânime que ele prosseguisse no cargo, mas isso não foi possível porque havia, ao menos, *um* mitilenense que não desejava que ele continuasse governando: *o próprio Pítaco*, o que demonstra que não houve *concórdia* na acepção técnica aqui indicada por Aristóteles.

1303. Peça de Eurípides. Os rivais são Etéocles e Polinices, filhos de Édipo.

1304. ...στασιάζουσιν... (*stasiázoysin*), ou seja, politicamente falando, formam facções.

fica que haja concórdia simplesmente porque cada pessoa pensa a mesma coisa, seja lá o que for essa coisa, mas somente quando cada uma pensa a mesma coisa nas mesmas circunstâncias envolvendo os mesmos indivíduos – por exemplo, quando *o povo e as classes superiores*[1305] desejam que as pessoas mais excelentes governem. Com efeito, nesse caso, podem todas as partes obter o que desejam.

Concórdia parece significar, portanto, *a amizade entre cidadãos*,[1306] que corresponde, a propósito, ao sentido que atribuímos ordinariamente ao termo, porque se refere aos interesses e cuidados da vida.

Essa concórdia existe entre indivíduos bons porque estes são *concordes* tanto consigo mesmos quanto reciprocamente; com efeito, o fundamento em que se apoiam é o mesmo. De fato, os desejos dos bons são constantes e não sobem e descem *como a maré*;[1307] e seu desejo é por fins justos e convenientes, empenhando-se em comum para alcançá-los. Quanto aos maus, ao contrário, são incapazes de concórdia, salvo em uma modesta medida, como ocorre com eles a respeito da amizade, uma vez que procuram obter mais do que sua cota de vantagens e menos de sua cota dos *esforços e serviços públicos*[1308] a serem prestados. E enquanto cada um desses indivíduos desejar isso para si, manter-se-á inspecionando o semelhante a fim de impedi-lo de imitar sua própria atitude, pois, se não se vigiarem entre si, os interesses comuns soçobrarão. O resultado é a *discórdia*:[1309] todos tentando impor sua vontade aos outros, mas se recusando, de sua parte, a fazer o que é justo.

1305. ...καὶ ὁ δῆμος καὶ οἱ ἐπιεικεῖς... (*kaì ho dêmos kaì hoi epieikeís*), mais precisamente as pessoas ordinárias que constituem o povo e aquelas dotadas de mais qualidades que constituem as classes superiores.

1306. ...πολιτικὴ δὴ φιλία... (*politikè dè philía*). Não esqueçamos que, para Aristóteles, o ser humano é o "animal político", isto é, só realiza plenamente sua essência como cidadão, ou seja, em sociedade.

1307. ...ὥσπερ εὔριπος... (*hósper eýripos*), literalmente: como o Euripo, o que justificaria, inclusive, o épsilon maiúsculo (...Εὔριπος... [*Eýripos*]). Aristóteles faz uma analogia com um estreito (no Mediterrâneo) entre a Eubeia e a Beócia, famoso pela instabilidade característica de suas correntes.

1308. ...τοῖς πόνοις καὶ ταῖς λειτουργίαις... (*toîs pónois kaì taîs leitoyrgíais*).

1309. ...στασιάζειν... (*stasiázein*), isto é, formarem partidos antagônicos.

7

BENFEITORES PARECEM AMAR os beneficiados mais do que estes amam os benfeitores, o que suscita a indagação do porque disso, visto parecer contrariar a razão. A explicação predominante é que o beneficiado se encontra na posição de um devedor e o benfeitor naquela de um credor; tal como no que toca aos *empréstimos*,[1310] enquanto o devedor apreciaria que seu credor não existisse, o credor realmente zela pela segurança do seu devedor, de maneira a se pensar que o benfeitor deseja que o beneficiado viva de tal forma que ele (o benfeitor) possa ser objeto de uma *retribuição*[1311] do benefício; na contramão, o recebedor do benefício não está particularmente ansioso em retribuir. Epicarmo[1312] diria, decerto, que pessoas que assim o dizem "admitem as coisas a partir do lado negativo", mas de qualquer forma parece ser inteiramente conforme a natureza humana, pois a maioria dos homens têm memória fraca e estão mais dispostos a *receber benefícios do que a concedê-los*.[1313]

Mas parece que a causa real disso está mais entranhada na natureza e que o caso do credor não oferece realmente uma analogia. No que a ele concerne, não se trata de uma afeição, mas apenas de um desejo da preservação do seu devedor com vista à obtenção do que lhe interessa, enquanto um benfeitor é amigo e sente afeição pelo favorecido mesmo que nenhum proveito tire dele no presente ou no futuro.

É o que acontece com *os artesãos ou artistas*[1314] em geral. Todo artista "*ama*"[1315] sua própria obra mais do que esta (se adquirisse vida) o "amaria". Isso talvez ocorra principalmente *no que se refere*

1310. ...δανείων...(*daneíon*).
1311. ...χάριτας... (*kháritas*), gratidão, reconhecimento pelo benefício recebido, mas aqui o sentido não parece ser moral e abstrato, mas concreto, ou seja, o benfeitor, analogamente ao credor, espera uma efetiva retribuição sob forma de benefício, ou recompensa.
1312. Epicarmo de Cós (ou da Megara siciliana) (540-485 a.C.), comediógrafo e filósofo.
1313. ...εὖ πάσχειν ἢ ποιεῖν... (*eý páskhein è poieîn*), ser beneficiados do que beneficiar, ou seja, ser objeto da ação do bem e não fazê-lo.
1314. ...τῶν τεχνιτῶν... (*tôn tekhnitôn*).
1315. ...ἀγαπᾷ... (*agapâi*).

aos poetas,¹³¹⁶ que *nutrem uma afeição exagerada*¹³¹⁷ por seus próprios poemas e os amam como se fossem seus filhos. A posição do benfeitor se assemelha a esta; o favorecido receptor do bem que ele oferece é sua obra e ele, portanto, a ama mais do que a obra "ama" seu criador. A razão disso é *a existência*¹³¹⁸ ser desejável e amável por todas as coisas; mas nós existimos em ato (vivendo e atuando) e, em certo sentido, aquele que criou uma obra existe em ato e, assim, ama sua criação porque ama a existência, o que é, aliás, natural: o que ele é em potência é o que sua obra expressa em ato.¹³¹⁹

Ademais, para o benfeitor, a nobreza está presente na ação e assim ele experimenta prazer com o objeto de sua ação; quanto ao beneficiado, entretanto, nada há de nobre para ele no agente do benefício – no máximo, algo vantajoso, e o que é vantajoso não é tão agradável ou *amável* quanto o que é nobre. A realização do agente do benefício, portanto, permanece (*a nobreza [beleza moral] é, com efeito, duradoura*¹³²⁰) enquanto a utilidade para o favorecido é transitória. Mas ainda que *o ato do presente*,¹³²¹ a esperança do futuro e a memória do passado sejam todos agradáveis, o ato é o mais prazeroso e igualmente o mais amável. E se a memória das coisas nobres é agradável, aquela das coisas úteis dificilmente o é ou, decerto, o é menos, embora se espere que pareça o inverso.

Por outro lado, amar parece *atividade*,¹³²² ao passo que ser amado é *passividade*,¹³²³ do que resulta que o amar e as outras expressões de amizade são encontrados na parte mais ativa.

Além disso, todos amam mais o que lhes foi laborioso; por exemplo, aqueles que fizeram a própria fortuna a prezam mais do que

---

1316. ...περὶ τοὺς ποιητὰς... (*perì toỳs poietàs*).

1317. ...ὑπεραγαπῶσι... (*hyperagapôsi*), ou: amam exageradamente.

1318. ...τὸ εἶναι... (*tò eînai*), o existir, o ser.

1319. Ver na *Física* os conceitos de δύναμις (*dýnamis* – potência) e ἐνέργεια (*enérgeia* – ato).

1320. ...τὸ καλὸν γὰρ πολυχρόνιον... (*tò kalòn gàr polykhrónion*).

1321. ...παρόντος ἡ ἐνέργεια, ... (*paróntos he enérgeia,*).

1322. ...ποιήσει... (*poiései*), incluindo a noção de produção (produtividade) ou de criação (criatividade).

1323. ...πάσχειν. ... (*páskhein.*).

aqueles que a herdaram. Ora, ser objeto de benefícios parece não envolver trabalho algum, enquanto concedê-lo requer esforço. (Essa é a
25 razão por que *as mães amam seus filhos mais*.[1324] De fato, a concepção é mais custosa e penosa e elas estão mais cientes de que o filho lhe pertence.) Isso também parece ser algo próprio dos benfeitores.

8

A QUESTÃO QUE TAMBÉM É LEVANTADA é se devemos amar sobretudo a nós mesmos ou se devemos amar mais o outro. Censuram-se aqueles que dão prioridade ao amor de si mesmos e *amante de*
30 *si mesmo*[1325] é uma expressão desonrosa. E se pensa que o indivíduo mau é precisamente aquele que se considera exclusivamente em tudo que realiza e, quanto mais o faz, entende-se pior ser ele. (As pessoas o criticam, por exemplo, porque jamais faz algo que não seja no seu interesse), enquanto o indivíduo bom age em função do que é nobre e, quanto melhor ele é, mais sua conduta será nesse sentido. Considera o interesse de seu amigo, não se importando com o seu.

35 Os fatos, contudo, não se coadunam com esses argumentos,
1168b1 o que não é sem razão, isso porque dissemos que alguém deve amar, acima de todos, o seu melhor amigo. Mas o melhor amigo é aquele que deseja o bem de uma pessoa, pelo próprio bem dessa pessoa, ainda que todos invariavelmente o ignorem. Ora, essa condição, acima de tudo, está presente na consideração que um
5 indivíduo tem por si mesmo, como, de fato, ocorre com todos os demais atributos que moldam a definição de amigo. Com efeito, já foi dito que todas as expressões de amizade pelos outros são um prolongamento da consideração por si mesmo. Ademais, todos os provérbios coincidem nisso, por exemplo: "[amigos partilham de] uma alma única",[1326] "entre amigos tudo é comum",[1327] "a amizade

---

1324. ...αἱ μητέρες φιλοτεκνότεραι... (*hai metéres philoteknóterai·*).
1325. ...φιλαύτους... (*philaýtoys*), egoísta.
1326. ...μία ψυχή... (*mía psykhé*). Extraído do *Orestes* de Eurípides.
1327. ...κοινὰ τὰ φίλων... (*koinà tà phílon*).

é igualdade",[1328] "o joelho está mais próximo do que a canela".[1329] Todos se aplicam, sobretudo, à relação de um indivíduo consigo mesmo, pois o melhor amigo de alguém é ele mesmo. E, portanto, deve ele amar, acima de todos, a si mesmo.

10 Trata-se, com razão, de discutir qual desses dois pontos de vista convém acolhermos, visto que ambos apresentam certa confiabilidade.

Talvez devêssemos, diante do choque dessas teorias, considerar os dois pontos de vista na sua clara distinção e definir em que medida e de que maneira cada um se revela verdadeiro. Assim, provavelmente, 15 o assunto possa mostrar transparência se apurarmos qual significado uma e outra posição atribuem à expressão *amante de si mesmo*.[1330]

Aqueles que empregam essa expressão como desonrosa chamam de indivíduos *amantes de si mesmos* os que destinam a si mesmos a maior porção de riqueza, honras e *prazeres do corpo*,[1331] uma vez que é isso o que a maioria das pessoas deseja e pelo que mais se empenha, tendo-os como os maiores bens, o que explica igualmente a acirrada competição por essas coisas. Os indivíduos que tomam mais do que aquilo que lhes é devido (sua porção) dessas coisas 20 cedem aos seus *apetites e, geralmente, às suas paixões e ao elemento irracional da alma*.[1332] E a maioria é assim. Disso decorre que o uso da expressão em pauta com sua carga pejorativa nasceu do fato de o amor por si mesmo do tipo ordinário ser mau. Portanto, o amor a si mesmo[1333] é, com justiça, censurado naqueles que são *amantes*

1328. ...ἰσότης φιλότης... (*isótes philótes*).

1329. ...γόνυ κνήμης ἔγγιον... (*góny knémes éggion*). Ou, como interpretou W. D. Ross: "...*charity begins at home*..." (a caridade começa em casa) sobre o texto estabelecido por Bywater. A ideia essencial é que nosso amor deve começar por se manifestar pelo objeto de amor mais próximo, ou seja, *nós mesmos*, ao menos nessa ótica de Aristóteles. Obviamente, a fraseologia usada por Ross pode ter conotação diferente fora do contexto aristotélico, incluindo o amor ao semelhante mais próximo constituído por um membro da família.

1330. ...φίλαυτον... (*phílayton*), egoísta.

1331. ...ἡδοναῖς ταῖς σωματικαῖς... (*hedonaís taís somatikaís*·).

1332. ...ἐπιθυμίαις καὶ ὅλως τοῖς πάθεσι καὶ τῷ ἀλόγῳ τῆς ψυχῆς.... (*epithymíais kai hólos toís páthesi kai tôi alógoi tês psykhês.*).

1333. O termo *egoísmo* (e congêneres, sobretudo nas línguas latinas) já incorpora o peso pejorativo.

*de si mesmo*s nesse sentido. Aliás, fica claro que é aos que tomam uma porção excessiva de coisas do tipo mencionado que se referem usualmente as pessoas com a expressão *amante de si mesmo*.
25 Com efeito, se um indivíduo se dispusesse sempre, de maneira ímpar, a agir em relação a todos justa ou moderadamente, ou acatando qualquer outra das virtudes e, em geral, estivesse sempre tentando assegurar para si mesmo nobreza moral, ninguém o classificaria de *amante de si mesmo*, acusando-o. Tal indivíduo, de fato, poderia ser julgado um *amante de si mesmo* em um sentido excepcional. Aconteça o que acontecer, toma para si mesmo *as coisas mais nobres* e
30 *especialmente boas*.[1334] Além disso, ele cede e obedece, em tudo, à parte soberana presente em si mesmo. E tal como um Estado, ou *outro todo sistemático*,[1335] é mais propriamente identificado com *a parte soberana*[1336] nele encerrada, o mesmo ocorre com o ser humano. Conclui-se que aquele que ama e cede a essa parte soberana de si mesmo é maximamente um *amante de si mesmo*. Por outro lado, as expressões *autocontrolado* e *descontrolado* indicam estar sob o controle ou não da própria razão e, assim, sugerem ser o indiví-
35 duo o próprio intelecto. Ademais, são os nossos atos ditados pela
1169a1 razão que se pensa serem sobretudo nossos próprios atos, e atos *voluntários*. Evidencia-se que cada indivíduo é, ou é principalmente, o elemento soberano racional de si mesmo, e que o indivíduo bom ama sobretudo essa parte de si mesmo. Conclui-se que o indivíduo bom é um *amante de si mesmo*, no grau superlativo, ainda que distinto do *amante de si mesmo* que é assim chamado pejorativa-
5 mente, do qual ele difere quanto difere *viver segundo a razão de viver segundo a paixão*,[1337] sendo, ademais, diferente visar ao nobre de visar o que se afigura conveniente. Aqueles, portanto, que são extraordinariamente ciosos no que toca às ações nobres são objeto de aprovação e louvor gerais; de fato, se todos rivalizassem entre si em matéria de nobreza moral e se esforçassem nas ações mais no-
10 bres, tudo concorreria para o bem-estar comum, ao mesmo tempo

---

1334. ...τὰ κάλλιστα καὶ μάλιστ᾽ ἀγαθά, ... (*tà kállista kaì málist' agathá,*).
1335. ...πᾶν ἄλλο σύστημα,... (*pân állo sýstema,*).
1336. ...τὸ κυριώτατον... (*tò kyriótaton*), o elemento mais predominante.
1337. ...κατὰ λόγον ζῆν τοῦ κατὰ πάθος, ... (*katà lógon zên toŷ katà páthos,*).

em que os indivíduos poderiam desfrutar dos maiores bens, visto a virtude ser o maior deles.

É de se concluir dever ser o indivíduo bom um *amante de si mesmo*; de fato, assim poderá tanto beneficiar a si mesmo mediante ações nobres quanto auxiliar aos seus semelhantes. Não é o caso, porém, do indivíduo mau, visto que prejudicará tanto a si mesmo quanto aos seus semelhantes ao agir de acordo com suas paixões vis. No que concerne ao indivíduo mau, portanto, o que ele faz diverge do que deve fazer, ao passo que o bom faz o que deve, posto que o entendimento invariavelmente elege para si aquilo que é o melhor, e o indivíduo bom se norteia pelo seu entendimento.

É igualmente verdade o indivíduo bom agir frequentemente em vista dos interesses de seus amigos e de sua pátria, e oferecer, se necessário, sua vida por eles. Ele abrirá mão da riqueza, do poder e geralmente de todos os bens que constituem objeto de disputa entre as pessoas se [só com isso] puder conquistar a nobreza moral para si mesmo. Com efeito, preferiria um fugaz arrebatamento a um longo período de gozo medíocre, um ano de vida nobre a muitos anos de uma existência vulgar, *e uma única ação nobre e grandiosa a muitas insignificantes*.[1338] E é esse, indiscutivelmente, o resultado atingido pelos que sacrificam suas vidas pelos outros. Optam por uma nobreza grandiosa para si mesmos. Estão prontos, inclusive, a renunciar ao dinheiro se, através disso, facilitarem o ganho de seus amigos. Com efeito, enquanto seus amigos ganham dinheiro, ele conquista nobreza, destinando o maior bem a si mesmo. Sua conduta será idêntica relativamente às honras e aos cargos. Todas essas coisas cederá ao seu amigo. Nobreza e louvor para ele são os frutos disso. É considerado, assim, com razão, virtuoso por escolher a nobreza moral de preferência a todas as outras coisas. É possível até mesmo que ele abra mão a um amigo da realização de alguma façanha, podendo ser para ele mais nobre encarnar a causa da realização do amigo do que realizar a proeza ele próprio.

Portanto, fica evidente que em todas as esferas da ação louvável o indivíduo bom encaminha a porção maior de nobreza moral para

---

1338. ...καὶ μίαν πρᾶξιν καλὴν καὶ μεγάλην ἢ πολλὰς καὶ μικράς. ... (*kaì mían prâxin kalèn kaì megálen è pollàs kaì mikrás.*).

si mesmo. É nesse sentido, então, como asseveramos anteriormente, que se deve ser um *amante de si mesmo*, não naquele em que a maioria das pessoas é.

9

Outra questão controvertida é se a felicidade requer ou não amigos. Dizem que *os bem-aventurados*[1339] são autossuficientes e, portanto, prescindem de amigos, já que possuem todos os bens, além do que, sendo autossuficientes, de mais nada necessitam [contrastando isso com a ideia de que] sendo o amigo um outro eu, sua função é suprir coisas que não é capaz de obter por si mesmo. Daí se dizer "quando a felicidade nos sorri, qual a necessidade de amigos?".[1340]

Parece absurdo, porém, atribuirmos todas as boas coisas ao indivíduo feliz e não incluirmos amigos, que temos na conta de o maior dos bens externos. Ademais, se a característica de um amigo é mais fazer o bem do que dele ser objeto, e se a beneficência é própria do indivíduo bom e da virtude, e é mais nobre beneficiar amigos do que estranhos, esse indivíduo bom necessitará de amigos para serem beneficiados.

E, por via de consequência, indaga-se também: são amigos mais necessários em tempos de prosperidade ou de adversidade? Supõe-se que os destituídos de recursos [mergulhados na adversidade] necessitam da beneficência das pessoas, mas que também os que prosperam necessitam de pessoas para as quais dirigir sua beneficência.

Talvez também fosse absurdo imaginar o indivíduo bem-aventurado como um solitário. Ninguém optaria por ter a totalidade das coisas boas sob a condição de ser reduzido à solidão, *pois o ser humano é um ser social e destinado naturalmente à vida coletiva*;[1341] em conformidade com isso, o indivíduo feliz vive em socie-

---

1339. ...τοῖς μακαρίοις... (*toîs makaríois*).

1340. ...ὅταν ὁ δαίμων εὖ διδῷ, τί δεῖ φίλων; ... (*hótan ho daímon eŷ didôi, tí deî phílon;*), ou: quando é concedida a felicidade, para que amigos? Eurípides, *Orestes*, 667.

1341. ...πολιτικὸν γὰρ ὁ ἄνθρωπος καὶ συζῆν πεφυκός·... (*politikòn gàr ho ánthropos kaì syzên pephykós·*).

dade, porque possui tudo que é naturalmente bom. E é obviamente preferível ter a companhia de amigos e de indivíduos bons à de estranhos e encontros casuais. Disso tudo concluímos que o indivíduo feliz necessita de amigos.

O que então querem dizer *os primeiros*[1342] e em que sentido é verdadeiro o que pretendem? Não será porque a maioria das pessoas vê amigos apenas como indivíduos úteis? Ora, não há dúvida de que aqueles que são bem-aventurados não necessitam desse tipo de amizade, uma vez que já são detentores das coisas boas. Tampouco necessitarão de amigos do tipo que propicia prazer, ou deles necessitarão em modesta medida, pois suas vidas são intrinsecamente prazerosas, prescindindo de *prazer adventício*.[1343] E, como eles não necessitam de amigos desses tipos, considera-se pura e simplesmente que eles não precisam de amigos.

Mas é provável que isso seja falso, pois, como dissemos no início, *a felicidade é atividade e atividade é claramente algo que vem a ser e não algo que possuímos, como algum item de propriedade*.[1344] Se a felicidade consiste em vida e atividade – e a atividade de um indivíduo bom é boa e prazerosa em si mesma, como afirmamos no início, e se a inerência de algo também nos é prazerosa – e se estamos melhor capacitados a contemplar nossos semelhantes do que a nós mesmos, e melhor as ações alheias do que as nossas próprias, de modo que os indivíduos bons encontram prazer na ação de seus amigos (uma vez que essas ações possuem essas duas qualidades naturalmente prazerosas), *conclui-se* que o indivíduo bem-aventurado necessitará de bons amigos na medida em que opta por contemplar ações dignas e que lhe sejam próprias – e ações de um bom amigo assim o são.[1345] Julgam também as pessoas que a vida do indivíduo

---

1342. ...οἱ πρῶτοι,... (*hoi prôtoi,*), ou seja, os que pensam que o indivíduo feliz não necessita de amigos.

1343. ...ἐπεισάκτου ἡδονῆς. ... (*epeisáktoy hedonês.*), ou seja, prazer de origem externa.

1344. ...ἡ εὐδαιμονία ἐνέργειά τίς ἐστιν, ἡ δ' ἐνέργεια δῆλον ὅτι γίνεται καὶ οὐχ ὑπάρχει ὥσπερ κτῆμά τι. ... (*he eydaimonía enérgeiá tís estín, he d' enérgeia dêlon hóti gínetai kai oykh hypárkhei hósper ktêmá ti.*).

1345. O indivíduo bom e plenamente feliz (bem-aventurado) deseja contemplar no seu bom amigo ações que se identificam com as suas, como se o amigo bom e autêntico fosse um espelho dele mesmo.

feliz deva ser prazerosa. Mas, para um solitário, a vida é dura. Com efeito, não é fácil exercer atividade contínua isoladamente, sendo mais fácil fazê-lo na companhia de outras pessoas e a favor de outras pessoas. Sua atividade, portanto, que é prazerosa em si mesma, terá mais continuidade se for praticada ao lado de outras pessoas, que é como deve ser a vida do sumamente feliz (bem-aventurado) [pois um indivíduo bom, devido à sua qualidade de bom, regozija-se com ações virtuosas e desabona as que se originam do vício, tal como o músico se agrada com as belas melodias e se desagrada com as ruins]. Ademais, a companhia dos bons proporciona uma espécie de treinamento na virtude, como diz Teógnis.[1346]

Por outro lado, se examinarmos mais detidamente a natureza dessas coisas, parecer-nos-á que o amigo virtuoso é naturalmente desejável ao indivíduo virtuoso. Como asseveramos antes, aquilo que é naturalmente bom é bom e agradável em si mesmo ao indivíduo virtuoso. E a vida é definida no que se refere aos animais pela capacidade de *percepção sensorial*;[1347] no caso do ser humano, por aquela de *percepção sensorial ou pensamento*.[1348] E uma capacidade tem como referência sua atividade, que é o que nela é soberano. Parece, portanto, que a vida é decididamente perceber pelos sentidos ou pensar. Mas a vida é algo bom e prazeroso em si mesma por ser determinada e a determinabilidade pertence à natureza do bom, e o que é naturalmente bom o é para o indivíduo bom e, consequentemente, se afigura bom e prazeroso a todos os seres humanos. Nossa argumentação, porém, não pode se fundar em uma vida viciosa e corrupta, ou em uma vida dolorosa, pois esse gênero de vida é indeterminado, como o são seus atributos [o vício e a dor]. (O que se refere à dor ficará mais claro na sequência.) Mas *se* a vida ela mesma é boa e prazerosa (pois é o que mostra, visto que todos os seres humanos a desejam e, sobretudo, indivíduos virtuosos e bem-aventurados, uma vez que vida é o mais desejável e sua existência a mais venturosa), e *se* aquele que vê tem disso percepção, aquele que ouve também a tem e aquele que caminha percebe que cami-

---

1346. Teógnis de Megara (*circa* 540 a.C.), poeta didático e elegíaco.
1347. ...αἰσθήσεως... (*aisthéseos*).
1348. ...αἰσθήσεως ἢ νοήσεως·... (*aisthéseos è noéseos·*).

nha e, analogamente, para todas as demais atividades humanas há uma faculdade de percepção do exercer dessas atividades, de modo que, quando percebemos, estamos conscientes de que percebemos, e quando pensamos, estamos conscientes de que pensamos, e estarmos conscientes de que estamos percebendo ou pensando é estarmos conscientes de que existimos (pois a existência é percepção sensorial ou pensamento), e *se* estar consciente de que se está vivo é prazeroso em si mesmo (pois a vida é algo naturalmente bom e perceber que se possui algo bom é prazeroso), e *se* a vida é desejável, e isso, sobretudo, para os indivíduos bons, porque a existência é boa para eles, e assim prazerosa (porque eles se agradam da percepção do que é bom em si), e *se* o indivíduo virtuoso se sente em relação ao seu amigo da mesma maneira que se sente em relação a si mesmo (*com efeito, o amigo é um outro eu*),[1349] *temos que concluir* que tal como a existência de cada um é desejável para si, do mesmo modo, ou quase do mesmo modo, é a existência de seu amigo também desejável. Constatamos, de fato, que é a consciência de si mesmo como boa que torna a existência desejável e tal *consciência*[1350] é prazer em si mesma. Portanto, trata-se de estar consciente também da existência do amigo, o que será realizado no conviverem e compartilharem *discursos e pensamentos*,[1351] pois esse parece ser o significado do conviver no que toca aos seres humanos, não o que ocorre com o gado, que é pastar no mesmo lugar.

Se, nesse caso, para o indivíduo sumamente feliz (bem-aventurado) a existência é desejável em si mesma, sendo naturalmente boa e prazerosa, e se a existência do amigo é para ele quase igualmente desejável, resulta que um amigo está entre as coisas desejáveis. E o que é desejável para ele é forçoso que o possua, caso contrário, sua condição será deficiente nesse particular. Conclui-se que, para ser feliz, o indivíduo não prescinde de amigos virtuosos.

1349. ...ἕτερος γὰρ αὐτὸς ὁ φίλος ἐστίν... (*héteros gàr aytòs ho phílos estín*).

1350. ...αἴσθησις... (*aísthesis*): em todo esse contexto (de 1170a25 a 1170b10), Aristóteles emprega esse termo significando não sensação, percepção sensorial, mas percepção intelectual, consciência; não é o fato de eu ouvir a música, mas o fato de eu estar (cons)ciente de que a estou ouvindo.

1351. ...λόγων καὶ διανοίας·... (*lógon kaì dianoías·*).

10

20 SERÁ O CASO ENTÃO DE FAZER o maior número de amigos possível?... ou como, no que toca à hospitalidade, pensa-se ser aconselhável que não se esteja...

...*nem às voltas com muitos convidados nem sem nenhum (...)*.[1352] Ocorrerá o mesmo aqui, não se revelando na amizade adequado nem não dispor de amigo algum, nem ter amigos demais? No
25 que respeita à amizade cujo fundamento é a utilidade, parece ser precisamente o caso, visto ser árduo retribuir os serviços de uma miríade de pessoas – e a vida não é suficientemente longa para isso. Portanto, uma quantidade de amigos que exceda o que basta à nossa própria vida produz um supérfluo que constitui um estorvo a uma *vida nobre*.[1353] São, portanto, dispensáveis. Quanto aos amigos vinculados ao prazer, também bastam alguns, *tal como uma modesta quantidade de tempero no alimento*.[1354] Mas dever-se-ia ter o
30 máximo possível de *bons* amigos? ...ou haverá um limite para as amizades, como há para a população de um Estado? Dez pessoas não formariam um Estado e se fossem *cem mil*[1355] não seria mais um Estado. Mas talvez a quantidade conveniente não corresponda a um número em particular, mas a qualquer número entre certos pontos
1171a1 determinados. Assim, no tocante a amigos, haverá também um número determinado e, talvez, o maior número com o qual somos capazes de conviver. De fato, observamos que conviver é *o mais característico da amizade*.[1356] Contudo, é óbvio que é impossível conviver e partilhar a própria vida com muitas pessoas. Seria o caso, a
5 propósito, de todas essas pessoas serem amigas entre si, supondo então que gozariam de sua mútua companhia todos os seus dias. Mas é dificilmente exequível que um grande número de indivíduos sejam todos amigos comuns. Além disso, é difícil comparti-

---

1352. Hesíodo, *Os Trabalhos e os Dias*, 715.
1353. ...καλῶς ζῆν·... (*kalôs zên·*).
1354. ...καθάπερ ἐν τῇ τροφῇ τὸ ἥδυσμα·... (*katháper en têi trophêi tò hédysma·*).
1355. ...δέκα μυριάδων... (*déka myriádon*).
1356. ...φιλικώτατον... (*philikótaton*).

lhar intimamente das alegrias e tristezas de muitas pessoas. Com efeito, é bem provável que alguém tenha que regozijar com uma pessoa e prantear com outra simultaneamente.

É provável, portanto, não ser aconselhável procurar ter o máximo possível de amigos, mas apenas tantos quantos sejam suficientes para formar um círculo que permita a convivência. Com efeito, afigurar-se-ia impossível *ser profundamente amigo de muitos*[1357] pela mesma razão que é impossível estar apaixonado por várias pessoas. O amor passional, com efeito, parece ser uma amizade superlativa ou excessiva e só pode ser sentido por uma única pessoa; do mesmo modo, uma amizade intensa só é possível com poucas pessoas.

Isso parece ser respaldado pelos fatos. Amizades entre *camaradas*[1358] são sempre compostas por poucos indivíduos e os famosos exemplos são de pares de amigos.[1359] Considera-se que pessoas de muitos amigos e que ingressam na familiaridade de todos eles não são amigos de ninguém (salvo na condição de cidadãos).[1360] Recebem o nome de obsequiosas. Pode-se, entretanto, ser amigável como cabe a um concidadão e não ser obsequioso, sendo, inclusive, verdadeiramente virtuoso; porém, não é possível ter muitas amizades com base na virtude e amigos que amemos por eles mesmos. Podemos nos dar por satisfeitos se encontrarmos alguns indivíduos com esse perfil.

11

PRECISAMOS DE AMIGOS mais na prosperidade ou na adversidade? Se olharmos para a realidade, veremos que os seres humanos vão em busca de amigos em ambas essas situações. Aqueles atingidos pelo infortúnio precisam de auxílio; aqueles que fruem da prosperidade desejam *companheiros*[1361] a quem possam beneficiar,

---

1357. ...πολλοῖς εἶναι φίλον σφόδρα, ... (*pollois einai philon sphódra,*).
1358. ...ἑταιρικὴν... (*hetairikèn*).
1359. Um excelente exemplo é Aquiles e Pátroclo na *Ilíada* de Homero.
1360. ...πλὴν πολιτικῶς... (*plèn politikôs*).
1361. ...συμβίων... (*symbíon*), pessoas com quem conviver.

25 uma vez que querem fazer o bem. Assim, a amizade é mais necessária na adversidade, quando a premência é de amigos úteis. Entretanto, a amizade se mostra mais nobre na prosperidade, quando quem nesta se regozija também busca indivíduos bons para que sejam seus amigos. Com efeito, estes são mais desejáveis tanto para serem beneficiados quanto para conviver.

De fato, a mera *presença*[1362] de amigos é agradável na prosperidade e na adversidade. A dor é aliviada pela solidariedade dos amigos. E, em função disso, questiona-se se os amigos, com efeito,
30 compartilham do peso da angústia ou se, não sendo assim, a dor é, não obstante, minorada pelo prazer produzido graças à presença deles e à consciência de sua solidariedade. Se é uma dessas razões que explica o poder aliviador da amizade ou alguma outra é uma questão que dispensa exame nessa oportunidade. De qualquer modo parece ocorrer o que descrevemos.

35
1171b1 Entretanto, a presença propiciada por amigos parece ser de uma natureza mista. O mero fato de vê-los é agradável, especialmente em tempos de desventura, e constitui, por si só, uma ajuda para atenuar a dor e a tristeza. Com efeito, um amigo, se tiver tato, é capaz de nos confortar mediante a simples visão de si e a audição de suas palavras, na medida em que conhece nosso caráter e a origem de
5 nosso prazer ou de nossa dor. Por outro lado, ver alguém aflito diante de nossos próprios sofrimentos é penoso, pois *todos evitam ser a causa da dor dos amigos.*[1363] Eis a razão por que indivíduos de *natureza viril*[1364] esquivam-se de fazer seus amigos partilharem de suas angústias e, a menos que uma pessoa seja demasiadamente insensível, não conseguirá suportar a angústia que sua própria dor causa aos seus amigos e em geral não permitirá que os outros sejam

---

1362. ...παρουσία... (*paroysía*).
1363. ...πᾶς γὰρ φεύγει λύπης αἴτιος εἶναι τοῖς φίλοις. ... (*pâs gàr pheýgei lýpes aítios eînai toîs phílois.*).
1364. ...ἀνδρώδεις τὴν φύσιν... (*andródeis tèn phýsin*), de *natureza corajosa*. As palavras ἀνήρ (*anér*) e ἀνδρεία (*andreía*), nominativo singular, são estreitamente aparentadas, isto é, homem (indivíduo humano de sexo masculino) e coragem, bravura. Independentemente do parentesco linguístico, no pensamento helênico antigo em geral (não só no aristotélico), entende-se que certas virtudes (excelências) são *exclusivamente* masculinas, sobretudo a coragem (ἀνδρεία [*andreía*]).

companheiros de lamentação,[1365] mesmo porque ela mesma não é dada a lamentações.[1366] Mas *mulheres e os homens efeminados*[1367] apreciam aqueles que se põem a lamentar com eles e lhes dedicam amor como a amigos e pessoas solidárias. Está claro, todavia, que em tudo devemos nos comportar seguindo o exemplo do melhor tipo de indivíduo.

Por outro lado, na prosperidade, a presença de amigos traz prazer aos nossos momentos de lazer e também é prazeroso estarmos cientes de que eles se comprazem com nosso sucesso.

Conclui-se que seria recomendável mantermos nossa boa vontade quanto a convidar nossos amigos para que compartilhem de nossa prosperidade (já que é nobre conferir benefícios), mas que devemos pensar duas vezes antes de convidá-los para nos visitar quando o sofrimento nos atinge (já que devemos distribuir a eles o mínimo possível dos males, e daí o provérbio: "basta o meu infortúnio").[1368] Deveríamos lhes solicitar a ajuda principalmente quando poderão muito nos servir mas gerando isso pouco transtorno para eles próprios.

Em contrapartida, cabe-nos, muito provavelmente, visitar os atingidos pela adversidade *sem sermos convidados e com solicitude*[1369] (com efeito, cabe a um amigo *servir*[1370] e, sobretudo, aos que necessitam, e sem que seja pedido que o faça, uma vez que o serviço assim prestado é mais nobre e mais prazeroso para ambas as partes); no tocante aos prósperos, ainda que devamos auxiliá-los com solicitude (pois mesmo a prosperidade não dispensa o concurso dos amigos), devemos demorar para visitá-los quando se trata de nos constituirmos objetos de seus benefícios (pois não é nobre predispor-se ansiosamente a receber benefícios). Mas é incontestest que devemos evitar atrair para nós a imagem de

---

1365. ...συνθρήνους... (*synthrénoys*).
1366. ...θρηνητικός... (*threnetikós*).
1367. ...γύναια δὲ καὶ οἱ τοιοῦτοι ἄνδρες... (*gýnaia dè kaì hoi toioýtoi ándres*), ou em uma tradução que busca captar o incisivo tom pejorativo: *mulheres débeis e os homens deste gênero*.
1368. ...ἅλις ἐγὼ δυστυχῶν... (*hális egò dystykhôn*).
1369. ...ἄκλητον καὶ προθύμως... (*ákleton kaì prothýmos*).
1370. ...εὖ ποιεῖν, ... (*eỹ poieĩn,*), beneficiar, fazer o bem.

desmancha-prazeres rejeitando suas manifestações, algo que por vezes ocorre. Parece, portanto, que a presença de amigos é desejável em todas as situações.

12

COMO ENTRE AMANTES, que descobrem o que há de mais amável na contemplação de quem amam e preferem o sentido da visão a todos os demais, sendo o sentido da visão, sobretudo, a sede e fonte do amor – não será para os amigos o convívio a coisa mais desejável que existe? Com efeito, a amizade é uma associação; um indivíduo mantém a mesma relação com um amigo que mantém consigo mesmo; a consciência de sua própria existência é *desejável*,[1371] de sorte que também o é a da existência de seu amigo. Mas essa consciência é convertida em ato e, *no conviver*.[1372] É com razão que amigos naturalmente desejam estar juntos. E seja qual for o significado da existência para cada um e o que a torne para ele digna de ser vivida, seu desejo é compartilhá-la com amigos. Assim, alguns *bebem*[1373] ou *jogam dados juntos*,[1374] outros praticam *exercícios físicos juntos*[1375] e *caçam juntos*[1376] ou *estudam filosofia juntos*[1377] – cada tipo humano despendendo seu tempo em mútua companhia na atividade que na vida mais os agradam; com efeito, visto que desejam conviver entre amigos, praticam suas atividades de maneira compartilhada na medida de suas capacidades.

Assim, a amizade de pessoas viciosas acaba se revelando nociva (de fato, estas pessoas compartilham de atividades viciosas em virtude de sua instabilidade) e, tornando-se semelhantes, tornam-se

---

1371. ...αἱρετή, ... (*hairetḗ,*).
1372. ...ἐν τῷ συζῆν,... (*en tôi syzên,*).
1373. ...συμπίνουσιν... (*sympínoysin*), por extensão: festejam.
1374. ...συγκυβεύουσιν... (*sygkybeýoysin*).
1375. ...συγγυμνάζονται... (*syggymnázontai*).
1376. ...συγκυνηγοῦσιν... (*sygkynegoýsin*).
1377. ...ἢ συμφιλοσοφοῦσιν... (*è symphilosophoýsin*).

más. Mas a amizade dos bons é boa e cresce com a companhia mútua. E eles, parece, se tornam melhores mediante suas atividades e o aprimoramento recíproco, uma vez que se amoldam assimilando os traços mútuos que aprovam e lhes agradam, daí se dizer:

15 *Ações boas provêm de indivíduos bons.*[1378]

Isso basta quanto à abordagem da amizade. O que nos cabe realizar a seguir é a discussão sobre o *prazer*.

1378. ...ἐσθλῶν μὲν γὰρ ἄπ᾽ ἐσθλά. ... (*esthlôn mèn gàr áp' esthlá.*). Palavras de Teógnis.

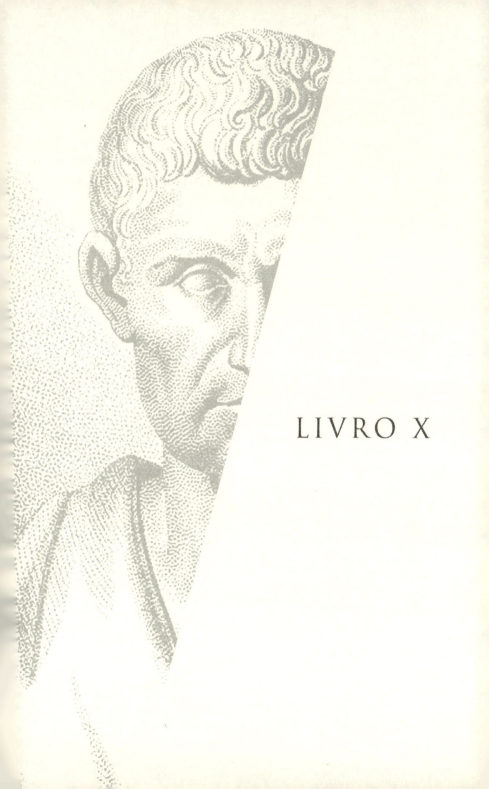

LIVRO X

1

Após o que abordamos, é de se presumir que devamos discutir o *prazer*,[1379] pois se pensa ser ele aquilo que está, sobretudo, vinculado *ao nosso gênero*[1380]. Essa é a razão por que o prazer e a dor estão presentes na educação dos jovens, como timões a dirigir o rumo deles. Ademais, gostar ou desgostar das coisas das quais se deve gostar ou desgostar é considerado grandemente importante na formação do *caráter virtuoso*.[1381] O prazer e a dor, com efeito, estendem-se ao longo da existência inteira e exercem peso e influência *relativamente à virtude e à vida feliz*,[1382] visto que os seres humanos elegem o prazeroso e se esquivam do doloroso.

Pensar-se-ia, portanto, ser completamente descabido omitir um assunto de tal envergadura, principalmente porque muito se diverge a respeito dele. Alguns sustentam que o prazer é o *bem*.[1383] Outros, pelo contrário, afirmam ser ele *completamente mau*[1384] – alguns entre estes talvez convictos disso, enquanto outros porque julgam melhor para nossa vida apresentar essa imagem negativa do prazer (mesmo que o prazer não seja mau). Justificam-no dizendo que a maioria dos seres humanos (segundo eles) têm um pendor para o prazer *e são escravos de seus prazeres*,[1385] de modo que têm que ser impulsionados na direção oposta a fim de atingirem a mediania.

1379. ...ἡδονῆς... (*hedonês*).
1380. ...τῷ γένει ἡμῶν·... (*tôi génei hemôn·*), ou seja, o gênero humano.
1381. ...ἤθους ἀρετὴν... (*éthoys aretèn*), ou: da excelência moral.
1382. ...πρὸς ἀρετήν τε καὶ τὸν εὐδαίμονα βίον·... (*pròs aretén te kaì tòn eydaímona bíon·*).
1383. Aristipo de Cirene e sua escola hedonista, incluindo Epicuro, além de Eudoxo de Cnido, indicado nominalmente por Aristóteles logo no início do capítulo 2 deste Livro.
1384. ...κομιδῇ φαῦλον, ... (*komidêi phaŷlon,*): Antístenes de Atenas e sua escola cínica. A inclusão de Platão e Espeusipo nessa corrente é correta, mas deve ser feita com reservas.
1385. ...καὶ δουλεύειν ταῖς ἡδοναῖς, ... (*kaì doyleýein taîs hedonaís,*).

35 Contudo, é bastante provável que essa teoria esteja equivocada. *Com efeito, no tocante às paixões e às ações, palavras são menos convincentes do que as obras.*[1386] Assim, quando elas não se coadunam com fatos que são dados da percepção sensorial, são descartadas e 1172b1 também desautorizam a verdade. Se aquele que foge do prazer é encontrado por vezes o almejando para si próprio, esta sua inclinação, sob seu olhar, é entendida como significando que realmente acredita que todo prazer merece ser almejado; com efeito, a maioria não é 5 capaz de fazer distinções. Parece, portanto, que *as teorias verdadeiras*[1387] são sumamente úteis não apenas para o conhecimento como também para a própria vida, [desde que,] harmonizando-se com os fatos, fomentem convicção e assim estimulam os que as compreendem a viver orientados por elas.

E que baste isso. Examinemos agora as teorias sobre o prazer que têm sido aventadas.

2

EUDOXO[1388] SUSTENTOU QUE O PRAZER é o *bem* com base no 10 seguinte: observou que todos os seres, *tanto racionais como irracionais*,[1389] empenham-se em obtê-lo. Em todos os casos, segundo ele, o que é *desejável*[1390] é bom, e o que é o mais desejável é o mais excelente. Por conseguinte, o fato de todos os seres se moverem rumo à mesma coisa indica que esta é o *mais excelente*[1391] *(supremo bem)* para todos eles (uma vez que cada ser encontra o seu próprio bem particular, tal como encontra o seu próprio alimento); aquilo que é 15 bom para todos e que todos se empenham em obter é o *bem*.

1386. ...οἱ γὰρ περὶ τῶν ἐν τοῖς πάθεσι καὶ ταῖς πράξεσι λόγοι ἧττόν εἰσι πιστοὶ τῶν ἔργων·... (*hoi gàr perì tôn en toîs páthesi kaì taîs práxesi lógoi hêttón eisi pistoì tôn érgon·*). Aristóteles contrapõe teorias e discursos à prática e aos fatos, alertando para a maior confiabilidade destes últimos.

1387. ...οἱ ἀληθεῖς τῶν λόγων... (*hoi aletheîs tôn lógon*).

1388. Eudoxo de Cnido, discípulo de Platão, astrônomo e filósofo.

1389. ...καὶ ἔλλογα καὶ ἄλογα·... (*kaì élloga kaì áloga·*).

1390. ...αἱρετὸν... (*hairetòn*), elegível, digno de escolha.

1391. ...ἄριστον... (*áriston*).

Os argumentos de Eudoxo devem sua aceitação, entretanto, mais à excelência do caráter do próprio Eudoxo do que às qualidades dos próprios argumentos. Ele gozava da reputação de ser um homem de extraordinária moderação, não sendo, portanto, suspeito de dizer o que dizia por ser um amante do prazer, mas por força da própria verdade condizente com sua conduta.

Isso era para ele igualmente visível considerando-se o oposto do prazer, ou seja, a dor, que é em si mesma um objeto de aversão para todos; daí concluir que o oposto da dor tem que ser analogamente desejável.

Por outro lado, argumentou que a coisa mais desejável que escolhemos não em função de outra, mas por ela própria, é reconhecidamente o prazer: com efeito, ninguém pergunta a um indivíduo com que propósito ele cede ao prazer; entendemos ser ele desejável em si mesmo.

Acrescentou que, se adicionarmos prazer a qualquer bem – digamos, *a conduta justa ou moderada*[1392] –, tornaremos esse bem mais desejável. Entretanto, somente o bem pode ampliar a si mesmo.

Ora, esse argumento parece apenas provar que o prazer é um bem e não que seja, de algum modo, melhor do que qualquer outro; com efeito, todo bem é mais desejável somado a outro do que isoladamente. Um argumento similar é empregado por Platão[1393] para demonstrar que o prazer não é *o bem*. A *vida de prazer*,[1394] ele afirma, é mais desejável em associação com o *saber*[1395] do que sem este; mas se a associação é melhor do que o prazer isoladamente, então ele não é *o bem*, porque *o bem* não é tornado mais desejável ao lhe adicionarmos qualquer coisa. E é evidente que nada mais, tampouco, será *o bem* se este se torna mais desejável pela associação com alguma coisa boa em si mesma. O que há, então, que preenchesse esses requisitos e facultasse nossa participação? Com efeito, é algo assim que constitui o objeto de nossa busca.

1392. ...τῷ δικαιοπραγεῖν καὶ σωφρονεῖν·... (*tôi dikaiopragein kai sophroneín·*).
1393. No *Filebo*, sobretudo 20e a 22e.
1394. ...ἡδὺν βίον... (*hedỳn bíon*).
1395. ...φρονήσεως... (*phronéseos*).

1173a1 Aqueles,[1396] por outro lado, que negam que aquilo que todos os seres buscam é o bem, *incorrem no absurdo*.[1397] Com efeito, o que todos pensam ser bom é o que afirmamos ser bom; e quem ataca essa crença universal, dificilmente terá, tampouco, algo confiável, de sua parte, para oferecer. Se somente *os seres destituídos de razão*[1398] se empenhassem na obtenção do prazer como um bem, haveria algum sentido nessa posição, mas, posto que *os seres dotados de inteligência*[1399] também se empenham nessa busca, como sustentá-la? Talvez até *nos seres inferiores*[1400] exista um instinto natural mais poderoso
5 do que eles mesmos que busque o bem que lhes seja próprio.

Não parece correto, igualmente, o argumento em torno do oposto do prazer. Dizem eles que se a dor é um mal, não se segue por via de consequência que o prazer seja um bem. Com efeito, um mal pode se opor a outro mal e a algo neutro, o que é, de fato, suficientemente correto. Mas não pertinente aos pontos em pauta.
10 Se *ambos*[1401] fossem males, ambos deveriam ser também coisas a serem evitadas e, se fossem coisas neutras, nem a dor nem o prazer deveriam ser evitados ou o deveriam ser igualmente; ora, se, como presenciamos, as pessoas evidentemente se esquivam à dor como mal e acolhem o prazer como bem, será, portanto, como bem e mal que ocorre a oposição.

3

Tampouco o fato de o prazer não figurar entre *as qualida-*
15 *des*[1402] nos autoriza a concluir que não é um bem. Atividades virtuosas também não são qualidades, como não o é a felicidade.

1396. Alusão a Espeusipo e seus discípulos.
1397. ...μὴ οὐθὲν λέγουσιν·... (*mè oythèn légoysin*·), literalmente: *nada dizem [que mereça] consideração*, ou *nada dizem [que tenha] valor*.
1398. ...τὰ ἀνόητα... (*tà anóeta*).
1399. ...τὰ φρόνιμα, ... (*tà phrónima,*).
1400. ...ἐν τοῖς φαύλοις... (*en toîs phaýlois*).
1401. ...ἀμφοῖν... (*amphoîn*), isto é, a dor e o prazer.
1402. ...τῶν ποιοτήτων... (*tôn poiotéton*). Aristóteles refere-se à *categoria* da qualidade.

Dizem ainda que o bem é *determinado*,¹⁴⁰³ ao passo que o prazer é *indeterminado*¹⁴⁰⁴ porque admite *graduação*. ¹⁴⁰⁵ Ora, se assim julgam pelo fato de alguém sentir prazer, o mesmo se aplicaria à justiça e às outras virtudes, a respeito de cujos detentores se fala claramente como *mais* ou *menos* virtuosos; com efeito, alguém pode
20 ser mais justo ou mais corajoso e pode agir mais ou menos justa ou moderadamente. Se, contudo, eles julgam pelos próprios prazeres, não estão indicando a causa correta, na hipótese de existirem realmente duas classes de prazer, a saber, *puros*¹⁴⁰⁶ e *mesclados*.¹⁴⁰⁷
25 Por outro lado, por que não deveria o prazer como a saúde, a qual é determinada, admitir graduação? *Afinal, não constatamos idêntica proporção*¹⁴⁰⁸ *em todas as coisas e tampouco uma única proporção na mesma coisa sempre, mas, quando se acha em dissolução, ainda perdura em certa medida – de sorte que sofre variação de intensidade.*¹⁴⁰⁹ É possível, portanto, que o mesmo ocorra com o prazer.

Ademais, *postulam*¹⁴¹⁰ que o bem é perfeito enquanto movimentos e
30 *gerações são imperfeitos*¹⁴¹¹ e, em seguida, procuram provar que o prazer é *movimento e geração*,¹⁴¹² o que parece ser equívoco. Parece que o prazer não é um movimento. Admitimos ser propriedades de todo movimento a rapidez e a lentidão – se não absolutamente, *como daquele do universo*,¹⁴¹³ então relativamente a outra coisa. Mas não há

1403. ...ὡρίσθαι... (*horísthai*), limitado.
1404. ...ἀόριστον... (*aóriston*), ilimitado, Platão, *Filebo*, 24e, 31a.
1405. ...τὸ μᾶλλον καὶ τὸ ἧττον. ... (*tò mâllon kaì tò hêtton.*), literalmente: o mais e o menos.
1406. ...ἀμιγεῖς... (*amigeîs*).
1407. ...μικταί... (*miktaí*).
1408. ...αὐτὴ συμμετρία... (*aytè symmetría*).
1409. Apresentamos todo esse período em itálico em uma tradução alternativa, menos literal, mas interpretativa: *Afinal, [na saúde] não constatamos idêntica proporção em todos os seres e tampouco uma única proporção no mesmo ser invariavelmente; [a saúde] pode entrar em declínio e ainda perdurar em certa medida – de sorte que varia em intensidade.*
1410. Ainda no *Filebo*.
1411. ...τέλειόν τε τἀγαθὸν τιθέντες, τὰς δὲ κινήσεις καὶ τὰς γενέσεις ἀτελεῖς, ... (*téleión te t'agathòn tithéntes, tàs dè kinéseis kaì tàs genéseis ateleîs,*).
1412. ...κίνησιν καὶ γένεσιν... (*kínesin kaì génesin*): movimento (ver nota 1428). Γένεσις (*génesis*) inclui o sentido ontológico de vir a ser, passar a existir.
1413. ...οἷον τῇ τοῦ κόσμου, ... (*hoîon têi toŷ kósmoy,*).

conexão entre o prazer e nenhuma dessas coisas. Pode-se *ficar* em regozijo rapidamente tal como se pode ficar zangado rapidamente – mas não se pode *estar* em regozijo rapidamente e nem, tampouco, o estar relativamente a outra pessoa, como se pode caminhar, crescer e tudo o mais deste gênero. É possível *mudar para* um estado prazeroso *rápida ou lentamente*,[1414] mas não estar ativo *nesse* estado, quer dizer, estar em regozijo. E como pode ser ele uma geração? Não pensamos, com efeito, que qualquer coisa fortuita possa ser gerada a partir de outra coisa fortuita, mas que uma coisa *se dissolve* naquilo de que foi gerada; e o prazer seria a geração de alguma coisa da qual a dor seria a destruição. E dizem[1415] que a dor é uma deficiência do *estado natural*[1416] e que o prazer é a sua *restauração*.[1417] Mas essas são experiências que afetam o corpo. Se o prazer for uma restauração do estado natural, será experimentado pela coisa na qual a restauração ocorre. Esta é o corpo. Mas não parece ser o que ocorre, do que se conclui não ser o prazer restauração, ainda que, enquanto esta se processa, possamos sentir prazer, tal como uma sensação de dor pode nos atingir em uma intervenção cirúrgica.[1418] A opinião em pauta[1419] parece ter surgido em função das dores e prazeres vinculados à alimentação, caso em que realmente o prazer resulta de uma restauração e é precedido pela dor de uma carência ou deficiência.[1420] Mas essa ocorrência não diz respeito a todos os prazeres. *Aqueles do conhecimento*,[1421] por exemplo, estão isentos de uma dor que os anteceda; tampouco certos prazeres dos sentidos, a saber, aqueles do

---

1414. ...ταχέως καὶ βραδέως... (*takhéos kai bradéos*).

1415. Ainda no *Filebo*.

1416. ...τοῦ κατὰ φύσιν εἶναι, ... (*toŷ katà phýsin eînai,*), ou literalmente: do que é conforme a natureza.

1417. ...ἀναπλήρωσιν... (*anaplérosin*).

1418. Decerto um corte necessário a uma cirurgia *não é uma* dor, mas é acompanhado de dor (a anestesiologia era pouco desenvolvida no tempo de Aristóteles).

1419. Ou seja, a de que o prazer é restauração.

1420. A fome é um estado penoso e de carência (ἔνδεια [*éndeia*]). Quando nos alimentamos ou vamos ao *restaurante* nos alimentar, eliminamos a dor e a carência reabastecendo o estômago e *restaurando* as energias, ao mesmo tempo em que substituímos a dor da carência pelo prazer da restauração. O prazer do comer é precedido necessariamente pela dor da fome.

1421. ...αἵ τε μαθηματικαί... (*haí te mathematikai*).

olfato, bem como muitos sons e visões [veiculados pelos sentidos da audição e da visão]; o mesmo [se diga do prazer produzido por] *lembranças e esperanças*.[1422] Se ocorre aqui geração, trata-se de geração do quê? Nenhuma carência ou deficiência, com efeito, foi experimentada que possa ter sido objeto de restauração.

Respondendo àqueles que nos apontam *os prazeres desonrosos*,[1423] pode-se [em primeiro lugar] dizer que não se tratam de prazeres; se as coisas são prazerosas para pessoas de má formação moral, disso não podemos inferir que sejam prazerosas para outras pessoas, tanto como não podemos inferir que coisas saudáveis, doces ou amargas ministradas aos enfermos realmente o sejam para outras pessoas (as sadias), ou tanto como não nos é possível concluir que aquilo que parece branco a pessoas vitimadas por uma enfermidade dos olhos seja realmente branco; ou [em segundo lugar] é possível responder que, embora os prazeres motivem desejos, não motivam se procedentes dessas fontes; por exemplo, a riqueza é desejável mas não se obtida através de traição, e a saúde, mas não ao custo de comer de tudo indiscriminadamente; ou [em terceiro lugar] pode-se dizer que os prazeres diferem quanto à espécie, uma vez que aqueles procedentes de fontes nobres não são os mesmos provenientes de fontes vis, e estamos impossibilitados de experimentar os prazeres de um indivíduo justo se não formos justos, ou os prazeres de um músico se não formos músicos, e assim por diante. E, inclusive, ao constatarmos que um amigo e um bajulador são distintos parece ser mostrado que o prazer não é um bem ou que prazeres são diferentes do ponto de vista da espécie, visto que se pensa que um amigo visa à beneficência ao associar-se conosco e um bajulador proporcionar prazer; enquanto último é alvo de censura, um amigo é louvado porque no seu relacionamento sua meta é outra. Não seria escolha de alguém viver com o intelecto de uma criança a vida inteira, ainda que continuasse a fruir dos prazeres infantis com o mesmo deleite; tampouco alguém se prestaria a extrair prazer da realização de algum ato sumamente vergonhoso, ainda que este não acarretasse quaisquer consequências dolorosas. Que se acresça que há muitas

---

1422. ...μνῆμαι καὶ ἐλπίδες. ... (*mnêmai kaì elpídes.*).
1423. ...τὰς ἐπονειδίστους τῶν ἡδονῶν... (*tàs eponeidístoys tôn hedonón*).

coisas que deveriam merecer nosso interesse mesmo que não produzissem para nós prazer algum, *do que são exemplos a visão, a memória, o conhecimento e a posse das virtudes*.[1424] Pode acontecer de essas coisas serem necessariamente acompanhadas pelo prazer, mas isso não faz diferença. Com efeito, deveríamos desejá-las mesmo que nenhum prazer delas decorresse.

Parece claro, portanto, que o prazer não é *o bem* e que nem todo prazer é desejável, mas também que há certos prazeres que, sendo superiores em função de suas *espécies*[1425] ou de sua procedência, são desejáveis em si mesmos. Que isso baste no que toca ao que se diz acerca do prazer e da dor.

4

É POSSÍVEL EXPLICARMOS com clareza o que é o prazer e sua qualidade se recomeçarmos do princípio.

A *visão*[1426] parece ser perfeita em qualquer momento em que vemos; nada lhe falta que a ser gerado posteriormente venha a aprimorar sua natureza específica. E o prazer parece ser idêntico a isso porque ele é um todo *e em tempo algum*[1427] pode alguém detectar um prazer cuja natureza específica será tornada perfeita se o prazer durar mais tempo.

Eis por que também não é *movimento*,[1428] pois todo movimento envolve tempo e existe em função de certo fim (como o movi-

---

1424. ...οἷον ὁρᾶν, μνημονεύειν, εἰδέναι, τὰς ἀρετὰς ἔχειν. ... (*hoîon horân, mnemoneýein, eidénai, tàs aretàs ékhein*.).

1425. ...εἴδει... (*eídei*).

1426. ...ὅρασις... (*hórasis*).

1427. ...καὶ κατ᾽ οὐδένα χρόνον... (*kaì kat' oydéna khrónon*).

1428. κίνησίς (*kínesís*) é um conceito extraordinariamente amplo, abrangendo qualquer processo de mutação que converte uma potência (δύναμις – *dýnamis*) em ato (ἐνέργεια – *enérgeia*), do que é exemplo tanto o projeto de um prédio que pelo *processo* de construção se transforma em um prédio real quanto o encontro de um espermatozoide com um óvulo que pelo *processo* de fecundação e gestação se converte em um indivíduo animal real e completo; do mesmo modo, as paixões da alma são *movimentos* bem como é *kinesis* o deslocamento no espaço de um ponto a outro (que é o sentido restrito e usual que damos modernamente à palavra *movimento*). Ver a *Física*.

mento de uma construção); ademais, é perfeito no momento em que consumou seu fim. Assim, um movimento é perfeito *ou* durante todo o tempo de sua duração, *ou* no momento em que seu fim foi consumado. Aqueles que ocupam *porções do tempo*[1429] são imperfeitos e diferentes nas suas naturezas específicas do todo do movimento e entre si mesmos. Na construção de um templo, com efeito, o encaixe das pedras é diferente da *canelagem da coluna*,[1430] ambos sendo distintos da *construção do templo*,[1431] e enquanto esta última é perfeita [e completa] (uma vez que nada mais falta para atingir o fim pré-estabelecido), a construção da *fundação e do tríglifo*[1432] é imperfeita [e incompleta] (visto que cada um isoladamente é uma parte do projeto); são, portanto, especificamente diferentes da construção do todo e não é possível tocar-se em um movimento especificamente perfeito a qualquer tempo do processo da construção, mas apenas, se possível for, no tempo total de sua duração.

E o mesmo ocorre quanto ao caminhar e outras formas de movimento. Pois se a *locomoção*[1433] é um movimento a partir daqui para ali, apresenta também diferentes formas, ou seja, *voar, caminhar, saltar* e similares, e não se limita a isso, uma vez que ocorrem diferenças no próprio caminhar (realmente, os postos terminais de uma pista de corrida não são os mesmos de uma parte da pista, como tampouco são aqueles de uma parte idênticos aos de outra; nem é atravessar essa linha o mesmo que atravessar aquela, pois o indivíduo não se limita a percorrer certa linha, mas percorre uma linha que está em certo lugar). Para uma abordagem precisa do assunto *movimento*, foi escrita outra obra.[1434] Mas parece que o movimento não é perfeito *em todos os momentos*,[1435] sendo os muitos movimentos imperfeitos, e diferentes entre si quanto ao seu tipo, na medida em que os pontos terminais de um movimento

---

1429. ...μέρεσι τοῦ χρόνου... (*méresi toý khrónoy*).
1430. ...κίονος ῥαβδώσεως, ... (*kíonos rabdóseos,*).
1431. ...ναοῦ ποιήσεως·... (*naoý poiéseos·*).
1432. ...κρηπῖδος καὶ τοῦ τριγλύφου... (*krepídos kaì toý triglýphoy*).
1433. ...φορὰ... (*phorà*).
1434. A *Física*, ou seja, o tratado que antecede a *Metafísica*.
1435. ...ἐν ἅπαντι χρόνῳ... (*en hápanti khrónoi*).

conferem uma natureza *específica*.¹⁴³⁶ A natureza específica do prazer, contudo, é perfeita a qualquer momento. Fica claro, portanto, que prazer e movimento são distintos entre si e que o prazer é um todo e algo perfeito [e completo].

Assim também parece ser pelo fato de que é impossível mover-se exceto no tempo, ao passo que é possível experimentar prazer, pois tudo aquilo que acontece em um momento constitui um todo.

Esses fatores revelam, ademais, que é um erro considerar o prazer um movimento ou uma geração. Com efeito, não podemos atribuir um ou outra a tudo, mas só às coisas divisíveis e que não são todos. Assim, uma visão, um ponto, uma unidade não são o produto de uma geração (nem é qualquer um deles um movimento ou geração). Tampouco é o caso do prazer, pois o prazer é um todo.

Por outro lado, *como* todos os sentidos atuam em relação aos seus objetos e atuam perfeitamente quando se acham em boa condição e dirigidos ao mais nobre dos objetos que lhes são pertinentes (pois assim parece melhor descrevermos *a atividade perfeita*,¹⁴³⁷ sendo presumível ser irrelevante se é o sentido que atua ou o órgão no qual ele se aloja), *conclui-se* que a atividade de cada um dos sentidos está na sua melhor forma quando o órgão do sentido, gozando de sua condição mais excelente, é dirigido ao melhor de seus objetos. Tal atividade será a mais perfeita (completa) e a mais prazerosa. Todo sentido possui um prazer que lhe diz respeito, como também o possuem igualmente *o pensamento e a especulação*,¹⁴³⁸ e sua atividade é a mais prazerosa quando é maximamente perfeita, e maximamente perfeita quando o órgão está em boa condição e dirigido ao mais excelente de seus objetos; e o prazer confere perfeição à atividade. O prazer, entretanto, não o faz da mesma maneira que *o objeto percebido e a percepção sensorial*,¹⁴³⁹ se bons, o fazem — tal como a saúde e o médico não constituem igualmente a causa de ser saudável.

1436. ...εἰδοποιόν... (*eidopoión*).
1437. ...ἡ τελεία ἐνέργεια·... (*he teleía enérgeia·*).
1438. ...καὶ διάνοιαν καὶ θεωρίαν, ... (*kaì diánoian kaì theorían,*).
1439. ...τὸ αἰσθητόν τε καὶ ἡ αἴσθησις, ... (*tò aisthetón te kaì he aísthesis,*).

(Está claro que para cada um dos sentidos é gerado prazer, visto o dizermos *das visões e dos sons*.¹⁴⁴⁰ Também é evidente que o prazer é máximo quando a percepção sensorial se encontra tanto na sua melhor condição quanto atuante em relação a um objeto em idênti-
30   ca condição; e haverá sempre prazer quando tanto o objeto quanto aquele que o percebe são os melhores, uma vez que *o agente e o paciente*¹⁴⁴¹ necessários manifestam suas presenças.)

O prazer confere perfeição à atividade não como o faz a disposição inerente [à atividade], mas como um fim que sobrevém *como a exuberância da juventude e a estação das flores*.¹⁴⁴²

Portanto, enquanto o objeto inteligível ou sensível e a faculdade
1175a1   *discernidora ou especulativa forem como devem ser, haverá prazer envolvido na atividade;*¹⁴⁴³ com efeito, se *a parte passiva e a ativa*¹⁴⁴⁴ de uma relação permanecerem as mesmas em si próprias e inalteráveis entre si, o mesmo resultado ocorrerá naturalmente.

Como explicar então o fato de ninguém sentir prazer de maneira contínua? Será pela fadiga? De fato, nenhuma faculdade humana é capaz de atividade ininterrupta e daí a descontinuidade
5   do prazer porque ele acompanha a atividade. É pela mesma razão que algumas coisas nos agradam quando são novas, mas deixam de agradar tanto posteriormente. Isso ocorre porque, inicialmente, o intelecto é estimulado e está intensamente ativo relativamente a elas, como acontece com a visão quando olhamos fixamente para alguma coisa e, depois, a atividade perde a fixidez e nossa percepção
10   relaxa, de modo que o prazer também esmaece.

1440. ...ὁράματα καὶ ἀκούσματα... (*horámata kaì akoýsmata*), coisas vistas e coisas ouvidas; aquilo que se vê e aquilo que se ouve.

1441. ...τοῦ τε ποιήσοντος καὶ τοῦ πεισομένου. ... (*toý te poiésontos kaì toý peisoménoy*.), em linguagem filosófica moderna: sujeito e objeto (ou seja, aquele que percebe e o percebido).

1442. ...οἷον τοῖς ἀκμαίοις ἡ ὥρα. ... (*hoîon toîs akmaíois he hora*.): fraseologia poética que traduzimos, na proximidade do literal, muito modestamente, mas que dá margem, bem mais do que a habitual fraseologia direta e desapaixonada de Aristóteles, a inumeráveis traduções parafrásicas que exprimem mais ricamente o poético.

1443. ...ἕως ἂν οὖν τό τε νοητὸν ἢ αἰσθητὸν ᾖ οἷον δεῖ καὶ τὸ κρῖνον ἢ θεωροῦν, ἔσται ἐν τῇ ἐνεργείᾳ ἡ ἡδονή·... (*héos àn oŷn tó te noetòn è aisthetòn êi hoîon deî kaì tò krînon è theoroŷn, éstai en têi energeíai he hedoné·*).

1444. ...τοῦ τε παθητικοῦ καὶ τοῦ ποιητικοῦ... (*toý te pathetikoý kaì toý poietikoý*).

É de se supor que é por almejar a vida que todos os seres humanos anseiam pelo prazer. *A vida é uma atividade*[1445] e cada indivíduo exerce sua atividade sobre coisas e mediante as faculdades que lhes são prediletas; por exemplo, o músico atua com a audição sobre melodias, *o estudante com seu intelecto sobre seus objetos de estudo*,[1446] e assim por diante em cada um dos demais casos. E o prazer dessas atividades lhes confere perfeição e, portanto, aperfeiçoa a vida, anseio comum de todos os seres humanos. Estes têm, portanto, boas razões para buscar o prazer por ser ele para todos um instrumento de aprimoramento da vida, o que é desejável. Se desejamos a vida pelo prazer ou o prazer pela vida é uma questão que não precisa ser suscitada nesta oportunidade. De fato, eles se mostram indissoluvelmente unidos, pois sem atividade não é produzido prazer e toda atividade é perfeita graças ao prazer.

5

Por isso parece que os prazeres se diferenciam quanto às suas naturezas específicas, pois pensamos que diferentes espécies de coisas têm que apresentar um tipo diverso de perfeição. Isso, com efeito, é revelado pela observação das *coisas naturais e das obras de arte*,[1447] por exemplo animais, árvores, uma pintura, uma estátua, uma casa, um *instrumento*.[1448] De forma análoga, pensamos que aquilo que confere perfeição a uma espécie de atividade tem que diferir na sua espécie daquilo que confere perfeição a outra espécie. As atividades do intelecto diferem daquelas dos sentidos e entre si do ponto de vista da espécie; e, em decorrência disso, diferem os prazeres que lhes conferem perfeição.

1445. ...ἡ δὲ ζωὴ ἐνέργειά τίς ἐστί, ... (*he dè zoè enérgeiá tís estí,*).

1446. ...ὁ δὲ φιλομαθὴς τῇ διανοίᾳ περὶ τὰ θεωρήματα, ... (*ho dè philomathès têi dianoíai perì tà theorémata,*), mais literalmente: aquele que gosta de se instruir com seu intelecto em torno das especulações.

1447. ...τὰ φυσικὰ καὶ τὰ ὑπὸ τέχνης, ... (*tà physikà kaì tà hypò tékhnes,*).

1448. ...σκεῦος... (*skeŷos*): o termo é genérico, pois denota qualquer objeto artificial que sirva de instrumento ou como uma peça ou parte, para equipar ou guarnecer um todo, digamos a arma de um guerreiro, a ferramenta de um artesão, o móvel de uma casa etc.

E se observa também que cada prazer é próprio da atividade à qual ele confere perfeição. Com efeito, uma atividade é aumentada pelo prazer que lhe é próprio – isso porque aqueles que estão envolvidos de forma operativa com o prazer operam sempre com mais discernimento e maior precisão, do que são exemplos os estudantes que, tendo prazer com a geometria, convertem-se em geômetras, capazes de compreender melhor seus vários problemas; e, analogamente, *os amantes da música e amantes da construção*[1449] e outros progridem no seu empreendimento particular porque experimentam prazer com ele. Uma atividade é, portanto, aumentada pelo seu prazer, e aquilo que aumenta uma coisa lhe é inerente. Entretanto, coisas que são afins com coisas de diferentes espécies têm, elas próprias, que diferir quanto à espécie.

Isso é ainda mais evidenciado pela obstrução que as atividades sofrem, produzida pelo prazer oriundo de outras procedências. Pessoas aficionadas à flauta são incapazes de dar atenção a uma discussão [filosófica] ao ouvirem alguém tocando flauta, porque se comprazem mais com o som da flauta do que com a atividade em que estão presentemente envolvidas; assim, o prazer proporcionado pela flauta destrói a atividade discursiva. O mesmo ocorre em outras situações quando alguém está envolvido em duas coisas simultaneamente. É fato a atividade mais prazerosa afastar a outra e, se for muito prazerosa, chega mesmo a produzir a completa cessação da outra. Isso explica por que quando fruímos intensamente uma coisa, dificilmente conseguimos nos ocupar de outra; e quando estamos diante de algo apenas mediocremente agradável, procuramos fazer outra coisa; por exemplo, pessoas que comem doces no teatro o fazem principalmente quando a interpretação dos atores é precária. E visto que as atividades adquirem maior precisão, são prolongadas e aprimoradas pelo prazer que lhes é próprio e obstadas por prazeres que lhes são estranhos, fica claro que há um grande hiato entre os prazeres. Aliás, *prazeres estranhos*[1450] produzem quase o mesmo efeito que as dores; constata-se, de fato, que, quando uma atividade causa dor, essa dor, que lhe é própria, a destrói – por exemplo,

---

1449. ...οἱ φιλόμουσοι καὶ φιλοικοδόμοι... (*hoi philómoysoi kaì philoikodómoi*).
1450. ...ἀλλότριαι ἡδοναί... (*allótriai hedonai*).

20 se alguém julga escrever ou efetuar somas desagradável, deixará de fazê-lo porque a atividade se revela penosa. As atividades, portanto, sofrem efeitos opostos da parte *dos prazeres e das dores que lhes são próprios*,[1451] isto é, da parte daqueles que são gerados devido ao seu exercício. Prazeres estranhos, como foi dito, exercem um efeito muito semelhante ao da dor. De fato, aniquilam uma atividade, somente com a ressalva de que não o fazem na mesma intensidade.

Por outro lado, como as atividades diferem do *prisma moral*[1452]
25 – devendo umas ser escolhidas e outras evitadas, ao passo que outras ainda são neutras – o mesmo vale para seus prazeres, pois cada atividade possui um prazer que lhe é próprio. Assim, cabe-nos concluir que o prazer próprio a uma boa atividade é bom, enquanto o próprio a uma atividade má é mau; com efeito, desejos por coisas
30 nobres são louváveis e desejos por coisas vis, censuráveis. Mas os prazeres presentes nas atividades lhes são mais próprios do que os apetites. Estes, com efeito, são tanto temporalmente quanto em sua natureza dissociados da atividade, enquanto os primeiros estão intimamente ligados a ela – de fato, essa ligação é tão estreita a ponto de duvidarmos que a atividade seja distinta do prazer. Entretanto,
35 o prazer realmente não parece ser pensamento ou percepção sensorial (*com efeito, um disparate*)[1453] – ainda que, pelo fato de serem indissolúveis, se mostrem idênticos para algumas pessoas.

1176a1 *Como as atividades são diversas, também o são seus prazeres.*[1454] A visão difere do tato em pureza e a audição e o olfato diferem do paladar; e, analogamente, os prazeres do intelecto em relação aos prazeres dos sentidos, os prazeres de uma classe e outra diferindo entre si em pureza.

E pensa-se que cada animal possui o seu próprio prazer específico, tal como possui sua própria função específica, a saber, a que é
5 conforme a sua atividade. Isso se evidenciará se considerarmos um

---

1451. ...τῶν οἰκείων ἡδονῶν τε καὶ λυπῶν·... (*tôn oikeíon hedonôn te kaì lypôn·*).
1452. ...ἐπιεικείᾳ καὶ φαυλότητι, ... (*epieikeíai kaì phaylóteti,*), traduzindo próximo a literalidade: nas suas qualidades de boas ou más.
1453. ...ἄτοπον γάρ... (*átopon gàr*).
1454. ...ὥσπερ οὖν αἱ ἐνέργειαι ἕτεραι, καὶ αἱ ἡδοναί. ... (*hósper oŷn hai enérgeiai héterai, kaì hai hedonaí.*).

a um: são distintos os prazeres experimentados pelo cavalo, o cão e o ser humano; como disse Heráclito: "Um asno prefere palha a ouro",[1455] uma vez que o alimento proporciona mais prazer aos asnos do que o ouro. Portanto, espécies animais diferentes experimentam diferentes formas de prazer. Seria razoável supor que não há diferença entre os prazeres de uma mesma espécie. Entretanto, uma larga
10 gama de prazeres é encontrada entre os seres humanos. As mesmas coisas proporcionam prazer a certos indivíduos e são penosas para outros, e coisas penosas e detestáveis para alguns são agradáveis e atrativas para outros. O mesmo ocorre com as coisas doces: as mesmas não se revelam doces a um homem tomado de febre e a outro que se encontra sadio; tampouco a mesma temperatura parecerá igualmente proporcionar calor a um indivíduo franzino e a
15 uma pessoa de talhe robusto. O mesmo acontece no que se refere a outras coisas.

Em todos esses casos realmente é tal como se revela ao indivíduo bom. E se o que dissemos for correto, como parece que é, e se o padrão para cada um é a virtude, e o indivíduo bom *na qualidade de bom*, as coisas que se mostram a ele como prazeres *são* prazeres e as coisas de que desfruta *são* prazerosas. Não é de se surpreen-
20 der, inclusive, que as coisas desagradáveis ao indivíduo bom pareçam agradáveis a alguém. Com efeito, os seres humanos estão sujeitos a muitas formas de degeneração e ruína, tais coisas não sendo realmente prazerosas, mas somente prazerosas a esses indivíduos em particular, que se acham nessa condição de degeneração ou ruína.

Fica, portanto, claro que não é cabível classificar os prazeres reconhecidamente desonrosos como *prazeres de modo algum*, salvo para os indivíduos degenerados.

Mas no tocante aos prazeres tidos como honrosos, que classe de prazeres ou qual prazer deve ser julgada(o) como [a classe de prazeres ou] o prazer caracteristicamente humana(o)? Isso não fica claro
25 a partir das atividades que lhes dizem respeito? Com efeito, vimos que os prazeres correspondem às atividades às quais pertencem.

1455. ...ὄνον σύρματ' ἂν ἑλέσθαι μᾶλλον ἢ χρυσόν... (*ónon sýrmat' àn helésthai mâllon è khrysón*·). Diels-Kranz, fragmento 9. Heráclito de Éfeso, filósofo da natureza pré--socrático, chamado de ὁ ὅ Σκοτεινός (*ho Skoteinós* – o Obscuro), floresceu por volta de 500 a.C.

Será, portanto, aquele prazer ou aqueles prazeres pelo(s) qual(ais) a atividade (ou as atividades) do *homem perfeito e bem-aventurado*[1456] é(são) aperfeiçoada(s) que deverá(ão) ser considerado(s) humano(s) no sentido estrito. *Os restantes o serão apenas em um sentido secundário e parcial, como as atividades.*[1457]

6

FINALIZADAS AS DISCUSSÕES dos vários tipos de *virtude*, de *amizade* e de *prazer*, resta-nos tratar sumariamente da *felicidade*, porquanto consideramos ser isso o *fim*[1458] que cabe ao ser humano. Mas a discussão será abreviada se recapitularmos o que já foi dito.

Bem, afirmamos que ela não é uma disposição, porque, se o fosse, um indivíduo que passasse a totalidade de sua vida adormecido poderia possuí-la, *vivendo a vida de um vegetal,*[1459] ou alguém que estivesse padecendo as mais terríveis desventuras. Se, então, rejeitamos essa noção como insatisfatória, e preferimos classificar a felicidade como certa atividade, segundo o que foi dito anteriormente, e se as atividades se enquadram em dois tipos, ou sejam, *algumas* são apenas necessárias e desejáveis em função de alguma coisa mais e *outras* são desejáveis em si mesmas, fica claro que a felicidade deve estar situada entre as atividades desejáveis em si mesmas e não entre as desejáveis em função de alguma coisa mais – isto porque a felicidade de nada carece, sendo ela autossuficiente.

As atividades desejáveis em si mesmas são aquelas que não têm propósito algum além da própria atividade. Ora, parece ser essa a natureza das *ações virtuosas.*[1460] Com efeito, a realização de ações nobres e virtuosas é algo desejável por si mesmo.

1456. ...τοῦ τελείου καὶ μακαρίου ἀνδρός, ... (*toý teleíoy kaì makaríoy andrós,*).
1457. ...αἱ δὲ λοιπαὶ δευτέρως καὶ πολλοστῶς, ὥσπερ αἱ ἐνέργειαι. ... (*hai dè loipaì deytéros kaì pollostôs, hósper hai enérgeiai.*).
1458. ...τέλος... (*télos*), propósito, finalidade.
1459. ...φυτοῦ ζῶντι βίον, ... (*phytoŷ zônti bíon,*).
1460. ...ἀρετὴν πράξεις·... (*aretèn práxeis·*).

Entretenimentos agradáveis também parecem ter esse mesmo caráter, uma vez que não os buscamos em vista de outra coisa e, a propósito, embora se mostrem mais danosos do que benéficos, levando os indivíduos a descurar de seus corpos e de suas posses. Todavia, a maioria das pessoas tidas como felizes costumam recorrer a *passatempos*,[1461] e esta é a razão por que os *espirituosos*[1462] são muito apreciados pelos tiranos, já que fazem de si mesmos figuras agradáveis que vão de encontro ao que seus senhores desejam – e o que eles desejam é quem os entretenha. Assim, presume-se que isso faz parte da felicidade, já que os poderosos preenchem o seu ócio com eles.

Mas talvez esses indivíduos não constituam uma prova de tal coisa. De fato, virtude e inteligência, de onde se originam as atividades nobres, não se subordinam à posse do poder; por outro lado, se essas pessoas, carecendo de gosto para o prazer *puro e generoso*,[1463] recorrem aos prazeres do corpo, não é razão para concluirmos que esses prazeres são os mais desejáveis. *Os meninos*[1464] acreditam que aquilo a que dão apreço é o melhor. É compreensível, portanto, que, como *meninos e homens*[1465] atribuem valor diferente às coisas, do mesmo modo agem o indigno e o virtuoso. Diante disso, como o dissemos muitas vezes, cumpre reafirmar que as coisas valiosas e prazerosas são as que assim o são para o indivíduo bom; mas, para cada indivíduo, a atividade mais desejável é a que se ajusta à sua disposição própria e, por conseguinte, para o indivíduo bom, a atividade virtuosa é a mais desejável. Consequentemente, a felicidade não consiste no entretenimento.

1461. ...διαγωγὰς... (*diagogàs*). Διαγωγή (*diagogé*) é precisamente o passatempo, o entretenimento, o que implica passividade e indolência unilaterais, mas também funcionalmente uma dualidade de papéis, pois a passividade nesse caso é daqueles que são *entretidos* (por exemplo, o monarca e seus convidados especiais) por quem os entretém (o bufão, os dançarinos e dançarinas, as cortesãs etc.).

1462. ...εὐτράπελοι... (*eytrápeloi*), embora Aristóteles pareça estar se referindo mais propriamente aos *bufões*, que também traduz εὐτράπελοι. Entretanto, no Livro II, capítulo 7, 1108a 24-25, ele emprega o termo βωμολόχος (*bomolókhos*) para *bufão*, distinguindo-o quantitativamente do espirituoso como precisamente o excesso deste. Ver notas 252 e 255.

1463. ...εἰλικρινοῦς καὶ ἐλευθερίου... (*eilikrinoýs kaì eleytheríoy*).

1464. ...οἱ παῖδες... (*hoi paîdes*).

1465. ...παισὶ καὶ ἀνδράσιν... (*paisì kaì andrásin*).

E seria estranho que o entretenimento fosse o fim[1466] – que devêssemos mourejar e suportar duros momentos ao longo da vida inteira em busca do entretenimento, pois todo objeto de nossa escolha é buscado em função de alguma coisa mais, salvo a felicidade, *pois é um fim em si mesma*.[1467] Fazer do entretenimento o objeto único de nosso trabalho sério e do nosso esforço se afigura tolo e sumamente pueril. Parece que os dizeres de Anacarse:[1468] *Entreter-se para que se possa trabalhar*[1469] sejam o correto. Afinal, o entretenimento é uma forma de repouso, do qual precisamos porque não somos capazes de trabalhar continuamente. Não é, portanto, um fim, pois o empregamos em vista do prosseguimento da atividade.

Considera-se, ademais, que a vida conforme à virtude é feliz; mas a vida virtuosa envolve sérios esforços e não se identifica com o entretenimento.

E declaramos que *as coisas sérias*[1470] são superiores às *coisas engraçadas e associadas ao entretenimento*[1471] e quanto mais uma *faculdade ou pessoa*[1472] é melhor, mais sérias – pensamos – são suas atividades. Portanto, a atividade da faculdade ou pessoa melhor é ela própria melhor e, consequentemente, mais geradora de felicidade.

Além disso, qualquer um é capaz de fruir dos prazeres do corpo, tanto um escravo quanto o mais excelente dos indivíduos humanos; ninguém, entretanto, confere a um escravo qualquer parcela de felicidade, bem como não lhe confere uma vida que lhe seja própria. Portanto, a felicidade não consiste em entretenimentos, mas em atividades virtuosas, como foi dito anteriormente.

1466. ...καὶ γὰρ ἄτοπον τὸ τέλος εἶναι παιδιάν, ... (*kaì gàr átopon tò télos eînai paidián,*), ou seja, seria estranho que o entretenimento fosse a finalidade (o propósito, a meta) da vida humana.
1467. ...τέλος γὰρ αὕτη·... (*télos gàr haýte·*).
1468. Anacarse da Cítia (século VI a.C.).
1469. ...παίζειν δ' ὅπως σπουδάζῃ, ... (*paízein d' hópos spoydázei,*), ou: entreter-se de modo a trabalhar [depois] seriamente.
1470. ...τὰ σπουδαῖα... (*tà spoydaîa*).
1471. ...τῶν γελοίων καὶ τῶν μετὰ παιδιᾶς, ... (*tôn geloíon kaì tôn metà paidiâs,*).
1472. ...καὶ μορίου καὶ ἀνθρώπου... (*kaì moríoy kaì anthrópoy*).

7

SE A FELICIDADE CONSISTE na atividade virtuosa, é razoável que seja de acordo com a virtude maior, e esta será a virtude do mais excelente contido em nós. Se é o *intelecto*[1473] ou outra coisa que consideramos ser nosso governante e guia natural e que é capaz de pensar o que é *nobre e divino*,[1474] ou se é ele próprio também divino, ou apenas a parte mais divina dentro de nós – será a atividade dessa parte de nós em harmonia com a virtude que lhe é inerente que constituirá *a perfeita felicidade*.[1475] Já foi indicado que se trata da atividade *especulativa*.[1476]

Isso é aceitável em consonância com as conclusões às quais chegamos anteriormente e em consonância com a verdade. Com efeito, essa é a forma mais elevada de atividade (uma vez que o intelecto é o que há de mais superior encerrado em nós e os objetos do intelecto, entre *os objetos cognoscíveis*,[1477] são os mais elevados) e também é a mais contínua, pois somos capazes de *especular*[1478] com mais continuidade do que executar qualquer ação.[1479] Por outro lado, supomos que a felicidade esteja mesclada com o prazer; ora, a atividade que se harmoniza com *a sabedoria*[1480] é, reconhecidamente, a mais prazerosa das atividades virtuosas. Em quaisquer circunstâncias pensa-se que *a filosofia*[1481] encerra *prazeres maravilhosos*[1482] devido à sua pureza e durabilidade, e é plausível supor que passar o tempo no gozo do conhecimento é ainda mais prazeroso do que buscá-lo. Constatar-se-á também que a atividade especulativa detém, maximamente, o que

---

1473. ...νοῦς... (*noýs*), mais precisamente *entendimento*.
1474. ...καλῶν καὶ θείων, ... (*kalôn kaì theíon,*).
1475. ...ἡ τελεία εὐδαιμονία·... (*he teleía eydaimonía·*).
1476. ...θεωρητική... (*theoretiké*).
1477. ...τῶν γνωστῶν, ... (*tôn gnostôn,*).
1478. ...θεωρεῖν... (*theoreîn*).
1479. A filosofia aristotélica é dualista e o Estagirita opera com dicotomias regulares: aqui ele contrasta avaliativamente a θεωρία (*theoría* – especulação) e a πρᾶξις (*práxis* – ação).
1480. ...τὴν σοφίαν... (*tèn sophían*).
1481. ...ἡ φιλοσοφία... (*he philosophía*), literal e etimologicamente: o amor à sabedoria.
1482. ...θαυμαστὰς ἡδονὰς... (*thaymastàs hedonàs*).

denominamos *autossuficiência*. Com efeito, embora o sábio e o justo, bem como os demais não prescindam das necessidades da existência, no entanto, uma vez sejam essas adequadamente supridas, enquanto
30 o justo necessita de outras pessoas que constituam o objeto ou concurso para sua ação justa (coisa análoga sucedendo com o moderado, o corajoso e cada um dos demais), o sábio, ao contrário, mesmo sozinho, pode se dedicar à especulação e, quanto mais o fizer, mais sábio será; talvez sua especulação fosse de qualidade superior ao lado
1177b1 de colegas, mas ainda assim é o mais autossuficiente. E a atividade especulativa parece ser a única que é amada por si mesma, uma vez que nada produz que a transcenda, enquanto no caso de atividades práticas obtemos algum ganho, maior ou menor, que transcende a
5 própria ação. E pensa-se que a felicidade envolve *ócio*.[1483] Com efeito, nós fazemos negócios para ter ócio e praticamos a guerra para obter a paz. Ora, as *virtudes práticas*[1484] são exercidas na política ou na guerra. Entretanto, as atividades políticas e bélicas parecem ser destituídas de ócio, as bélicas, com efeito, inteiramente sem ócio. (De fato, ninguém deseja estar na guerra por estar na guerra, nem
10 age deliberadamente para causar uma guerra: um homem que convertesse amigos em inimigos simplesmente para produzir *batalhas e massacres*[1485] seria considerado *inteiramente assassino*[1486]). A atividade do político, contudo, também é privada de ócio e visa a coisas que transcendem a própria participação na política, ou seja, poder e honras, ou, ao menos, felicidade pessoal para o(s) governante(s) e
15 para seus concidadãos, tratando-se de uma felicidade distinta da ação política e evidentemente perseguida no que é distinta. *Se, então, entre as ações virtuosas, as políticas e marciais se destacam por nobreza e grandeza*[1487] e são destituídas de ócio, visam a um fim e não são de-

---

1483. ...σχολῇ... (*skholêi*).

1484. ...πρακτικῶν ἀρετῶν... (*praktikôn aretôn*), ou seja, entre as virtudes morais, aquelas que se identificam com a atividade bélica e a política, especialmente a coragem e a justiça.

1485. ...μάχαι καὶ φόνοι... (*mákhai kaì phónoi*).

1486. ...παντελῶς μιαιφόνος... (*pantelôs miaiphónos*).

1487. ...εἰ δὴ τῶν μὲν κατὰ τὰς ἀρετὰς πράξεων αἱ πολιτικαὶ καὶ πολεμικαὶ κάλλει καὶ μεγέθει προέχουσιν, ... (*ei dè tôn mèn katà tàs aretàs práxeon hai politikaì kaì polemikaì kállei kaì megéthei proékhoysin,*).

sejáveis por elas mesmas, enquanto *a atividade do intelecto*[1488] (que é especulativa) parece diferir tanto no maior mérito quanto não visar
20 a fim algum que transcenda a si mesma, além de dispor de um prazer que lhe é próprio (o que intensifica essa atividade), e apresenta a autossuficiência, a presença do ócio, e isenção da fadiga, na medida do que é humanamente possível, – e todos os outros atributos do indivíduo bem-aventurado mantêm o vínculo com essa atividade –, *conclui-se* que essa[1489] será a felicidade completa humana, desde que
25 preencha a completa duração da existência. Com efeito, nada que diz respeito à felicidade pode ser incompleto.

Uma tal vida, entretanto, vai além do humano.[1490] Não é devido à sua humanidade que um ser humano a viveria, mas devido ao que possui de divino encerrado em si; e na exata medida em que esse *algo* divino é superior ao composto humano, sua atividade se re-
30 vela superior ao exercício das outras virtudes. Se o intelecto é algo divino relativamente ao ser humano, a vida segundo ele é divina relativamente à vida humana. Isso, porém, não deve nos induzir a ouvir aqueles que nos dizem que, *sendo humanos, cabe-nos pensar coisas humanas*[1491] e *mortais as coisas mortais,*[1492] mas sim, na medida do possível, nos imortalizarmos e nos empenharmos em viver de acordo com o que há em nós de mais excelso. Com efeito, embora isso seja de modesta magnitude, ultrapassa tudo no que se refere a
1178a1 poder e valor.

Poderíamos, até, pensar ser isso o que efetivamente caracteriza cada indivíduo humano, porquanto é a sua parte *soberana e melhor.*[1493] Estranho, portanto, seria que um indivíduo escolhesse vi-
5 ver não sua própria vida, mas aquela de algum outro.

1488. ...τοῦ νοῦ ἐνέργεια... (*toŷ noŷ enérgeia*), ou melhor: a atividade do entendimento.

1489. Ou seja, a atividade especulativa do intelecto.

1490. ...ὁ δὲ τοιοῦτος ἂν εἴη βίος κρείττων ἢ κατ' ἄνθρωπον·... (*ho dè toioýtos àn eíe bíos kreítton è kat' ánthropon·*).

1491. ...ἀνθρώπινα φρονεῖν ἄνθρωπον ὄντα... (*anthrópina phroneín ánthropon ónta*). Atribuído ao poeta trágico Eurípides de Salamina (480-406 a.C.).

1492. ...θνητὰ τὸν θνητόν, ... (*thnetà tòn thnetón,*). Atribuído a Píndaro de Tebas (518-442 ou 439 a.C.), poeta lírico.

1493. ...τὸ κύριον καὶ ἄμεινον·... (*tò kýrion kaì ámeinon·*).

Ademais, o que se disse antes é também agora utilizável, a saber, aquilo que é o melhor e o mais prazeroso a cada um é o que é próprio à natureza de cada um; com base nisso, a vida orientada pelo intelecto constitui humanamente a vida melhor e mais prazerosa, porquanto o intelecto, sobretudo, é o ser humano. Forçoso concluir ser essa vida, de todas, a mais feliz.

8

A VIDA, *DE ACORDO COM O OUTRO TIPO DE VIRTUDE*,[1494] por outro lado, contém felicidade somente em um grau secundário, já que as atividades que têm a ver com as virtudes morais são estritamente humanas: a *justiça*, a *coragem* e as outras virtudes morais são manifestadas por nós por meio do nosso relacionamento mútuo e no âmbito deste, quando observamos o que é devido a cada um de nós nos contratos e prestação de serviços e em toda ordem de ações e paixões; e todas essas coisas parecem ser completamente humanas. Além disso, algumas atividades morais parecem, inclusive, ter origem corpórea e pensa-se que a virtude moral mantém, em certos aspectos, um estreito vínculo com as paixões. A prudência, ademais, está intimamente ligada à virtude moral e vice-versa, na medida em que os princípios da prudência se ajustam às virtudes morais e o padrão do *correto*[1495] para as virtudes morais é de acordo com a prudência. Mas, sendo as virtudes morais também vinculadas às paixões, situam-se na esfera de nossa natureza composta. E as virtudes de nossa natureza composta são inteiramente humanas e, portanto, também o são a vida e a felicidade que lhes diz respeito. Bastará aqui dizermos que a felicidade pertinente ao intelecto é separada. De fato, uma discussão completa da matéria aqui vai além de nosso presente propósito.[1496] E pareceria que ela necessita *modesto equipamento externo*,[1497] ou menos do que a felicidade proporcionada

---

1494. ...κατὰ τὴν ἄλλην ἀρετήν. ... (*katà tèn állen aretén.*), ou seja, as virtudes morais.

1495. ...ὀρθὸν... (*orthòn*).

1496. Essa discussão completa se encontra no tratado *Da Alma*, onde Aristóteles estabelece os conceitos de *intelecto ativo* e *intelecto passivo*.

1497. ...ἐκτὸς χορηγίας ἐπὶ μικρὸν... (*ektòs khoregías epì mikròn*).

pela virtude moral. Ambas, pode-se admiti-lo, não prescindem das necessidades essenciais da vida e isso de modo igual (embora o político tenha, com efeito, maiores cuidados quanto ao corpo e coisas semelhantes); por isso, nesse caso é possível que haja pouca diferença entre elas. Mas no que toca à realização de suas atividades específicas, suas necessidades diferem enormemente. O indivíduo generoso necessitará de dinheiro para concretizar *a generosidade*[1498] e também o justo para restituir os benefícios de que foi objeto (uma vez que intenções são *indistinguíveis*[1499] e mesmo *os injustos*[1500] simulam a intenção de agir justamente); e o corajoso necessitará de *força*[1501] se quiser executar qualquer ação segundo sua virtude; e o moderado necessitará de *oportunidade*[1502] que o teste diante do ceder aos excessos – com efeito, como poderia ele, ou quaisquer dos outros, de outro modo, fazer-se visível? Discute-se também o que é mais importante no domínio da virtude, se *a prévia escolha ou as ações*,[1503] uma vez que se afirma depender ela de ambas. Ora, sua perfeição claramente exige a presença de ambas. Ações requerem muitas coisas externas, e quanto mais grandiosas e mais nobres as ações, mais se impõe a presença de coisas desse gênero. Mas o especulador, no que diz respeito ao exercício de sua atividade, dispensa todo o conjunto dessas coisas – pelo contrário, pode-se dizer que essas coisas constituem um entrave à *especulação*;[1504] embora sendo ele humano e vivendo na companhia de muitos indivíduos humanos, sua escolha é se dedicar à ação virtuosa, o que, porém, não fará dispensar os recursos externos para viver como um ser humano, mas deles necessitar.

As considerações que se seguem servirão também para mostrar ser a felicidade perfeita uma atividade especulativa. Os deuses, como os concebemos, são, acima de todos, bem-aventurados e

---

1498. ...τὰ ἐλευθέρια, ... (*tà eleythéria,*).
1499. ...ἄδηλοι... (*ádeloi*), literalmente: invisíveis ou muito imprecisas.
1500. ...οἱ μὴ δίκαιοι... (*hoi mè díkaioi*).
1501. ...δυνάμεως... (*dynámeos*).
1502. ...ἐξουσίας... (*exoysías*), literalmente: liberdade de ação.
1503. ...ἡ προαίρεσις ἢ αἱ πράξεις, ... (*he proaíresis è hai práxeis,*).
1504. ...θεωρίαν... (*theorían*).

felizes. Mas que espécie de ações atribuir a eles? Ações de justiça? ...mas não parecerá ridículo imaginá-los celebrando contratos, devolvendo depósitos e fazendo coisas semelhantes? Ações corajosas enfrentando *terrores e correndo perigos*[1505] em nome da nobreza? Ou realizando ações generosas? ...mas quem seria o objeto de sua generosidade? Seria absurdo supor que eles possuíssem moedas ou algo desse gênero! E quanto a ações moderadas? ...afinal, como seriam estas no seu caso? ...Não seria inconveniente louvá-los por não terem desejos maus? Se examinarmos toda a lista de virtudes morais, descobriremos que todas essas condutas, segundo elas, parecem *insignificantes e indignas dos deuses*.[1506] E, todavia, todos nós concebemos que estão vivos e em atividade. Com efeito, não podemos imaginar que permanecem adormecidos *como Endímio*.[1507] Mas, no caso de um *ser vivo*,[1508] se eliminarmos *o agir*[1509] e, sobretudo, *o criar* (*o produzir*),[1510] o que restará senão a especulação? Conclui-se que *a atividade de Deus*,[1511] que a todas supera em bem-aventurança, é a especulativa. A conclusão é que, das atividades humanas, a que é a mais aparentada a essa será a mais produtiva de felicidade.

É também indicativo disso *os animais inferiores*[1512] não participarem da felicidade porque são totalmente privados dessa atividade. Se a totalidade da vida dos deuses é bem-aventurada e a do ser humano o é na medida em que sua atividade é de algum modo semelhante à divina (especulativa), ao contrário, nenhum dos outros animais é feliz, porque estes são inteiramente incapazes de especu-

---

1505. ...τὰ φοβερὰ καὶ κινδυνεύοντας... (*tà phoberà kaì kindyneýontas*).
1506. ...μικρὰ καὶ ἀνάξια θεῶν. ... (*mikrà kaì anáxia theôn.*).
1507. ...ὥσπερ τὸν Ἐνδυμίωνα. ... (*hósper tòn Endymíona.*). Endímion, jovem e belo pastor amado por Selene (divindade que personifica a lua [σελήνη – *seléne*]). Zeus concedeu a Endímion um sono perpétuo.
1508. ...ζῶντι... (*zônti*).
1509. ...τοῦ πράττειν... (*toŷ práttein*).
1510. ...τοῦ ποιεῖν, ... (*toŷ poieîn,*).
1511. ...τοῦ θεοῦ ἐνέργεια, ... (*toŷ theoŷ enérgeia,*): é curioso notar que, em todo esse parágrafo, o Estagirita alude explicitamente aos *deuses* e não a *Deus*. Mas ver *Metafísica*, Livro XII, capítulo 7, principalmente 1072b 25-30.
1512. ...τὰ λοιπὰ ζῷα... (*tà loipà zôia*), literalmente: os animais restantes, ou seja, os outros animais além do ser humano.

lação. A extensão da felicidade se identifica com a da especulação, ou seja, quanto mais um ser é especulativo, mais frui ele da felicidade, não como algo acidental, mas como algo inerente à especulação, uma vez que esta é valiosa em si mesma. A conclusão é que a felicidade é uma forma de especulação.

Sendo, todavia, aquele que especula um ser humano, é-lhe imprescindível também o bem-estar externo. *Com efeito, nossa natureza não é autossuficiente para a especulação*,[1513] carecendo também o ser humano de saúde corpórea, alimento e dos outros cuidados necessários. O fato, porém, de a felicidade ser impossível sem bens externos, não deve nos levar a pensar que *exija muitas ou grandes coisas*,[1514] pois a autossuficiência e a conduta não estão submetidas ao excesso, sendo possível *realizar as ações nobres*[1515] até mesmo *sem governar a terra e o mar*;[1516] é possível realizar atos virtuosos contando com moderados recursos (o que pode ser observado claramente na realidade, ou seja, indivíduos particulares comuns não parecem ser menos, porém mais inclinados a agir virtuosamente do que homens públicos poderosos). Será suficiente a disponibilidade de recursos moderados. E, ainda assim, a atividade virtuosa trará uma vida feliz.

Sólon[1517] provavelmente descreveu bem a felicidade ao dizer que em sua opinião eram felizes aqueles que, possuindo bens externos em quantidade moderada, haviam realizado os atos mais nobres e vivido comedidamente. Com efeito, é possível para alguém de posses moderadas agir segundo o dever. Anaxágoras,[1518] por sua vez, não parece ter concebido o indivíduo feliz como *abastado nem poderoso*,[1519] ao declarar que não se surpreenderia se a pessoa feliz estivesse fadada a parecer diante do vulgo um tipo estranho. O vulgo efetivamente julga segundo os bens externos, que é a única coisa

---

1513. ...οὐ γὰρ αὐτάρκης ἡ φύσις πρὸς τὸ θεωρεῖν, ... (*oy gàr aytárkes he phýsis pròs tò theoreîn,*).
1514. ...πολλῶν καὶ μεγάλων δεήσεσθαι... (*pollôn kaì megálon deésesthai*).
1515. ...πράττειν τὰ καλά·... (*práttein tà kalá·*).
1516. ...μὴ ἄρχοντα γῆς καὶ θαλάττης... (*mè árkhonta gês kaì thaláttes*).
1517. Sólon de Atenas (século VI a.C.), legislador e poeta.
1518. Anaxágoras de Clazomena (século V a.C.), filósofo pré-socrático.
1519. ...πλούσιον οὐδὲ δυναστὴν... (*ploýsion oydè dynastèn*).

que é capaz de perceber. A conclusão é que nossos argumentos parecem coincidir com as opiniões dos sábios.

Mas, ainda que tais argumentos sejam portadores de certo grau de certeza, é por meio da experiência prática relativa aos fatos da vida que a verdade é realmente apurada, pois é aí que se encontra o elemento decisivo. Temos, portanto, que examinar o que apresentamos submetendo-o ao crivo dos fatos da vida. Se se harmonizarem com *os fatos*,[1520] poderemos aceitá-lo; se não for o caso, teremos que classificar o que apresentamos como meros argumentos insubstanciais.

E parece que aquele que emprega o intelecto e o cultiva, mantendo a excelência, é *o mais amado dos deuses*.[1521] Pois se, tal como se considera, os deuses ocupam-se em certa medida dos assuntos humanos, será então razoável supor que extraem prazer daquilo que é o melhor e o mais aparentado a eles próprios (ou seja, o *intelecto*) e que eles distribuam recompensas aos indivíduos que têm isso como máximo objeto de amor e apreço, zelando pelas coisas caras a eles e agindo de maneira correta e nobre. É evidente que todos esses atributos dizem respeito predominantemente ao sábio. É ele então o mais amado dos deuses. E se assim é, supõe-se que é o mais feliz. E com isso temos mais uma indicação de que o sábio é o mais feliz.

9

Na hipótese de havermos discutido suficientemente, a título de esboço, esses assuntos, bem como a felicidade, a virtude considerando seus vários tipos, e também a amizade e o prazer, ser-nos-á lícito supor a investigação que pretendemos completa? Dir-se-ia que sim. Entretanto, como sustentamos, no domínio do prático, o fim não é a aquisição de um conhecimento especulativo dos vários assuntos, mas antes levar nossas teorias à própria prática. E, no que toca à virtude, saber o que é ela não basta. É forçoso que nos empenhemos em possuí-la e praticá-la ou, de alguma outra maneira, nos transformarmos em boas pessoas.

1520. ...τοῖς ἔργοις... (*toîs érgois*).
1521. ...θεοφιλέστατος... (*theophiléstatos*).

5   Ora, se discursos fossem suficientes por si sós para tornar os seres humanos virtuosos, eles teriam, *com justiça*,¹⁵²² como diz Teógnis, conquistado *elevados honorários em grande quantidade*¹⁵²³ e tais discursos produzidos seriam largamente procurados. Mas como a realidade se mostra, embora eles tenham o poder de estimular e incentivar os jovens de disposição generosa e, se estiverem presentes um caráter íntegro de nascimento e um amor genuíno pelo que é nobre, torná-los suscetíveis de assimilar a virtude, são, não obstan-
10   te, incapazes de induzir a maioria na direção da *nobreza moral*.¹⁵²⁴ Com efeito, a multidão experimenta naturalmente temor, mas não um sentimento de honra, e deixa de cometer o mal não devido à vileza deste, mas por temer a *punição*;¹⁵²⁵ vivendo impulsionada pela paixão, procura os prazeres que lhe são próprios e o que leva à obtenção desses prazeres, esquivando-se das *dores opostas*;¹⁵²⁶ de fato,
15   a multidão não faz a menor ideia do que é nobre e *verdadeiramente prazeroso*,¹⁵²⁷ não o tendo jamais experimentado. Haverá algum argumento capaz de corrigir tais indivíduos humanos? Erradicar por meio de argumentos traços tão antigos firmemente enraizados no caráter constitui tarefa difícil, senão impossível. Poderemos nos dar, talvez, por satisfeitos se atingirmos algum laivo de virtude nos norteando por tudo aquilo que consideramos capaz de tornar os seres humanos virtuosos.
20   Há alguns que sustentam que nos tornamos bons por força da natureza. Outros pensam que é pelo hábito. Outros [ainda julgam] que a virtude é ensinável. Sermos naturalmente dotados da virtude, por certo, não está sob nossa dependência; o dom é concedido aos verdadeiramente afortunados mediante algum favor divino. Por outro lado, *a razão e o ensino*¹⁵²⁸ não são, receio, eficazes

---

1522. ...δικαίως... (*dikaíos*), de maneira justa.
1523. ...πολλοὺς ἂν μισθοὺς καὶ μεγάλους... (*polloỳs àn misthoỳs kaì megáloys*).
1524. ...καλοκαγαθίαν... (*kalokagathían*), isto é, a formação de um caráter íntegro que permita uma conduta caracterizada por ações nobres.
1525. ...τιμωρίας... (*timorías*).
1526. ...ἀντικειμένας λύπας, ... (*antikeiménas lýpas,*).
1527. ...ἀληθῶς ἡδέος... (*alethôs hedéos*).
1528. ...ὁ δὲ λόγος καὶ ἡ διδαχὴ... (*ho dè lógos kaì he didakhè*).

25 com todas as pessoas. Tal como o solo que tem que ser arado se quisermos que a semente germine, é imperioso que a alma do discípulo seja previamente o campo do cultivo de hábitos, de maneira que ele saiba corretamente gostar do que é certo e desgostar do que é errado; com efeito, aquele que vive submetido ao jogo da paixão não ouvirá nem compreenderá a razão de quem tente dissuadi-lo; e, se assim é, como alterar a opinião de alguém nesse estado?

Em termos gerais, a paixão não parece ceder à razão, mas apenas à força.[1529]

30 É preciso que o caráter, de alguma maneira, já seja aparentado com a virtude, amando a nobreza e abominando a vileza. É difícil, porém, obter uma educação correta no cultivo da virtude *a partir da juventude*[1530] na ausência de leis corretas, pois não agrada à maioria a vida moderada e árdua das pessoas, sobretudo quando são jovens. Eis por que a nutrição e as ocupações dos jovens deveriam ser estabe-
35 lecidas por força de lei. Transformados em costume, o moderado e o
1180a1 árduo deixarão de ser desagradáveis. Mas não há dúvida de que não bastam a correta nutrição e a correta disciplina na juventude; é necessário, também, que, quando adultos, os indivíduos pratiquem o que aprenderam e o consolidem por meio do hábito. Consequentemente, necessitaremos de leis para os indivíduos adultos também, e, com efeito, para todas as pessoas em geral por toda a vida, pois com o vulgo funcionam mais a coação e a punição do que dele esperar a
5 razão e a nobreza de conduta. Daí alguns pensarem[1531] que, embora o legislador deva fomentar a virtude entre os indivíduos em nome da nobreza, na expectativa de que os que tiveram uma educação moral adequada reajam positivamente a isso, será obrigado a impor castigos e penalidades aos desobedientes e de baixa extração, como também terá que banir, de uma vez por todas, os incorrigíveis. Pois (sus-
10 tentam eles), embora o indivíduo virtuoso, que vive *de acordo com o que é nobre*,[1532] acate a razão, *o indivíduo vil, cujos desejos estão fixados*

1529. ...ὅλως τ' οὐ δοκεῖ λόγῳ ὑπείκειν τὸ πάθος ἀλλὰ βίᾳ. ... (*hólos t' oy dokeî lógoi hypeíkein tò páthos allà bíai.*).

1530. ...ἐκ νέου... (*ek néoy*).

1531. Ou seja, Platão principalmente no seu último e extenso diálogo, *As Leis*.

1532. ...πρὸς τὸ καλόν... (*pròs tò kalòn*).

no prazer, é punido pela dor, como um animal de carga.[1533] Eis a razão para afirmarem que as dores para os transgressores devem ser de tal natureza a se oporem maximamente aos prazeres que os atraem.

De qualquer modo, se como foi dito, para que alguém possa se tornar um indivíduo bom é preciso que receba educação apro-
15 priada e desenvolva hábitos do mesmo gênero, e que passe em seguida a viver com ocupações virtuosas e nada faça de vil voluntária ou involuntariamente, a realização disso será assegurada se as vidas humanas forem reguladas *conforme certa inteligência e um sistema correto*[1534] investido do poder de sanção. Ora, a *autoridade paternal não tem a força, nem o poder de coação e nem, tampouco, as tem,*
20 *em termos gerais, qualquer homem, a menos que seja um rei ou algo similar.*[1535] Entretanto, a *lei*[1536] possui esse poder de coação e, por outro lado, uma razão que nasce de certo saber e inteligência. Constata-se que homens convertem-se em objeto de ódio quando se opõem às inclinações dos indivíduos, ainda que assim ajam corretamente; a lei, entretanto, pode ordenar a ação boa sem ser odiosa. A Lace-
25 demônia[1537] parece ter sido o único, ou quase o único, *Estado*[1538] no qual o legislador atentou efetivamente para os aspectos da nutrição e das ocupações dos cidadãos; na maioria dos Estados, tais aspectos foram negligenciados e cada um vive como quer, *no modo do cíclope,*[1539] ou seja, estabelecendo a lei para *filhos e esposa.*[1540]

1533. ...τὸν δὲ φαῦλον ἡδονῆς ὀρεγόμενον λύπῃ κολάζεσθαι ὥσπερ ὑποζύγιον. ... (*tòn dè pháylon hedonês oregómenon lýpei kolázesthai hósper hypozýgion.*).

1534. ...κατά τινα νοῦν καὶ τάξιν ὀρθήν, ... (*katá tina noŷn kaì táxin orthén,*).

1535. ...πατρικὴ πρόσταξις οὐκ ἔχει τὸ ἰσχυρὸν οὐδὲ τὸ ἀναγκαῖον, οὐδὲ δὴ ὅλως ἡ ἑνὸς ἀνδρός, μὴ βασιλέως ὄντος ἤ τινος τοιούτου·... (*patrikè próstaxis oyk ékhei tò iskhyròn oydè tò anagkaîon, oydè dè hólos he henòs andrós, mè basiléos óntos é tinos toioýtoy·*).

1536. ...νόμος... (*nómos*).

1537. Esparta.

1538. ...πόλει... (*pólei*).

1539. ...κυκλωπικῶς... (*kyklopikôs*). O cíclope (Κύκλωψ [*Kýklops*]) pertencia a uma raça de gigantes dotados de um só olho. Eram rudes e selvagens. O mais famoso deles, Polifemo, filho de Poseidon, foi celebrizado por Homero na *Odisseia*, no seu trágico confronto com Odisseu.

1540. ...παίδων ἠδ' ἀλόχου. ... (*paídon ed' alókhoy.*). Homero, *Odisseia*, ix, 114.

O melhor seria formar um sistema apropriado de *administração pública*;[1541] mas quando ocorre uma negligência por parte da comunidade, entender-se-ia caber a cada um auxiliar seus próprios filhos e amigos orientando-os rumo à virtude, ou mesmo se não se revelar ele capaz de fazê-lo, ao menos ter isso como sua meta. Mas, é de se pensar, pelo que foi asseverado anteriormente, que ele terá êxito nessa tarefa se tiver se transformado em legislador.[1542] Evidentemente, a administração pública tem que ser estabelecida por leis e somente boas leis produzirão a boa administração; porém, pareceria irrelevante serem essas leis escritas ou não, ou se vigentes para atuarem sobre a educação de uma única pessoa ou de muitos indivíduos, isso abrangendo tanto a música ou a ginástica quanto qualquer outra forma de treinamento. Com efeito, exortações paternas e hábitos familiares se impõem no ambiente doméstico, tal como leis e costumes se impõem no Estado, e tanto mais em função dos laços de parentesco e dos benefícios concedidos pelo pai e chefe da família aos demais membros desta; de fato, o afeto natural deles e sua obediência desde o início são disponibilizados ao pai. Ademais, a educação individual supera a comum tal como o tratamento médico individual. Como regra geral, *repouso e jejum*[1543] combatem a febre, mas talvez não sejam bons em um caso em particular; e, presumivelmente, um mestre de pugilismo não instrui todos os seus discípulos no mesmo gênero de luta. Pareceria, portanto, que o trabalho é executado com mais precisão se o cuidado for concedido de maneira personalizada, pois é mais provável nesse caso cada um obter o que se lhe ajusta. Um médico ou treinador, ou outro instrutor, contudo, pode tratar melhor de um indivíduo se dispuser do conhecimento geral do que faz bem para todos ou para pessoas de certo perfil. Com efeito, *as ciências*[1544] se ocupam do *universal*.[1545] Não que certo detalhe não possa ser, tal-

---

1541. ...κοινὴν ἐπιμέλειαν... (*koinèn epiméleian*).

1542. Em todo esse contexto importantíssimo e até o final, Aristóteles concebe e visualiza a transição da comunidade *doméstica* (οἰκία [*oikía*]), microcomunidade governada pelo δεσπότης (*despótes*), chefe de família e senhor absoluto, para a πόλις (*pólis*), Estado, macrocomunidade *política*.

1543. ...ἡσυχία καὶ ἀσιτία, ... (*hesykhía kaì asitía,*).

1544. ...αἱ ἐπιστῆμαι... (*hai epistêmai*).

1545. ...κοινοῦ... (*koinoý*), comum.

vez, detectado por algum leigo em ciência, desde que ele tenha uma base oriunda da observação cuidadosa dos efeitos (proporcionada pela *experiência*[1546]) que ocorrem no caso em particular; situação análoga a de algumas pessoas que parecem ser os melhores médicos para si mesmas, embora não possam contribuir para a saúde de ninguém mais. Mas, ainda assim, é de se presumir que qualquer um que *deseje se tornar habilitado e versado*[1547] tem que se dirigir *ao universal*[1548] e passar a conhecê-lo tanto quanto possível, pois as ciências, como dissemos, dele se ocupam. Conclui-se, seguramente, que alguém que queira tornar outras pessoas melhores – não importa se muitas ou poucas tem que se tornar legislador – na suposição de que é possível nos tornarmos bons por meio de leis. Com efeito, conduzir qualquer pessoa que se nos apresente à condição acertada não é algo exequível por qualquer um, mas somente (se o for) por aquele que tem conhecimento, tal como acontece na *medicina*[1549] e nas outras artes que envolvem cuidados sistemáticos e saber.

Não será, portanto, o caso de examinar qual a origem da legislação ou como aprendê-la? Será, analogamente aos outros temas, que essa origem são os políticos? Vimos, com efeito, que ela é um ramo da ciência política. *Mas não parece haver diferença entre a política e as outras ciências e faculdades?*[1550] Nestas, vemos as mesmas pessoas ensinando e praticando a faculdade, do que são exemplos os médicos e os *pintores*;[1551] mas, em matéria de política, os sofistas, que professam ensiná-la, na realidade jamais a praticam.[1552] Quem o faz são os políticos que, parecer-nos-ia, mais se baseiam em certa

---

1546. ...ἐμπειρίαν... (*empeirían*).

1547. ...βουλομένῳ τεχνικῷ γενέσθαι καὶ θεωρητικῷ... (*boyloménoi tekhnikôi genésthai kai theoretikôi*).

1548. ...τὸ καθόλου... (*tò kathóloy*).

1549. ...ἰατρικῆς... (*iatrikês*).

1550. ...ἢ οὐχ ὅμοιον φαίνεται ἐπὶ τῆς πολιτικῆς καὶ τῶν λοιπῶν ἐπιστημῶν τε καὶ δυνάμεων; ... (*è oykh hómoion phaínetai epì tês politikês kaì tôn loipôn epistemôn te kai dynámeon;*).

1551. ...γραφεῖς... (*grapheîs*).

1552. Realmente, os sofistas, muito atuantes em Atenas no tempo de Sócrates, Platão e mesmo de Aristóteles, na qualidade de mestres de retórica (instrumento indispensável aos políticos), nunca ocupavam cargos políticos, até porque, não eram, na sua maioria, cidadãos atenienses e sequer demonstravam o interesse de adquirir cidadania em Atenas.

habilidade e observação da experiência do que na inteligência, pois não os vemos escrevendo ou ministrando conferências acerca da matéria (ainda que essa pudesse ser, talvez, uma atividade profissio-
5 nal mais nobre do que compor *discursos forenses ou para o povo*[1553]). Igualmente não os observamos transformando seus próprios filhos ou quaisquer de seus amigos em estadistas. E seria compreensível e de se esperar que o fizessem na hipótese de terem capacidade para tanto. De fato, seria impossível um legado melhor a ser deixado para os seus Estados, ou que pudessem escolher para si mesmos ou para *as pessoas que lhes são mais caras*.[1554] De qualquer modo, a contribui-
10 ção da experiência não parece ser insignificante, pois, se fosse, os homens jamais se tornariam políticos tão-só por se familiarizarem com a política. Parece, assim, que a experiência é também indispensável para aqueles que aspiram ao conhecimento político. Esses sofistas que declaram ensinar política parecem estar bem longe de ensiná-la. No geral, ignoram o que é política e do que ela se ocupa.
15 Não a teriam concebido como idêntica ou, mesmo inferior, à *retórica*[1555] se a conhecessem. E tampouco teriam concluído pela facilidade de legislar fazendo meramente uma coletânea das leis tidas como boas. Julgam possível selecionar as melhores delas, como se isso por si só não exigisse discernimento. Parecem achar que julgar corretamente não é sumamente importante, como o é no que se
20 refere à música. *Com efeito, os peritos*[1556] em cada área são capazes de julgar corretamente as obras nessa área e compreendem os meios e o método para realizá-las, além de o que se harmoniza com o que. *Os leigos*[1557] podem se dar por satisfeitos se conseguirem detectar se a obra foi produzida *bem ou mal*,[1558] por exemplo na pintura.
1181b1 *Leis se afiguram como as obras da ciência política*.[1559] Como, então,

---

1553. ...λόγους δικανικούς τε καὶ δημηγορικούς... (*lógoys dikanikoýs te kaì demegorikoýs*).
1554. ...τοῖς φιλτάτοις. ... (*toîs philtátois.*).
1555. ...ῥητορικῇ... (*retorikêi*), oratória.
1556. ...οἱ γὰρ ἔμπειροι... (*hoi gàr émpeiroi*), literalmente: *os experientes.*
1557. ...τοῖς δ᾽ ἀπείροις... (*toîs d' apeírois*), literalmente: *os inexperientes.*
1558. ...εὖ ἢ κακῶς... (*eŷ è kakôs*).
1559. ...οἱ δὲ νόμοι τῆς πολιτικῆς ἔργοις ἐοίκασιν᾽... (*hoi dè nómoi tês politikês ergois eoíkasin·*).

pode alguém, cuja meta é ser legislador, aprender com base nelas ou capacitar-se a julgar qual delas é a melhor? De fato, homens se tornando *médicos*[1560] com base no estudo de manuais não é algo que presenciamos. Entretanto, há quem se empenhe em descrever não apenas *os tratamentos*,[1561] mas também métodos de cura e técnicas terapêuticas para tipos específicos de pacientes. Nisso aplicam uma distinção de acordo com os vários hábitos ou disposições; isso
5 pode se revelar útil para indivíduos experientes, mas não tem serventia para *aqueles que não têm conhecimento*.[1562] É bem possível, portanto, que coletâneas de leis e de descrições de formas de governo possam ser úteis aos estudantes capazes de manuseá-las armados de senso crítico e podendo julgar o que é bom ou o contrário, e que tipo de instituições se ajustam a que tipo de situações características. Quanto aos outros, embora examinem meticulosamente tais compilações, uma vez que não possuem uma sólida faculdade de dis-
10 cernimento, não serão capazes de julgá-las acertadamente, a menos que isso ocorra casual ou espontaneamente. A despeito disso, talvez possam estimular sua inteligência no tocante a esse assunto.

Como o assunto da *legislação*[1563] não recebeu a atenção daqueles que nos precederam,[1564] será, talvez, melhor realizarmos o seu exame, incluindo a questão da *constituição política*[1565] em ge-
15 ral, *de modo a completar, dentro de nossa capacidade, a filosofia do humano*.[1566]

Começaremos por tentar fazer um levantamento das opiniões dos nossos predecessores que contribuíram minuciosa e expressivamente para o estudo de ditos assuntos; em seguida, apoiados na

---

1560. ...ἰατρικοί... (*iatrikoí*).
1561. ...τὰ θεραπεύματα, ... (*tà therapeýmata,*).
1562. ...τοῖς δ' ἀνεπιστήμοσιν... (*toîs d' anepistémosin*), os ignorantes.
1563. ...νομοθεσίας,... (*nomothesías,*).
1564. Aristóteles foi realmente o primeiro pensador grego a compor um tratado específico, sistemático e quase exaustivo sobre a legislação (como parte da política), mas esse tema já fora tratado, entre outros tópicos, por Platão, sobretudo nos diálogos *Político* e *As Leis*.
1565. ...πολιτείας... (*politeías*).
1566. ...ὅπως εἰς δύναμιν ἡ περὶ τὰ ἀνθρώπεια φιλοσοφία τελειωθῇ. ... (*hópos eis dýnamin he perì tà anthrópeia philosophía teleiothêi.*).

nossa coleção de *Constituições*,[1567] investigaremos quais instituições preservam os Estados em geral e quais os conduzem à ruína, efetuando o mesmo em relação a cada forma de governo em particular; ocupar-nos-emos também das *causas*[1568] que levam certos
20 Estados a serem bem governados e outros o contrário. Com efeito, após discutirmos essas questões, estaremos melhor preparados para distinguir qual é a constituição política mais excelente e como estabelecer adequadamente cada uma delas, apontando as leis e os costumes que lhes dizem respeito.

Iniciemos essa discussão.[1569]

1567. ...πολιτειῶν... (*politeiôn*). Aristóteles descreveu as formas de governo de 158 ou, ao menos, 125 Estados helênicos. Lamentavelmente, o único texto que sobreviveu foi a *Constituição de Atenas*.

1568. ...αἰτίας... (*aitías*).

1569. Como o leitor pode perceber, o Estagirita passa, em perfeita solução de continuidade, para o tratado da *Política*, ao qual o tratado da *Ética* que acabamos de traduzir está subordinado. E assim, só nos resta agora remeter o leitor à *Política* de Aristóteles (obra, inclusive, presente nos *Clássicos Edipro*).

Este livro foi impresso pela Gráfica Eskenazi
nas fontes Garamond Premier Pro e Times New Roman
sobre papel Pólen Bold 70 g/m²
para a Edipro no inverno de 2020.